Authors
執筆者紹介

【編著者】

浅木　尚実（あさぎ・なおみ）
　秋草学園短期大学准教授
　東洋英和女学院大学非常勤講師
　保育研修会講師
　「子どもに楽しさを伝えたい研究会」(KOTATSU)代表
　元・公益財団法人東京子ども図書館司書

基礎編Lesson 1：1・2, Lesson 4, Lesson 5　実践編Lesson 1
発展編Lesson 1：1, Lesson 2：1・2・3, Lesson 3：3, 資料編絵本リスト
plus 1 ～ 4・11・12・15　Column 3・6・10

【著者（本文）】※執筆順

伊藤　敬佑（いとう・けいすけ）
　白百合女子大学非常勤講師
基礎編Lesson 1：3, Lesson 3：2（2, 3, 5）・3

今田　由香（いまだ・ゆか）
　浦和大学准教授
基礎編Lesson 2

鈴木　明日見（すずき・あすみ）
　日本音楽高等学校非常勤講師
基礎編Lesson 3：1・2（1, 4）

細井　香（ほそい・かおり）
　東京家政大学准教授
実践編Lesson 1　発展編Lesson 3：1

坂本　里朱（さかもと・さとみ）
　アイン武蔵小杉保育園園長
実践編Lesson 1　発展編Lesson 3：2
plus 14

神戸　洋子（かんべ・ようこ）
　池坊短期大学教授
実践編Lesson 2：1・2・3, Lesson 3：1・2
plus 5 ～ 9

山下　久美（やました・くみ）
　東洋英和女学院大学准教授
実践編Lesson 2：4　発展編Lesson 1：2
plus 13

末永　恭子（すえなが・きょうこ）
　「子どもに楽しさを伝えたい研究会」(KOTATSU)事務局長
実践編Lesson 3：3
plus 10

伊藤　裕子（いとう・ゆうこ）
　谷戸幼稚園理事長・園長
発展編Lesson 1：3

張替　惠子（はりかえ・けいこ）
　公益財団法人東京子ども図書館理事長
発展編Lesson 2：4・5

【著者（Column）】※執筆順

松岡　享子（まつおか・きょうこ）
　公益財団法人東京子ども図書館名誉理事長
Column 1

北本　正章（きたもと・まさあき）
　青山学院大学教授
Column 2

関谷　裕子（せきや・ゆうこ）
　株式会社こぐま社常務取締役・編集担当
Column 4

白井　澄子（しらい・すみこ）
　白百合女子大学教授
Column 5

溝口　義朗（みぞぐち・よしあき）
　東京都認証保育所ウッディキッズ園長
Column 7

井口　眞美（いぐち・まみ）
　実践女子大学准教授
Column 8

山中　はる江（やまなか・はるえ）
　元・社会福祉法人ベタニヤホーム菊川保育園園長
Column 9

鈴木　一光（すずき・かずみつ）
　一般財団法人児童健全育成推進財団理事長
Column 11

川辺　陽子（かわべ・あきこ）
　教文館子どもの本のみせナルニア国店長
Column 12

絵本と子どもの風景

着替える間もなくせがまれて…「きんぎょ，いた！」

※『きんぎょが にげた』（五味太郎作，福音館書店，1977）のpp.12-13より。

食べたいくらいにお気に入り！？『くっついた』にくっついた！

※『くっついた』（三浦太郎作・絵，こぐま社，2005）
※『しろ，あか，きいろ』（ディック・ブルーナ文・絵，松岡享子訳，福音館書店，1984）

大好きな絵本タイム―くつろぎのひとときです。

※『えほんのこども』（荒井良二作，講談社，2008）

「こえ，ぶどー，ちゅき」（よだれが出てるかな？）

※『くだもの』（平山和子作，福音館書店，1979）のpp.8-9より。

輪になって作戦会議。「ありってさぁ，あのさぁ…」

※『ありんこぐんだん わはははははは』（武田美穂作・絵，ポプラ社，2014）のpp.10-11より。

お芋の葉っぱが…4人でお揃いのかんむりとベルトになりました。

素敵なスカートの正体は，新聞の折り込み広告です。

子どもの遊びの風景

自作の人形劇。紙コップのお人形が，海の中を楽しそうに泳ぎます。

泥団子が…いつの間にか，ちょっと素敵なミニ盆栽風になりました。

「コックさん，どうして，そんなにごきげんが悪いのかなぁ」

※『ごきげんのわるいコックさん』（まついのりこ作・絵，童心社，1985）より第2場面。

何ができるのでしょうか。タイヤと竹の工事現場です。

Introduction
まえがき

　子どもは，元気に育ち，しあわせな子ども時代を過ごす権利をもって生まれてきます。「子どもの文化」は，そのことを実現できるかどうかを決める大切な学問です。環境に左右されやすい乳幼児にとって，「子どもの文化」のあり方がその育ちに大きく影響するからです。

　本書の特色のひとつには，変化の激しい時代が予想されるなかで，「児童文化」にとどまらない「子どもと文化」の関わりを，子ども全体として俯瞰的に捉えていることにあります。現行の保育・教育内容のうち，たとえば，「言葉」では，絵本，おはなし，わらべうた，紙芝居，人形劇などを扱い，「環境」では，自然の中での遊びや数，および抽象概念，そして「健康」では，子どもの健康や衛生，基本的生活習慣，「表現」では，表現活動や芸術を学ぶことが内容として盛り込まれています。しかし，このようなバラバラの教科ごとでは，体系的に「子どもの文化」について学ぶことはむずかしく，子どもの実際の生活の中で文化を捉えたものとはいえません。

　特色のふたつ目は，絵本に焦点をあてた「子どもの文化」の教科書としての新しい試みを行おうとするものです。絵本とは，子どもが最初に出会う文学であり，科学や社会への手引書です。絵本によって，子どもの遊びはより豊かになり，子どもの視点で子どもを理解することも可能にします。

　特色の三つ目は，執筆陣がバラエティに富んでいることです。絵本や児童文化の研究者だけでなく，幼稚園，保育所の現場の保育者，児童図書館員，子育て中の保護者，書店員，出版社の編集者，児童館の児童厚生員，おはなしボランティア，保育士を目指す学生（ついこの間まで子どもだった）にいたるまで，子どもと絵本の関わりの深い執筆陣となっています。

　構成としては，「基礎編」では，子ども観やわらべうた，絵本，おはなし，玩具，紙芝居の歴史的背景や理論を解説しました。また，「実践編」では，発達に則した絵本の選び方や物語絵本の読み方，科学絵本の活用の仕方，子どもの文化財の作り方などについて述べています。「発展編」では，絵本をきっかけに発展した遊びの実例や国語，読書へのつながり，子育て支援まで，幅広い視野に立った提言をしております。

　子どものしあわせを願う方々が，本書から「子どもの文化」の楽しさ，奥深さを学びとっていただけることを切に願っています。

2015年4月

編著者　浅木尚実

もくじ

まえがき

基礎編 　1

Lesson 1 「子どもの文化」と「児童文化」　2
　1：「子どもの文化」と「児童文化」……………………………………… 2
　2：「児童文化」の概念の成立と変遷 ……………………………………… 3
　3：「子ども観」の変遷 …………………………………………………… 12

◆Column 1　子どもにとっての絵本とは　24
◆Column 2　読み聞かせの社会史点描　26

Lesson 2 子どもの文化財の歴史的背景　30
　1：子どもの文化財の成り立ちを学ぶ …………………………………… 30
　2：わらべうた ……………………………………………………………… 30
　3：おはなし ………………………………………………………………… 33
　4：おもちゃ ………………………………………………………………… 36
　5：演じるための子どもの文化財－紙芝居，パネルシアター，ペープサート－ … 37
　6：絵本 ……………………………………………………………………… 39
　7：子どもの文化財の歴史を知ることの意義 …………………………… 44

Lesson 3 子どもの遊びと生活　46
　1：子どもの生活の変容 …………………………………………………… 46
　2：遊びと子ども …………………………………………………………… 52
　3：メディアと子ども ……………………………………………………… 60

Lesson 4 子どもの文化財の役割と活用法　68
　1：絵本と子どもの発達 …………………………………………………… 68
　2：わらべうた・手あそび ………………………………………………… 74
　◆plus 1　赤ちゃんが「いない いない ばあ」を好きなのはどうして？ … 76
　3：「おはなし」とは ……………………………………………………… 80
　4：紙芝居 …………………………………………………………………… 91

◆Column 3　おはなしボランティア　95

Lesson 5 絵本と子ども　98
　1：絵本の「い・ろ・は」を学ぶ ………………………………………… 98
　◆plus 2　岩波子どもの本：現在に通じる日本絵本の草分け的戦後初の絵本 … 99
　2：子どもと絵本 …………………………………………………………… 103
　◆plus 3　ロングセラー絵本　108
　3：絵本の種類 ……………………………………………………………… 110

実践編 　113

Lesson 1 発達に応じた絵本の選び方　114
　1：赤ちゃん絵本 …………………………………………………………… 114
　◆plus 4　赤ちゃん絵本　119
　2：1～2歳児と絵本 ……………………………………………………… 120
　3：2～3歳児と絵本 ……………………………………………………… 123
　4：3～5歳児の絵本 ……………………………………………………… 127
　5：小学校への準備を視野に入れた絵本 ………………………………… 131

◆Column 4　小さい人たちにとっての絵本とわらべうた　134
◆Column 5　絵本とユーモア　136

◆Column 6　障がい児と絵本　139

Lesson 2　絵本を用いた実践　142
1：絵本を読む環境作り ……………………………………………… 142
◆plus 5　「読み聞かせ」に関わるQ＆A ………………………… 144
◆plus 6　絵本の場面割り・読み方の工夫としめくくり ……… 145
2：「物語絵本」の読み方 …………………………………………… 148
3：導入としての手あそび・わらべうた …………………………… 151
4：「科学絵本」の紹介の仕方 ……………………………………… 151
◆plus 7　実習でできる手あそび …………………………………… 152
◆plus 8　「読み聞かせ」を題材とする指導案 …………………… 156

Lesson 3　絵本を題材にした子どもの文化財　160
1：子どもの文化財を手作りする …………………………………… 160
◆plus 9　1枚の紙で作る絵本を「自己紹介絵本」に …………… 168
2：絵本で演じるパネルシアター・おはなしエプロン …………… 170
3：絵本の登場人物を作る …………………………………………… 172
◆plus 10　学生時代に手作りおもちゃを作るメリット ………… 174

◆Column 7　生まれる絵本－子どもの中から作る絵本－　178

発展編　181

Lesson 1　絵本を活用した遊びの実践　182
1：「ごっこ遊び」と子ども ………………………………………… 182
◆plus 11　息子のために創作した乗りもの絵本 ………………… 186
◆plus 12　男の子と「乗りもの」絵本 …………………………… 187
2：科学的思考を育てる ……………………………………………… 187
◆plus 13　簡単な科学のヒント－虹の作り方 …………………… 191
3：ごっこ遊びへの展開 ……………………………………………… 191

◆Column 8　絵本のイメージを総合的な遊びで表現する　198
◆Column 9　子どもと絵本－保育園の現場から　201

Lesson 2　小学校教育へのつながり　204
1：小学校教育へのつながり ………………………………………… 204
2：伝統的な言語文化に関する指導 ………………………………… 207
3：幼年文学・児童文学への発展 …………………………………… 210
4：ブックトーク ……………………………………………………… 212
5：図書館へのつながり ……………………………………………… 214

◆Column 10　知識の幅を広げ，つなげるブックトーク（学生編）
　　　　　　　－児童図書館サービスを保育士・幼稚園教諭養成に活用する　218

Lesson 3　子育て支援と絵本　222
1：子育て支援の必要性 ……………………………………………… 222
2：子育て支援と絵本の関わり ……………………………………… 225
3：子育て支援の実際 ………………………………………………… 228
◆plus 14　「男の先生はヤダ」 …………………………………… 228
◆plus 15　ブックスタート ………………………………………… 237

◆Column 11　児童館から－子育て支援と絵本－　238
◆Column 12　子どもの本の店から　242

資料編－カテゴリー別おすすめ絵本リスト－　　　　　　　　　　　　　　　　　　　　　　245

　　1．推薦絵本（3〜5歳児）246／2．赤ちゃん絵本（0〜2歳児）249／3．障がいと絵本　250／4．昔話　251／5．遊び　251／6．ユーモア　252／7．リズム　252／8．自然　252／9．しごと　254／10．愛着形成　254／11．気持ち・表情　255／12．きょうだい・出産　255／13．睡眠　255／14．着脱　256／15．排泄　256／16．衛生　256／17．食育　257／18．季節・行事　257／19．園生活・学校　258／20．乗りもの　258／21．言葉　259／22．数　259／23．幼年童話（小学生以上の絵本を含む）260

あとがき　　　　　　　　　　　　　　　　　　　　　　　　　　　　　　　　　　　　262

さくいん・用語　　　　　　　　　　　　　　　　　　　　　　　　　　　　　　　　　263
さくいん・絵本　　　　　　　　　　　　　　　　　　　　　　　　　　　　　　　　　265

本書の特徴

- 保育士・幼稚園教諭養成校における「児童文化」や「保育内容─健康・人間関係・環境・言葉・表現」「乳児保育」「保育者論」「国語」などのテキストやサブテキストとして使用できます。
- 保育所・幼稚園などにおける職員研修のテキストとしても使用できます。
- おはなしボランティアのグループ研修用テキストとしても使用できます。

本書の使い方

- 「基礎編」「実践編」「発展篇」と，段階を追って学べます。
- 専門的な用語や作者などについて，脚注にて解説を行い，関連箇所と連動させています。
- 本文で引用した文献ついては，脚注にて出典とページ数を示しています。
- 本文中に出てきた絵本については，作者，出版社，初版刊行年を記しました。
- 「Column」を読むことで，各Lessonの内容をより深く広く理解できます。
- 「plus」を読むことで，本文の補足事項，現場でのエピソード，活用の仕方などを知ることができます。
- 各Lessonの最後に，さらに学べるように「参考文献」を記載しました。
- 各Lessonの最後に，主体的に学べるように「演習問題」を記しました。

本書について

- 本書では，保育所，幼稚園，図書館，美術館などから，多くの写真について，すべて許諾をいただいて掲載しております。無断での引用，転載は固くお断りします。
- 本書に掲載した絵本の表紙・見返し，中頁などの画像は，各出版社のご協力により，1冊ずつ許諾を得て掲載を行っています。無断での引用，転載は固くお断りします。
- 本書の事例に出てきます子どもの名前は，仮名となっております。

基礎編

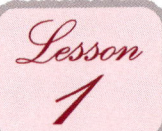
「子どもの文化」と「児童文化」

学習のキーポイント

①なぜ，「子どもの文化」を学ぶのかを理解する。
②乳幼児の生活や遊びに深く関わる「子どもの文化」の意義を学ぶ。
③「児童文化」の概念の成立と変遷を概観し，「子どもの文化」とのとらえ方の違いを理解する。
④「子どもの文化」が，子どもの豊かな人生や文化の質に大きく関係していることを知る。
⑤乳幼児の発達を概観する。
⑥ヨーロッパおよび日本の子ども観の変遷について概観する。

 1 「子どもの文化」と「児童文化」

1．子ども観と「子どもの文化」[*1]

「児童文化」とは，日本独自に発達した用語で，一般的には，「子どもを取り巻くあらゆる文化[*2]の総称」とされています。浅岡靖央は，「児童文化とは，子どもが享受することを目的におとなが創造して与えているさまざまな文化財及び文化活動」と定義しています[1)]。つまり，児童文化は，子どもの発達に欠かすことのできない文化を，さまざまな方法で子どもたちに伝えていくために，おとなが作り出してきた文化という意味合いが強いのです。

「児童文化」という言葉は，1920年代に初めて使われました。峰地光重の『文化中心綴方新教授法』（教育研究会，1922）や『児童文学読本』（目黒書店，1924）の中に見ることができます。つまり，こうした本が出版された大正期は，大正デモクラシーを背景に，鈴木三重吉の『赤い鳥』に代表されるような児童中心主義が展開されていた時代です。川勝泰介は，「近代以降の『子どもの発見』は，子どもがおとなとは異なった存在であることを気づかせたが，同時に，子どもがおとなによって『保護』され，『教育』されなければならない対象であることをも知らせることとなった」と，おとなが子どもに配慮して，子どものための文化が誕生していった経緯を説明しています[2)]。

しかし，子どもに関わる文化を考えるとき，おとなだけではなく，子どもが主体となって創り出す文化もたくさんあることを忘れてはなりません。そのため本書では，おとな主体のイメージの「児童文化」と区別するために，子どもが主体的に関わる文化という意味を込めて「子どもの文化」と表現していくことにしました。また，子どもと文化の関係を捉えるとき，その時代，その国の子ども観が大きく影響していることを意識しなければなりません。ここでは，「3．子ども観の変遷」で，歴史的な背景を詳しく説明しています。

2．子どものしあわせと「子どもの文化」

まず，子どもの育ちにとって，「子どもの文化」を学ぶことがいかに大切なことかを認識することから始めたいと思います。

「子どもの文化」は，子どもが，子ども時代をしあわせに過ごせるか否かを決定づける重要な

[*1] 子どもを取り巻く環境や生活の変化と子どもの遊びの衰退に危機感を抱いた藤本浩之輔は，「児童文化」という概念が，一般的に「おとながつくって子どもに与える文化財」のことを意味している点を重視し，〈おとな文化としての児童文化〉という捉え方を鮮明に打ち出した。そして，このような「児童文化」に対して，子ども本位の立場から，新たな概念として「子ども文化」（子どもが主体的につくりだし，彼らの間に分有され，伝達されている生活のし方）を用いることを提唱し，その主領域として伝承文化を主として遊び文化の重要性を説いている（原 昌・片岡 輝編著『児童文化』p.6，建帛社，2004 より）。なお，参考資料として，藤本浩之輔「子ども文化論序説」『京都大教育学紀要 第31号』，1985 や藤本浩之輔『子どもの育ちを考える―遊び・自然・文化』（日本児童文化史叢書（28）），久山社，2001 などがあげられる。

[*2] 『広辞苑 第六版』（新村 出編 p.2506，岩波書店，2008）によると，文化とは，「人間が自然に手を加えて形成してきた物心両面の成果」とされている。

---

1) 浅岡靖央『児童文化とは何であったか』p.3，つなん出版，2004，より。

2) 原 昌・片岡 輝編著『児童文化』p.1，建帛社，2004，より。

教科です。

『クマのプーさん』*3や『ピーターラビットのおはなし』*4などの訳者として有名な石井桃子*5は、「子ども時代を　しっかりとたのしんでください。おとなになってから　老人になってから　あなたを支えてくれるのは子ども時代の『あなた』です」3)と述べ、子ども時代を楽しむようにというメッセージを送っています。このことは、「子ども時代を楽しめるように支えるのは、『子どもの文化』や環境を準備するおとなの責任です」というメッセージとも、受け取れるのです。

3．子どもの文化活動の三角関係

先にも触れたように、児童文化は、「児童」という文字を含んではいるものの、生産し、提供する側は「おとな」であることがほとんどです。

たとえば、絵本は、乳幼児や小学校低学年を対象に出版されているものが多いと思います。しかし、子どもが読む絵本の多くは、子どもの手にわたるまでには、大勢の「おとな」、つまり、作者、画家、編集者、書店員、保育士、幼稚園教諭、教師、ボランティア、図書館司書などのほか、子どもにとって一番身近である両親や祖父母などの保護者が関わっています。

このように、絵本を、「おとな」が子どもに「読んで聞かせる子どもの文学」と考えた場合、「おとな」が作り、選んで、手渡すという〈おとな⇒絵本⇒子ども〉という関係性が成り立ち、絵本の媒介者として、おとなが仲介するという宿命があります。ここからは、「おとな」が関わる過程が増えることにより、「おとな」の視点や考え方、教育観に、子どもも、与えられる絵本も、強く影響されることが読み取れます。見方を変えれば、絵本が、直接の子どものためよりも、「おとな」に受容されることを前提条件に制作される危険性もはらんでいることを意識しなければなりません。なぜなら、直接、絵本を購入するのはおとなであるからです。

近年、出版されている絵本の中には、哲学的なテーマやイデオロギー*6の主張の強い絵本も多く、子どもが楽しめるかどうか、首をかしげてしまいそうになるものもあります。子どもに手渡すとき、なるべく、子どもの目線で選んでいくことが、おとなには求められているのです。

子どもの健全な発達と豊かな心の育成を促すためには、さまざまな体験ができるような環境を整えることが大切です。子どもを育てるおとなが、「子どもの文化」をしっかりと学んでください。子ども時代に感性や情緒、想像力を耕し、言葉を育み、豊かな人間力をも培うことは、おとなの責任です。

 「児童文化」の概念の成立と変遷

1．「児童文化」*7の成立

さて、「『子どもの文化』とは何か？」を考える前に、従来の「児童文化」がどのように誕生し、変遷してきたかについて、簡単に触れておきましょう。前にも述べたように日本で生まれた「児童文化」は、その時代やその地域の子ども観と非常に関連が深いものです。

子どもを大切に育てる子ども観をもつ人びとが多い国や地域の間で、子どものための文化は発展してきました。一方で、中世ヨーロッパのように、子どもを「小さなおとな」*9と呼び、労働力の一部として捉える場合には、子どものための文化は発展しにくいと考えられてきました。

しかし、日本では、子どもを大切にする文化が、比較的古くから存在しました。たとえば、江戸時代から、雛祭りや端午の節句など、女の子や男の子の成長を祝う行事が行われていましたし、子どもの玩具（おはじき、折り紙、こま、竹馬、凧など）や遊び（石けり、馬とび、鬼ごっこ、かくれんぼ、缶けり、ゴムとび、まりつきなど）4)も、当時のものが、現代まで形を変えながらも伝承されてきています。明治期には、昔話などを語る「口演童話」が行われていたり、巖谷小

---

*3　A.A.ミルン作、石井桃子訳による児童書。岩波書店より、1979年に初版が刊行された。

*4　ビアトリクス・ポター作・絵、石井桃子訳による絵本。現在出版のものは、福音館書店より、2002年に初版が刊行された。

*5　石井桃子（1907-2008）。『クマのプーさん』、「ピーターラビットの絵本」シリーズなどの翻訳や、『ノンちゃん雲に乗る』などの創作、松居直や瀬田貞二らとともに行った児童文学研究、さらに、自宅を開放した家庭文庫であるかつら文庫など、児童文学・絵本関連の幅広い業績がある。

3) 中川李枝子・松居直・松岡享子・若菜晃子ほか『石井桃子のことば』内表紙、新潮社、2014より。

*6　『広辞苑 第六版』（新村 出編、p.182、岩波書店、2008）によると、イデオロギーとは、「歴史的、社会的に制約された考え方」とされている。

*7　児童文化の分類としては、児童文化財、児童文化活動、児童文化運動、児童文化施設、児童文化政策などがあげられる。また、専門分野「家庭（*8）」における「児童文化」の教科内容は、文部科学省によると、(1) 児童文化の意義、(2) 子どもと遊び、(3) 子どもの表現活動と児童文化財、(4) 児童文化施設、(5) 児童文化実習の5点とされている。

*8　文部科学省では、「家庭科」の内容に「児童文化」の項目を設けている。そして、家庭科の目標は、「家庭の各分野に関する基礎的・基本的な知識と技術を習得させ、生活産業の社会的な意義や役割を理解させるとともに、家庭の各分野に関する諸課題を主体的、合理的に解決し、社会の発展を図る創造的な能力と実践的な態度を育てる」としている。家庭の各分野に関する基礎的・基本的な知識と技術を習得させ、生活産業の社会的な意義や役割を理解させるとともに、家庭の各分野に関する諸課題を主体的、合理的に解決し、社会の発展を図る創造的な能力と実践的な態度を育てる。

波の『世界お伽噺』（博文館）などの雑誌が読まれたりしていました。

しかし，先に述べたように，「児童文化」という用語として使われ始めるのは大正期です。当時は，大正デモクラシーを背景に，自由主義や児童中心主義を推進する新教育運動や芸術教育運動*10がさかんに行われていた時代でした。とくに，大正期は，子どもを，おとなとは違う独自の存在として捉え，さまざまな子ども観が生まれた時代でもありました。代表的な子ども観のひとつは，子どもの個性や自発性を尊重する「児童中心主義」*11であり，もうひとつは，子どもを純真無垢な存在として捉える「童心主義」*12です。後者は，ヨーロッパを中心として普及したロマン主義的子ども観の影響を受けたものと思われますが，近代以降の「子どもの発見」*13は，「理念としての子ども像」をおとなが造り出す流れをも誕生させました。

こうして日本では，大正期以降に成立した子ども観において，「子どもは保護し，教育する対象」として認識されていったのです。

ところが，第二次世界大戦により，戦時下の「少国民文化」が日本中を覆い，児童中心主義やロマン主義的な子ども観は下火となりました。

戦後以降の高度成長期には印刷技術や通信技術がめざましく進歩していきますが，同時に文化も，資本主義の発達とともに，消費的な大衆文化へと移行していきました。多種多様なメディアが誕生し，大量の子ども向けの商品として流行し，全国に広まっていくようになりました。こうして20世紀後半頃から，歴史的にも類を見ないほど子ども産業は活況を呈し，子どもを対象として購買をあおるような商業主義的な産業が猛威をふるっています。

21世紀に入ってからは，パソコンやスマートフォンなどの普及により，もはや，子どもを取り巻く環境は，おとなの手に負えない状況にまで陥っているともいえます。情報やものの多さが複雑化を招き，「子どもの文化」も，今までの時代に類をみないほど複雑化し，混迷をきわめているのです5)。

2．教科としての「児童文化」

先にも述べたように，「児童文化」とは，大正期に誕生した日本独自の呼び方ですが，歴史的に見ても古いものではありません。

第二次世界大戦後の1947（昭和22）年に，6・3・3・4制の学制が始まりました。幼稚園も学校機関となり，現在と同様に，教育は文部省（現在の文部科学省），保育は厚生省（現在の厚生労働省）の管轄とされ，人材養成のための教育が大学や短期大学を中心に行われるようになりました。新制大学では，保育・教育分野の教職科目を『保育要領―幼児教育の手引き―』*14にしたがって組み立てていましたが，当時は，「心理」「教育」「保健」「福祉」「文化」を5つの柱とした教科内容でした。その後，1956（昭和31）年に『幼稚園教育要領』*15が出され，「健康」「社会」「自然」「言語」「音楽リズム」「絵画制作」の6領域の内容が示されました。

その後，1989（平成元）年に大学教育における重要事項が見直され，大綱が示された結果，「児童文化」に関する科目は，各大学による科目名の采配が認められています*16, 6)。また，『幼稚園教育要領』と『保育所保育指針』は2008（平成20）年に改訂・改定され，2014（平成26）年4月には新たに『幼保連携型認定こども園教育・保育要領』が告示されました。

3．発達区分とその特徴

では，「子ども」とは，何でしょう。「おとな―子ども」という二元論的な区切りでは説明が不十分です。一般的には，発達の過程やその特徴によって，子どもをさまざまな区分の仕方で表現されています*17。本書では，以下の発達区分にしたがって表現していくことにします。

①乳児期：満1歳ないし1歳半までの時期。つまり，「infant」の語源である「話せぬもの」か

---

*9 詳しくは，このLessonの13ページを参照のこと。

4) 瀬田貞二『落穂ひろい（全2巻）』福音館書店，1982より。

*10 このLessonの18ページを参照。

*11 このLessonの2ページを参照。

*12 このLessonの18ページ，基礎編Lesson2の32ページを参照。

*13 このLessonのアリエス『〈子供〉の誕生』（12ページ）の部分を参照。

5) 原昌・片岡輝編『児童文化[第2版]』pp.86-150，建帛社，2008，より。

*14 1948（昭和23）年に，当時の文部省から発行された。

*15 保育所については，この『幼稚園教育要領』を検討し，1965（昭和40）年に『保育所保育指針』が，厚生省（現在の厚生労働省）から発行された。

*16 具体的には，「児童文学」「絵本学」「玩具文化論」「身体表現」「造形論」などが，各大学の裁量により，設定されている。

6) 皆川美恵子，武田京子『改訂児童文化―子どものしあわせを考える学びの森―』ななみ書房，2007

*17 具体的には，たとえば，ルソーの「発達5段階説」やエリクソンの「発達8段階説」などがある。

ら「話し始める」までの時期
②幼児期：1歳半ないし2歳から，小学校就学前に達するまでの時期
③児童期：小学校就学始期の6歳から，満11, 12歳に達するまでの時期

4．発達時期の特徴

各発達時期のおもな特徴は，以下のように示すことができます。

1）乳児期

生後から，身長が1.5倍，体重が3倍になるという身体の急激な発達とともに，大脳皮質の急速な発達による運動，認識機能や学習能力の発達もみられます。

またこの時期は，愛着要求，分離不安という養育者との関係の重要性が指摘されています。言語の獲得の「前言語期」の基礎の時期でもあります[7]。

2）幼児期

神経系はかなりの発達をとげ，自我の芽生えがみられます。

運動機能では歩行が確立し，走ったりスキップしたりできるようになります。三輪車やボール投げ，跳躍なども可能になります[8]。

認知発達では，イメージによる，時空間を超えた思考が始まります。仲間関係による社会性が発達するのもこの時期の特徴です。この時期に十分な経験を積むことが，その後の生きる力の基礎となります。

3）児童期

具体的状況での論理的思考，数，空間，時間など科学的基本概念が獲得されます。知識の増大，記憶における効果もみられます。

道徳的判断もできるようになり，仲間との相互作用を通して規範や約束を守り，仲間との比較や評価から自己概念の形成も始まります。この時期は，とくに，仲間関係が重要な位置を占めてきます[9]。

5．「子どもの文化」の範囲

「子どもの文化」の範囲は，乳児・幼児・児童を対象にした，子どもの生活全般を指します。カテゴリーも，子どもの洋服，食事，睡眠，排泄，衛生といった日常生活に関連した衣食住をはじめ，遊びや絵本，児童文学，玩具，人形，ゲームなど，また子どもが関わる活動や施設，行事などにいたるまで，とくに，子どもの発達に影響を及ぼすものすべてが含まれます（表1-1-1）。

7）森上史朗・柏女霊峰編『保育用語辞典［第4版］』p.252，ミネルヴァ書房，2008より。

8）森上史朗・柏女霊峰編『保育用語辞典［第4版］』p.252，ミネルヴァ書房，2008より。

9）森上史朗・柏女霊峰編『保育用語辞典［第4版］』p.252，ミネルヴァ書房，2008より。

表1-1-1　「子どもの文化」の分類

子どもの文化	①生活に関する文化	衣食住，基本的生活習慣，学校，幼稚園，保育所　など
	②子ども自身が創り出す文化	遊び，絵，工作，詩　など
	③成人が子どものために創り出す文化	児童文学，図書，絵本，紙芝居，雑誌，劇，映画，テレビ，マンガ　など
	④子どものための文化施設	児童館，児童劇場，児童遊園，児童図書館，家庭文庫，博物館，子ども科学館，美術館，水族館，動物園，植物園，遊園地，テーマパーク　など
	⑤子どものための文化活動	子ども会，ボーイスカウト，読書活動，親子劇場，移動図書館，おはなしボランティア，おもちゃ病院　など
	⑥伝承される文化	地域の行事，祭り，伝承遊び　など
子どもの文化財	①有形の子どもの文化財	玩具，音楽，造形，絵本，おはなし，幼年童話，児童文学，紙芝居，図書，雑誌，テレビ，マンガ，人形，劇，影絵，ペープサート，パネル・シアター，エプロンシアター，テレビ，演劇，映画，子ども図書館，児童館，児童劇場，児童遊園　など
	②無形の子どもの文化財	遊び，わらべうた，手遊び，ゲーム，身体表現活動，歌，地域の行事，祭り，伝承遊び，子ども会，ボーイスカウト，読書活動　など

その中の子どもの文化財[18]として、有形の文化財には、絵本、紙芝居、映画、人形劇、玩具などがあり、無形の文化財には、わらべうた、手あそび、しりとり、なぞなぞ、おはなしなどがあります。

もっと広い意味では、子どもの生活に関わる環境全体を「子どもの文化」として捉えます。

6.「子どもの文化」と遊び

1）遊びの諸説

子どもは遊びの達人です。遊んでいるときの子どもの表情は、満面の笑みを浮かべていたり、真剣そのものだったりしますが、生き生きとして活力に満ちあふれています。夢中で遊ぶことこそが、子どもの本分です。そして、乳幼児期に十分遊ぶことによって、生きる力を身につけ、豊かな人間性を育むことができるのです。ですから、遊びと切り離せないこの大切な乳幼児期に、遊びを奪うことをしてはなりません。遊びについては、基礎編Lesson3において、多くの情報や課題を提供していますが、ここでは遊びが、歴史的にどのように捉えられてきたのかを考えてみたいと思います。

20世紀のオランダの歴史哲学家であるホイジンガ[19]は、その著書『ホモ・ルーデンス―人類文化と遊戯』（1938）の中で、「人間の源は遊びである」と述べています。これは、「遊び」が、人間のもっとも根源的な要求のひとつであるとともに、創造力を生み出す原動力をもたらすものであることを意味しています。また、ホイジンガは、遊びの本質は、〈面白さ〉であり、子どもからもおとなまでを夢中にさせる力があるものであると唱え、人を「ホモ・ルーデンス＝遊戯人」と呼びました。

ホイジンガの後を引き継ぎ、人間の構造社会自体を遊びと唱え、遊びをタイプ別に分類したのがカイヨワ[20]です。カイヨワは、『遊びと人間』（1958）の中で、遊びを ①競争（アゴン：サッカーやチェスなどをして遊ぶ）、②偶然（アレア：ルーレットや富くじを賭けて遊ぶ）、③模擬（ミミクリ：ごっこ遊びやだれかを演じて遊ぶ）、④めまい（イリンクス：ジェットコースターなど、急速な回転や落下運動によって、目が回る状態を生じさせて遊ぶ）という4つのタイプに分類しました[21]。

また、遊びについては、歴史的に多くの哲学者や教育者が、「なぜ遊ぶのか」といった原因説を唱えてきました。代表的な諸説を表1-1-2にまとめてみましょう。

2）遊びの特徴

ここからは、子ども時代と遊びが、切っても切れない関係にあることを考えていきたいと思います。

遊びは、おとなから強制されるものでは決してありません。遊びの特徴には、以下の5点があ

表1-1-2 代表的な遊びの原因説

1. 古典理論	余剰エネルギー説	エネルギーが余ったときに、遊びは起こるという説
	気晴らし説	レクレーション的に、気分を変えるときに遊びは起こるという説 ※子どもは疲れ切っても遊びますし、ごっこ遊びでは、労働と遊びは同一視されています。
2. 近代理論	フロイト	「空想や想像の世界に遊ぶことは単なる逃避ではない」と述べ、遊びを通して、緊張や不安、攻撃性や恐怖といった感情に立ち向かい、統制する「自己統制」的な効力を唱えています。 つまり、能動的に遊ぶことは、不快な感情を克服できるという遊びの積極的な面を強調しています。
	ピアジェ	遊びを認知発達的に捉え、①機能遊び（身体の反復運動が中心：感覚運動期―2歳くらいまで）⇒②象徴遊び（想像的なごっこ遊び：前操作期―幼児期）⇒③ルールをともなう遊び（具体的操作期―7歳ぐらい～）と、3段階に発達することを述べています。

出典）M・J・エリス，森 楙・大塚忠剛・田中亨胤訳，『人間はなぜ遊ぶか―遊びの総合理論』pp.92-93, 110-117, 121-131, 黎明書房，2000を参考に筆者作成

---

*18 子どもの健全な心身の発達に深いかかわりをもつ有形・無形のもの、技術、活動などの総称。

*19 ヨハン・ホイジンガ（1887～1945）は、オランダの歴史哲学家である。同書『ホモ・ルーデンス』は、高橋英夫訳により、現、中央公論新社より1971年に刊行された。

*20 ロジェ・カイヨワ（1913-1978）は、フランスの社会学者・批評家である。同書『遊びと人間』は、多田道太郎・塚崎幹夫訳により、講談社より1990年に刊行された。

*21 カイヨワは形になっているものを分類した。西村清和（1948-）は、『遊びの現象学』（勁草書房，1989）の中で、カイヨワの論を補い、「遊ぶ、遊んでいる＝動詞 動いている状態のときの気持ちが欠けて遊んでいる状態＝遊び・ゆるみ遊び＝遊隙（ゆうげき）が必要」と説いた。なお、「遊隙」とは、西村清和による造語である。

げられます。

> **遊びの本質**
> ①遊びは，遊び手が自ら選んで取り組む活動である＝遊びの自発性。
> ②ほかの目的のためではなく，遊ぶこと自体が目的となる活動である。
> ③その活動自体，楽しいとか，喜びという感情に結びつく活動である。
> ④遊びは自ら進んで，その活動に参加しなければ味わうことができない。

このように，遊びとは，あくまでも，自由で，自発的な，自分のための楽しい活動なので，保育者や教師が，遊びを何かの目的のために指導することは，遊びではありません。

年齢に合った遊びを行うことで，子どもは，喜びや友だちと遊ぶ楽しさ，またときには，葛藤や我慢といった，さまざまな感情を経験します。そして，自ら取り組んだり，遊びを克服したりしていく過程の中で，自分に対する自信をも培っていくことができるのです。

3）遊びと感情

遊びの特徴として，自由で，自発的な，楽しい活動のため，現実から切り離されていることを学びましたが，先に述べたように，子どもたちは，遊びを通して，さまざまな感情を経験しています。

たとえば，砂場でトンネル掘りをしている子どもは，砂の山が崩れないように，集中をしなければなりません。しかし，うまくいかなかったときでも，その悔しさをバネに再度挑戦することができれば，トンネルが貫通した達成感を味わうことができます。このような成就感は，子どもに自信をもたせるだけでなく，自分ができなかったことを達成できた相手の長所や特技を認めて，尊敬できる心にも転化できるのです。つまり，思いやりの心は，自分のマイナスの感情を克服して初めてもてるものなのです。

また，缶けりやどろけい*22などの遊びでは，全速力で走ることや息を潜めて隠れるスリル，また，友だちを助ける喜びなどを経験できるでしょう。一方で，楽しさだけでなく，見つかってしまったときには悔しさを感じることもあるでしょう。自分がつらさを感じなければ，友だちのつらい気持ちも理解できません。子ども時代に悔しい思いやつらい経験を乗り越えながら，人の気持ちを思いやることを学ぶのです。

つまり，「快」から始まる遊びは，本来，楽しい気持ちが優先するのですが，悔しさや悲しさなど，さまざまな感情を経験し，そのことを克服することによって，人間についての複雑な感情を理解できる人間へと成長していくのです。

このように，子どもたちは，遊びによって情緒や感情が豊かになっていきます。加えて，身体的能力や知的能力の発達が促され，自己肯定感や他者への思いやり，社会性や規範などをも学んでいくのです。ですから，生まれつき意欲的に遊ぶ本能をもつ子どもが，自己を表現して，思い切り遊べるような環境を設定することが，おとなの役割だといえるでしょう。

7．遊びと模倣とイメージ

赤ちゃんは，生後2週間後から，おとなが舌を出すと，同じように自分も舌を出して[10]「模倣」*23をすることが，わかっています。

その後やがて，遊びながら，いろいろな模倣が行えるようになります。たとえば，生後2，3か月になり，おとなから「いない いない ばあ」とあやされて笑う赤ちゃんが，7，8か月頃になると，自分でも手で顔を隠して，「いない いない ばあ」ができるようになります。そして，1歳前後からは，自分からどこかへ身を隠して「いない いない ばあ」遊びを始めるのです。

---

*22 チームで戦う鬼ごっこの一種。泥棒と警察になりきって遊びながら，味方と協力したり，考えたりする。地域によっては「けいどろ」などとも呼ばれる（財団法人 幼少年教育研究所編著『新版 遊びの指導』p.43，同文書院，2009，より）。

10）開 一夫『赤ちゃんの不思議』岩波書店，2011，より。

*23 他人の行動を見たり，聞いたりして，これと類似の行動をすること。発達心理学における重要な概念のひとつ。

このような模倣には，2種類あります。ひとつ目は，目の前で，きょうだいや両親と同じことを行う「同一視の模倣」です。そして，もうひとつは，時間が経ってから行う「遅延模倣」です。前者は，乳児期にさかんに行われますが，後者は，2，3歳頃から「ごっこ遊び」[*24]として活発に見られるようになります。

またこの時期は，「見立て」[*25]遊びもできるようになります。「見立て」をすることで，大きな積み木を長くつなげて橋を作ったり，新聞紙を背負ってマントにしたり，本物がなくても，模倣遊びが自由にできるようになるのです。このような遊びの中では，子どもはイメージ[*26]を再現しています。たとえば，葉っぱや木の実を刻んでサラダに見立て，段ボールを伏せて並べ，布をかけてテーブルに見立てれば，立派なレストランごっこができるでしょう。

ただし，3歳頃までの遅延模倣は，場面と場面のつながりが弱い傾向にあります。それが5歳くらいになると，役割分担をしながら，友だちと協力し，自らが主体的にイメージを表現し，イメージを操作しながら，本格的なごっこ遊びを楽しめるようになるのです。

8．遊びと社会性

近年は，スイミングスクールや英会話などの子どもの習いごとに，運動や認知機能の発達を期待する保護者が増加している傾向があるかもしれません。しかし，遊びは，総合的な運動機能や認知機能の発達を促すと同時に，社会性を取得できる大切な体験なのです。

実際に，遊び場面の観察を行い，遊びと社会的相互交渉を研究してきたパーテンとニューマンは，遊び場面を表1－1－3のように6つに分類しました[11]。

表1－1－3のような発達の過程で，子どもは年長者や同年齢の友だちなどをモデルにして，真似をしながら再現していきます。また，友だちと関わる中で，比較したり，けんかをしたり，認め合ったりしながら社会性が培われていきます。

こうした経験の中から，子どもたちは，自分の気持ちを伝え，相手の気持ちを理解していきます。つまり，コミュニケーションの基礎や社会的ルールは，遊ぶことから学べるのです。

9．「子どもの文化」は，遊びのルーツ

遊びは，「子どもの文化」と深く関連しています。ごっこ遊びや見立て遊びに象徴される模倣遊びも，「子どもの文化」の環境が不可欠です。「子どもの文化財」には，形のある有形の文化財と，形のない無形の文化財があることは，先で学びました。このことについて，種類も分野も広い有形の「絵本」と無形の「わらべうた」を例にとって考えてみましょう。

まず，前者の「絵本」ですが，子どもは絵本が大好きです。子どもは，絵本の中の登場人物に自分を重ね合わせ，その人物（動物や汽車などの場合もあります）になりきって，ごっこ遊びを

[*24] 子どもが日常生活の中で経験したことの蓄積から，つもりになって「○○のような」模倣をし，身近なものを見て，役割実現するというような「象徴遊び」のことをいう。2歳頃から始まり，幼児期にもっとも頻繁に行われるが，児童期に入ると急激に減少する。

[*25] あるものを，本来のそのままの姿ではなく，別のものとして見ること。

[*26] 事物が存在しないにも関わらず，心の中に思い浮かべる像。

11) Parten, M, & Newman, S.M, *Social behavior of preschool children*. 1943 In R.G. Barker, J.S.Kounin, & H.F.White (Eds). Child behavior and development. N.Y: McGrow-hill, より。

表1－1－3　パーテンとニューマンの遊び場面における社会的相互交渉の分類

1. 何もしていない
2. 一人遊び：近くで遊んでいる子どもが使っているのとは異なるおもちゃで一人で遊んでいる。
3. 傍観的行動：他児の遊びを見ている。声をかけたりはするが，遊びそのものには入らない。
4. 平行遊び：子どもは独立して遊んでいるが，他児が用いるおもちゃに似たおもちゃで遊ぶ。おもちゃを用いて行う行動には他児に影響されない。
5. 連合遊び：他児と遊ぶが，基本的に子どもは自分がやりたいようにやっており，自分の興味をグループに従属させることはしない。
6. 協同あるいは組織的遊び：何らかの目的のもとに組織されたグループで遊び，仕事や役割の分担がある。

注）：この分類に照らせば，子どもたちが集まってそれぞれにゲーム機に向かっている状況は，大人の期待する協同遊びではなく，並行遊びや連合遊びということになる。
出所：Parten & Newman（1943）．
出典）藤崎春代「遊びはどのように発達するのか」内田伸子編『よくわかる乳幼児心理学』p.143，ミネルヴァ書房，2008を一部改変

始めます。また、自分が経験したことのない絵本の世界に触れると、憧れの心をもち、好奇心をかき立てられて、登場人物と一緒に冒険に出かけたり、さまざまな体験をしたりします。子どもは、絵本の世界を通して自分の世界を確かめ、知らない世界を模倣しながら、絵本の世界を自分のものにしていくのです。つまり、絵本は、子どもが体験したことのある事象や知識を、遊びを通して再体験させ、未知なる世界の扉を開く手伝いをしているのです。

では、後者の「わらべうた」を考えてみましょう。乳児期のごく幼い赤ちゃんであっても、「子どもの文化」と無関係ではありません。まだ言葉がわからない赤ちゃんには、周囲のおとなが、わらべうたや手あそびを歌ってあやし、童謡や子守歌を歌って寝かしつけます。このように、おとなから愛情を深く受け取る時間は、赤ちゃんにとって、このうえなく楽しく、心地よいひとときに違いありません。赤ちゃんは、こうして心を安定させていくのです。

また、わらべうたや子守り歌が言葉の種となってまかれ、愛情深く育てられた赤ちゃんは、少しずつ言葉を蓄えながら、未知なる世界に強く惹かれていきます。その心の世界は、驚きとともに、楽しさや空想力に満ちあふれています。

このように、豊かな「子どもの文化」は、子どもが発達するうえで欠かせないさまざまな要素を、遊びを通して、楽しみながら身につけていくことにつながっていきます。子どもは、一人ひとりが未来にはばたく可能性をもち、大きくなりたいという成長への強い欲求をもっています。「子どもの文化」は、子どもが心身ともに健全な状態で十分に遊び、豊かな子ども時代を送るために、欠かせない存在だといえるでしょう。

10. 子どもの発達
1) 認知発達

ピアジェ[27]は、子どもの思考の特徴について、子どもの「自己中心性」に注目し、以下3つの特徴にまとめました。

①アニミズム：あらゆるものに生命があると考える概念。外界のすべての事物に対して、自分と同じ生命や意思があるとみなすことを指す。なお、アニミズムは以下の4つの段階に区別される。

　　　ⅰ．すべての事象に対して、生命や意思を認める
　　　ⅱ．動くものだけに対して、生命や意思を認める
　　　ⅲ．自分の力で動くものに対して、生命や意思を認める
　　　ⅳ．動物や植物に対して、生命や意志を認める

②実在論：あらゆるものがこの世に実在すると考える。
③人工論：あらゆるものすべてに対し、人間がつくったものと考える。これらの世界観は、未開民族が、すべてのものは魂をもつと信じる原始信仰と共通しているといわれている。

さらに、ピアジェは、人間の発達を次の4段階に分類しました。

①感覚運動的知能の時期：0～2歳

生後、7～9か月に達した乳児は、「ものの永続性」[28]を理解し始め、たとえ直接見えなくても、ものが存在していることを理解する能力を獲得します。この頃から、「いない いない ばあ」を楽しむようになり、8か月頃から人見知りの現象が表れ、遅延模倣が生じ、目の前にない現象をイメージで再現できるようになってくるのです。

②前操作的思考の時期：2～7歳

言葉を話し始める頃から、子どもはシンボルを用いて、自分の生活環境の理解を始めます。この場合のシンボルは、実際の経験から、言葉や図像を通してイメージしていくことが多く、心の中での認知作業はまだ苦手です。しかし、現実を模倣したごっこ遊びもさかんになってきます。

---

*27 ピアジェ（1896-1980）は、スイスの心理学者である。行動を生じさせる下敷きとなる精神構造を「シェマ」と呼び、発達を「シェマの交換」だと考えた。また、乳幼児期に優勢なのは、動作的シェマであり、次第に、動作をともなわずにイメージ化できる概念的シェマに向かうと唱えた。

*28 今見えていなくても、そこにものが存在することがわかるようになること。それにより、子どもは、生後8,9か月には、布をかけて隠した玩具を、布を取り除いて見つけ出せるようになる。

③具体的操作の時期：7～11歳
　この段階では，取得した知識を応用した思考法が可能になります。

④形式的操作の時期：11～12歳以降
　概念に関して，合理的，系統的に考えられるようになります。また，アイデンティティ[*29]が形成され始めます。

11. 言葉とコミュニケーションの発達

　人は，生後，泣き声によってだけで「快」や「不快」を表現しますが，やがて，「アーアー」といった母音から，「マンマン」などの子音も含まれるような喃語[*30]と呼ばれる赤ちゃん特有の発声をします。その後，指さし行動[*31]や身ぶりなどによって，他者とのコミュニケーション[*32]をもとうとするようになります。そして，平均的には，1歳3か月頃に「一語文」[*33]，いわゆる「初語」が出現します。これが，初めて意味のある言葉である「有意味語」となります。たとえば，「マンマ」であれば，状況に応じて，「ご飯」という名詞のほかにも，「ご飯を食べたい」といった意志や，「これは食べられるの？」といった質問の意味を示す場合もあります。ですから，子どもと養育者の関係では，言葉が使えない乳児期から，まなざしや身ぶり，表情などのノンバーバルなコミュニケーションをよく見て，子どもの意志や気持ちを汲み取ることが大切です。やがて，「パパかいしゃ」などの二語文が表れ，次第に，接続詞がともなうような複雑な文章表現もできるようになります。しかし，2歳前後で語彙が増える過程では，口腔内が未発達のため，幼児語[*34]の特徴がみられます。

　子どもの言葉の獲得の過程を簡略にまとめると，以下のようになります。

泣き（叫喚音声）⇒　喃語　⇒　指さし・身ぶり　⇒　一語文　⇒　二語文　⇒　重文

　子どもがひとりで知識を獲得することはありえません。子どもは，両親や身近な人びとと一緒に行動することで，年配の人や，その道の熟練した者から徒弟制度[*35]のように知識や技術を学ぶといわれています。ですから，周囲のおとなには，子どもの知識や技術の水準をあげるための援助が必要となるのです。

12. 子どもをめぐる環境

　子どもは，生まれつき発達に適した環境で生まれてくるとは限りません。誕生する前から，国籍や地域，家族などといった環境が決められています。運命的にその環境に生まれた子どもが，健全な発達を遂げる指標として有意義なのが，発達心理学者のブロンフェンブレンナー[*36]の生態学的システム理論です。ブロンフェンブレンナーは，子どもの発達過程を，個人と環境との相互作用によって形成されるものとし，子どもを取り巻く環境を以下のような4つに分類し，生態学的システム理論を唱えました（図1－1－1）。

---
①マクロ・システム：社会環境や自然環境
②エクソ・システム：環境四季の変化，家族形態，流行，情報　　など
③メゾ・システム：園外保育　　など
④マイクロ・システム：児童文化財，家，施設，遊び場，保護者・きょうだい，友だち　　など
---

1) マイクロ・システムとしての環境

　ブロンフェンブレンナーは，当時の発達心理学が，何か特定のひとつの要素による影響を研究しようとするものであることに疑問を呈し，結果，4つの環境システムを考えたといわれています。

[*29] 人は青年期になると，「自分とは何者なのか」「自分はどこからきて，どこへ向かうのか」などと自問するようになり，その結果，答えを見つけようと懸命になるものである。アイデンティティとは，その心の働きを総称してエリクソンが用いた概念である（森上史朗・柏女霊峰編『保育用語辞典［第4版］』p.254，ミネルヴァ書房，2008，より）。

[*30] まだ言葉にならない段階の声のこと。発声そのものを目的とし，発する言葉には，とくに意味はない。

[*31] 対象を手や指で指示する，非言語（ノンバーバル）コミュニケーションの一種。

[*32] 二者間で，情報，観念，認知，感情，気持ちなどを伝え合い，分かり合う過程のこと。

[*33] 子どもの初期の言葉は一語でありながら，文と同じような働きをする。

[*34] マンマ，ワンワン，アンヨ，クックなど，幼児に特有の言葉。これらをおとなが使うと，「育児語」となる。

[*35] 西洋中世の手工業者ギルドにおいて，技能の後継者を養成する制度のこと。

[*36] ユリー・ブロンフェンブレンナー（1917-2005）は，ソビエト出身のアメリカの発達心理学者で，生態学的システム理論を確立した。その著書は，磯貝芳郎・福富護訳により，邦題『人間発達の生態学（エコロジー）－発達心理学への挑戦』として，1996年に川島書店より刊行されている。

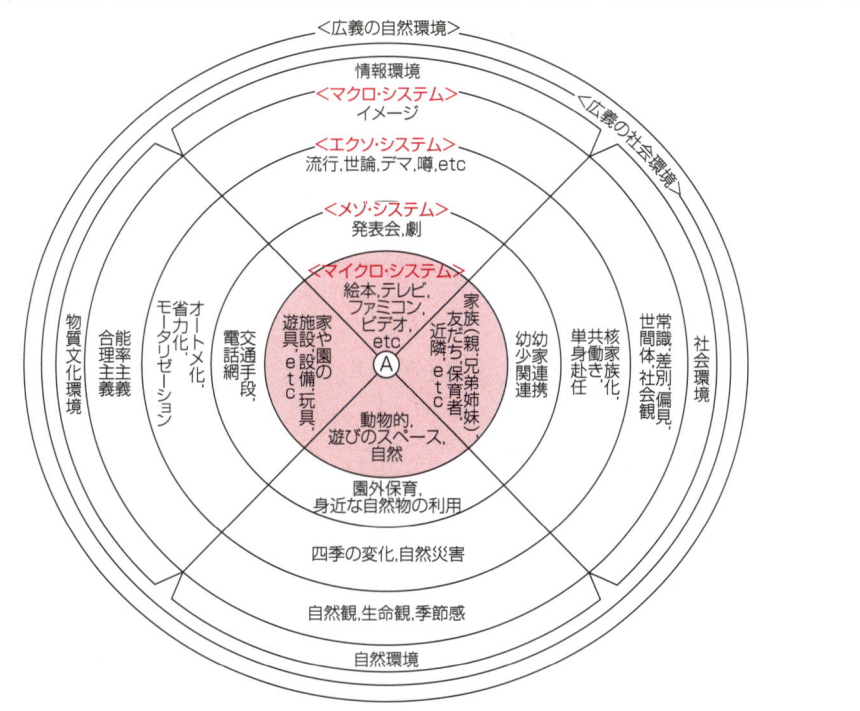

図1-1-1　子どもをめぐる社会環境

出典）小川博久，中沢和子編『保育内容・環境 第2版』p.31，建帛社，1999

　子どもは，発達過程において，保護者，きょうだい，友だち，保育所，幼稚園，文化などからの影響をもっとも受けやすいとされています。そのため，一番狭義のマイクロ・システムとしての環境と子どもとの関連を学ぶことは，子どもの生活と「子どもの文化」を学ぶ者にとっては，子どもの環境を整えるための一番の近道だといえます。

　また，人は，頭の中だけで考えるのではなく，身体を用いて環境に働きかけることにより，世界や社会の有り様を身につけていきます。これは，主体的に行動することで，自分がどのように行動すればいいのかを知るという概念であり，このことを「アフォーダンス」[*37]と呼び，子どもは遊ぶとき，身体や感覚を用いてアフォーダンスを利用しているとギブソンは述べています。たとえば，音が聞こえたとき，それが目の前で崩れた積み木の音なのか，遠くで響く雷鳴なのかを判断することもアフォーダンスであり，また，ボールを遊び道具だと認識することもアフォーダンスだということです。ボールは，静止しているときは，ただの丸い球体をした物体ですが，子どもがそれを放り投げた途端に，ボールは遊び道具として機能していくわけです。

　ここまで学んできたことで，子どもは，子ども時代に，環境や「子どもの文化」の影響を強く受けていることが理解できたことと思います。人生の中でも，子ども時代は一度しかなく，やり直すことができません。子ども時代の幸せの明暗を背負っているのはおとなです。

　しかし，歴史的には，子ども時代が必ずしも幸せではなかった時代が続きました。おとなが子どもをどのように捉えるかを「子ども観」と呼びますが，ヨーロッパでは，ルソーによる「子どもの発見」以前は，子どもは「おとなを小型にしたもの」と考えられていました。

　次に，子ども観の歴史を概観してみたいと思います。

＊37　アメリカの心理学者ギブソンが提唱した概念。「環境は，人間を含めた生命体にさまざまな意味を提供（Afford）している」という考え方。

3 「子ども観」の変遷

　ここまで,「子どもの文化」のもつ役割を述べてきました。ですが,「子どもの文化」とは,歴史上,常に,どの社会においても存在しているものではありません。「子どもの文化」が「なぜ生まれ」「どのように発展してきたのか」,それを考えるためには,「子ども」という存在が,歴史上でどのように捉えられてきたのかを知ることが重要になります。

　ここでは,「子ども」の捉え方,すなわち「子ども観」が,そもそもどういうものであるのかを概説したうえで,ヨーロッパと日本における「子ども観」の変遷を明らかにしていきます。

1.「子ども観」とは：中世に子どもはいなかった？

　「子ども観」を説明する際,あるいは,「子ども観」についての研究を論じる際,避けては通れない研究があります。それは,「子ども観」研究のきっかけを作った,フランスの歴史家フィリップ・アリエスによる『〈子供〉の誕生』[38]です。同書において示されている彼の主張をあえて単純化するならば,「中世[39]には子どもはいなかった」,あるいは「子どもは17世紀に生まれた」ということができるでしょう。この主張は,「子どもがいない社会」というものを想定せず,当然,研究対象にもしていなかった当時の学問世界に,大きな衝撃を与えました。おそらく今でも,初めてこの主張を耳にした人は驚きを覚えることでしょう。

　この研究がもたらした衝撃,いわば「アリエス・インパクト」によって,アリエスの主張を裏づける研究,あるいは反論・反証による大論争が巻き起こり,「子ども観」が学問的な関心の対象になっていったのです。

　ここでは,まず,単純化されたアリエスの主張につきまとう「誤解」を解き,アリエスの主張をよりよく理解しながら,「子ども観」とは一体どういうものなのか,説明していきたいと思います。

1)「理念としての子ども」と「実態としての子ども」

　アリエスの主張に対する,もっとも単純な誤解をもとにした反論は,「人はみな,子どもとして生まれてくるのだから,子どもは常に存在しており,子どもがいなかったことなどなかった」というものです。確かに,子どもとされる年齢の人間は,歴史上のどの社会にも,当然,中世にも存在しています。ではなぜ,アリエスは「子どもはいなかった」と言ったのでしょうか。

　実は,アリエスは,生身の肉体としての子ども,すなわち「実態としての子ども」が存在していたかどうかを論じたのではありませんでした。彼の主張の焦点は,社会の中で子どもに向けられた感情であり,子どもがどういう存在として認識されていたかという「理念としての子ども」だったのです。そしてアリエスは,宗教画や家族の肖像画などの絵画や,子どもたちが身につけていた衣服などの分析を通じて,「中世社会には,子どもをおとなとは違う存在として特別に区別する感覚は存在しておらず,一定の年齢になると,おとな社会の中の年若い存在,つまり『小さなおとな』としてみなしていた」と指摘しました。つまり,アリエスいわく,中世の社会では子どもをほかの年齢段階と区分する意識はなく,「理念としての子ども」は存在していなかったのです。

　この「理念としての子ども」と「実態としての子ども」は,日本語では,どちらも「子ども」としてまとめて語られがちですが,英語では,それぞれ「childhood」[40]「children」という別の単語で表現し,しっかりと区別されています。このように両者を区別することが,それぞれの社会における子どもの役割や位置づけ,あるいはおとなたちによって語られ,描かれる子どものイメージ,すなわち「理念としての子ども」に焦点を当てて分析する「子ども観」研究の出発点となりました。

　すなわち,「子ども観」とは,実態ではなく理念として,それぞれの社会の中で「子どもとい

---

[38] フィリップ・アリエス著による書籍。日本語訳は,杉山光信・杉山恵美子の訳により『〈子供〉の誕生―アンシャン・レジーム期の子供と家族生活』としてみすず書房より1980年に刊行(Ariès, Philippe, L'Enfant et la vie familiale sous l'Ancien régime, Seuil, 1960.)。

[39] ヨーロッパにおける中世とは,一般に,5世紀頃から15世紀頃までの約1,000年間を指す。

[40] このchildhoodという単語は,辞書的には「子ども期」を指す単語ですが,英米の子ども研究では,「childhoodとはどういった時期か」「どのような特徴をもつ(べき)時期か」「おとなからはどのようにイメージされるものか」といった問題群が議論されていることから,子ども研究の文脈では,「理念としての子ども」という訳語が用いられている。

えばこういう存在だよね」と共有的にイメージされた子どものことなのです。
2）社会によって「変化するもの」と「変化しないもの」
別の考えとして，「アリエスの言う『子ども』が『理念としての子ども』だというのは理解できるけれども，赤ちゃんをかわいいと思う感覚は中世の人だってもっていたのでは」という反論があるかもしれません。

赤ちゃんに向けられた視線については，コンラート・ローレンツが幼児図式という用語を用い，丸く，柔らかい赤ちゃんの身体的特徴が，「かわいい」という感情をかき立てると説明しています[*41]。また，赤ちゃんを特別に区別することなく，おとなと同じ扱いをしてしまっては，赤ちゃんは育つことはできないことからも，赤ちゃんを特別視する感覚は存在しているという意見はうなずけます。では，アリエスの主張は間違っているのでしょうか。

実は，アリエスの研究の対象は，あくまで，自分の身のまわりのことをひとりでできるようになる7歳以降であり，乳幼児は「子ども」の範疇に含まれてはいませんでした。アリエスの主張によると，中世においては，7歳くらいになって乳幼児でなくなると，一足飛びにおとな社会に入り，「小さなおとな」として生きるすべを学んでいました。しかし，国ごとに時期の違いはありますが，近代になると，人は7歳を過ぎてもおとなの社会には加わらず，代わりに学校で学ぶようになります。その結果，働くおとなとは分離され，区別された，特別な場所で学ぶ存在として，「子ども」が認識されるようになってきたのです。

この状況は現代においても変わりません。人は乳幼児ののちに学校へ通う「子ども」になり，そこで学んだ後におとなになるものとして考えられているのです。

ここからは，ふたつの考えが読み解けます。ひとつ目は，理念の中にも，乳幼児をかわいがる感覚のように，ある程度，普遍的に共有されているものと，「理念としての子ども」のように，以前は存在していなかったものの，現代では当たり前のように考えられているものがあるということです。つまり，理念には，「変化しないもの」と「変化するもの」があるということです。

ふたつ目は，「理念としての子ども」が存在するかどうかは，どのようにして生きるすべを学ぶかという，時代や国，文化など，「社会のあり方」によって決まってくるということです。すなわち，理念の変化とは，社会のあり方が変化するのに呼応して起こるものであり，「子ども観」とは，それぞれの社会によって規定されるものなのです。

3）「子ども観」の変化のスパン
「理念としての子ども」が変化するということは理解できても，「子どもは17世紀に生まれた」という主張は，おそらく簡単には納得しがたいものではないでしょうか。子どものイメージとは，それほどはっきりと，明確に変化するものなのでしょうか。

この点においても，アリエスの主張は誤解をともなって受け止められてきました。実際のところ，アリエス自身，変化の過程で17世紀が重要な役割を果たしたとは述べているものの，17世紀に子どもが生まれたとは表現していません。むしろ，「学校の成立が，すぐさま『子ども観』に影響を与えたと早合点してはいけない」と，警鐘を鳴らしてさえいます。アリエスの考えによれば，「子ども観」の萌芽は中世の終わり（13，14世紀）頃に起こり，17世紀頃に学校が整備されたことを経て，19世紀頃になってやっと，近代的な，すなわち現代に近い「子ども観」が成立するのです。つまり，「理念としての子ども」は，決して17世紀に急に出現したのではなく，社会が徐々に変化していくのに応じて，長い時間をかけて育まれてきたものなのです。

もちろん，その間にも，アリエスが分析対象としたフランス社会は，いくつもの大きな変化を体験し，「実態としての子ども」を取り巻く環境も劇的に変化していきました。しかし，そういった要素が比較的短期間で変化するのに対し，「子ども観」の変化はすぐに起こるものではありません。「子ども観」は，確かに社会のあり方によって変化するのですが，その影響がすぐに出

[*41] ローレンツの幼児図式については，実践編のLesson1（118ページ）でより詳細に解説をしているので，そちらを併せて参照のこと。

るような性質のものではなく，ゆっくりと，何世代ものとても長い期間をかけて，おそらく目には見えない形で変化するものなのです。アリエスの研究では，現代において起こっている「子ども観」の変化は射程に入っていませんでしたが，「子ども観」は今なお，変化し続けているものだといえるでしょう。

ここまで見てきた「子ども観」の考え方は，表1－1－4のようにまとめられます。

> 表1－1－4 アリエスの研究から見る「子ども観」
>
> ①「子ども」 ｛ 実態としての子ども（chidren）
>   理念としての子ども（childhood）＝「子ども観」
>
> ②理念としての子ども＝社会によって異なるもの
> ⇒社会の変化とともに移り変わるもの
>
> ③その変化は長い時間をかけ，目に見えない形で無意識のうちに起こる。

2．ヨーロッパにおける「子ども観」の変遷

ここまで確認してきたアリエスの主張自体は，批判を受け，今では有効でないとされている面もあります。しかし，アリエスの問題提起の結果，このような「子ども観」の変化が着目され，たくさんの研究が生まれることとなりました。

ここからは，これらの研究によって明らかにされつつある「理念としての子ども」が，より具体的にはどういうものであるのか，まず，ヨーロッパの例から，イギリスの研究者ヒュー・カニンガムのまとめ[12]をもとに見ていきたいと思います。

1）ヨーロッパの「子ども観」の源泉

ヨーロッパの「子ども観」の源泉のひとつは，古代ギリシャ・ローマに求められます。この時代について，最悪の状態の古代から最良の現代への，右肩上がりの「親子関係の進化」を提唱するロイド・デ＝モス[*42]は，「4世紀まで，多数の子どもが殺されていた」と述べ，「強力な権力（家父権）をもつ父親のもと，親子関係は，歴史上，最悪であった」と主張しています。事実，当時は子どもの遺棄や売買が珍しくなく，また，育児をしない実母に代わり，乳母が子どもを養育する習慣も広まっていました。現代の感覚でいえば，デ＝モスの指摘通り，この時代の親は，子どもへの愛のない，ひどい親だと思われるのではないでしょうか。

しかしながら，これらの事実は，子どもたちへ愛情が向けられていなかったことを意味するものではありませんでした。遺棄された，あるいは，売られた子どもが，よい人と巡り合うことでよりよい環境に置かれたり，乳母に養育されたことによって，結果的に無事に生きながらえたりすることができたという面も指摘されています。つまり，子どもが生き延びる可能性を高めるために遺棄や売買，乳母養育という手段が取られていた可能性もあるのです。確かに，これは現代とは大きく離れた感覚ではありますが，子どもへの愛がなかったと言い切ることはできません。

よって現在では，「親子関係は，過去から現代にいたるにつれて，よくなっている」というデ＝モスの主張は，単純化しすぎているとして退けられています。

もうひとつの源泉はキリスト教です。古代ギリシャ・ローマから引き継がれた習慣のうち，キリスト教では子殺しが否定され，さらに，子どもに対する親の義務と責任が強調されるようになります。その結果，家庭内での幼い子どもの立場は，それまでの社会に比べて保護的な側面が強まりました。しかしその一方で，貧困などを理由にした子どもの遺棄習慣や，家父権に基づいた体罰は存続しており，すぐに現在のような親子関係に移行したわけではありませんでした。

その後の中世のヨーロッパ社会には，アリエスいわく「子どもはいなかった」のですが，現在，この分野の権威とされるシュラミス・シャハール[13]は，「中世中後期には『子ども期』概念は存在し，親は子どもに物質，精神両面で尽くした」と主張しています。シャハールによれば，「死んだ子どもに対する悲しみは表明され，子育ての理論と習俗も既に存在し，親子間の活き活きとした交流も書き残されている」とされています。これらの子どもを大事に思う感性が存在していたことの証拠は，知識人や上流階級の人びとによって著されているため，そこから読み取れる

---

12) ヒュー・カニンガム，北本正章訳『概説子ども観の社会史－ヨーロッパとアメリカにみる教育・福祉・国家』新曜社，2013（Cunningham, Hugh, Children and Childhood in Western Society since 1500, 2nd Ed., Pearson Education Limited, 1995, 2005.）より。

*42 ドゥモース，宮沢康人（監訳）『親子関係の進化－子ども期の心理発生的歴史学』海鳴社，1990（DeMause, Lloyd(ed.), The History of Childhood, Psychohistory Press, 1974.）。邦訳は，同論文集より，「第一章 子ども期の進化」のみがなされている。

13) Shahar, Shulamith, Childhood in the Middle Ages, Routledge, 1990. より

「理念としての子ども」が，どの程度，社会一般に浸透していたのかは議論の余地があります。しかしながら，アリエスの主張とは異なり，中世には中世の，独自の「子ども観」があったことは，間違いないといえるでしょう。

2）将来の価値としての子ども

中世が終わり，ルネッサンス期[*43]になると，子どもを「子どもという独自の時期にある人」とみなす感覚が強まっていきます。

その中でまず強調されたのが，子どものもつ「将来の価値」という側面です。よりよく教育し，将来の社会の担い手を育てるという観点から，「教育対象としての子ども」が見出されました。たとえば，16世紀の人文主義者エラスムス[*44]は，子どもをさまざまな形に成形可能な蝋にたとえつつ，子どもの知的関心を喚起するような早期教育の重要性を説きました。

また，家庭教育に熱心だったプロテスタント信者[*45]は，礼儀作法をしつける必要性についてエラスムスと考えを共有していたのに加え，子どもは邪悪に生まれ落ちるという原罪説を重視し，子どもが悪い方向へ進まないよう，体罰を使ってでも矯正するべきであると考えていました。

その後，アリエスが「学校化」と指摘したように，教育の場は，家庭から学校へと移っていきます。学校が広まり，子どもたちを一般社会から切り離して，学校の中に集める「囲い込み」が進むにつれ，子どもたちは農作業や家業の手伝いといった「労働の担い手」から「将来のために学ぶ存在」へと変化し，おとなから切り離された存在になっていきました。また，初期の学校は，年少からかなり年のいった生徒までが同じ教室内で学ぶ形のものでしたが，徐々に，能力に応じてグループ分けがされるようになっていきました。

その後，教育サービスの安定と効率化のため，能力ではなく，年齢を基準にした教育が組織されるようになっていき，同年齢で構成された「学級」[14)]が生まれます。これによって，それまでのさまざまな年齢の人びとが入り混じっていた社会から，同年代しかいない空間へと，子どもの居場所は移っていきました。

その変化の背景には，18世紀末から19世紀に起こった，学校への国家の介入がありました。そして，国によって違いはありましたが，各国が義務教育制度を定め，さらには初等教育の無償化も開始されます。たとえば，フランスでは，「国語」として統一されたフランス語が教えられ，愛国心を高める教育や，よき市民育成のための公民教育が行われるようになりました。こうして，教育は将来の国民を育成するための手段，つまり，将来，より強力な国民国家を建設するための，一種の投資となりました。その結果，子どもは将来のための投資対象となったのです。

このような，子どもを将来のための準備期間とみなし，おとなとは違った価値を認める「子ども観」は，現代にいたるまで息づいています。

3）子どもであることの価値

この，将来を重視するという「子ども観」の一方で，子ども時代そのものを重要視することで，子どもを特別なものととらえる感覚も強まってきました。アリエスが指摘するように，あるいはアリエスの指摘する時期よりも以前から，家族の中で，特有の愛くるしさを見せる子どもに対して，それを快く思い，楽しむ眼差しが注がれるようになりました。

また，ルネッサンス期前後の，体罰を求める考え方の証拠となる文献の中には，「そうしなければ，思わず子どもを甘やかしてしまう」という心情が描かれているものが少なくありません。これは，逆説的にいえば，「子どもを甘やかしたい」という，特別な感情が芽生えていたことを示しているものだともいえます。

しかし，子ども時代が，それ自体，価値をもつ人生段階であると決定的にみなされるようになるのは，ジョン・ロック[*46]，次いでジャン＝ジャック・ルソー[*47]が登場する，17，18世紀になってからのことでした。たとえば，先の「2）将来の価値としての子ども」の部分で述べた子ど

[*43] ルネッサンスとは，フランス語で「再生」を意味し，古代ギリシャ・ローマの文化を復興させようという運動のことである。歴史区分としては，中世の後の14世紀頃から16世紀頃を指す

[*44] デジデリウス・エラスムス（Desiderius Erasmus,1466-1536）。ルネッサンス期オランダの人文主義者，神学者。主著は『愚神礼賛』(1511年)，『自由意志論』(1524年)など。晩年に著された『少年礼儀作法論』(1530年)は各国で翻訳され，ヨーロッパ各国の教育に大きな影響を与えた。

[*45] プロテスタントとは，16世紀の宗教改革の際に，当時の主流であった考えを批判し，分離したキリスト教の一宗派のこと。当時の主流派は，その後は「カトリック」と呼ばれている。

14) 柳治男『〈学級〉の歴史学―自明視された空間を疑う』pp.88-90，講談社，2005より。

[*46] ジョン・ロック（John Locke，1632-1704）。イギリスの哲学者，思想家。主著は『人間知性論』(1690年)，『統治二論』(1690年)など。『子どもの教育』(1693年)は中産階級を中心に広く読まれ，教育のあり方に大きな影響を与えた（J.ロック，北本正章（訳）『子どもの教育』原書房，2011）。

[*47] ジャン＝ジャック・ルソー（Jean-Jacques Rousseau，1712-1778）。フランスの哲学者，思想家。主著は『人間不平等起源論』(1755年)，『社会契約論』(1762年)など。少年エミールの教育法を説いた『エミール』(1762年)では自然の中での教育を主張し，教育や「子ども観」に大きな影響を与えた（J.J.ルソー，今野一雄（訳）『エミール』岩波書店，1962-1964）。

もの将来の価値を重視する「子ども観」では，子どもの気晴らしは，それが結果的に教育に有益な限りにおいて保護されていましたが，ルソーは，子どもの気晴らしそれ自体を，よいものであると考えました。そして，子ども期には，子ども期にしかない楽しみがあり，人生で最良の時期であると述べています。

同様の子どものとらえ方は，詩や小説，絵画といったロマン派芸術において開花します。この中で，子どもは「純粋無垢」の象徴となり，自然なままの子どもの姿に価値が認められたのです。とくに，詩人ウィリアム・ワーズワース[*48]は，自然の美しさと子どもとを結びつけ，「子どもはおとなの父親なのだ」[*49]という詩を残しました。ここでは，子どもはおとなの準備期間であるという関係性は逆転し，むしろ，汚れたおとなを浄罪する存在として，子どもが子どもらしくあることの意義が謳いあげられています。

とはいえ，子どもは常に「子どもらしくあること」を許されていたわけではありませんでした。むしろ，貧困やそれにともなう児童労働，あるいは高い死亡率などにより，子ども時代を早く終えなければならない現実がありました。

▲レノルズ・ジョシュア作，『少女と犬』，東京富士美術館所蔵　写真提供：©東京富士美術館イメージアーカイブ/DNPartcom（※許可なく複製することを禁じます）

それに対し，とくに19世紀頃から，ロマン主義的な理想的子ども期を掲げたさまざまな博愛団体が，子ども救済事業を始めます。この動きには，後に国家も参入し，「子どもは子ども時代を守られるべき」という子ども観が共有されていきます。

その後，この子ども観は，エグランタイン・ジェブ[*50]によって起草され，1924年に国際連盟で採択された「子どもの権利宣言」に始まる，子どもの権利を確立しようとする運動へと具現化されていきます。この権利宣言は，その後，1989年に国際連合で採択されることになる「子どもの権利条約」[*51]において，ひとつの成果に達することになりますが，子どもの権利を求める活動は，今なお途上にあるといえます。

この一連の活動は，子どもが「子どもらしく」いることのできていない社会に対する，絶え間ない問題提起であるといえますが，その背景には，子どもたちに子ども期を享受してほしいと願う，子ども時代そのものに価値を認める子ども観が存在しているのです。

以上のように，近代以降のヨーロッパ，さらにそれを受け継いだアメリカの子ども観は，子どもの将来の価値と，子ども時代それ自体の価値のそれぞれに重点をおいた，二系統の価値観の変遷にまとめられます。しかしながら，実際の子ども観の変遷とは，両者の要素や，そのほかのさまざまな要素がそれぞれに影響し合い，重なり合い，絡み合いながら変化しているものであり，容易に図式化しがたいものであることも忘れてはなりません。

3．日本における「子ども観」の変遷

ここからは，日本における「子ども観」の変遷を，まず，伝統的子ども観をめぐる議論をまとめた後に，子どもの将来の価値と，子ども時代そのものの価値の両方から見ていきたいと思います。

1）伝統的子ども観

これまで，古来からの日本の伝統的子ども観は，「7歳までは神のうち」という表現によって表されるとされていました。この表現は，乳幼児死亡率がとても高く，7歳になるまで生き残ることがむずかしかったことを背景に，7歳になる前の子どもは人間社会の一員とは見なさず，むしろ，神様たちの住む世界の一員であると見なすという意味です。ここからは，子どもは7歳に

---

*48 ウィリアム・ワーズワース（William Wordsworth, 1770-1850）。イギリスのロマン派詩人。おもな作品は，自伝的長編詩『序曲』（1805年）や『不滅の頌歌』（1807年）など。

*49 1807年に公にされた『The Rainbow』と題された短詩の一節。原文は，「The Child is father of the Man」。

*50 エグランタイン・ジェブ（Eglantyne Jebb, 1876-1928）。イギリスの児童福祉運動家。1919年に「児童救済基金」を設立し，第一次世界大戦の戦争孤児の問題に取り組む。1923年，翌年採択されることになる「子どもの権利宣言」を起草する。

*51 日本の批准は1994（平成6）年であり，世界で158番目の遅い批准国だった。なお，アメリカ合衆国は，署名はしているものの批准は未だしていない。

なって初めて人間として認められる存在であり，それ以前は別の存在であるという子ども観が読み取れます。この表現は同時に，子どもは神や霊といった，超自然的な存在と近しい存在であるという子ども観も含んでいます。祭りや神事などで，子どもたちが人間の世界と異世界とを橋渡しする役割を担っていることも，このことから理解できます。

　しかし，これに対し，柴田 純は，「このような表現は，柳田国男やほかの民俗学者が用いたことで昭和期に広まったものに過ぎない」と指摘し，この表現が本当に昔からあったかどうかの議論が不十分であるにもかかわらず，ずっと言われ続けてきた表現かのように考えられていること，そして，これを元に日本の伝統的子ども観が論じられている現状を批判しました[15]。

　その柴田によれば，中世までの日本では，おとな社会は幼児を疎外することで安定しており，7歳までの幼児には，大きな関心は向けられていませんでした。また，幼児死亡率が高かっただけでなく，「捨て子」[*52]も日常的に起こり，その対策も不十分なままでした。よって，幼児は，社会的には取りかえのきく存在として見なされていたのです。実際，戦国時代に日本を訪れたポルトガル人宣教師ルイス・フロイスは，「日本の子どもは半裸で，ほとんど何らの寵愛も快楽もなく育てられる」[16]と書き残しています。

　その後，江戸時代になると，死亡率が低下したことや社会が安定に向かったことで，庶民であっても，親から子へと「家」が受け継がれていくようになります。その結果，家の将来の担い手となる子どもへの関心が高まることになりました。こうした中で，育児書が書かれたり，子どもへの教育が整備されたりするようになることで，子どもは「子宝」として保護される存在へと変わっていきました。江戸時代に起こったこうした変化の結果，たとえば，幕末に来日したイギリス人オールコックは，日本を，子どもに優しい「子どもの楽園」[17]と表現しています。

　このように，日本の「子ども観」は，江戸時代の間に大きな変化をしており，「7歳までは神のうち」という言葉だけで，伝統的子ども観を理解することはむずかしいといえるでしょう。

2）将来の価値としての子ども

　それでは，江戸時代が終わり，明治時代になると，日本の子ども観はどのように変化をしていくのでしょうか。ここからは，ヨーロッパの場合同様，「将来の価値としての子ども」と，「子どもであることの価値」の両側面それぞれの視点から，明治以降，現代にいたるまでの流れを概説したいと思います。

　まず，将来の価値としての子どもの側面を見ていきます。江戸時代の子どもの将来の価値は，家を継ぐ存在という点にありましたが，明治時代になると，学制（1872〈明治5〉年）や小学校令（1886〈明治19〉年），教育勅語の発布（1890〈明治23〉年）などを経て，子どもは，家だけでなく国家の将来をも担う存在として，教育の対象となっていきます。そして，教育が整備されていくにつれ，とりわけ国語教育の中において，「子ども」を，「おとな」とは異なる「子どもらしい」文体や内面や生活体験をもった，独自の存在としてみなす認識が強まっていきます[18]。

　しかし，「子どもらしさ」を尊重しなくてはならないという配慮は示されながらも，子どもの教育の目的は，あくまで「国民」になることであり，ひいては国家自体の発展と安定でした。つまり，子どもであること，それ自体には大きな価値が置かれず，将来の国を支えることが期待される存在であるからこそ，子どもであることに価値を認められていたのです。

　一方，この国家主義的立場とは，一見，まったく逆の立場に見える，教育を通じて社会をよりよいものへと変えていくことを目指す立場の人たちもいましたが，この立場の場合も，子どもの教育は将来の「社会の変革」を目的としたものであり，将来の価値としての子どもに重点が置かれていたことには変わりありませんでした。この，将来の担い手としての子どもが重視される傾向は，日本が戦争に突入し，子どもが「少国民」と称されることで，より顕著になっていきました。

　教育の対象としてのこの子ども観は，日本が第二次世界大戦に敗れ，「少国民」が存在しなく

---

15) 柴田 純『日本幼児史－子どもへのまなざし』吉川弘文館，2013より。

*52　現在，「捨て子」という言葉は，放送・出版上，使用を避ける用語であり，「置き去り」や「保護者のいない子ども」といった表現に置き換えることが一般的ではあるが，歴史上の事象を示す用語として，ここでは「捨て子」という表現を用いることとした。

16) ルイス・フロイス，岡田章雄訳注『ヨーロッパ文化と日本文化』岩波書店，1991より。

17) ラザフォード・オールコック，山口光朔訳『大君の都』岩波書店，1962より。

18) 元森絵里子『「子ども」語りの社会学－近現代日本における教育言説の歴史』勁草書房，2009より。

なったあとも，形を変えつつ生き残り続けることになります。当初は戦後復興のため，あるいは民主主義を実現し，「新しい日本」を作るための人材として，子どもは教育を受けることになりました。その後，社会が安定してきたために，教育を通じてよりより社会を実現するという目標が，現実的な目標に感じられなくなってからも，よい学校に入り，よい就職をするためという，より個人的な理由により，子どもと教育は結びつけられ続けます。子どもたちの塾通いや「受験戦争」，さらには，より低年齢化したいわゆる「お受験」は，「子どもは将来のための準備期間であるのだから，今を楽しむのではなく，多少つらくとも努力して学ばなくてはならない」という子ども観の反映といえます。そして，21世紀の現代においてもなお，この子ども観は生き続けているといえるでしょう。

3）子どもであることの価値：『赤い鳥』と「童心主義」

このような教育の対象としての子ども観に対し，日本においても，子どもであることそのものに価値を認める子ども観が誕生し，醸成されていきます。その過程においては，雑誌『赤い鳥』[*53]に代表される芸術的児童文学が，大きな役割を果たしました。

▲『赤い鳥』第12巻 第3号の表紙（『赤い鳥』CD-ROM版より）
写真提供：株式会社 大空社

『赤い鳥』の編集者である鈴木三重吉[*54]は，当時氾濫していた説話的お伽噺（とぎばなし）[*55]や唱歌を低俗なものとして批判し，より芸術的な「童話」[*56]や「童謡」[*57]を子どもに届けようとこころざしました。この理念は広く共感を呼び，『金の船』[*58]や『童話』[*59]といった，それに追随する新たな雑誌も生まれ，都市部を中心に多くの読者を獲得しました。これらは，「赤い鳥運動」，あるいは，雑誌『少年倶楽部』[*60]に代表される大衆的児童文学と相対する形で「芸術的児童文学」と総称されています。

また，「童話」や「童謡」に加え，武井武雄が「童画」[*61]と名づけた，子どもを描いた絵も，この運動の一翼を担いました。

では，「赤い鳥運動」における子ども観とはどのようなものだったのでしょうか。

▲岡本帰一画「私のおへや」，雑誌『コドモノクニ』9巻2号（1930年2月1日刊行）より．大阪府立中央図書館国際児童文学館所蔵　写真提供：大阪府立中央図書館国際児童文学館

河原和枝によると，『赤い鳥』の童話に登場する子どもは，「よい子」「弱い子」「純粋な子」の三類型に分類できるといいます[19]。

まず，『少年倶楽部』では立身出世を目指し勉学に励む子どもが「よい子」とされたのに対し，『赤い鳥』の「よい子」とは，素直で感受性が強く，他者をいたわる優しい内面をもった子どものことをいいました。そして，「弱い子」とは，弱さゆえに悩み，葛藤（かっとう）する子どもであり，「純粋な子」とは，私利私欲や打算とは無縁で，自分の好きなものに一途（いちず）な子どものことをいいました。

いずれの子ども像にも，根底には「純粋無垢」な子ども観が共有されています。「赤い鳥運動」では，この純粋無垢さこそが，おとなにはない，あるいはおとなが失ってしまった，子ども特有の価値であると考えられていたのです。この点は，ヨーロッパにおけるロマン主義的子ども観と重なっているといえます。そして，このロマン主義的な「純粋無垢」なイメージは，日本では「童心」という言葉で表現され，この子ども観は「童心主義」と呼ばれました。この「童心主義」は広く共有され，現在でも，日本で息づいています。

その一方で，第二次世界大戦後，「童心主義」は，それに立脚した「童話」とともに批判にさらされることになります。とりわけ，石井桃子らによる『子どもと文学』では，童心主義的な童話の代表である小川未明が批判され，「『童心』という哲学的なむずかしい観念をあがめるよりも，作家的洞察力をもった大人が，生きた子どもの空想力，彼らの外界を知ろうとする飽くことを知

[*53] 1918（大正7）年に創刊された児童向け雑誌。間に休止期間をはさみながらも，鈴木三重吉の亡くなる1936（昭和11）年まで，196冊が刊行される。童話の選者，編集を鈴木三重吉が，童謡の選者を北原白秋が担当した。

[*54] 鈴木三重吉（1882-1936）。夏目漱石に師事し，小説を執筆した後，児童向け雑誌『赤い鳥』を創刊する。同雑誌においては，編集をしつつ，自らも童話を執筆した。

[*55] 昔話や伝説を元にした口承の物語。明治時代には，巌谷小波が『日本お伽噺』や『世界お伽噺』のシリーズを出版し，子ども向けの読み物の主流となっていた。

[*56] 明治期のお伽噺に代わる，子ども向けの読みものの呼び名として用いられる。『赤い鳥』においては，小川未明を中心に，多くの童話が掲載された。同時期の代表的な作品には，小川未明『赤い蠟燭と人魚』，浜田広介『椋鳥の夢』，新美南吉『ごんぎつね』，坪田譲治『魔法』などがある。

[*57] 明治期の唱歌に代わる「童心童語の歌謡」として，北原白秋，野口雨情，西条八十などを中心に，芸術的児童文学運動の一環として隆盛をみた。同時期の代表的な作品には，北原白秋『からたちの花』『この道』，野口雨情『シャボン玉』『七つの子』，西条八十『かなりや』などがある。

[*58] 斎藤佐次郎が編集者となり，1919（大正8）年に創刊。1922（大正11）年に『金の星』と雑誌名を変更し，その後，1929（昭和4）年に終刊した。

[*59] 千葉省三が編集者となり，1920（大正9）年に創刊，1926（大正15・昭和元）年に終刊した。

らないエネルギーと交流しあうこと」[20]が，子どものための文学には必要であったと主張されます。ここで考えられている，哲学的概念である「童心」ではなく，「生きた子ども」，あるいは「現実の子ども」を見据えて作品を書くべきという考え方は，戦後の日本児童文学に，大きな影響を与えました。

しかしながら，童心主義は「現実の子ども」を見据えていないという批判も，後に柄谷行人によって，「未明における『児童』がある内的な転倒によって見出されたことはたしかであるが，しかし，実は『児童』なるものはそのように見出されたのであって，『現実の子ども』や『真の子ども』なるものはそのあとで見出されたにすぎないのである」[21]と批判されます。つまり，「現実の子ども」という考え方自体が，子どもを見ているおとなたちの頭の中で生み出された「理念」だということです。「子どもは純粋無垢である」という童心主義の考え方も，それを批判する「現実の子どもはもっと活き活きとした存在である」という主張も，いずれも「理念としての子ども」という同じ次元に属しているものだと，柄谷は指摘したのです。

また，柄谷が「児童の発見」を論じ，アリエスの『〈子供〉の誕生』が翻訳出版された1980（昭和55）年頃には，佐野美津男の『子ども学』[*62]や，本田和子の『異文化としての子ども』[*63]が出版され，子どもをどう考えるかという議論が巻き起こりました。

この結果，日本でも，子どもや子ども観を対象とした研究が進展し，今なお，活発に行われています。「童心主義」とその評価は，日本の子ども観研究の原点であったといえるでしょう。

ここでは，日本における「子ども観」の変遷を，伝統的子ども観をめぐる議論から出発し，明治以降の「子どもの将来の価値に重点を置く」ものと，「子ども時代そのものに価値を見出す」ものとの二系統に沿ってまとめてきました。日本の場合も，ヨーロッパの場合同様，このふたつの系統の「子ども観」が，複雑に絡み合いながら変遷をたどってきているのです。

4.「子ども観」を取り巻く現代的状況

ここまで，ヨーロッパと日本における子ども観の変遷を，子どもの将来の価値と子ども時代そのものの価値のふたつの観点から確認してきました。しかしながら，現代においては，子どものおかれた状況はより複雑になり，子ども観も大きく揺れ動いています。

とりわけ，子どもを「純粋無垢」な存在ととらえ，その点に価値を見出すロマン主義的な子ども観が，その成立以降，日本を含めた先進諸国において影響力をもち続けている一方，それに対する絶え間なき異議申し立てが行われ続けています。先に述べた，児童文学研究における「童話」批判もそのひとつだといえます。

よって，最後に，現代の先進各国がいずれも抱える，子ども観を取り巻く現代的状況をまとめたいと思います。

1）科学的アプローチ

このロマン主義的子ども観への最初の異議申し立ては，20世紀初頭の精神分析学によるものでした。それまで，純粋無垢な子どもには，当然，おとながもっているような性欲はないと考えられていました。そして，その子どもの無性欲説がまた，ロマン主義的な「純粋無垢」の概念を補強していたのです。しかし，ドイツの精神分析学者ジークムント・フロイトが，精神分析を通じて，幼児性欲の存在を主張します。その結果，無性欲説が否定され，「純粋無垢」イメージの土台も揺るがされることとなったのです。

その後，精神分析だけにとどまらず，幼児や子どものことを科学的に分析し，理解しようという動きが起こります。こうした科学的アプローチによって，それまで知られていなかった子どもの側面が明らかになり，それまで信じられてきたことが揺るがされるにつれ，子どもは，実は，

---

*60　1914（大正3）年に大日本雄弁会（現，講談社）より創刊。大衆文学作家による少年向け長編小説や漫画を掲載することで読者数を伸ばし，1933（昭和8）年には80万部を数えた。同種の娯楽的雑誌として，唯一，戦後も存続したが，1962（昭和27）年に終刊した。

*61　武井武雄によって命名された，子どものための絵画形式。『赤い鳥』などの雑誌や，1922（大正11）年に創刊された絵雑誌『コドモノクニ』を中心に掲載された。同時期の画家に，岡本帰一，竹久夢二，清水良雄などがいる。

19）河原和枝『子ども観の近代－『赤い鳥』と「童心」の理想』pp.98-149，中央公論社，1998，より。

20）石井桃子ほか『子どもと文学』中央公論社，1960。なお，ここで取り上げた文献は，石井桃子ほか『子どもと文学』p.27，福音館書店，1967，によるもの。

21）柄谷行人『日本近代文学の起源』講談社，1980。なお，ここで取り上げた文献は，柄谷行人『定本 日本近代文学の起源』p.168，岩波書店，2008，によるもの。

*62　佐野美津男『子ども学』農山漁村文化協会，1980。

*63　本田和子『異文化としての子ども』紀伊國屋書店，1982。

理解することが困難であり，子どもと向き合うには，繊細な注意が必要だという認識が生まれてきました。

その結果，従来自分自身の親のやり方を模倣することで育児方法を習得していた子どもをもつ親たちが，「専門家」の知見を求めるようになり，育児方法にも大きな変化がもたらされました。この傾向は現在も変わらず，医学だけでなく，心理学や脳科学などの分野においても，子育ての「専門家」が生まれ，その知見が頼られています。子育ての「専門家」の登場も，現代における重要な観点のひとつだといえるでしょう。

2）消費社会

また，20世紀に起こった消費社会化も，子どものイメージに対する変化の兆しをもたらしました。

まず，従来は児童労働や家業の手伝いなどをしていた子どもたちが，子どもの権利保護にともなう児童労働の規制などを受けて，働くことをやめ，学校へ通うようになります。その結果，家族内の「稼ぎ手」とみなされてきた子どもたちが，働く代わりにお金を支出して学校に通う存在，すなわち，家族における「支出対象」へと変質していきます。また，消費社会化が進展していくにつれ，多くの保護者が，子どもに，自分の子ども時代よりもよい環境を与えようと努力しましたが，その努力とは，消費社会においては，「物質的な豊かさ＝買い与えること」に直結していました。よって，子どもに対する支出は，ますます増大することとなりました。

市場もまた，子どもを消費者とみなし，子どもたちを明確に対象とした商品を売り出し始めます。その結果，それまでは親が選んで，子どもに買い与えていたおもちゃなどの購入決定権を，子どもたち自身が握るようになっていきました。それにより，市場側は，子どもたちの購買欲求をさらに駆り立てるようなマーケティングを始めます。この循環作用により，「稼ぎ手」から「支出対象」となった子どもは，加速度的に「消費者」としての性格を強めていき，消費欲求を主体的に表明する，「純粋無垢」からはかけ離れたように見える存在へと変化していきました。

また，消費社会の別の側面として，子どもや子どもイメージ自体が売りものとなる，「被消費者」の立場となり得る場合があることも指摘することができます。

1930年代のアメリカの子役スターであるシャーリー・テンプル以来，多数の子役スター，アイドルが世の人気を博し，それはとりわけ，近年の日本において顕著であるといえます。彼らは，ときには「純粋無垢」というイメージを体現し，また，ときには逆説的に，「純粋無垢」であるはずの子どもとは思えない，おとなびたイメージを提供することで，それらを売りものとしています。

このように，消費社会の中では，子どもは，「消費者」と「被消費者」の両側面において消費活動に参加しており，「純粋無垢」とは結びつきがたい「お金」と，密接に結びついた存在になっているのです。この変化もまた，従来の子ども観に対し，異議を投げかけています。

3）少年犯罪

さらに，子どもたちの手による犯罪も，子どもの「純粋無垢」なイメージを大きく揺るがしています。従来，子どもと犯罪の関わり方といえば，子どもが被害者となるのが当然でした。現在においても，その関係性が大多数であり，子どもは依然として，虐待や誘拐などの被害者となり続けてしまっています。しかしその一方で，子どもたちの手による犯罪が社会に衝撃を与えるケースも報告されています。

イギリスでは，1993年に，当時10歳の少年ふたりが，ショッピング・モールから連れ出した2歳の幼児に暴行を加えたうえで，線路上に放置し，殺害するという，通称ジェームズ・バルジャー事件が起こりました。1997（平成9）年には，日本でも，当時14歳の少年による連続児童殺傷事件が起こり，酒鬼薔薇聖斗と名乗る声明文や，犯行の残虐さが社会に大きな衝撃を与えました。ほかにも，アメリカやドイツなどで少年による銃乱射事件が起こる一方，日本では，自殺

につながる陰湿ないじめが，小学校ですら，たびたび報告されています。

　実は日本の場合，少年犯罪件数は必ずしも増加しておらず，凶悪犯罪に限って見れば，むしろ1950年代，1960年代に比べて大きく減少しています。それにもかかわらず，こういった事件が社会に衝撃を与える理由は，子どもたちに対する「純粋無垢」なイメージと，起こした事件の凶悪さのギャップに驚かされるからだといえるでしょう。

　上にあげたいずれのケースも，少年法のあり方に関する議論を巻き起こすとともに，もはや「純粋無垢」であると無条件に信じられなくなった「子ども」と，社会はどう向き合えばよいのか，そもそも「子ども」とはどういう存在であるのか，といった難題を私たちに突きつけているのです。

　ここでは，先進各国における子ども観を取り巻く状況を，とりわけ，子どもを「純粋無垢」とみるロマン主義的子ども観への異議の申し立てを中心に述べてきました。しかしながら，ロマン主義的な子ども観は，現代社会において，疑問を投げかけられながらも，生き延びているようにみえます。これは，先に述べたように，「子ども観」が長期的な時間をかけて変化するものであるという理由だけでなく，完全に実現することがむずかしいからこそ，子どもには子ども時代を享受してもらいたいという願いが，理想として共有されているからではないでしょうか。

　ここまで，「子ども観」とは何であるかを確認したあとに，ヨーロッパと日本における子ども観の変遷を，「将来の価値」と「子ども時代，それ自体の価値」の二系統に整理しながら見てきました。両者の子ども観は，一見すると対立しているように思えます。しかし，「子どもの文化」との関わりで考えれば，前者は子どもの将来性を伸ばすために，後者は子ども時代を充実させるために，実はどちらも，子どもの文化財を生み出す源泉の役割を担っています。根源となる「子ども観」をより深く理解することで，子どもの文化財に求められる役割や歴史的に果たしてきた役割，さらには，今後担うことを期待されている役割が，よりよく理解できることでしょう。

Lesson 1：演習問題

1. 子どもの頃，遊んだ遊びを思い出し，どのような遊びが好きで，そのとき，どのような気持ちを味わったか書き出してみましょう。
2. 子どもの頃，どのような子どもの文化財に触れてきたかを思い出し，グループで話し合い，まとめてみましょう。
3. いくつかの幼稚園や保育所の理念を調べ，その施設の歴史や子ども観を学び，まとめてみましょう。
4. 子どもが描かれている文学や絵画を見て，どのような「子ども観」に基づいているのか，グループで話し合ってみましょう。
5. 自分自身や自分を育ててくれた周囲の人が，どのような「子ども観」をもっていたのか，振り返って考えてみましょう。

【参考文献】
・ヴィゴツキー，広瀬信雄訳『新訳版 子どもの想像力と創造』，新読書社，2002
・遠藤利彦・佐久間路子・德田治子・野田淳子『乳幼児のこころ―子育ち・子育ての発達心理学』有斐閣，2011
・アニタ・ショルシュ，北本正章（訳）『絵でよむ子どもの社会史―ヨーロッパとアメリカ・中世から近代へ』新曜社，1992
・ヒュー・カニンガム，北本正章（訳）『概説子ども観の社会史―ヨーロッパとアメリカにみる教育・福祉・国家』新曜社，2013
・フィリップ・アリエス，杉山光信・杉山恵美子（訳）『〈子供〉の誕生―アンシャン・レジーム期の子供と家族生活』みすず書房，1980
・ニール・ポストマン，小柴一（訳）『子どもはもういない』新樹社，2001
・河原和枝『子ども観の近代―『赤い鳥』と「童心」の理想』中央公論社，1998

- 小谷 敏編著『子ども論を読む』世界思想社，2003
- 柴田 純『日本幼児史－子どもへのまなざし』吉川弘文館，2013
- 元森絵里子『「子ども」語りの社会学－近現代日本における教育言説の歴史』勁草書房，2009
- 瀬田貞二『落穂ひろい〈上巻〉－日本の子どもの文化をめぐる人びと』『落穂ひろい〈下巻〉－日本の子どもの文化をめぐる人びと』福音館書店，1982
- 小川清実『子どもに伝えたい伝承あそび－起源・魅力とその遊び方』萌文書林，2001
- 中沢和子『イメージの誕生－0歳から行動観察』日本放送出版協会，1979
- 明神もと子編著『はじめて学ぶヴィゴツキー心理学～その生き方と子ども研究』新読書社，2003
- ボウルビィ，二木 武監訳『母と子のアタッチメント：心の安全基地』医歯薬出版，1993
- 松田恵示『おもちゃと遊びのリアル－「おもちゃ王国」の現象学』世界思想社，2003
- 佐々木正人『アフォーダンス入門－知性はどこに生まれるか』講談社，2008

Memo

子どもにとっての絵本とは

エピソード
　3歳のOちゃんが，おばあちゃんに絵本を読んでもらっています。ページをめくると，神社の境内に，たくさんの夜店が並んでいる場面。じっと見ていたOちゃんは，たこ焼きのお店を指でチョンチョンとつついて，それを，そのままお口へ。どうやら，お店で買い物をしたようです。おばあちゃんが，「おばあちゃんにも買って」と言ってみると，「百円くだしゃい」という返事。おばあちゃんが，うそっこの百円玉をわたすと，いったんポケットに入れて，ちょっと考えてから，そのお金で，おばあちゃんにもたこ焼きを買ってくれました。

　これは，つい最近，友人が「孫と絵本を読んでいたときにね」と，話してくれたエピソードです。なんと雄弁に，子どもにとって絵本がどんなものかを語ってくれる出来事ではありませんか。幼い子どもたちは，現実と空想の世界の間を自由に往き来できる特別の能力をもっています。絵本の中に出てくるお店で買い物をするのも，絵本に描かれたおいしいものを食べるのも，絵本の中に入り込むことのできる子どもたちにとっては，自然なこと。そのつもりになりさえすれば，絵本の中の出来事も，現実と同じように楽しめるのです。子どもならではの，この独特の能力のゆえに，絵本は，子どもにとって「体験」になります。現実の体験とほぼ同価値の，ときには，それを上回る価値をもつ体験なのです。

　ごく幼い子どもは，絵本の中に，実際に知っているもの，体験したことのあることが出てくるのを喜びます。そのような絵本は，現実の体験をより深く，しっかりと，心と体に刻む「追体験」になります。少し年齢がすすんでくると，子どもたちは，絵本の中に，これまでに見聞きしたことのないもの，味わったことのないことを求めるようになります。未知の世界を差し出してくれる絵本は，子どもたちにとって「冒険」です。絵本の中で，現実にはできないような冒険を重ねることによって，子どもたちの世界は広がり，知識が増えるだけでなく，感情の振幅も伸び，心がよく耕され，豊かになります。

　子どもと一緒に絵本を読んでいると，子どもが主人公と一体化して絵本の中に入り込み，絵本を体ごと「体験」し，絵本の中で「冒険」を楽しんでいる姿を何度も見せられます。また，子どもがくり返し手に取る絵本をよく調べてみると，隙間なく完成され，読者にその完成された世界を押しつけてくるような絵本でなく，どこかに余白があり，絵の中へ子どもたちを招き入れるような絵本が好まれていることがわかります。子どもは，絵本の中で遊びたいのですね。

　画家がさりげなく絵の中に潜ませた細部を，目ざとく見つけて喜ぶ子ども。絵のスタイルにも敏感で，たくさんある絵本の中から，お気に入りの画家の作品をちゃんと見つけ出してくる子ども。字が読めない子どもは，その分，絵を読む力にすぐれていて，ときに，おとなが読み取れなかった意味をしっかりとらえ，わたしたちを驚かせます。絵だけではありません。子どもに絵本を読んでやっている人は，子どもがリズムのある言葉に，どんなにすばやく反応するかに気づいておられるでしょう。一度読んでもらった物語をすぐにそらんじ，おとなの読み間違いを即座

に指摘するのも子どもです。その耳のよさと，記憶の確かさに，「参った！」と，かぶとを脱いだ方も大勢いらっしゃるのではないでしょうか。

　こんなふうに，子どもたちは，絵本の読者としては，なかなか侮(あなど)りがたい存在です。幼い子どもたちのもっている独特の感覚や能力は，残念ながら，おとなになる過程のどこかで失われてしまいます。おとなにとって絵本は，眺めて楽しむもの。ときに心動かされ，しみじみ味わうことがあるにせよ，中に入って体験し，冒険するものではありません。だとすれば，子どもたちがすばらしい読者でいる間に，そのすばらしさに見合う絵本に出会って，子ども時代をたっぷりと楽しんでくれるように願わずにはいられません。（公益財団法人 東京子ども図書館 松岡享子）

Memo

Column 2 読み聞かせの社会史点描

 子どもは目で学ぶ？ 耳で学ぶ？

「子どもは耳で聞くものよりも目で見るものの方をよく理解する」という言葉があります。

耳と目のどちらが学ぶうえで有効なのか，簡単には答えが出てきそうにありません。まずは，この言葉について，子ども観の歴史と読み聞かせの文化史から，いくつか考えてみることにしましょう*¹。

この言葉は，実は，近代教育の扉を大きく拡げた啓蒙時代のイギリスの哲学者ジョン・ロックが，有名な著書『子どもの教育』（1693年）の第4章で，作法と品性の教育を論じた文脈の中において述べている言葉です*²。ロックがこの教育論を書いていた当時の子どもは，形式的な知識や道徳目標を詰め込まれていました。よく意味も分からないまま，というより，教育にとってもっとも大切な子どもの主体性と創造性（そして想像力）を伸張させるのではなく，結果や結論を詰め込まれていたのです。当時は，学ぶ意味を理解する前に教え込むという時代で，子どもたちは，お説教や道徳のお題目について，一方的に毎日，毎時間，毎分，「耳にタコができる」ほど聞かされていたわけです。こういう，おとな中心の教育を批判するために，ロックは，子どもが興味を抱き，事柄の価値を知るようになるには，耳から聞かせるのではなく，よい物，よい例，大事な事実を，その目で直接見る（あるいは触れてみる）ようにするのがよいと助言したのです。

ロックが，子どもは目で学ぶと注意を喚起したのは，当時のお説教主義の詰め込み教育を批判するためでしたが，子どもは目で学ぶし，耳でも学ぶし，手や足でも学びます。感覚教育です。いわゆる，「肌で感じる」こともあるし，「親の背中を見て育つ」し，その場の雰囲気から学ぶこともあります。この問題を「読み聞かせ」の文化史の中で考察するとどうなるでしょうか？

 「語り聞かせ」の時代

読み聞かせの場所と時間が生まれるとき，そこには，いくつかの要素があります。

まず，「聞き手」である子どもがいます。この聞き手は，人生経験が比較的浅く，人間としての成熟の指標である①言語を操る能力，②技術を使いこなす能力，そして，③道徳的な判断を下して行動するという3つの指標のいずれにおいても発達途上にある子どもであることが多いと思います。

そして，もう一方には，「話し手」「語り手」として，これら3つの指標に比較的近い位置にいる年長者（年上のきょうだい，父親と母親，祖父母，近隣や親族の老齢者）たちが登場します。さらに，聞き手と語り手を媒介する「物語」（お話）が存在します。この「物語」は，古くは記憶によるものでした。比較的年長の者が，自分の体験や，昔から語り伝えられてきた説話（昔話），おとぎ話（フェアリーテイル）などを，その土地の方言や，子どもにと

---

*1）読み聞かせの文化史については，別のところで素描したことがあります。次を参照。北本正章「子ども空間の社会史的変貌──遊びと学びの文化変容」神宮輝夫・高田賢一・北本正章編著『子どもの世紀──表現された子どもと家族像』pp.3-28, ミネルヴァ書房，2013.

*2）ジョン・ロック，北本正章訳『子どもの教育』p.69, 原書房，2011. "Nor is it to be wonder'd at in children, who better understand what they see, than what they hear." John Locke, Some Thoughts Concerning Education (1693) ed. by John W. and Jean S. Yolton (Clarendon Press, 1989), §67. p.126.

ってわかりやすい表現，ときにはおまけのエピソードや解釈をつけ加えながら，独自の語り口と表情で，「語り」聞かせていました。

そこで語られる言葉は，語り手の身体表現によって深く印象づけられるものでした。たとえば，語り手の独特の発声法や言葉のリズム，抑揚，目やまぶた，あるいは唇や顔全体で，驚きや謎，喜びや悲しみ，安らぎと慰めが表現されました。また，ときには，長い間合いや沈黙によって，その場の空気全体に漂い広がる喜怒哀楽の感情などが表現されました。このように，語り聞かせの文化空間での言葉は非常に個性的で，身体表現をともなっており，子どもたちは目も耳も総動員させて，全身を，その物語空間に溶け込ませるようなものでした。

スイスの画家アルベルト・S・アンカー（Albert Samuel Anker, 1831-1910）が描いた，「語り聞かせ」の絵画（図版1）を見てみましょう。

この絵画の中で示されているように，老人による語り聞かせの空間では，子どもたちの目と耳は語り手の声ばかりでなく，その動作全体に集中しています。この空間は，子どもたち全員によって共有されており，子どもたちの集中は想像力と連帯感を強めています。

図版1 「語り聞かせ（祖父の物語）」
Albert Samuel Anker (1831-1910, Swiss), *Der Grossvater erzählt eine Geschichte*, 1884. Museum of Fine Arts Berne 所蔵

 ## 「語り聞かせ」から「読み聞かせ」の時代へ

最初は記憶に頼った「語り聞かせ」でしたが，次第に，語る内容が長くなったり，種類が増えたりしてくると，個人の記憶だけでは間に合わなくなってきます。こうなると，記憶を助けてくれるものが必要になるわけで，それが「文字」によって書き留められた物語でした。

文字で保存された伝承説話の時代になると，語り手は単に記憶力がよいとか，話し方がじょうずであるという資質や能力だけでは済まなくなります。①文字を読むことができる能力，②文字を音声に置き換え，それを語り言葉で表現する能力が必要になってきたのです。こうして，リテラシー，つまり読み書き能力が必要とされる言語文化の時代を迎えます。読み書き能力は，話す能力や聞く能力──これを英語ではふたつの「オーラル」，すなわち「聴覚」のauralと，「口述」のoralで区別します──を飛び越えて，「読むこと」と「書くこと」という高度なリテラシーを目指すようになります*3。その結果，伝統的な「語り聞かせ」の文化は，「読み聞かせ」の文化へと変容し，伝えられる媒体も，語り手の個性が反映しやすい記憶や記憶のイメージから，文字で書かれたものへと変わっていきます。この変化は大きなものでした。それは，入れ替えのきかない個性的な語り伝えの文化が，文字という客観的で普遍性が高い記号を解読することができる，入れ替えのきく語り手へと推移したことです。子どもは，語り伝えられる文化の中では語り手の人間的個性に惹きつけられますが，読み聞かせの文化の中では，読み手が音として表した文字記号によって，物語の意味や話しの筋（ストーリー）へと想像力をかき立てられます。

 ## 立場が逆転する「読み聞かせ」

このように，文字（活字）を理解できる人だけが物語を音読する時代になると，「語り聞かせ」文化は「読み聞かせ」文化へと変質します。こうなると，記憶や体験がなくても，文字を読むことができさえすれば，「読み手」

---

*3）読み書きの社会史研究家であるD・ヴィンセントは，同じリテラシーといっても，話したり聞いたりすることに比べて，読むことは非常に高度の能力が要求され，書くことはさらに高い技術と能力を必要とすると指摘しています（ヴィンセント，北本正章監訳『マス・リテラシーの時代──近代ヨーロッパにおける読み書きの普及と教育』新曜社，2011）。

は老人やおとなのような人生経験者である必要はなくなります。

　先に紹介したスイスの画家アンカーは，ルソーの教育思想がスイスの村の学校に広まった時代に生きた画家で，実際に，ルソーの思想にならった作品も残しています。そのような作品から，今度は「読み聞かせ」を扱った作品に目を向けてみましょう。図版2のように，「読み聞かせ」文化では立場が逆転することが起こり得ます。老人はゆったりと「お爺さんの椅子」に横たわって聞く立場です。重ね合わせた大きな両手は，この老人が若かりし頃は働き者であったことと，まじめな信仰心の持ち主であることを漂わせています。視力が弱まり，耳が遠くなっても，孫の少年が音読する聖書の言葉は世代を超えて心にしみ込むようです。この少年は学校で読み書きを学び，文字を解読することができているのです。この絵画には，聖書を介して，かつて語り聞かせてくれた老人と，読み聞かせができるようになった少年の立場が逆転しても，言葉によって心がつながるようすが描かれています。

図版2「読み聞かせ（祖父の祈り）」
Albert Samuel Anker (1831-1910, Swiss), *Die Andacht des Grossvaters*, 1893. Museum of Fine Arts Berne 所蔵

　この絵が描かれてから100年を少し過ぎた21世紀初めのインターネット時代の今日，「語り聞かせ」から「読み聞かせ」への文化変容の中で，老人の希少性が失われ，少子化の進行によって，子どもと老人の接触は，歴史上かつてなく薄まってしまっていくように感じられます。

 親による「読み聞かせ」

　近代以降の公教育体制が確立するようになると，「語り聞かせ」と「読み聞かせ」をする役割は，老人から教育熱心な中産階級の親の手に移っていきました。とくに，19世紀半ばを過ぎると，幼児教育・子育てに果たす女性の役割が，濃密に，ときには過剰に，強調されるようになりました。子どもに読み聞かせができる母親の姿が，中産階級の理想的なイメージとして，絵画や文学作品，児童文学などで強調されるようになっていきました。

　図版3のジョージ・D・レズリー（George Dunlop Leslie, 1835-1921）が描いた，母親による読み聞かせのシーンはこのことをよく示しています。この母親と娘の服装と家具は，ヴィクトリア時代の典型的な上層中産階級のセンスのよい家庭生活の文化を示しています。この絵画作品は，『不思議の国のアリス』と題されています。これは，1865年刊行の児童文学作品のタイトルですが，実は，この絵画の作者は，ルイス・キャロルの『不思議の国のアリス』（*Alice's Adventure in Wonderland*, 1865）から影響を受け，自分の妻（名前はリディア）と娘（名前はアリス）をモデルに，この絵を描いたのです。娘のアリスは，母親に寄り添って耳と目を集中し，読み聞かせは佳境に入っているようです。ソファーには，草花の一部と少女のお気に入りの人形が投げ捨てられ，少女の顔は母親の胸に押しあてられ，手を母親に握ってもらうスキンシップの中で安心感を確かめ，全身で読み聞かせ空間を満喫しているようすがう

図版3「母親による読み聞かせ」
George Dunlop Leslie (1835-1921, England), *Alice In Wonderland*, 1879. Royal Pavilion and Museums, Brighton & Hove 所蔵

かがい知れます。この絵の鑑賞者を引きつける少女の視線は宙に浮いて，読み聞かされる物語への意識の集中と，ファンタジー世界への想像力の羽ばたきをよく示し，それがこの絵画作品の魅力を増しています。

6 子どもは何から学ぶのか？

さて，話を最初に戻して，「子どもは耳で聞くものよりも目で見るものの方をよく理解する」という冒頭の問題に立ち戻ってみましょう。

子どもは言葉の学習を通して想像力を豊かにすることが大事なのですが，300年前のロックは，この問題について次のように述べていました。「子どもというものは（いや大人もそうですが），たいていお手本を見て行動するものです。わたしたちは皆カメレオンみたいなもので，いつも身近にあるものの色になります。子どももそうであると言っても，何ら不思議なことではありません。子どもは耳で聞くものより目で見るもののほうをよく理解するからです」[4]。

「読み聞かせ」の文化史が教えてくれるのは，子どもは読み聞かされる場では，言葉だけではなく，語り手も含めて，目と耳と全身をそばだてて，あらゆることを学んでいるということです。　　　　　（青山学院大学　北本正章）

[4] ジョン・ロック，前掲書，p.67.

Memo

Lesson 2 子どもの文化財の歴史的背景

> **学習のキーポイント**
> ①子どもの文化財の歴史的背景を理解する。
> ②成り立ちを知ることで，子どもの文化財それぞれの特徴や本質について考える機会をもつ。

1 子どもの文化財の成り立ちを学ぶ

　基礎編Lesson 2では，「わらべうた」「おはなし」「おもちゃ」「紙芝居，パネルシアター，ペープサート」「絵本」の成り立ちを学びます。

　基礎編Lesson 1の「2「児童文化」の概念の成立と変遷」（3ページ）でも学んだように，子どもの文化財の誕生と発展には，子どもの遊びとおとなの子どもへの眼差しが深く関わっています。子ども観や子どもの暮らしの変化に応じて，子どもの文化財は生み出されたり，その形が変わったりしてきました。成り立ちを学んだ後で，わらべうたを歌ったり，紙芝居を読んでみたりすると，それぞれの特質がよく理解できるようになります。また，子どもの文化財をどのように活用したら，子どもの遊びを豊かにできるのかについて，気づきが増すことでしょう。

2 わらべうた

1．「わらべうた」とは何か

> 「ひらいた　ひらいた　なんの花が　ひらいた
> 　れんげの花が　ひらいた」
> 　　　　　（わらべうた「ひらいた　ひらいた」より）
> ・・・・・・・・・・・・・・・・・・・・・・・・・・・
> 「勝ってうれしい　はないちもんめ
> 　負けてくやしい　はないちもんめ」
> 　　　　　（わらべうた「はないちもんめ」より）
> ・・・・・・・・・・・・・・・・・・・・・・・・・・・
> 「ぼうが　いっぽん　あったとさ」
> 　　　　　（わらべうた「かわいいコックさん」より）

　みなさんには，これらのうたを歌いながら遊んだ経験がありますか。子どもたちが遊びながら唱える歌は，日本では「わらべうた」と呼ばれます。先にあげたものは，「わらべうた」の中でも「遊びうた」に分類されるもので，そのほかに「数えうた」「あやしうた」「呼びかけうた」「唱えうた」「囃しうた」「子守うた」[*1]などがあります。

*1 基礎編 Lesson 4 の「2 わらべうた・手あそび」（74ページ）も参照のこと。

「わらべうた」の作者は不明です。繁下和雄は、「わらべうた」とは、「遊びを盛り立てるために、ことばや掛け声を調子よく唱えているうちに、抑揚が大きくなって歌になったもので、だれかが意図的に作曲したわけではなく、遊びの中で自然発生的にでき上がってきた歌なのです。したがって、子どもたちにとって最も自然で、最も実用的な歌」であると説明しています[1]。

だれかが即興で作る「わらべうた」は、みんなが聞き覚えて歌い継ぐ中で、その歌詞やメロディ、ハーモニー、リズムが変わっていきます。そのため、基礎編Lesson 4（74ページ）でも触れますが、時代や地域によって、「わらべうた」の歌い方は少しずつ違います。しかし、多くの「わらべうた」に共通することは、その国の伝統的な音の感覚に基づいて作られるということです。それは、「わらべうた」が、子どもたちの、あるいはおとなが幼い子どもに語りかける際の、言葉、囃し声、掛け声などから生まれたためだと考えられます。

2．「唱歌」と「童謡」
1）「唱歌」

「わらべうた」の作り手は不特定多数で、「だれ」とは特定できません。その点が、同じ子どもの歌でも、作詞家や作曲家が創作した「唱歌」や「童謡」とは異なります[*2]。

今日の幼稚園や小学校では、「唱歌」という言葉は使われていませんが、明治から第二次世界大戦が終結するまでは、文部省（現在の文部科学省[*3]）が教育的な意味を込めた「唱歌」を多数制作し、子どもたちに教えました。その中には、高野辰之作詞、岡野貞一作曲と推定される「春の小川」「もみじ」「朧月夜」「故郷」など、現在でも歌い継がれている曲があります。

学校教育の中で教えられる「唱歌」と日本の子どもたちが遊びながらに歌う「わらべうた」は、音階も違います。「わらべうた」は、半音のない五音階（「ドレミソラ」で構成された音階）で作られることが一般的ですが、「唱歌」の多くは、ヨーロッパ由来の七音階で構成された音楽に、日本の歌詞をつけて編曲されました。そのため、「わらべうた」と「唱歌」を聞き比べてみると、曲の印象が違うことに気づきます。また、「唱歌」が楽しく歌ったり、表現したりすることよりも、子どもたちに道徳を教えたり、士気を高めたりすることに重きを置いて作られたという点も、遊びの中から生まれた「わらべうた」とは異なります。

2）「童謡」

大正期になると、芸術運動が起こり、子どもの創造性や感受性を豊かにする歌や物語の必要性が唱えられるようになりました。

夏目漱石（1867-1916）のもとで学んだ鈴木三重吉（1882-1936）は、「世間の小さな人たちのために、芸術として真価ある純麗な童話と童謡を創作する、最初の運動」を興そうと、1918（大正7）年7月に児童雑誌『赤い鳥』（赤い鳥社）を創刊しました。これ以降、おとなが子どものために創作した歌は「童謡」と呼ばれます。

『赤い鳥』で活躍した作詞家には、北原白秋（1885-1942）、西条八十（1892-1970）、三木露風（1889-1964）らがいます。彼らは、草川信（1893-1948）、山田耕筰（1886-1965）、成田為三（1893-1945）らの優れた作曲家と手を組み、「かなりや」（西條八十作詞、成田為三作曲）、「からたちの花」（北原白秋作詞、山田耕筰作曲）、「しゃぼん玉」（野口雨情作詞、中山晋平作曲）など、叙情性豊かな童謡を子どもたちに届けました。

『赤い鳥』創刊の翌年には、『金の船』（金の星社）、『おとぎの世界』（文光堂）が出版され、童話、童謡は世間の注目を集めました。

▲『赤い鳥』第1巻 第1号の表紙（復刻版、ほるぷ出版）

---

[1] 繁下和雄「5 子どもと文化 1.歌・音楽」岡本夏木・高橋惠子・藤永 保編『講座 幼児の生活と教育 2生活と文化』p.135、岩波書店、1994．より。

[*2] 「唱歌」はひとり、あるいは複数名の作曲家と作詞家が、当時の文部省の依頼で制作したもの。「わらべうた」とは異なり、特定のおとなが作ったものではあるが、文部省が著作権をもつ契約であったため、作詞家名や作曲家名が公表されていない曲が多くある。

[*3] 2001（平成13）年に当時の科学技術庁と統合され、文部科学省となった。

3．昭和の子どもの歌

　大正から昭和初期にかけての「童謡」は，芸術家たちの子ども観，つまり，子ども時代の独自性を認め，子どもを純真無垢なものと捉える「童心主義」*4と呼ばれる思想に基づき創作されました。「童心主義」による「童謡」は，子どもの歌の世界における表現を深め，その芸術性を高めましたが，その一方で，おとなの理想像のみを追い求め，現実の子どもの姿を認めていないとの批判の声もあがりました。

　昭和に入ると，「童心主義」とは異なる，リズミカルで，朗らかな印象の子どもの歌が多く作られ，親しまれるようになります。これらも「童謡」ではありますが，大正期の「童謡」と区別して，今日では「子どもの歌」とも呼ばれています。

　第二次世界大戦中は，学校で愛国心を鼓舞する唱歌がさかんに歌われましたが，戦後は，情報メディアが発達し，文芸誌やレコード，ラジオだけでなく，テレビや映画など，さまざまな媒体で，音楽を楽しむことを目的とした「子どもの歌」が流れるようになりました。

　音楽産業が隆盛すると，子ども向けのレコードや，子どもが歌う曲が放送されたり，発売されたりすることも多くなりました。その中には，「ぞうさん」（まどみちお作詞，団 伊玖磨作曲，1953），「小さい秋みつけた」（サトウハチロー作詞，中田喜直作曲，1955），「およげ！たいやきくん」（高田ひろお作詞，佐瀬寿一作曲・編曲，1975），「だんご三兄弟」（佐藤雅彦作詞・プロデュース，内野真澄作曲，堀江由朗作曲・編曲，1999）など，子どもだけではなく，おとなも魅了して，国民的な人気を獲得した歌も多くありました。

*4　基礎編 Lesson1（18ページ）も参照のこと。

4．「わらべうた」の今

　ここまで，伝承の「わらべうた」と，子どものためにおとなが創作した「唱歌」「童謡」，そして，それらの総称ともいえる「子どもの歌」について学んできました。

　ところで，「わらべうた」は，今でも歌われているのでしょうか。

　子どもの遊びとともに生まれ，歌い継がれてきた子どもの文化財である「わらべうた」は，遊びが衰退すると歌われなくなるという宿命を背負っています。「だるまさんがころんだ！」と歌って鬼が振り向く「だるまさんがころんだ」や，「かくれんぼするもの寄っといで！」という唄を切っ掛けにみんなで集まり，「も〜う　いいかい」と節をつけて鬼が聞く「かくれんぼ」は，みなさんにも馴染みがあるでしょう。一方で，お手玉や毬つき遊び*5をする子どもの姿を見ることは少なくなりました。

▲「だるまさんがころんだ」で遊ぶ子どもたち。

*5　基礎編 Lesson 3（53ページ）やLesson 4（74ページ）もあわせて参照のこと。

> **毬つき遊びの歌の例―わらべうた「あんたがたどこさ」**
> あんたがた　どこさ　ひごさ　ひごどこさ
> くまもとさ　くまもと　どこさ　せんばさ
> せんばやまには　たぬきが　おってさ
> それをりょうしが　てっぽで　うってさ
> にてさ　やいてさ　くってさ
> それを　このはで　ちょっと　かぶせ

　残念ながら，子どもの遊びの変化とともに歌われなくなった「わらべうた」があります。子どもの育ちを支援するおとなが，昔の遊びや「わらべうた」のおもしろさを子どもたちに伝え，共

有することは，干上がりそうになった伝承文化の水路を再発掘するという意味でも，意義深いことです。

3 おはなし

1.「おはなし」とは何か

遠い昔から，世界中のさまざまな民族が，それぞれの物語を語り継いできました。現代に生きる私たちも，物語を紡ぎながら暮らしています。みなさんも，食卓を囲みながら，今日あった出来事を家族と話したり，自分が生まれた日のことを両親から聞いたりしているでしょう。物語ること，そして，他者の物語に耳を傾けることによって，私たちは，自分がどのような存在であるのかを確認し，自分自身を少しずつ形作っていくことができるのです。

「声で物語を語ること」と「語られる物語」，その両方を，「おはなし」といいます。声で物語を語ることについては，「ストーリーテリング」あるいは「素話」とも呼ばれてきました。視覚情報に溢れた現代，子どもが「おはなし」で物語と出会うことには，どのような意味があるのでしょうか。これから説明する「ストーリーテリング」の歴史や「おはなし」の内容を理解しながら，一緒に考えてみましょう。

2. ストーリーテリング

19世紀末頃，イギリスやアメリカの図書館で，子どもと文学の出会いをもたらす児童サービスのひとつとして「ストーリーテリング（storytelling）」という名称で，「おはなし」が行われるようになりました。もちろんそれまでも，家庭や地域で，おとなは子どもに物語を語ってきました。しかし，「おはなし」を聞くことが子どもの大きな喜びであるだけではなく，子どもに読書への関心を芽生えさせることにも繋がるという期待がもたれるようになったのは，「ストーリーテリング」という活動が始まってからです。図書館員を中心に，「おはなし」の内容が吟味され，語り方や語るための準備が検討され，改良されていきました。

日本に「ストーリーテリング」の活動が紹介されたのは，20世紀初頭のことでした。1917（大正6）年，アメリカで「ストーリーテリング」を学び，勤務する小学校でも実践した水田 光（1882-1964）が，『お話の実際』*6 を出版しました。この書物には，「おはなし」の語り方や選び方についての考察があり，さらに，語りに適した「おはなし」の紹介や分析がなされていました。このことから，「ストーリーテリング」に取り組む人びとが，「何をいかに語るか」とともに，「子どもたちがお話の世界に集中し，それぞれのイメージを豊かにすることができるような空間と時間を作りが必要である」ことを，その始動期から意識していたのだとわかります。

*6 大日本図書より，1917年に刊行された。

日本における「ストーリーテリング」の普及には，アメリカの公共図書館で学んだ渡辺茂男（1928-2006）や，カナダ，トロント市の公共図書館の活動を視察した石井桃子（1907-2008）らの活躍が影響しています。渡辺茂男は子どもの文学を多数翻訳し，創作したほか，慶応義塾大学では図書館学を教え，図書館における活動の重要性を説きました。また石井桃子は，イギリスで長年ストーリーテリングを行ってきた児童図書館員，アイリーン・コルウェル（Eileen Colwell, 1904-2002）の著書『子どもと本の世界に生きて』*7 を日本に紹介し，「ストーリーテリング」の意義と魅力を伝えました。石井桃子は，1958（昭和33）年に自宅の一室に「かつら文庫」を開き，「おはなし」の時間をもちました。渡辺茂男がそこで「おはなし」を語ることもあったそうです。

*7 アイリーン・コルウェル，石井桃子訳による。福音館書店より，1968年に刊行された。原書は，How I became a librarian, 1956。

なお，「ストーリーテリング」が英米でさかんになった頃，日本各地では，「口演童話」と呼ばれる活動が行われていたことも忘れてはいけません。

児童文学者の巖谷小波（1870-1933），久留島武彦（1874-1960），岸部福雄（1873-1958）らは，みずから創作した物語「お伽噺（とぎばなし）」を各地で語り聞かせし，小学校などの「お伽噺」が語られる会場に，教師や親などのおとなに連れられた多くの子どもたちが集いました。

　今日，「口演童話」の語り手は減りましたが，各地の図書館や家庭文庫で「おはなし」が実践されています。また，語り手の育成も熱心に行われています。1974（昭和49）年に「かつら文庫」と3つの家庭文庫を母体として設立された「公益財団法人 東京子ども図書館」では，ウェスタンミシガン大学大学院で児童図書館学を学び，ボルティモア市や日本の公共図書館で勤務した松岡享子（1935-）らが，語り手の育成に尽力しています。

3．「おはなし」の内容－伝承文学（昔話，伝説，神話，寓話（ぐうわ））

　次に，「おはなし」で語られる物語に注目します。「おはなし」で語られる物語の種類は多くありますが，大きく，「創作文学」と「伝承文学」に分けることができます。「創作文学」とは，作家が作った物語を，また，「伝承文学」とは，人びとが口伝（くでん）してきた物語を指します。口伝とは，文字で書き留めるのではなく，記憶して，話して伝えることを意味します。

　伝承文学の作者はいません。もちろん，最初に語り始めただれかはいたはずですが，さまざまな人びとが語り継ぐうちに，聞く者にも語る者にも快（こころよ）く，期待をもたせる展開になるように，言葉や展開が整えられてきました。つまり，伝承文学とは，共同体に暮らす人びとが作りあげ，次世代に伝えてきた物語であり，人びとの共有財産なのです。

　伝承文学は，その語りの内容によって，「昔話」「神話」「伝説」「寓話」の4つに分けることができます。ここからは，それらについて，ひとつずつ見ていきましょう。

1）「昔話」

　「昔話」は，人びとが楽しむことを第一の目的として作った，架空（かくう）の，つまり，「うそ」の物語です。電気が普及する以前，人びとは，夜ごと，囲炉裏端（いろりばた）に集まり，幼い子どもたちもおとなの膝に座って，家族みんなで年長者が語る昔話に耳を傾けました。そこでは，さまざまな内容，語り口で「昔話」が語られてきましたが，共通点もありました。そのひとつは，「発端句（ほったんく）」と「結句」の使用です。「昔話」は，「むかし，あるところに」「とんとむかし，あったとさ」といった，漠然とした場所や時間を示す，決まった言葉で語り始められます。これを「発端句」といいます。「発端句」は，おはなしを聞いている人たちに行う，「いまから架空の物語を語りますので，みなさん楽しんでください」という宣言のようなものでもあります。

　「発端句」と対になるのが「結句」で，これは物語の終わりを知らせる言葉です。「めでたし，めでたし」「とっぴんぱらりのぷう」「どんとはれ」などの常套句（じょうとうく）が告げられたとき，おはなしを聞いている人は，「これで昔話が終わったのだ」と理解します。

　また，昔話では，登場人物たちの感情や物語の背景は，詳細には語られません。登場人物たちの行動とその行く末を中心に，力強く，簡潔に語られていきます。そのため，聞いている人は，ストーリーに集中することができるのです。

　ほかにも，昔話固有の語りの様式があることが，スイスのマックス・リュティ（Max Lüthi, 1909-1991）[*8]らによって明らかにされてきました[*9]。リュティの昔話の理論はヨーロッパの昔話に関するものですが，日本の昔話にもよく当てはまることが，小澤俊夫（1930-）によって論証されました。

2）「神話」

　「神話」は，世界や人間，物事の起源や成り立ちを伝えるものです。いつとは答えられないほど遙（はる）か昔の事柄ですが，本当にあった出来事だと信じられて，語られています。「古事記」「ギリシア神話」「ローマ神話」「ケルト神話」「北欧神話」など，それぞれの民族が神話をもち，この

[*8] ヨーロッパ諸民族の昔話を調査し，それらの形態に文芸学的な共通点，いくつかの法則があることを明らかにしたのは，スイスの民間伝承文学の研究者，マックス・リュティである。グリムのメルヒェンを研究していた小澤俊夫は，リュティの『ヨーロッパの昔話―その形式と本質』（岩崎美術社，1995：*Das europäische Volksmärchen: Form und Wesen*, 1947）と『昔話 その美学と人間像』（岩崎書店，1985：*Das Volksmärchen als Dichtung: Ästhetik und Anthropologie*, 1975）を翻訳し，彼の理論を日本に紹介した。

[*9] 昔話の特徴については，発展編 Lesson 2（207～210ページ）を参照のこと。

世界にある物事とのつながりと意味とを共有し，語り継ぎながら共生してきました。神々の物語ですが，登場人物はそれぞれに個性があり，勇敢であったり，横暴であったり，優しかったり，欲深かったり，人間味があります。また，物語は思いもよらない展開や結びつきをして，聞くものを夢中にさせます。神話は，人びとの創造力の源泉ともなっており，絵画や音楽の主題となってきたばかりではなく，文学やダンス，ゲームにも，神話に着想を得た作品が存在します。

▲ギリシャ神話の神々が登場する。　ボッティチェリ（サンドロ・フィリペーピ）作，『春（ラ・プリマヴェーラ）』，ウフィツィ美術館所蔵　写真提供：© Alinari, Licensed by AMF, Tokyo / DNPartcom（※許可なく複製することを禁じます）

3）「伝説」

「昔話」は漠然とした過去の，そして「神話」は遠い昔の神の時代の物語を語るものですが，「伝説」はそれらよりも具体的な過去を舞台にした物語を，「神話」よりも事実であることを強く感じさせるような表現を用いて，史実として語ります。伝説として語られる出来事には，地名や物などの根拠となるものやつながりのあるものが，現在も残されている場合が多くあります。

4）「寓話」

「寓話」とは，教訓的な内容を含んだたとえ話です。動物の擬人化や比喩といった語りの技法を使って，人間という存在や人生の真実を聞き手におもしろく，分かりやすく伝えます。紀元前6世紀頃のギリシアで，「アイソーポス」（日本ではイソップと呼ばれる。Æsop／Aesop）が語り，それを人びとが語り継いできたといわれる『イソップ寓話』には，『アリとキリギリス』や『北風と太陽』など，現代でもよく知られた物語が含まれています。

4．再話

これらの伝承文学は，現在，口伝えではなく，「再話者」によって，私たちに届けられることが一般的になりました。昔話や伝説を文字で記す行為を「再話」といい，それを書き記す人が「再話者」となります。

19世紀に，ドイツの言語学者であったグリム兄弟（Jacob Ludwig Karl Grimm, 1785- 1863 & Wilhelm Karl Grimm, 1786-1859）が，ドイツ各地で聞き取ったおはなしを書き留め，子ども向けに編集した昔話集『子どもと家庭のメルヘン集』（*Kinder-und Hausmärchen*）は，日本では『グリム童話』と呼ばれ，親しまれています。グリム兄弟は，児童文学の作者ではなく，昔話の「再話者」である点を，ぜひ覚えておいてください*10。

伝承文学の語り手は，社会の変化とともに，残念ながら少しずつ減ってきました。今日では，書物を通じて昔話や神話の物語と出会うことが多くなりました。書物は，国境を越えて，さまざまな国や地域の伝承文学を伝えてくれます。活字になることで，生き延びたり，再発見されたりしたおはなしも多くあり，伝承文学からインスピレーションを受けた，児童文学やアニメーションも制作されています。

今日，私たちはその場に行かなくても，遠い国に伝わる昔話や神話を知ることができます。では，綴られた物語を読むことと，「おはなし」を聞くことは，同じでしょうか。文字を読めるようになった子どもが，それでも「読んで」と本を持ってくることがあります。このような行動は，物語を聞くことと，読むこと，あるいは見ることには，それぞれ違う味わいがあることを示しています。

*10 「童話」とは，子ども向けのおはなしの総称としても用いられている。グリム兄弟のいわゆる『グリム童話』とハンス・クリスチャン・アンデルセン（Hans Christian Andersen, 1805-1875）が創作した，子どものための童話集『アンデルセン童話』は，ともに，「童話」とみなされているが，このふたつの間には，伝承文学と創作の児童文学という違いがある。つまり，グリム兄弟は昔話の「再話者」であり，アンデルセンは「作家」ということである。

4 おもちゃ

1. おもちゃとは何か

ここまで，無形の子どもの文化財について見てきました。ここからは，有形の子どもの文化財の成り立ちをたどります。

最初に「おもちゃ」を取りあげましょう。「おもちゃ」は，子どもの遊びを豊かにする文化財のひとつです。「おもちゃ」という言葉の原意は，「手に持って遊ぶもの」です。「もてあそび」「もちあそび」が語源と推定されており，それらに接頭語の「お」がつけられ，「おもちあそび」となり，さらに語尾が抜けて，「おもちゃ」となったと考えられています。「もてあそぶ」という意味に合わせて，「翫弄」「弄物」「翫物」という漢字が使われた時代もありましたが，明治以降は，「おもちゃ」を「玩具」と書くことで定着しました[*11]。

▲積み木で遊ぶ子ども。

2. おもちゃの始まり

では，おもちゃは，いつ誕生したのでしょうか。先にも述べたように，おもちゃを，その語源をもとに「手に持って遊ぶもの」として考えてみると，おもちゃは人間の誕生の頃からあったといえます。石蹴り，笹笛，花占い，木の実のおはじきなど，私たちは自然物を「おもちゃ」にして，さまざまな遊びをしてきました。玩具屋に売っているものだけが「おもちゃ」ではないのです。

おとなが自然物を加工して作ったおもちゃの歴史も長くあります。永田桂子（1947-）は，「玩具そのものの歴史は古く，たとえば行事や神社・仏閣の信仰や，観光と結び付いた玩具（羽子板，たこ，張子人形，みやげものなど），さらに親が子どもにつくって手渡した手づくりの玩具などは年代を明らかにできないほど昔から存在する。ただし，玩具が量産され商品化されたのは比較的時代が新しく，元禄（一六八八～一七〇三）のころであろうといわれている」と述べています[2]。

3. 商品としてのおもちゃ

1) 江戸時代

おもちゃが商品として注目されるようになったのは，先にも述べたように，江戸時代からです。経済が急成長すると，豊かな生活を送る人びとも増え，子どものために高価なおもちゃを買い求める親も現れました。

当時，人気が高かったおもちゃは，「雛人形」や「五月人形」などの節句人形でした。江戸時代には医療技術が未熟であり，子どもが幼い命を落とすことも多くありました。そのため，おとなたちは，おもちゃにも子どもの健やかな成長への想いを託していました。かつては，宮中だけで行われてきた年中行事が，武士や市民の間にも流行し，節句人形を飾る家庭が増えました。とくに，桃の節句に飾る「雛人形」が人気を集め，雛人形を販売する「雛人形手遊問屋」が繁盛しました。また，雛祭りが近づくと，雛人形や雛道具が立ち並ぶ「雛市」が立ち，にぎわいをみせました。

2) 明治時代

明治に入ると，子どもの発達を支援する道具として，おもちゃが注目されるようになります。遊びを通した教育の思想や理念が海外からもたらされ，「教育玩具」が作られるようになりました。その中でも，日本の幼児教育と玩具に大きな影響を及ぼした，フレーベルの「恩物」とモン

---

*11 「おもちゃ」の語源については，斎藤良輔の『おもちゃ博物誌』（騒人社，1989），『日本の郷土玩具』（未来社，1962）などで詳しく述べられている。

2) 永田桂子『絵本観・玩具観の変遷』pp.9-10，高文堂出版社，1987，より。

テッソーリの「教具」を紹介しましょう。

(1)「恩物」

　フリードリッヒ・フレーベル (Friedrich Wilhelm August Fröbel, 1782-1852) は、ドイツの教育学者で、世界で初めて幼稚園を開いた人物です。フレーベルは、乳幼児期の子どもたちが、遊びながらに物の本質を知り、自らの精神を発達させることの大切さを説き、それを支援するためのおもちゃとして「恩物」を考案しました。子どもたちが、基本的な形や色の美しさと出会い、創造的な遊びを展開することができる「恩物」は、明治初期の日本の幼稚園教育にも熱心に取り入れられていきました。

(2)「教具」

　イタリアの医師でもあり、教育者でもあったマリア・モンテッソーリ (Maria Montessori, 1870-1952) の理論とおもちゃも、日本の幼児教育者の関心を呼びました。

　モンテッソーリは、幼児期には子どもたちが内在する力を発揮すること、そのための環境作りが重要であると考えました。子どもたちの感覚を豊かにし、自発性の発露を促すことができるおもちゃとして彼女が考えた「教具」もまた、日本の幼児教育に導入されました。「教具」はモンテッソーリ教育を行う幼児教育の場で使われるものですが、その思想は、明治以降の日本のおもちゃ作りにも大きな影響を及ぼしました。

3）明治後期から現在

　明治の終わりから大正にかけて、日本では、子どもの教育への関心が一層高まりました。おもちゃが、乳幼児の発達に重要であるという考えが広まり、その質がさかんに問われるようになります。子どもの教育に貢献するか否かという規準で、「優良玩具」「低俗玩具」という選別が行われました。しかし、教育的な効果のある玩具だけが発展したわけではありません。

　第二次世界大戦後、日本のおもちゃ市場は、高度経済成長とベビーブームを背景に拡大していきます。漫画、映画、テレビの普及とともに、子どもを取り巻く視覚メディアが発展していき、作品の世界観を楽しむおもちゃが作られて、作品と連動する形態で開発・発売されるようになりました。このようにしてキャラクター玩具が多く製作されるようになり、たとえば、アンパンマン、ウルトラマン、セーラームーンなど、ヒーローやヒロインになりきって遊ぶための、戦闘あるいは変身アイテムも、子どもたちに熱烈に支持されました。また、音や光が出たり、通信して友だちと対戦したりできるゲーム機など、子どもだけでなく、おとなも魅了する高機能なおもちゃも登場しました。ときにそれらは、金銭や時間の感覚を狂わせるほどに、人びとを惹きつけました。

　「おもちゃ」が溢れる現代では、どのような「おもちゃ」で遊ぶのか、ということとともに、いかに遊ぶかということが、保育・教育の場、生活の場、そして、おとなと子どもの両方に通じる課題となっています[*12]。

5 演じるための子どもの文化財
　－紙芝居、パネルシアター、ペープサート－

1．演劇を楽しむ子どもの文化財

　次に、舞台や人形などの道具を使って行う「劇遊び」について、見ていきましょう。

　劇を演じるための子どもの文化財はいろいろと作られてきましたが、ここでは、保育・教育の現場で用いられることの多い、「紙芝居」「パネルシアター」「ペープサート」の歴史をたどりたいと思います。

1）紙芝居

(1) 紙芝居の歴史

　「紙芝居」は、日本で生まれた子どもの文化財です。絵を見せながら「おはなし」を聞かせる

*12　認定特定非営利活動法人日本グッド・トイ委員会では、毎年、優良玩具「グッド・トイ」を選定し、各地で良質な遊びを広める活動を行っている。

文化は,「紙芝居」の登場以前から日本にありました。たとえば,仏教とともに大陸から伝わった「絵解き」は,曼荼羅などの仏教絵画を見せながら,人びとに,そこに秘められた意味や物語を語るというものでした。

また,江戸時代には,宗教を離れた娯楽としても,絵を見せながらの語りが,さまざまなメディア形態で楽しまれました。江戸中期に登場した「のぞきからくり」もそのひとつです。「のぞきからくり」とは,大きな木箱の中に物語性のある絵を何枚か仕込み,語りとともに楽しんでもらうという見せ物でした。やがて,「写し絵」が縁日に登場します。オランダから伝えられた幻灯をもとに,都屋都楽が考案したもので,幻灯機を抱え,薄いガラス板に描かれた絵を和紙の上に写し出し,語りや音楽とともに劇を演じる見せ物でした。さらに明治期には,三遊亭圓朝の弟子であった通称「新さん」が「立ち絵」を始めます。これは,10cm×20cm程度の紙の中央に持ち手をつけ,貼り合わせて,表面に絵を描き,人形以外の背景はすべて黒く塗りつぶした紙人形を作り,それを黒幕の上で手に持って動かしながら演じる芝居でした。現在は「立ち絵」と呼ばれているものですが,当時の人びとは,これを「紙芝居」と呼んでいました。

1929(昭和4)年頃になると,「立ち絵」を演じていた後藤時蔵らによって,平面的な絵をつぎつぎと見せながら演じる芝居,「平絵」が考案されました。登場人物と背景を葉書の倍くらいの大きさの紙に描き,これをもとに物語を語ります。「平絵」は街頭で演じられたので,現在はこれを「街頭紙芝居」と呼んでいます。

(2) 子どもと紙芝居

現在は,書店で多種多様な紙芝居が販売され,図書館や保育・教育の場で楽しまれていますが,このように,もともと紙芝居は大衆文化の中から生まれ,町中で演じられた娯楽でした。その頃は,貸元と呼ばれる業者が賃料を取って,紙芝居屋と呼ばれる人たちに紙芝居を貸し出していました。紙芝居屋は自転車の後ろに紙芝居の舞台を乗せて街頭に立ち,拍子木を叩いて宣伝します。紙芝居の舞台の下に設えた引き出しには,「ソースせんべい」「水飴」といった駄菓子がぎっしりと詰められており,子どもたちはそれらを買うと,紙芝居を見ることができました。作品は1話では完結しません。毎日,少しずつお話が展開していくので,子どもたちは,連日,紙芝居屋のもとに集いたくなりました。

人気の紙芝居屋もいました。当初は,街頭紙芝居の裏には台詞が書かれておらず,貸元が口頭で物語の大筋を伝えていました。そのため,演じる人によって,台詞やおもしろさにも違いがあったのです。また,街頭紙芝居からは,『墓場鬼太郎』(後の『ゲゲゲの鬼太郎』)や『黄金バット』などの人気作が生まれ,子どもたちは夢中になりました。

しかし,第二次世界大戦後,子どもの教育やそれに関わる子どもの文化財の質へ,おとなの関心が高まると,内容の過激さが問題視されるようになったり,駄菓子が不衛生であると指摘されたりして,テレビの普及とともに,少しずつ町から,その姿が消えていきました。

▲『紙しばい屋さん』。アレン・セイ作・絵による絵本で,ほるぷ出版より2007年に初版刊行。

とはいえ,紙芝居が無くなったわけではありません。1935(昭和10)年,全甲社を設立した高橋五山(1888-1965)が,「教育紙芝居」の一種,「幼稚園紙芝居」の第1作目として『赤ヅキンチャン』を出版しました。その後,堀尾青史,川崎大治,稲庭桂子,右手悟浄などによって作られた「教育紙芝居」は,保育・教育教材として注目され,普及していきました。現在では,幼児も楽しめる「参加型」と呼ばれる,聴き手とのコミュニケーションを密にしながら展開する紙芝居や,行事や食育をテーマにした「教育紙芝居」など,さまざまな内容と表現の紙芝居が作られており,日本だけではなく,海外からも注目を集めています。

2）パネルシアター

「紙芝居」を演じる際には，演じ手の存在が重要です。間の取り方，画面の引き抜き方，動かし方など，紙芝居の裏面に書かれた演出の工夫や台詞を見ながら，劇を行います[*13]。

「パネルシアター」もまた，演じ手の工夫が求められる子どもの文化財のひとつです。「パネルシアター」とは，毛羽立ちのある生地を張ったボードの上で，不織布で作った人形を貼ったり，剥がしたり，動かしたりして演じる劇遊びを指します。紙芝居とは異なり，台詞や展開は，すべて覚えて演じなければなりません。

「パネルシアター」は日本発祥の子どもの文化財であるといわれていますが，これとよく似たものが，ヨーロッパやアメリカにありました。紙人形を毛羽立ちのあるパネルに貼って演じる劇「フランネルグラフ（flannelgraph）」という劇遊びですが，人形が紙で作られていたため，展開に不自由さがありました。そこで，古宇田亮順（1937-）は，人形を紙ではなく，不織布に描くことを考えつきます。1973（昭和48）年のことでした。不織布は毛羽立ちのあるフランネルなどの生地の上に貼りつくため，人形を動かしたり，裏返したりすることが可能になり，「フランネルグラフ」よりも，動きのある劇が演じられるようになったのです[*14]。

3）ペープサート

先に述べたように，「立ち絵」は，「平絵」が登場すると衰退しました。しかし，戦後，紙芝居屋を営んでいた永柴孝堂（1909-1984）は，黒地に色を施した紙人形だったものを，白地に色を塗った紙人形へと変えることを思いつきました。こうして誕生したのが，さまざまな背景の舞台上で，紙人形で遊ぶ人形劇遊び，「ペープサート（paper puppet theater）」です。

紙人形は，2枚の紙の表と裏に絵を描き，間に持ち手となる竹串や割り箸などを挟んで貼り合わせ，余白を残して型抜きして作ります。大きく2種の人形があり，表と裏に同じポーズで左右逆向きに絵を描いたものは「基本人形」，表と裏に違うポーズや表情を描いたものは「活動人形」と呼ばれます。これに，芝居の背景や道具を描いた「景画」，あるいは，絵の裏と表で背景や道具の姿を変化させた「活動景画」も加えて，人形を動かしながら表と裏に返して動きの向きを表現したり，表情や情景の変化を見せたりしながら，人形による劇遊びを楽しみます。「立ち絵」は街頭で楽しまれましたが，「ペープサート」は，保育・教育の場で親しまれています[*15]。

6 絵本

1．絵本の源流

最後に絵本を見ていきましょう。絵で語ること，言葉で語ること，それぞれに長い歴史が紡がれてきました。そのため，その両方を書物という形態においてデザインした絵本には，複数の源流が見つかります。フランスやスペインの先史時代の洞窟壁画[*16]にも，中世の時祷書[*17]のイラストレーションにも，奈良時代の陀羅尼経[*18]や平安時代の絵巻物にも，ドイツの一枚絵にも，絵本へと繋がる表現が見出せるのです。つまり，絵本の始まりをどこに定めるかは，絵本をどのようなものと定義するかによって異なります。

たとえば，絵本というメディアの存在意義，とりわけ，子どもという特別な存在にとってのそれと，特権階級だけではなく，多くの人が手に取ることができる複製芸術品，印刷された書物であることを重視するのならば，絵本のはじまりとして，1658年にラテン語とドイツ語で出版された，モラヴィアのJ.A.コメニウス（Johannes Amos Comenius, 1592-1670）が制作した『世界図絵』（*Orbis Pictus*, 1658）をあげることが適切でしょう。

宇宙の仕組みから身近な物事までを，絵と言葉によって巧みに構成して，わかりやすく，美しく図解したこの絵本の登場は，子どもと，子どもの教育に関心を抱くおとなたちに歓迎され，絵

[*13] なお，紙芝居の演じ方については，基礎編Lesson 4（92ページ）を参照のこと。

[*14] パネルシアターの作り方・演じ方については，実践編Lesson 3（170，171ページ）を参照のこと。

[*15] ペープサートの作り方・演じ方については，実践編Lesson 3（165，166ページ）を参照のこと。

[*16] 「ラスコーの壁画」を基礎編Lesson5（104ページ）に掲載。参照のこと。

[*17] キリスト教徒が時祷するため，つまり，毎日決まった時間に祈りを捧げるために用いる祈祷文が記された書物。

[*18] 仏教で用いられる呪文を記した経典。

本というメディアの力を人びとに気づかせるきっかけとなりました。同書は，発表の翌年に英語訳が出版されたのを始まりとして複数の言語に翻訳され，ヨーロッパ各国で出版され，ベストセラーとなりました。

　現代の子どもたちが『世界図絵』そのものを手に取る機会は少なくなりましたが，『世界図絵』のように，世界の事象の有り様とその仕組みを，絵と言葉で伝えて，読者の関心や興味を育てることを目的とする絵本は，「科学絵本」(science picture books)，あるいは，日本では「知識絵本」と呼ばれて発展し，医療や建築など，教育や文学以外の分野でも数多く出版され，活用されています。

　しかし，『世界図絵』は図鑑的な要素の強い書物であり，今日の絵本の作家たちが大事にする，「ページめくりのドラマ」[19]が欠けていました。絵と言葉を組み合わせ，ページをめくることで展開する物語を絵本で最初に語ったのは，イギリスのランドルフ・コルデコット（Randolph Caldecott, 1846-1886）でした。

2．絵本の誕生

　絵本の「ページめくりのドラマ」を重視したとき，印刷と製版技術の歴史を確認しないわけにはいきません。

　ヨハネス・グーテンベルク（Johannes Gutenberg, 1398年頃-1468）が活版印刷を発明したのは15世紀のことでした。これにより，書物の大量複製が可能になりましたが，初期の印刷技術には限界があり，長らく，絵と文字は別々に印刷されていました。

　絵と文字が同じページに印刷できるようになるのは，18世紀後半のことです。イギリスにトマス・ビュイック（Thomas Bewick, 1753-1828）が現れ，木口木版の技術が開発されました。それまでの木版画には，木を縦方向に切って採取した，柔らかく，彫り易い版木が使用されていましたが，ビュイックは，木を輪切りにした，硬く，目の詰まった版木を使い，ビュランと呼ばれる彫り具を使うことで，太さや方向，深みなどの異なる線を彫り分けてみせました。木口木版は凸版であるため，平圧のプレス機で，活字と同時に絵を印刷することもできたので，文字と繊細な表現の線や面や影を，同じページに印刷することが可能になりました。

　絵本の大きな要素である色彩表現の可能性も，19世紀に，印刷技術の進歩によって開かれていきます。それまでは，木版，銅版，石版による単色刷の紙面に，手彩色を施すことが一般的でしたが，石版による多色印刷技術の発明により，19世紀の中頃には多色石版刷り挿絵が主流となりました。19世紀の終わり，フランスには，モーリス・ブーテ・ド・モンヴェル（M. Boutet de Monvel, 1850-1913）が，スイスには，エルンスト・クライドルフ（Ernst Kreidolf, 1863-1956）が現れ，リトグラフ（石版）による美しい絵本が発売されました。

　モンヴェルの『ジャンヌ・ダルク』（Jeanne d'Arc, 1896）は，見開きの画面を大胆に使い，ときには絵の枠を踏み越えるような表現を用いて，神託のためにイギリス軍と懸命に戦うジャンヌ・ダルクの勇姿を，繊細な線と劇的な構図，穏やかで深みある色彩で壮麗に描き上げた，優美で荘厳な物語絵本でした。また，クライドルフは，小さな花や昆虫を主役に，愛らしく，興味深い空想の世界を，想像力たっぷりに創出し，人びとの眼を楽しませました。

　一方，イギリスでは，木版の多色刷りが実現します。その功労者が，エドマンド・エヴァンズ（Edmund Evans, 1826-1905）です。エヴァンズは，ビュイックの技術を継承し，ウォルター・クレイン（Walter Crane, 1845-1915），ケイト・グリーナウェイ（Kate Greenaway, 1846-1901），そして，ランドルフ・コルデコット（Randolph Caldecott, 1846-1886）と出会い，3つの異なる才能を絵本で開花させていきました。

　では，3名の絵本作家たちは，どのような個性を発揮したのでしょうか。クレインの絵本を見

[19] アメリカの絵本研究者バーバラ・ベイダー（Barbara Bader）が，1976年に出版した American Picturebooks: from Noah's Ark to the Beast Within（Macmillan, 1976）で示した絵本の定義を，英米児童文学および絵本の研究者であり，初代絵本学会会長を務めた吉田新一は，次のように翻訳した。「ピクチュアブック（絵本）は，テキストとイラストレーションがトータルにデザインされたものであり，マニュファクチュアの産物，すなわち，生産品であり，コマーシャル・プロダクト，すなわち商品であり，また，社会的，文化的，歴史的ドキュメント（記録）であるが，なによりも第一に，子どもにとって一つの経験となるものである。芸術の形態としては，絵本は，絵とことばの相互依存，向かい合う二つのページの同時提示，ページめくりのドラマをかなめとしている。そして，絵本は，それ自体として，無限の可能性をもつ」（吉田新一『絵本／物語るイラストレーション』，pp.222-223，日本エディタースクール出版部，1999より）。

ると，その力強い表現に圧倒されます。浮世絵の影響も思わせる大胆な構図や配色，装飾的な線で，物語性を豊かに感じさせる場面が連続します。クレインの描く人や物が圧倒的な存在感を放つのに対して，グリーナウェイの絵本は，読者を華やいだ気持ちにさせるものでした。古きよき時代のイギリスの風景の中で，仕立てのよい，美しく愛らしい服に身を包んだ子どもやおとなが登場し，読者の憧れを誘いました。

一方，コルデコットの絵本は，クレインやグリーナウェイの描く世界よりも，素朴で，人間味溢れるものであったといえます。そして，絵本の「物語る」という特性をよく活かしたものでした。エヴァンズの印刷技術とコルデコットの描写力，構成力をもって完成された『これはジャックの建てた家』(The House that Jack Built, 1878) と『ジョン・ギルピンの愉快なお話』(The Diverting History of John Gilpin, 1878) は，1878年の冬に出版されると大評判となり，それ以降，コルデコットが40歳で早逝するまで，クリスマスに2冊ずつ，計16冊の絵本が出版されました。

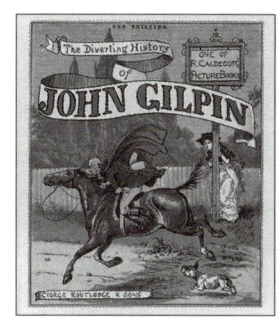

▲ランドルフ・コルデコット『ジョン・ギルピンの愉快なお話』(1878年)の表紙。福音館書店復刻版。

20世紀後半を代表するアメリカの絵本作家のひとり，モーリス・センダック (Maurice Sendak, 1928-2012) は，タイトルもまさに『コルデコットとその仲間たち』(Caldecott & Co.: Notes on Books and Pictures, 1988) とした書籍において，コルデコットの絵本を次のように語りました。

> コールデコットの業績は，現代絵本の幕開けを高らかに告げるものでした。彼は言葉と絵とを対位法的に併置する天才的なやり方を考案しましたが，それはそれ以前にはまったく見られなかったものでした。言葉が省かれ，そこを絵が語る。絵が省かれ，そこを言葉が語る。ひとことで言えば，これこそは絵本の発明でした。
> 出典) モーリス・センダック, 脇 明子・島 多代訳『センダックの絵本論』p.22, 岩波書店, 1990, より

コルデコットの絵本の出版，それは，物語るメディアとしての「絵本」の誕生を告げるものだったのです。それ以降，印刷技術の進歩を活かして，多様な内容と表現の絵本がつぎつぎと出版されました。

20世紀初頭には，コルデコットの正統なる，そして，直近の後継者，ビアトリクス・ポター (Helen Beatrix Potter, 1866-1943) が現れました。ポターは，幼い頃から自然や動物を愛し，植物学者を目指していましたが，当時の学会は男性優位の社会であり，女性が研究者として認められ，自立することが困難でした。ポターが，自然や動物の生態をつぶさに観察し，スケッチした経験を活かして水彩画で創造した『ピーターラビットのおはなし』[*20]は，写真製版の技術によって，その世界を絵本化することに成功し，100年の歳月を経た今も，世界中で愛読されています。

現代では，ピーターは絵本を飛び出して，キャラクターとしてひとり歩きをしている感がありますが，彼は決して愛らしいだけの男の子ではありません。うさぎとしての野生を備え，好奇心旺盛で，生きることに懸命な雄のうさぎです。ビアトリクス・ポターの作品では，人間と動物はときに

▲『ピーターラビットのおはなし』より，16，17ページ。

*20 ビアトリクス・ポター作・絵, 石井桃子訳による絵本。現在出版されているものは，福音館書店より，2002年に初版が刊行された。原書は, The Tale of Peter Rabbit, (私家版1901, フレデリック・ウォーン社版1902)。

寄り添い，ときに敵対し，それぞれの生涯を逞しく生きていきます。

　小型の絵本で展開される，自然界に暮らす小動物たちの世界は，読者を，それを覗き見るようなワクワクとした気持ちにさせました。動物の肢体や毛並みなど，その描写はどれもポターの長年の観察に基づいた正確なものでありながら，さまざまな人間の姿が，動物種の特性を活かした擬人化によってユーモラスに描かれているため，読むたびに，読者の自然や動物への関心が増す作品となっています。

　ポターが登場した後，ロシアではイワン・ビリービン（Ivan Bilibin, 1876-1942）が，イギリスではアーサー・ラッカム（Arthur Rackham, 1867-1939）が，デンマークではカイ・ニールセン（Kay Nielsen, 1886-1957）が活躍し，装飾的かつ流麗な線描で，幻想的な絵本世界を作りあげていきます。彼らは絵本作家というよりは，類希な個性と技巧を備えたイラストレーターであり，魔術的な美しさを醸す挿絵の絵本をつぎつぎと発表し，絵本は芸術であることを人びとに印象づけました。

3．第一次黄金期：1920～1930年代

　先に述べたように，絵本の黎明期には，絵と言葉は品のよい，洗練された響き合いをみせていました。しかし，1920年代に入ると，絵と言葉の関係は多様になります。

　絵本史において，ひとつのターニングポイントとなった作品は，『100まんびきのねこ』[*21]でした。作者のワンダ・ガアグ（Wanda Gág, 1893-1946）は，モラビア（現在のチェコ）出身の両親から受け継いだ民衆的な語りと造形のセンスを発揮して，絵本の表現における可能性を開きました。

　ガアグの絵本は，植物や生き物を思わせる，有機的な黒い線の美しさと妖しさを特徴とし，ゾッとするような迫力があります。『100まんびきのねこ』では，老夫婦が飼い猫を求めて探しますが，100万匹も猫が集まり，その猫たちが熾烈な闘いをくり広げ，最後には，何もしなかった猫が生き残るのです。おびただしい数の猫，

▲『100まんびきのねこ』より，14，15ページ。

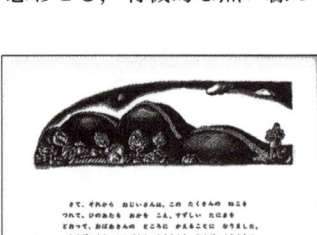

その過剰な数がもたらす恐さ，おじいさんが歩く道の長さ，家からの遠さなど，絵本の横長の画面を存分に使い，生命力を感じさせる曲線による絵と，丸みを帯びた手書き文字とを組み合わせて，平面的な物語をダイナミックに語ることに成功しました。

　また，この時代，絵本になされた革新のひとつに構図の取り方があります。マジョリー・フラック（Marjorie Flack, 1897-1958）は，ワンダ・ガアグとともに，卓抜したデザイン感覚で，アメリカの物語絵本の第一次黄金期を築いた絵本作家です。代表作は，スコッチ・テリアの仔犬アンガスに，幼い子どもたちの冒険心を託した『アンガスとあひる』[*22]です。同書では横長の画面を生かして，アンガスの低い目線からの景色を描き出し，対象を画面いっぱいに大写しにする「クローズアップ」や，対象の全体が写るように遠景で撮影する「ロングショット」など，映像から学んだアングルを採用して，幼い子どもたちが自己を投影して夢中になれる冒険物語を，愉快に，スリリングに語りました。

[*21] ワンダ・ガアグ文・絵，石井桃子訳による絵本。福音館書店より，1961年に初版が刊行された。原書は，*Millions of Cats*, 1928。

[*22] マージョリー・フラック作・絵，瀬田貞二訳による絵本。福音館書店より，1974年に初版が刊行された。原書は，*Angus and the Ducks*, 1930。

4．多彩な登場者たち

　絵本の中では，人間のおとなや子ども，動物や植物，さらには，車や家まで，さまざまな属性の主役たちが活躍してきました。世界的な人気者となった動物もいます。先に紹介した，イギリスで生まれた『ピーターラビットのおはなし』だけでなく，他国の絵本でも，さまざまな種類の動物が活躍してきたことは，みなさんもご承知のことでしょう。

　たとえば，ジャン・ド・ブリュノフ（Jean de Brunhoff, 1899-1937）による『ぞうのババール』[23]は，1931年にフランスで発表されました。『ピーターラビットのおはなし』とは異なり，この絵本はとても大きな判型で制作されました。その本の中でブリュノフが語ったのは，絵本のサイズと同じように，ポターが描いた慎ましやかな日常世界とは打って変わって，大きな物語，つまり国政を行う象の物語でした。『ぞうのババール』は，ハンターに森を追われた小さな象が，人間の庇護を受けて成長し，象の王様になるまでを描く，スケールの大きな物語絵本です。

　また，人間の子どもを主役にした絵本にも，長く読み継がれてきたものが多くあります。20世紀初頭には，各国で，テーマも表現も多彩な物語絵本がつぎつぎと出版されていきましたが，その中で，人間のドラマを表情豊かな線と味わい深い彩色で描いたのは，エドワード・アーディゾーニ（Edward Ardizzone, 1900-1979）でした。彼は，『チムとゆうかんなせんちょうさん』[24]で，船乗りに憧れる少年チムの夢が叶い，さまざまな冒険を乗り越えていくドラマを語りました。ペンと水彩で，印象深く描写された，小さなチムがおとなと対等にわたり合いながら，懸命に航海に取り組む姿は，子どもたちを夢中にさせました。

5．第二次黄金期：1940年代以降～

　物語絵本の発展は，表現や登場者の多様化だけにとどまりません。社会の変化に応じて，絵本作家の問題意識も変わり，取り扱われるテーマの幅も広がりました。

　バージニア・リー・バートン[25]（Virginia Lee Burton, 1909-1968）は，社会の変化の中で，人間，とくに女性の想いや生き方がどのように成し遂げられるのかに関心を向けていた絵本作家でした。若者の奢りと暴走を描いた『いたずら きかんしゃ ちゅう ちゅう』[26]や，自分が活躍すべきときのためにいつも備えており，そのときが来ると，自らの役割をまっとうした『はたらきものの じょせつしゃけいてぃー』[27]など，子どもたちに人気の高い乗り物を扱った物語絵本でも，主役の性別を女性に設定して，因習的なジェンダー・ロール[28]に揺さぶりをかけました。

　また，『ちいさいおうち』[29]では，定点観測のように，同じアングルで一軒の家を見つめ続け，そこに刻まれる「時」を描くことで，環境の変化を浮き彫りにしました。家を主役にしながら，それを取り巻く環境の変化をわかりやすく表現するとともに，私たちにとって，「文明化が本当に幸せであるのか」と，問いかけたのです。

　デザイナーでもあったバートンは，絵本の見返しの表現や活字のレイアウトなどにも趣向を凝らし，子どもたちが，隅から隅まで楽しむことができる物語絵本を作りあげました。

　絵本で語られたのは，もちろん冒険ばかりではありません。マリー・ホール・エッツ（Marie Hall Ets, 1895-1984）は，『もりのなか』[30]で，子どもの内省的な世界を鉛筆画で描き出し，静かで穏やかで温かみがありながら，力強い世界を生み出しました。

6．第二次世界大戦後の絵本：1950年代以降

　第二次世界大戦後には，文字だけに頼らず，視覚言語の力を信じ，子どもも楽しめるコミュニケーションツールとしての，また，書物としての絵本の存在意義を問い直した絵本が作られるよ

---

[23] ジャン・ド・ブリュノフ，やがわすみこ訳による絵本。評論社より，1974年に初版が刊行された。原書は，*Histoire de Babar*, 1931。

[24] エドワード・アーディゾーニ作，瀬田貞二訳による絵本。福音館書店より，2001年に初版が刊行された。原書は，*Little Tim and the Brave Sea Captain*, 1936。

[25] plus11（186ページ）を参照のこと。

[26] バージニア・リー・バートン文・絵，村岡花子訳による絵本。福音館書店より，1961年に初版が刊行された。原書は，*Choo Choo*, 1937。

[27] バージニア・リー・バートン文・絵，石井桃子訳による絵本。現在出版のものは，福音館書店より，1978年に初版が刊行された。原書は，*Katy and the Big Snow*, 1943。

[28] 社会が，男女の性別ごとに期待する役割や振る舞いのこと。

[29] バージニア・リー・バートン文・絵，石井桃子訳による絵本。岩波書店より，1965年に初版が刊行された。原書は，*The Little House*, 1942。

[30] マリー・ホール・エッツ文・絵，まさきるりこ訳による絵本。福音館書店より，1963年に初版が刊行された。原書は，*In the Forest*, 1944。

うになりました。ブルーノ・ムナーリ（Bruno Munari, 1907-1998）は，1945年に，愛息のために「しかけ絵本」を製作したのをきっかけに，絵本の世界で活躍するようになりました。

ムナーリに続いて，ポール・ランド（Paul Rand, 1914-1996），レオ・レオーニ（Leo Lionni, 1910-1999），ディック・ブルーナ（Dick Bruna, 1927-）などの優れたグラフィックデザイナーたちが絵本作りを始めるようになると，つぎつぎと新しい表現が提示されていき，読者層が広がりました。

たとえば，アン＆ポール・ランドの『ことば』[*31]は，シンプルな絵と素朴な問いかけで，「ことば」について考えることを誘う絵本です。グラフィックデザイナーたちが作る，無駄を削ぎ落したデザインと言葉によって，読者の思想や創造性を刺激するこれらの絵本は，おとなの読者をも夢中にしました。

1960年代以降には，子どもの文化や子どもの価値観に対するおとなの関心も一層高まり，絵本に登場する子どもの姿も大きく変わりました。モーリス・センダックは，『かいじゅうたちのいるところ』[*32]を始めとした彼の三部作に，怒りや不満や心配に苛まれる子どもたちを登場させて，論争を呼びました。

吉田新一（1931-）は，センダック出現の意義は，「子どもは無垢」というロマン派以来の認識を転換させ，「子どもが実に苦悩にみちた存在であると見て，同時に，子どもは問題を自力で解決できる力を秘めている存在だと見たこと」[3)]にあると指摘します。

▲『ことば』より，6，7ページ。

センダックと同時代にアメリカで活躍したトミ・ウンゲラー（Tomi Ungerer, 1931-）の絵本『すてきな三にんぐみ』[*33]にも，新しい子ども像，おとなの導き手となる少女が登場しました。目的もなく強奪をくり返して罪を重ねていた3人の盗賊は，少女の「宝は何に使うの？」という問いかけに，初めて行為の，そして，人生の意味を考え始めるのです。

センダックやウンゲラーの登場以降も，子ども像，テーマ，表現，それぞれに新しさを秘めた絵本がつぎつぎと誕生し，絵本の可能性もつぎつぎと開かれています。

7 子どもの文化財の歴史を知ることの意義

ここまで，有形・無形の子どもの文化財の歴史的背景を学んできました。それぞれの成り立ちを知ることで，子どもの文化財の個性や共通点が見えてきたでしょうか。

最後に，「子どもの文化財」という言葉に注目してみましょう。「子ども（児童）」と「文化」については，基礎編 Lesson 1 をはじめとした，ほかの章で十分に述べられていますので，ここでは「財」について考えてみます。

「財」の部首は「貝」であり，価値ある物を意味します。貝は貨幣として使用されることもありました。「才」は，「才能」や「働き」を意味します。つまり，「子どもの文化財」とは，子どもたちが朗らかに暮らし，成長することを願って，人びとが作り上げてきた物や活動です。それらに備わる「価値」や「働き」を十分に理解し，それらを活用するための工夫を怠らないこと，子どもが子どもの文化財に主体的に関わり，その恩恵を受けることができるよう環境を整えていくことが，子どもに関わるおとなの使命です[4)]。

[*31] アン・ランド，ポール・ランド作・絵，長田弘訳による絵本。ほるぷ出版より，1994年に初版が刊行された。原書は，*Sparkle and Spin*, 1957。

[*32] モーリス・センダック作・絵，じんぐうてるお訳による絵本。冨山房より，1975年に初版が刊行された。なお，1966年にウェザヒル出版社からも日本語版が出版された。原書は，*Where the Wild Thigs Are*, 1963。

[3)] 吉田新一「最盛期－モーリス・センダック その1」『平成19年度国際子ども図書館児童文学連続講座講義録　絵本の愉しみ（2）－アメリカ絵本の展開－』p.82, 国立国会図書館国際子ども図書館，2008，より。

[*33] トミー・アンゲラー作，今江祥智訳による絵本。偕成社より，1969年に初版が刊行された。原書は，*Die drei Räuber*, 1961。なお，Tomi Ungerer のカタカナ標記は複数あり，訳者によってTomiは，「トミ」「トミー」，Ungererは，「アンゲラー」「ウンゲラー」と違う。なお，現在は，本人の発音に一番近い，「トミ・ウンゲラー」という標記が取られることが多い。

[4)] 白川静『字通』p.602, 平凡社，1996，より。

Lesson2：演習問題

1. わらべうた「おなべふ」について調べ，友だちと遊んでみましょう。
2. 「昔話」とはどのようなものですか，その特徴を説明してみましょう。
3. フレーベルの「恩物」とはどのようなものですか。説明してみましょう。
4. アレン・セイの「紙しばい屋さん」（ほるぷ出版，2007）を読んで，紙芝居についての学びを深めましょう。
5. 子どもが登場する絵本を1冊ずつ持ち寄り，お互いに，読み聞かせをしてみましょう。そして，それぞれの絵本に子どものどのような姿が描かれているのか，共通点や相違点について考え，みんなで意見を交換してみましょう。

Memo

Lesson 3 子どもの遊びと生活

> **学習のキーポイント**
> ①現在，子どもを取り巻いている状況を理解する。
> ②子どもの遊びの現状を，具体的なデータから理解する。
> ③子どもと電子メディアに関する議論を把握する。
> ④メディアと「子ども観」の関係性を理解する。

1 子どもの生活の変容

かつて日本の家族は，3世代が同居する拡大家族が主流でした。しかし，1960年代の高度経済成長以降，日本の家族は少子化や核家族化がすすみ，家族形態は大きく変化しました。その変化にともない，子どもの生活も変化しています。

ここでは，家族形態と子どもの生活の変容がどのようなものであり，その変化に対して，行政をはじめとして，どのような取り組みが行われているのかについて見ていきたいと思います。

1. 少子化にともなう子どもの生活の変化
1）少子化と核家族化

家族形態が大きく変わった理由のひとつは，少子化が進んでいることがあげられます。内閣府のホームページの「少子化対策」の項目[1]を見てみると，第一次ベビーブーム時代であった1949（昭和24）年の出生数は269.7万人，第二次ベビーブーム時代であった1973（昭和48）年は209.2万人であったのに対して，2013（平成25）年は103.0万人と半分以下になっています。また，合計特殊出生率[*1]も1.43と，第一次ベビーブーム世代の4.32と比べ，各段に低くなっています。

そのため，かつて4人以上が普通だったきょうだい数は，現在，平均2人以下となっています。ひとりっ子家族も増えました。つまり，多くのきょうだいの中で鍛えられ，社会の関係を学ぶ機会は少なくなりました。そして，周囲に同世代の子どもが少ないため，子ども同士の接触や遊びの機会も少なくなっています。さらに，学校でも同学年の子どもが少なく，同じ顔ぶれで毎年過ごすので，いつも同じで，変化のないことを求める傾向が強まり，それによって，異文化など，自分の周りにある通常とは異なるものを受け入れる柔軟性が減ってきています[2]。

また，核家族化もすすんでいるため，いろいろな遊びや生活上の知恵，老いることの意味などを，経験豊かな祖父母が身近にいて，直接学ぶことができる子どもは少数になっています[*2]。同時に，子どもが育つうえで地域のおとなたちとの関わりも大切ですが，近年は，隣近所の子どものしつけに関与するおとなは少なくなっており，地域における教育力は確実に低下しています。

さらに，少子化により，一人ひとりの子どもに保護者の目がよく行き届くようになってきたため，子どもの行動を必要以上に干渉するようにもなってきました。それにより，親子関係は密着化し，過保護になってきています。このことに関連して，柏木惠子[3]は，保護者が子どもの将来の仕事に不安を抱き，英語やピアノなどを早期に教えるといった「先回り育児」[*3]に熱心にな

---

1) 内閣府ホームページ「少子化対策」(http://www8.cao.go.jp/shoushi/shoushika/data/shusshou.html) より。

*1 合計特殊出生率とは，ひとりの女性が一生の間に産む子どもの数の平均のこと。

2) 日本子ども社会学会研究刊行委員会編『子ども問題事典』pp.6-7, ハーベスト社，2013より。

*2 親（65歳以上）と既婚の子どもが同居している割合（同居率）の推移を見ると，1980（昭和55）年には52.5％と半数を超えていたが，その後，低下傾向が続き，2005（平成17）年には23.3％となった（内閣府「平成19年度版 国民生活白書－つながりが築く豊かな国民生活」，2007, http://www5.cao.go.jp/seikatsu/whitepaper/h19/10_pdf/01_honpen/より)。

3) 柏木惠子『子どもが育つ条件：家族心理学から考える』pp.37-102, 岩波書店，2008より。

*3 子どもが最後まで自分の要求を伝えなくても，保護者が子どもの欲していることを先回りして察し，その欲求・願望をかなえてやることをさす言葉。日本では，その傾向が顕著となっている。

りがちだと指摘しています。

　高学歴化する中で，子どもひとりにかかる教育費も莫大となってきています。文部科学省「平成22年度 子どもの学習費調査報告書」4)によれば，大学卒業までにかかる平均的な教育費（下宿費，住居費等は除く）は，幼稚園（3歳児から）*4・小学校・中学校・高等学校・大学のすべてについて国公立に通わせた場合でも約800万円です。これが，すべて私立となると約2,200万円を上回ります。このため，大学生が2人いる家庭では，可処分所得*5の半分近く（約44％）を教育費（下宿費，住居費等は除く）が占めるという状況になっています5)。また，2012（平成24）年度の「子どもの学習費調査」6)では，幼稚園（3歳）から高等学校（第3学年）までの15年間について，すべて公立に通った場合では約500万円，すべて私立に通った場合では約1,700万円かかるとされています。

　さらに，こうした学費だけでなく，学校外で何らかの学習生活を行っている小・中学生は8割7)となっています。

2）家族，学校，地域連携の子育て

　こうした変化の激しい社会の中で，近年では，家庭，学校，地域が連携し，社会が一体となって教育を考えようとする動きが顕著に現れています。2012（平成24）年8月に，子ども・子育て支援法を中心とした子ども・子育て関連3法*6が成立しました。子ども・子育て関連3法では，「幼児期の学校教育・保育，地域の子ども・子育て支援を総合的に推進」することを目的とし，地域の実情に応じた子ども・子育て支援として，「地域子ども・子育て支援事業」が位置づけられています。

　2012（平成24）年度の地域子育て支援拠点事業実施箇所数*7は，ひろば型が2,266か所，センター型が3,302か所，児童館型400か所で，合計5,968か所となっています8)。多くの地域でさまざまな取り組みが行われていますが，ここではそのごく一部を紹介します。

【事例1-3-1　埼玉県の取り組み】

　埼玉県では，県内の保育所，幼稚園あるいはその保護者会や小学校のPTA・おやじの会，NPOなどが開催団体となり，地域の父親を誘って「焼き芋をしよう」という事業を行っています。

　2005（平成17）年に32か所ではじまったこのプロジェクトは，年々活動を広げ，今では，毎年，秋から冬にかけて100か所以上で行われ，1万人以上の人びとが参加しています。

　開催の条件は，父親に呼びかけをするか，父親自身が企画すること，地域の人びとがオープンに参加できることです9)。

　このプロジェクトは，普段，母親に比べて，子どもとのふれ合いが少ない父親が子育てに参加するきっかけとなっています。また，それまで疎遠だった父親同士の結束や地域住民との交流にも役立っています。

【事例1-3-2　世田谷区と大学が連携した取り組み】

　世田谷区と武蔵野大学は，実家機能をもつ出産直後の宿泊型育児支援施設として，「武蔵野大学付属施設産後ケアセンター桜町」を創設しました。

　ここでの活動は，出産から産後ケア，育児支援までを視野に入れたもので，助産婦を中心とした専門職が24時間駐在しており，母親の全身の身体的ケア，育児技術，心理的サポートを行っています。また，同じ地域に住む母親同士が一緒に宿泊をし，一緒に食事をとるということで，母親同士の関係性が深まり，家に帰ってからもつき合いを続ける人もいるとのことです。若い母親たちは日常的なつき合いを地縁に求めることは少ないのが現状ですが，宿泊型産後ケ

---

4) 文部科学省ホームページ「平成22年度 子どもの学習費調査報告書」，2000（http://www.mext.go.jp/b_menu/toukei/chousa03/gakushuuhi/kekka/k_datail/1316220.htm）より。

*4　文部科学省における「学校」費の調査であるため，保育所については調査対象外となっている。

*5　労働の対価として得た給与やボーナスなどの個人所得から，支払い義務のある税金や社会保険料などを差し引いた，残りの手取り収入のこと。個人が自由に使用できる所得の総額。個人の購買力を測る際に，ひとつの目安とされる。

5) 文部科学省中央教育審議会「大学分科会（第110回）配布資料」，2012（http://www.mext.go.jp/b_menu/shingi/chukyo/chukyo4/siryo/1327455.htm）より。

6) 文部科学省ホームページ「平成24年度 子供の学習費調査」，2012（http://www.mext.go.jp/b_menu/toukei/chousa03/gakushuuhi/kekka/k_datail/1343235.htm）より。

7) ベネッセ研究所年報『子育て生活基本調査』（第4回）Vol.65，2010より。

*6　子ども・子育て関連3法とは，2012（平成24）年8月に成立した「子ども・子育て支援法」「認定こども園法の一部改正」「子ども・子育て支援法及び認定こども園法の一部改正法の施行に伴う関係法律の整備等に関する法律」の3法をさす（内閣府ホームページ「制度の概要」〈http://www8.cao.go.jp/shoushi/shinseido/outline/〉より）。

*7　発展編 Lesson 3（223ページ）参照。

8) 厚生労働省ホームページ「子供・子育て支援」（http://www.mhlw.go.jp/bunya/kodomo/kosodate.html）より。

アセンターが日常的な関係性を結ぶきっかけとなる可能性も大いに示唆されています[10]。

【事例1-3-3　兵庫県教育委員会の取り組み】
　兵庫県教育委員会では，1989（平成元）年から1998（平成9）年まで，「両親教育インストラクター養成講座」を実施して支援者の養成を行い，県内の子育て支援者ネットワークの基礎を築きました。こうして養成された両親教育インストラクターは，子育て学習（支援）センターで，子育てについての相談にのっています。このセンターでは，ほかにも，子育てグループの育成や親子の交流の場づくりなども行っています。こうした取り組みにより，地域の住民が断続的に子育て支援に取り組み，ネットワーク化を形成するのに役立っています。
　さらに，親学習プログラムには，親を対象にしたものだけでなく，将来親になる中高生を対象にしたプログラムもあります。子育て学習（支援）センターや学校など，さまざまな場所で子育て中の親はもちろん，将来親になる青少年にとっても，子育てが楽しく，夢のあるものになるように地域全体で取り組んでいるのです[11]。

　こうした取り組みが今後進展し，充実していくことで，保護者の孤立を防ぎ，地域全体で子育てを支える仕組みができることが期待されています。

3) 貧困や虐待

　こうした家庭，学校，地域が連携した教育が行われている一方で，日本では貧困化や虐待なども進んでいます。
　ユニセフの『Report Card10－先進国の子どもの貧困』によると，日本の子どもの相対的貧困率は14.9％（約305万人）で，高い方から9番目にランクされています[12]。
　また，2013（平成25）年度中に，全国207か所の児童相談所が児童虐待相談として対応した件数は73,765件（速報値）で，これまでで最多の件数となっています[13]。
　このため近年は，子どもに教育を受けさせることが困難な家庭が生じており，この点からも子どもを支える仕組みが求められています。

2．家庭をめぐる状況

　ここまで，家庭，学校，地域が連携し，社会が一体となって教育を考えようとする動きを見てきましたが，家庭内では労働時間の長期化により，父親の子どもとの接触時間が減少傾向にあります。
　ここでは，それに対し，どのような取り組みがなされているか見ていきたいと思います。

1) 父親の子どもとの接触時間の減少

　現在，日本においては，父親の子どもとの接触時間が減少傾向にあります*8。内閣府の「平成19年度版　国民生活白書－つながりが築く豊かな国民生活」[14]によれば，同居している家族と過ごす時間が「十分取れている」あるいは「まあ取れている」と回答したのは，全国の15歳以上80歳未満の男女3,172人（無回答を除く）のうち，82.4％でした。しかし，男性の場合は，その割合が30代で31.6％，40代で35.1％となっています。つまり，働き盛りの男性の約3割は，家族と過ごす時間が十分でないと感じているのです。
　また，総務省「社会生活基本調査」（2011〈平成23〉年）によると，6歳未満児のいる男性の家事時間は39分，育児関連時間（1日あたり）は1時間7分と，ほかの先進国と比べて低くなっています（表1-3-1）。男性の育児休業取得率は，民間企業で，2011（平成23）年には2.63％となっており，前年に比べ1.29ポイント上昇しました。国家公務員では，同年度は2.02％と前年比0.22ポイント上昇しました。しかし，女性（民間企業87.8％，国家公務員98.7％）の育

---

9) 西川正「『つながり』を育む支援とは－おとうさんのヤキイモタイムキャンペーン－」日本子どもを守る会編『子ども白書「子どもを大切にする国」をめざして』pp.186-187,本の泉社,2013より。また，「おとうさんのヤキイモタイム*キャンペーン」ホームページ（http://yakiimotime.com/）より。

10) 福島富士子「生活支援としての産後ケア施設をめざして」日本子どもを守る会編『子ども白書「子どもを大切にする国」をめざして』pp.132-133,本の泉社,2013,より。

11) 兵庫県教育委員会ホームページ「ひょうご親学習プログラム（平成22年度版）」（http://www.library.pref.hyogo.jp/kodomo/hyogo_oyagakushuu.pdf）より。

12) ユニセフ報告書『Report Card10－先進国の子どもの貧困』ユニセフ・イノチェンティ研究所,2012より。

13) 厚生労働省「平成25年度の児童相談所での児童虐待相談対応件数（別添1）」,2013（http://www.mhlw.go.jp/stf/houdou/0000052785.html）より。

*8　総務省統計局の「国勢調査」によると，1955（昭和30）年には自営業者が32％，家族従業者が14％だったのに対し，1995（平成7）年には，自営業者が15％，家族従業者が2％になっており，男性就業者の8割が雇用者（サラリーマン）になっている。それにより，子どもは，働く父親を見ることができなくなっている。また，内閣府が子どもとの接触時間を調査した結果，2000（平成12）年と2006（平成18）年を比較すると，全体的に短い時間にシフトしている（「特集　家庭，地域の変容と子どもへの影響」内閣府『平成20年版　青少年白書』pp.55-56,2008〈http://www8.cao.go.jp/youth/whitepaper/h20gaiyoupdf/index_pdf.html〉より）。

表1-3-1　6歳未満児のいる夫の家事・育児関連時間（1日あたり）

国名	家事関連時間	育児時間
日本	0:39	1:07
アメリカ	1:05	2:51
イギリス	1:00	2:46
フランス	0:40	2:30
ドイツ	0:59	3:00
スウェーデン	1:07	3:21
ノルウェー	1:13	3:12

出典）内閣府男女共同参画局「男女共同参画白書 平成25年版」, 2013（www.gender.go.jp/about_danjo/whitepaper/h25/zentai/）を参考に筆者作成

児休業取得率と比較すると低水準で、男女間で大きな差があります。

なお、わが国では、子どもがいる夫婦の夫の家事・育児時間が長いほど、第2子以降の出生割合が高くなる傾向にあります[15]。

2）接触時間の減少の背景

このような変化の背景として、労働時間の長時間化があげられます。2012（平成24）年の総務省の「労働力調査」によると、年齢別男性の週労働時間60時間以上の就業者の割合を見ると、子育て期にある30歳代男性において18.2％と、ほかの年代に比べ、もっとも高い水準となっています[16]。

また、内閣府『平成20年版 青少年白書』の中の「特集　家庭、地域の変容と子どもへの影響[17]」によれば、働く父親、母親の平日の帰宅時間はだんだんと遅くなり、21時以降に帰宅する人が3割以上を占めるようになりました。とくに、女性は男性よりは家族と一緒に過ごす時間が総じて長い傾向にありますが、18時までに帰宅する人が減り、18～20時の間に帰宅する人が増加しています。これにともない、夕食を家族揃って食べている頻度をたずねた調査では、「毎日」「週4日以上」と回答した人が減り、「週2～3日」という人が増えています。

3）イクメンの登場

こうした状況の中で、2007（平成19）年に「仕事と生活の調和（ワーク・ライフ・バランス）憲章」が策定され、「誰もがやりがいや充実感を感じながら働き、仕事上の責任を果たす一方で、子育て・介護の時間や、家庭、地域、自己啓発等にかかる個人の時間を持てる健康で豊かな生活」をめざす取り組みが行われはじめました[18]。

2010（平成22）年6月から、育児を積極的にする男性（イクメン）を応援する「イクメンプロジェクト」も実施されています。具体的には、①公式サイトでのイクメン宣言・イクメンサポーター宣言の募集、②ハンドブックなどの広報制作物を通した情報発信、③シンポジウムの開催、④イクメンエピソードコンテストの実施などにより、男性が育児をより積極的に楽しみ、育児休業を取得しやすい社会となるよう、多くの人に関心をもってもらえるような社会的気運の醸成を図っています[19]。なお、2014（平成26）年9月6日時点で、イクメン宣言の登録は1,844件、育児・育児休業体験談を投稿された人たちの中から選考された「イクメンの星」は22名となっています[20]。

3．生活習慣

こうした状況の変化に呼応するように、子どもたちの生活習慣も大きく変化してきています。

子どもたちが元気に健やかに成長していくためには、適切な運動と調和のとれた食事、十分な休養や睡眠が大切です。ところが、最近、「よく体を動かし、よく食べ、よく眠る」という、成長期の子どもにとって必要不可欠な基本的生活習慣が乱れています。「よく体を動かす」ことに

---

14) 内閣府「平成19年度版　国民生活白書－つながりが築く豊かな国民生活」p.12, 2007 (http://www5.cao.go.jp/seikatsu/whitepaper/h19/10_pdf/01_honpen/) より。

15) 内閣府男女共同参画局「男女共同参画白書 平成25年版」, 2013 (http://www.gender.go.jp/about_danjo/whitepaper/h25/zentai/) より。

16) 内閣府男女共同参画局「男女共同参画白書 平成25年版」, 2013 (http://www.gender.go.jp/about_danjo/whitepaper/h25/zentai/) より。

17) 「特集　家庭、地域の変容と子どもへの影響」内閣府『平成20年版 青少年白書』pp.55-56, 2008 (http://www8.cao.go.jp/youth/whitepaper/h20gaiyoupdf/index_pdf.html) より。

18) 内閣府「仕事と生活の調和（ワーク・ライフ・バランス）憲章」(http://wwwa.cao.go.jp/wlb/government/20barrier_html/20html/charter.html) より。

19) 「第2章　第2節　国の取組」内閣府『仕事と生活の調和（ワーク・ライフ・バランス）レポート2013～その残業、本当に必要？上司と部下で進める働き方改革～』, 2013 (http://wwwa.cao.go.jp/wlb/government/top/hyouka/report-13/h_pdf/s2-2.pdf) より。

20) イクメンプロジェクトのホームページ「『イクメンの星』紹介」(http://ikumen-project.jp/ikumen_star/index.php) より。

関係する子どもの遊びについては，このLessonの「2　遊びと子ども」（52ページ）以降で見ていくので，ここでは睡眠と食事について見ていきたいと思います。

1）睡眠

まず，ひとつ目にあげられるのが，睡眠時間の減少です。保護者の生活が夜型化するにともない，子どもの睡眠時間も少なくなっています。そのため，疲労が回復されないまま蓄積され，心身の健康をそこなう原因にもなっています。

ここでは，文部科学省が作成したパンフレット「企業と家庭で取り組む早寝早起き朝ごはん～大人が変われば，子どもも変わる～」[21]から，わが国の乳幼児の睡眠の現状を見ていきたいと思います。

まず，諸外国と比較すると，わが国の乳児は，22時以降に寝る割合が高くなっており，国際的に見ても遅寝傾向になっています（表1－3－2）。また，22時以降に寝る幼児の割合は，1980（昭和55）年から2000（平成12）年まで増えていましたが，2010（平成22）年には，大幅に減少しています（表1－3－3）。しかしながら，約3割程度の幼児の生活リズムは，依然として夜型であるといえます。

母親が働いており17～19時に帰宅する場合，23時以降に就寝する子どもの割合は29%です。それ対し，21時以降に帰宅する場合では37%に増加しています。母親の帰宅時刻が早いほど子どもの夕食時刻や就寝時刻が早く，夕食を子どもと一緒に食べている傾向が見られます。

また，19時までに帰宅する保護者の場合，子どもとコミュニケーション時間が1時間以上の者の割合が56%であるのに対し，21時以降に帰宅する保護者の場合では24%に減少しています。帰宅が遅くなるほど，子どもとのコミュニケーション時間がほとんどない者の割合が高くなるのです。

睡眠不足や不規則な睡眠リズムは，ホルモンや神経伝達物質の分泌に影響するため，イライラする・攻撃性が高まる・無表情になるなど，情緒面に影響を与えます。また，夜更かしや朝寝坊をしていると体温のリズムも乱れてしまい，体は時差ぼけのような状態になり，午前中にボーっとしたり，疲れやすくなります。睡眠覚醒リズムが乱れている5歳児は，睡眠覚醒リズムが整っている5歳児と比べて，三角形を正しく模写できない割合が高いという研究結果があります（図1－3－1）。そのため，乳児期から睡眠覚醒リズムが形成できる養育環境が重要です。

21）文部科学省「企業と家庭で取り組む早寝早起き朝ごはん～大人が変われば，子どもも変わる～」，2012 (http://www.mext.go.jp/a_menu/shougai/asagohan/1324894.htm) より。

表1－3－2　乳幼児の就寝時刻

国名	22時以降	19～22時	19時以前
日本	46.8%	51.9%	1.3%
スウェーデン	27%	47%	26%
イギリス	25%	42%	33%
ドイツ	16%	48%	36%
フランス	16%	78%	6%

出典）文部科学省「企業と家庭で取り組む早寝早起き朝ごはん～大人が変われば，子どもも変わる～」，2012，を参考に筆者作成

表1－3－3　就寝時間が午後10時以降の幼児の割合

年齢	1980年	1988年	2000年	2010年
5歳児	10%	17%	40%	25%
4歳児	13%	23%	39%	26%
3歳児	22%	36%	52%	31%
2歳児	29%	41%	59%	35%
1歳6カ月児	25%	33%	55%	30%
平均	19.8%	30%	49%	29.4%

出典）文部科学省「企業と家庭で取り組む早寝早起き朝ごはん～大人が変われば，子どもも変わる～」，2012，を参考に筆者作成

①正しく書けなかった子どもの三角形

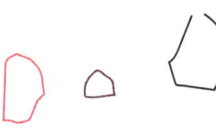

②正しく書けた子どもの三角形

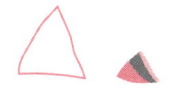

図1-3-1　子どもの基本的な生活習慣の大切さ「睡眠覚醒リズムと三角形模写の関係」

資料) Children's ability to copy triangular figures is affected by their sleep-wakefulness rhythms : Miyuki Suzuki, Takahiro Nakamura, et al: : Sleep & Biological Rhythms Vol.3(2), 2005

出典) 文部科学省「企業と家庭で取り組む早寝早起き朝ごはん～大人が変われば，子どもも変わる～」, 2012 (http://www.mext.go.jp/a_menu/shougai/asagohan/1324894.htm) 中の「社員向け啓発研修資料」pp.19-20より

2) 食生活

ふたつ目にあげられるのが，食事に関する問題です。ここでは，2012（平成24）年の厚生労働省「保育所における食事の提供ガイドライン」から，食事に関する問題を見ていきます[22]。

(1) 朝食の欠食について

朝食を「毎日食べる」子どもは，2000（平成12）年の約87％に比べて2010（平成22）年はどの年代でも90％を超えており，平均すると約93％と増加しています。これは，後ほど紹介する「早寝早起き朝ごはん」運動の成果のためです。

一方，おとなの朝食の欠食率を見ると，子育て世代の20～29歳の男性29.7％，女性28.6％，30～39歳の男性27.0％，女性15.1％，40～49歳の男性20.5％，女性15.2％と，とても高くなっています。乳幼児の食生活は保護者の食生活の影響が大きいと考えられ，保護者の食に対する意識の改善が，朝食欠食を減らすために重要といえます。

保護者とともに毎日そろって食事をしている家庭のほうが楽しい会話をする頻度が高く，食事時にいつもあいさつをする子どもが多くなっています。また，食事マナーなども一緒に食べることで，子どもが身につけやすくなります。反対に，ひとりで食べる子どもは，疲れやすく，イライラしやすくなっています。

(2) さまざまな「こ食」

また，朝食を摂取していても，その内容の栄養バランスにも配慮が必要です。

乳児ひとりの場合は約12％，乳児に兄姉がいる場合には約8％，平均すると乳児の母親の約10％が，朝食に菓子を摂取していました。そのうちの約60％は，朝食を菓子だけですませていました。

また，家族と一緒に暮らしているにもかかわらず，ひとりで食事を摂る「孤食」，複数で食卓を囲んでいても，食べている物がそれぞれ違う「個食」，子どもだけで食べる「子食」，ダイエットのために，必要以上に食事量を制限する「小食」，同じ物ばかりを食べる「固食」，濃い味つけの物ばかりを食べる「濃食」，パン・麺類など，粉から作られた物ばかり食べる「粉食」が問題になっています（表1-3-4）。これらのさまざまな「こ食」は，①栄養バランスが取りにくい，②食嗜好が偏りがちになる，③コミュニケーション能力が育ちにくい，④食事のマナーが伝わりにくいなど，食に関する問題点

22) 厚生労働省「保育所における食事の提供ガイドライン」, 2012 (http://www.mhlw.go.jp/bunya/kodomo/pdf/shokujiguide.pdf) より。

表1-3-4　さまざまなこ食

孤食	家族と一緒に暮らしているにもかかわらず，ひとりで食事を摂る
個食	複数で食卓を囲んでいても，食べている物がそれぞれ違う
子食	子どもだけで食べる
小食	ダイエットのために，必要以上に食事量を制限する
固食	同じ物ばかり食べる
濃食	濃い味つけの物ばかり食べる
粉食	パン，麺類など，粉から作られた物ばかり食べる

出典) 厚生労働省「保育所における食事の提供ガイドライン」, 2012 (http://www.mhlw.go.jp/bunya/kodomo/pdf/shokujiguide.pdf) より，筆者作成

を増加させる環境要因となっています。「こ食」を避け，家族で食卓を囲むように心がけることが大切です。

（3）間食の与え方

幼児にとって間食（おやつ）は，3度の食事では補いきれない「エネルギー，栄養素，水分の補給」でもあります。就学前の子どもは，まだ自分で栄養バランスのよいおやつを取捨選択して，適切な時間に適量を食べることはできません。そこで，保護者がおやつの重要性を理解し，子どもに与える際に，量，時間，品質への配慮ができるように，栄養士や保育者などが支援すること，また，保育所での毎日のおやつの時間を通して，子ども自身に適切なおやつの種類，適量などが身につけられるような食育が重要です。

（4）子どもの食事で困っていること

子ども（1歳以上）の食事で困っていることは，多い順に「遊び食い」（約45％），「偏食する」（約35％），「むら食い」（約30％），「食べるのに時間がかかる」（約25％），「よくかまない」（約20％），「ちらかし食い」（約18％）です。

また，3歳6か月児の普段の食事で心配なこととして，「落ち着いて食べない」「食べる量にむらがある」「好き嫌いが多い」「よく噛まないで食べる」「朝食を食べないことがある」「食が細い」といったことがあげられています。これらを就寝時刻別に分類すると，「よく噛まないで食べることがある」以外は，就寝時刻が遅くなるにつれて増加しています。このことから，生活の夜型化により，就寝時刻が遅くなる結果，起床時刻も遅くなり，朝食欠食，日中の遊びなど活動性の低下，食欲の低下やむらなどが引き起こされていることがわかります。

3）「早寝早起き朝ごはん」の運動

文部科学省では，2006（平成18）年度から，子どもの望ましい基本的生活習慣を育成するために，「子どもの生活リズム向上プロジェクト」として，読書や外遊び・スポーツなどのさまざまな活動を実施して，地域ぐるみで生活リズムの向上を図る取り組みを推進しています。

さらに，これと連携するものとして，民間の主導によって「早寝早起き朝ごはん」の運動を全国的に展開していくこととなりました。その推進母体として，2006（平成18）年4月に「早寝早起き朝ごはん」全国協議会が発足しています。同協議会は，その運動趣旨に賛同する，PTAや子ども会，青少年団体，スポーツ団体，文化関係団体，読書・食育推進団体，経済界などから構成されるもので，現在では，約278（2014〈平成26〉年8月現在）の企業・団体・個人の会員が加盟しており，さまざまな活動を展開しています[23]。

子どもが食事の心配事を解消し，健やかな成長・発達を遂げるには，子どもだけなく，保護者も睡眠や食事をきちんととり，1日の生活リズムを整えることが大切です。

2 遊びと子ども

先にも述べたように，「よく体を動かし，よく食べ，よく眠る」ことは，成長期の子どもにとって必要不可欠な基本的生活習慣です。第1節では，睡眠と食事を取り巻く現状を確認しましたので，これ以降は，子どもの遊びについて見ていきたいと思います。

近年，子どもの遊びも生活の変容にともない大きく変化しました。かつて遊びの主流を占めていた，「伝承遊び」が廃れてきているのです。

ここでは，第1項において伝承遊びの全体像を見た後，第2項で子どもの遊び環境の変容を，第3，4項で遊び環境変容後の伝承遊びの実施例を見ていきます。そして，最後に第5項で遊びの現状を見ることで，現在の子どもの遊びに対して，おとなはどのように配慮していけばいいのかを考えてみたいと思います。

---

[23] 早寝早起き全国協議会ホームページ（http://www.hayanehayaoki.jp/about.html）より。

[24] 中地万里子「伝承遊び」平山宗宏ほか編『現代子ども大百科』p.568，中央法規，1988より。そのほかの伝承遊びの開設や遊び方の文献としては，以下のようなものがある。
・日本レクレーション協会監修，増田靖弘ほか編『遊びの大事典』東京書籍，1989
・芸術教育研究所『伝承遊び事典』黎明書房，1986
・半沢敏郎『童遊文化史』第1巻，東京書籍，1980
・小川清実『子どもに伝えたい伝承遊び』萌文書林，2001
・笹間良彦『日本こどものあそび大図鑑』遊子館，2005
また，遊びの文献としては，以下のようなものがある。
・J. ホイジンガ，高橋英夫訳『ホモ・ルーデンス』中央公論新社，1973
・R. カイヨワ，清水幾太郎・霧生和夫訳『遊びと人間』岩波書店，1970

1. 伝承遊び

1）伝承遊びの定義と種類

　伝承遊びとは、「子どもの遊び集団の中で自然発生的に生まれ、代々共有されてきた遊びであり、子ども社会の縦横のつながりによって、また、大人から子どもへの経路を通して伝えられ、受け継がれてきた遊びの総称」[24]です。そのおもなものを中地真里子は以下の7種類にまとめています。

---

①**戸外遊び**―うまとび、かんけり、陣とり[*9]、石けり、鬼ごっこ、だるまさんがころんだなど。

②**室内遊び**―指（腕）ずもう、ブンブンごま[*10]、じゃんけん遊び、かるた、ハンカチとりなど。

③**伝承玩具の遊び**―おはじき、竹馬、たこあげ、けん玉、めんこ、こままわし、羽根つきなど。

④**わらべ唄の遊び**―縄とび、まりつき、花一匁（もんめ）、お手玉、絵かき遊び、手合わせ[*11]、かごめ[*12]など。

⑤**造形を楽しむ遊び**―あやとり、折紙、手影絵、ハンカチ人形、じゃんけん絵かき、ビーズ手芸など。

⑥**自然物の遊び**―草花遊び、雪遊び、色水作り、貝笛、ささ舟、野菜の動物、あぶりだしなど。

⑦**言葉遊び**―しりとり、なぞなぞ、魚鳥木[*13]など。

出典）中地万里子「伝承遊び」平山宗宏ほか編『現代子ども大百科』p.568、中央法規、1988より

2）伝承遊びの特徴

　伝承遊びの特徴として、森 楙[25]は、「伝承性」「集団性」「身体性」「創造性」「自然性」の5つをあげており、それぞれについては、堤 藍子[26]が分析しています（表1－3－5）。

　しかし、小川博久[27]は、こうした伝承遊びは、「子どもたちの遊びとして受け継がれることのなくなった遊び、おとなの思い出の中にしかない遊びも少なくない」と指摘し、「子どもと遊びとの関わりを考える場合、果たしておとなは自分の子どもだけを連れて遊具で楽しませることで良しとしてしまってよいのかという問題が生じる。自然の中での遊び、集団での遊びを知らないまま育った子どもたちが、子ども同士で遊ぶようになっても、やはり遊具中心にならざるを得ないであろう。子どもの遊びにおとなは本来介在すべき存在ではない。しかし、野外伝承遊びと子どもとの間には、単なる広場を与えるとか、遊び教室を開催して指導するということだけではなく、子どもの生活全般にわたって遊びを位置づけるような、おとなの配慮がこれからますます必要とされると思われる」という言葉で結んでいます。

　以降、こうした伝承遊びが徐々に変容し、おとなの配慮が必要となっていく過程を見ていきます。

2. 子どもの遊びの環境の変容

　ここまで伝承遊びについて述べてきましたが、社会が移り変わるのにともない、子どもの遊び

表1－3－5　伝承遊びの特徴

伝承性と集団性	「遊びながら他の子ども、社会（地域、周囲の人間）や自然との関わりをもて」るため、「自分以外への人間への理解、社会規範、コミュニケーション力など社会性を身につけることができる」
身体性と創造性	「（伝承遊びは）身体を様々に動かして、歌やリズムを織り交ぜながら行うあそびが多くあり」「周囲の子どもを仲間に取り入れ、集団の状況を鑑みて、基本ルールから応用した独自の展開を作り出したりする状況判断や創造性ある行動」をとれる
自然性	「四季を感じながら、様々な感覚を養うことができ」「自然への畏怖の念、偉大さ、人間のはかなさなど、超心的な感覚」を培うことができる

出典）堤 藍子「生活科の視点からみた伝承的なあそびの教材性「集団あそび」、「自然物を利用したあそび」、「伝承玩具のあそび」をキーワードにして」『生活科・総合的学習研究』第7号、pp.51-60、2009より筆者（鈴木明日見）作成

---

*9　2組に分かれ、それぞれの陣地を、木あるいは電信柱などに定めて、相互に敵の陣地を奪い合う遊び。

*10　別名として、「びゅんびゅんごま」ともいう。江戸時代に流行したおもちゃで、回転するこまの音が松風の音に似ているなどの理由から、江戸時代では「まつかぜごま」とも呼ばれていた。

*11　歌に合わせて手を広げたり、手を合わせる遊びのこと。有名な遊びとしては、「茶摘み」「せっせっせ」などがある。

*12　しゃがんで目をふさいだひとりを籠の中の鳥に擬して、周囲をほかの数人が手をつないで歌いながらまわる。歌が終わったとき、中の者に背後の人の名をあてさせ、あてられたら、あてられた者が代わって中に入り、それをくり返す遊び。

*13　魚鳥木（ぎょちょうもく）は、多人数で行う遊び。まず、リーダーをひとり決め、そのリーダーは、参加者からだれかを指名したうえで、「魚」「鳥」「木」のいずれかを指定する。指名された人は、「魚」と言われた場合は魚の種類を、「鳥」と言われた場合は鳥の種類を、「木」と言われた場合は木の種類を答える。指名された人が答えられた場合は、リーダーは違う参加者を指名し、ゲームを続ける。もし、答えに詰まったり、答えを間違えたりした場合には、その参加者はアウトとなり、そのアウトになった参加者が次のリーダーとなってゲームを続ける。

25) 森 楙『遊びの原理に立つ教育』pp.84-90、黎明書房、1992より。

26) 堤 藍子「生活科の視点からみた伝承的なあそびの教材性「集団あそび」、「自然物を利用したあそび」、「伝承玩具のあそび」をキーワードにして」『生活科・総合的学習研究』第7号、pp.51-60、2009より。

27) 小川博久「遊びの伝承と実態」無藤 隆編『新・児童心理学講座 第11巻 子どもの遊びと生活』p.170、209、金子書房、1991より。

も変容していきました[*14]。そして，その重要な要因としてよく指摘されるのが，時間・空間・仲間という，3つの「間」の減少です[*15]。それでは，この3要素は，現代社会において，それぞれどのような事情によって減少しているのでしょうか。

1）時間・空間・仲間の減少

（1）時間の減少

　子どもの遊びに関し，まず指摘される変化が，「遊び時間の減少」です。小学生だけでなく，幼児であっても，早期に習いごとを始める家庭は少なくありません。ベネッセ教育総合研究所の2010（平成22）年の調査によれば，習いごとをしている割合は，1歳児後半の時点で既に17％，3歳児で37％，そして6歳児の時点では76％と，4人に3人が何らかの習いごとをしています[28]。結果的に，遊びに割くことのできる時間自体が減少することになります。

　さらに，子どもの生活の変化は，遊び時間の量的な変化だけでなく，質的な変化ももたらしました。何時から何時までと，時間の定まっている習いごとに通うため，子どもの時間はスケジュール化され，自由になる時間は細分化されていきました。また，携帯電話，スマートフォン，コンピュータなど，電子メディアの使用時間が増加していることも，遊び時間が削られる原因として指摘されています。

（2）空間の減少

　次に，子どもたちが集まって「遊べる空間も減少」しています。1975（昭和50）年前後まで，子どもたちは，空き地，道路，路地，神社，寺などで遊んでいました。ところが，重要な遊び場のひとつであった空き地は，とくに都市部では，経済成長による住宅地の不足から，徐々に姿を消していきました。また，かろうじて残っていた場合でも，子どもが遊んでケガをした際の責任問題などから，立ち入りが制限され，子どもが自由に遊べる場ではなくなりました。もうひとつの重要な遊び場であった路上もまた，車の事故や，子どもが巻き込まれるかもしれないさまざまな事件が懸念され，遊びの場ではなくなっていきます。公園は子どものための場所ではありますが，公共の場としてさまざまな制限がかかり，やはり，自由に何でもできる場とはなっていません。のみならず，近年は子どものケガを避けるために，既存の遊具の撤去も進められています。つまり，地域で安心して遊べる環境がなくなったために，「子どもの保護」という名目のもと，遊び場が，屋外から屋内へと移ったのです。

　実際，厚生労働省が，2001（平成13）年に生まれた子どもを対象に追跡的に調査を行っている，21世紀出生児縦断調査によると，たとえば，子どもたちが小学校に入学する前年の2006（平成18）年の調査で，よく遊ぶ場所は「自宅」が95.1％と圧倒的に高く，次に続く「児童館や児童公園などの公共の遊び場」は15.1％にすぎません。そして，「空き地や路地」の項目は，「遊ばない」という回答が過半数を超えています[29]。こうした変化の結果，子どもたちの自然体験は不足することとなり，身体的機能の未発達が原因のケガや事故も増加してしまっています。さらに，自然体験不足は，身体的発達のみならず，人間関係や想像力の育成などにも影響を与えていることに留意しておくべきでしょう。

（3）仲間の減少

　さらに，子どもが一緒に「遊ぶ仲間も減少」し続けています。まず，少子化により，そもそもの子どもの数が減っています。国勢調査によれば，子ども数は1980（昭和55）年には2,700万人を超えていましたが，2014（平成26）年の調査では1,655万人と，約35年間で1,000万人も減少しています。2013（平成25）年の合計特殊出生率は1.43と，過去最低だった2005年の1.26と比べ，わずかに回復傾向に見えますが，生まれてくる子どもの数自体は減少しており，さらに今後も，子どもの数は減っていくことが予想されています。その結果，大人数が集まって遊ぶということが，現在でも困難になっているのみならず，今後もそれが進行していくことが想定されます。

[*14] この変容は，少なくとも20年前の時点には，すでに観察され，報告されている。たとえば，日本子ども社会学研究刊行委員会編『子ども問題事典』pp.98-99，ハーベスト社，2013の「5-5自然体験と地域の遊び」の項目に掲載されている，子どもの遊びの変容の事例によると，1995（平成7）年の環境庁の調査により，小・中学生の約8割が，周囲の環境にかかわらず「家の中」で遊んでいると回答していることが指摘されている。そして，そのおもな遊びはテレビ（パソコン）ゲームであり，体を使った屋外での遊びは減少傾向であることが述べられている。また，総理府が1993（平成5）年に実施した調査では，生活体験や自然体験などの体験不足の子どもが7割近くいるとの報告がされている。さらに，1996（平成8）年度の「環境白書」では，子どもの遊びが，その意外性・多様性を失い，単調なものになり，しかも地域で遊ばなくなったことによって，社会とのつながりが希薄になったことが指摘されている。

[*15] いずれも「間」という文字がつくことから，「三間」と呼ばれている。仙田満『子どもと遊び』岩波書店，1992より。

28）ベネッセ教育総合研究所「第4回幼児の生活アンケート」，2010（http://berd.benesse.jp/jisedai/research/detail1.php?id=3207），より。

29）厚生労働省「第6回 21世紀出生児縦断調査の概況」，2006（http://www.mhlw.go.jp/toukei/saikin/hw/syusseiji/06/dl/data.pdf），より。

2）遊び集団の変容

　これらの「間」の減少は，それぞれが独立して起こっている現象ではありません。むしろ相互に関連し合い，結果，子どもの遊びを巡る「間」の減少の状況は加速しています。たとえば，単に遊び場が減少しただけならば，遠出などをして，遊ぶことができる場所に行くという可能性も残されています。しかし，遊び時間も減少し，かつ細分化されてしまうと，遊び場を求めて遠くに行く時間を作るのもむずかしくなり，必然的に，あまり出歩かずに，屋内で遊ぶ機会が多くなってしまいます。

　また，時間の細分化は，遊び相手との関係にも大きな影響を与えています。子どもたちそれぞれが，それぞれのスケジュールで動くため，細分化された時間の中で，自分と都合の合う相手としか遊ぶことができません。よって，まず，大人数で集まることがより一層困難になり，さらに，もし自分の時間が空いていたとしても，友だちの都合と合わせることができなければ遊ぶことができません。また，スケジュールを動かしようがない場合，その固定されたスケジュールの中で，毎回，都合のつく相手とのみ遊ぶことになるので，遊び相手が固定化されてしまいます。結果，多様な遊び仲間を作ることが，一層，むずかしくなってしまいます。

　さらに，遊び空間の減少も，遊び仲間に影響を与えています。屋外の遊び場が失われ，屋内遊びが主流になると，まず，遊び相手は少人数に限られ，固定化されてしまいます。そして，人数だけでなく，遊び相手の質も変化します。屋外で遊んでいた場合，そこに行きさえすれば，遊びに加わることができました。また，遊んでいたいくつかの集団が，遊び場で合流し，より大規模な遊び集団となることもありました。遊び場所の中心が外だった時代は，遊び仲間は偶発的なものであり，さまざまな年齢や背景の子どもたちが一緒に遊ぶことが可能だったのです。しかし，室内遊びの場合，まず，その場所に行く，もしくは招くかの約束をするため，偶発的な遭遇は起こらなくなります。必然的に遊び相手は限られ，大規模な集団となる機会が失われることとなるのです。

　このように，遊びにまつわる三間の減少は，それぞれが関係し合い，複合的な形で子どもたちの遊び環境の変質に寄与しています。そのため，何かひとつを改善すればすぐに遊び環境が改良されるというものではなくなってしまっており，問題の根はより深いといえるでしょう。

　こうして起こった遊び環境の変容の中でもっとも重要な点は，遊び集団の規模や性質の変容です。子どもの遊び集団は小規模化していき，また，異なる年齢の子とは遊ばなくなってもきています。その結果，遊びを通じて，異質で多様な仲間との出会い，関わっていく機会が失われ，それによって従来培われてきた，「人間関係における発達」が大きな課題となりつつあります。

　たとえば，『子ども問題事典』など[30]において，1990年代の半ばくらいから「かくれんぼ」ができない子どもたちが出現してきたことが指摘されており，「隠れていて見つけられずに，独りぼっちになったらどうしようという不安から隠れられないのです。そこには，日常生活における子どもの孤立に対する恐怖感が色濃く反映しているとみることができます」との説明がされています。また，遊びのはじめにする「この指とまれ」ができない子どもたちが増えてきていることも指摘されています。その理由は，「知らない子がこの指にとまったら嫌だ」と思うからだといいます。

　このように，遊び集団の変容は，遊び仲間同士の関係が希薄化，断片化するのみならず，人間関係一般における発達においても，悪影響を及ぼしてしまっているのです。

3．三間の減少以後の「伝承遊び」について

1）伝承遊びの消失と遊びの現状

（1）「伝承」の消失

　ここまで見てきたように，現代においては，遊びの3つの「間」が，お互いに影響を与え合い

30）日本子ども社会学会研究刊行委員会編『子ども問題事典』p.99，ハーベスト社，2013，杉本厚夫『「かくれんぼ」ができない子どもたち』pp.3-47，ミルネヴァ書房，2011より。

ながら減少しています。

「かごめかごめ」「あぶくったった」*16「花いちもんめ」などの伝承遊びをするためには，ある程度の人数の遊び仲間が集まる必要がありますが，少子化に加え，遊びの空間・時間の減少によって，多くの子どもが集まって遊ぶことがむずかしくなっています。よって，伝承遊びをする環境は，もはや失われてしまっているといっても，過言ではないでしょう。しかし，日本文化として，現代まで継承されてきた伝承文化をここで途絶えさせていってもいいのでしょうか。

さらに伝承遊びは，ただ単にその遊び自体が姿を消しただけではありません。子どもたちの環境の変化は，伝承遊びにより深い影響を及ぼしました。その影響を考えるために，まず，そもそも遊びはどのように伝承されるのか，そのメカニズムを考えてみましょう。

小川博久によれば，「伝承」とは，「子ども集団の中での継続的な相互の観察学習や，集団内の成熟者と未成熟者の間の必要に応じた手ほどきによって，遊び方が受け継がれる」ということです[31]。つまり，集団の中で遊びに加わりながら，未熟な者たちは，年長の子どもたちをモデルに，遊び方を学んでいったのです。そして，このメカニズムこそが，集団の中で異質な他者と関わり，創造的な人間関係を形成していくカギなのです。

しかし現在では，大規模な遊び集団の形成がむずかしいだけではなく，これまで述べてきたように，多様な年代の子どもが集まることも非常に困難です。そのため，年長の子どもから年少の子どもへ，遊び方が受け継がれる機会は失われてしまっています。すなわち，現在観察されている事象は，伝承遊びの単なる消失ではなく，異年齢集団の崩壊による，遊びが伝承されるメカニズム自体の消失だといえるのです*17。

2）遊びの重要性の再認識

こうして「伝承」が消滅しつつある一方で，社会では遊びの重要性が再認識されています。とりわけ，教育の中に遊びを取り入れようとする試みがなされ，2009（平成21）年に施行された幼稚園教育要領[32]では，遊びを「心身の調和のとれた発達の基礎を培う重要な学習」と位置づけ，遊びを通じた学習を推奨しています。また，幼保連携型認定こども園教育・保育要領[33]でも「乳幼児期における自発的な活動としての遊びは，心身の調和のとれた発達の基礎を培う重要な学習」として，遊びを推奨しています。さらに「様々な遊びの中で，園児が興味や関心，能力に応じて全身を使って活動することにより，体を動かす楽しさを味わい，安全についての構えを身に付け，自分の体を大切にしようとする気持ちが育つようにすること」「自然の中で伸び伸びと体を動かして遊ぶことにより，体の諸機能の発達が促されることに留意し，園児の興味や関心が戸外にも向くようにすること」などが規定されています。これらの理念に基づき，過去に実践されていた伝承遊びが，保育・教育の場に復活しつつあります。

しかしながら，これらはあくまで，教育者であるおとなが子どもたちに遊びを教えるという，ある種，一方通行的ないとなみであり，子ども集団内でお互いに教え合うという，先に述べた伝承のメカニズムとは異なるものであるといえます。このメカニズムの差異を認識したうえで，「幼児の自発的な活動としての遊び」に対し，おとながどのように関わればよいのか，とりわけ，「子どもの主体的な活動である遊びをおとなが教える」という矛盾に陥らないよう，十分に考える必要があるでしょう。

4．伝承遊びの実施例

前節で述べたように，伝承遊びは，保育所・幼稚園などで習う遊びへと変化しています。稲丸武臣，丹羽孝，勅使千鶴[34]は，保育所・幼稚園など行われている伝承遊びの実施状況と保育者の認識を調査しました。この調査で選択された伝承遊びは61種類で，その種類と実施率は表1－3－6の通りです。

---

*16 「♪あぶくたった 煮え立った 煮えたかどうだか 食べてみよう」から始まる日本の古い「わらべうた」を歌いながら，何人かの子どもたちが輪になって遊ぶ遊び。

31) 小川博久「子どもの『遊び』についての教育学的考察－子どもの『遊び』におとなはどうかかわりうるか」日本教育大学協会幼児教育部門会事務局編『現代の幼児教育の諸問題』pp.72-73，川島書店，1981 より。

*17 この問題解決策として，保育所や幼稚園などでの「異年齢保育の導入」が増加している。3歳児から見た4，5歳児は，大変たくましく，有能に映るようである。一方で，異年齢保育にも，年齢に合った教育ができない，上級生だけの遊び場になってしまうことがある，異年齢保育になじめない子どももいる，などの問題点もある。

32) 文部科学省「幼稚園教育要領」のホームページ（http://www.mext.go.jp/a_menu/shotou/new-cs/youryou/you/）より。

33) 内閣府「幼保連携型認定こども園教育・保育要領」のホームページ（www.youho.go.jp/data2014/H26NMKkokuji1.pdf）より。

34) 稲丸武臣，丹羽孝，勅使千鶴「日本における伝承遊び実施状況と保育者の認識」名古屋市立大学大学院人間文化研究科『人間文化研究』第7号，pp.57-78，2007 より。

表1-3-6　保育所・幼稚園などにおける伝承遊びの実施率

実施率80％以上		実施率80〜50％以上		実施率50％以下	
遊び種目	実施率（％）	遊び種目	実施率（％）	遊び種目	実施率（％）
折り紙	99.69	草相撲	79.88	猫とねずみ*21	45.27
ままごと遊び	99.07	お手玉	77.43	影絵遊び	43.65
カルタとり	98.91	渦巻きじゃんけん*19	73.80	おはじき	41.58
縄跳び	98.61	影踏み鬼	71.10	ビー玉	40.22
かごめかごめ	98.30	雪投げ合戦	70.50	そり・スケート	39.38
だるまさんが転んだ	96.91	草笛あそび	67.03	お月見	35.87
かくれんぼ	96.75	缶ぽっくり	66.00	ケンケン相撲	30.47
あやとり	96.45	羽根つき	65.07	子とろ子とろ*22	30.33
追いかけ鬼	96.44	砂取り遊び	64.86	メンコ	25.39
虫取り	96.28	着せ替え人形	64.71	缶蹴り	16.82
花いちもんめ	95.51	盆おどり	63.98	ぞうり隠し・靴隠し	16.56
お人形さんごっこ	95.05	ゴム跳び	61.61	田んぼの田*23	14.93
あぶくたった	93.65	とうりゃんせ	61.21	靴取り	13.84
こま回し	92.41	風ぐるま	61.05	目かくし鬼	12.87
すごろく遊び	89.95	どんじゃんゲーム*20	61.02	石蹴り	12.25
ハンカチ落とし	89.91	剣玉	60.78	Sケン*24	11.47
まりつき	88.85	腕相撲	60.68	地面の陣取り	5.62
尻尾取り*18	87.79	ちゃんばらごっこ	58.67	字かくし遊び*25	4.94
たこ揚げ	85.91	竹馬	55.11	どこゆき（町内めぐり）*26	3.10
おしくらまんじゅう	83.67	ドロケイ	52.40		
相撲ごっこ	82.95				
もちつき	80.19				

出典）糠丸武臣，丹羽 孝，勅使千鶴「日本における伝承遊び実施状況と保育者の認識」名古屋市立大学大学院人間文化研究科『人間文化研究』第7号，p.62，2007より

この調査から明らかになったのは以下の6点です。

①伝承遊びは，調査対象園のすべての保育所・幼稚園などで保育・教育教材として導入されており，保育者の伝承遊びに対する関心は非常に高かった。

②この調査で80％以上の高率で実施されていたものは22種類におよんだ。保育計画立案時に保育内容5領域の発達の視点を勘案して遊びの種目が選択されていると解釈された。また実施率20％以下の遊びには，1950年代のダイナミックな動きをともなった「Sケン」や「靴取り」「町内めぐり」「缶蹴り」などの遊びが多かった。

③伝承遊び導入の理由としては，「子どもの成長に有効であること」「日本の遊び文化を継承すること」がおもなものであった。

④伝承遊びを指導する際の難点は，保育者自身の伝承遊びに対する知識の不足があげられた。また，その対策としては，保育者の研修の充実，家庭との連携，養成校での指導などがあげられた。

⑤伝承遊びの種目別実施率には，保育者の年代による差が認められた。具体的には，20代の実施率が，それ以上の年代と比較して，有意に低かった。

⑥伝承遊びの種目別実施率には地域差があり，気候や自然環境と関係する，「そりやスケート遊び」「雪投げ合戦」などは北海道・北陸・甲信越地域に多く，南部地域には少なかった。また，比較的室内で遊ぶ機会も多いため，北海道では「目かくし鬼」「ケンケン相撲」の実施率が高かった。このため，自然環境が遊びにも影響を与えているといえる。

この調査の結果，糠丸は，「1950年代の遊びは身近な年上の遊びを見よう見真似で学習し，遊び手段を習得し，それを使って遊びを発展させたものである。現在ではこの『ガキ大将』の役割を保育者が担わなければならない時代であり，遊び伝承者として保育者の役割は大きい」[35]と指摘しています。「ガキ大将」の役割を担うためには，保育者自身が遊びの本質や楽しさを熟知

*18　はちまき，帽子，たすきなどのしっぽを服の後ろに挟んでたらし，それをお互いに取り合う遊び。しっぽを取られた人は負け，最後まで取られずに残った人が勝ちとなる。

*19　地面に描かれた渦巻きの上で，2チームで行うじゃんけんゲーム。じゃんけんに勝てば，相手の陣地の方に進んでいく遊び。

*20　ドンジャンケンポンともいう。地面に描かれた線上で，2チームで行うじゃんけんゲーム。じゃんけんに勝てば，相手の陣地の方に進んでいく遊び。屋内などでやる場合，コースに平均台を使うことがある。地域による異称はデンジャンケンポンなど。

*21　輪の中と外で行う鬼ごっこ。まず，ネコとネズミをひとりずつ決め，ほかの人は手をつないで輪を作る。ネズミは輪の中に，ネコは輪の外にいて，追いかけっこをする。輪を作っている人は，つないでいる手をあげたりさげたりして，ネズミには逃げやすく，ネコには通りにくくする。

*22　鬼ごっこの一種。ひとりずつ鬼と親になり，ほかの子どもが親の後ろに列を作り，鬼が最後の子をつかまえようとするのを親は両手を広げて防ぐ。捕まったときは，その子が鬼になる。「子を捕ろ子捕ろ」「子捕り」「親とり子とり」「ひふくめ」ともいう。

*23　漢字の田の字を地面に書き，鬼は中の十字の部分にいて，鬼に捕まらないようにグルグルと何周か回る遊び。

*24　参加者が2チームに分かれ，地面に大きく描かれたS字状の陣地を用いて相手チームを全滅させるか，もしくは相手陣地にある「宝物」を奪うことを目的とした子どもの遊び。

*25　別名，「字掘り」ともいう。文字を習い始めた頃の子どもたちに適しており，土の地面に彫り込んだ文字を，言い当て合う遊び。

する必要があります。現在20代の保育者はこうした遊びの経験が不足しており，研修などの充実が求められています。

　保育所・幼稚園など以外でも，子どもたちの遊びを地域の中で再生しようとする試みが始まっています。『子ども問題事典』[36]の「5-5自然体験と地域の遊び」項目には，その試みが紹介されています。

　まず，2002（平成14）年からはじまった「総合的な学習の時間」[*27]で，地域の人たちが「ゲストティーチャー」として，子どもたちに伝承遊びを教える取り組みが行われています。また，その年から学校が週休二日制になったため，土曜日に学校を開放し，子どもたちを集めてさまざまな遊びのイベントを行う，いわゆる「子どもの居場所づくり」も始まりました。

　文部科学省は，2007（平成19）年より厚生労働省と共同で「放課後子どもプラン」[37]をすすめています。これは，小学校の空き教室や校庭などを活用して，地域の多様な人びとの参画を得て，子どもたちとともに，学習やスポーツ，文化活動，地域住民などの交流活動などをすすめていこうとする事業です。

　ここで紹介した事例はおとな主導で行われ，ルールも決められている取り組みです。それに対し，「冒険遊び場」や「プレーパーク」など，子どもが中心の取り組みもあります。それについては次項で見ていきましょう。

5．遊びの現状

　ここまで，伝承遊びとは何かを確認したのち，子どもの遊びを取り巻く環境の変容をまとめ，それをふまえた伝承遊びの現状を述べてきました。それでは現在，伝承遊び以外の遊びはどのような状況にあるのでしょうか。まず，今の子どもたちがどのような遊びをしているのか，統計から確認したうえで，遊びの今日的状況をまとめたいと思います。

1）今の子どもたちの遊び

　上でも引用した，ベネッセ教育総合研究所による「幼児の生活アンケート」によれば，継続調査を行ってきた1995（平成7）年から2010（平成22）年の間においては，意外なことに，幼児の主要な遊びはほとんど変化していません。過去4回の調査で，「公園の遊具（すべりだい，ブランコなど）を使った遊び」が常にトップであったほか，「つみ木，ブロック」「人形遊び，ままごとなどのごっこ遊び」「砂場などでのどろんこ遊び」「絵やマンガを描く」「自転車，一輪車，三輪車などを使った遊び」が常に上位を占めています。一方，幼児期の遊びにおいて，「テレビゲーム」や「携帯ゲーム」は必ずしも主要な遊びとはなっていません[38]。

　この傾向は，学研総合研究所が2010（平成22）年に小学生を対象に行った調査[39]からも，一部読み取れます。それによると，小学校1年生による回答では，テレビゲームと携帯ゲームはそれぞれ第2位と第5位であり，「お絵描き」「自転車・一輪車」「おにごっこ，かくれんぼ，どろけい」といった項目に比べ，突出して多い訳ではありません。しかしながら，2年生の回答で，携帯ゲームが第1位に上昇し，その後，割合を大きく上昇させていくことから，小学校低学年時にある種の転換点があり，それ以前の多様な遊びから，それ以降の携帯ゲーム，テレビゲームを中心とした遊びへとシフトしていくことがわかります。よって，遊び内容の観点では，とりわけその後の傾向と比較するならば，幼児期において，遊びの多様性は，まだ保持されているといえます。

　しかしながら，遊び相手の観点で見ると，幼児の遊びは多様とはいえません。ベネッセによる調査の，一緒に遊ぶ相手の項目では，1995（平成7）年では55％だった「母親」が，2010（平成22）年には83％にまで大きく上昇しているのに対し，「友だち」は56％から39％へと減少しています。以前は，「友だち」という多様な，横のつながりである存在が遊び相手であったのに対

[*26] 別名，「世界一周」ともいう。普通，5〜6人ぐらいで行う。地面に円を描き，分割した中にいろいろな行き先を書き込む。離れたところから石を投げ，全員の行き先が決まったら，一斉に目的地に行って帰る遊び。もっとも早く帰った人が一番という結果になる。

35）稲丸武臣，丹羽孝，勅使千鶴「日本における伝承遊び実施状況と保育者の認識」名古屋市立大学大学院人間文化研究科『人間文化研究』第7号，p.75，2007より。

36）日本子ども社会学会研究刊行委員会編『子ども問題事典』pp.98-99，ハーベスト社，2013より。

[*27] 児童，生徒が自発的に横断的・総合的な課題学習を行う時間のこと。小学校，中学校，高等学校，中等教育学校，特別支援学校など学習指導要領が適用される学校のすべてで，2000（平成12年）から段階的に始められた。

37）文部科学省ホームページ（http://manabi-mirai.mext.go.jp/）より。

38）ベネッセ教育総合研究所「第4回幼児の生活アンケート・国内調査報告書［2010年］」，2010（http://berd.benesse.jp/jisedai/research/detail1.php?id=3207）より。

39）学研教育総合研究所「小学生白書Web版」，2010年9月（http://www.gakken.co.jp/kyouikusouken/whitepaper/201009/chapter2/09.html）より。

し，現在の遊びの中心は，「母親」という唯一の，縦のつながりの存在に変わっているのです。この変化は，先に述べた三間の減少と深く関連しているといえるでしょう。

一方，小学校中学年以上に関しては，現在の遊びの中心となっているのは，間違いなくテレビゲームや携帯ゲームです。とりわけ携帯ゲームは，持ち運ぶことでどこでも遊ぶことができ，細切れの時間でも楽しめ，さらに，自分ひとりでも遊べるという，3つの「間」がなくなりつつある現代に，もっとも適した遊び方だといえるでしょう。また，近年さかんになっているオンラインゲームでは，ゲームの中で友人と協力し合って目的を達するというものが多く，あるいは子どもたちは，現実では達成しがたい仲間とのつながりや時間の共有を，オンラインゲームという電子空間の中に見出しているのかもしれません。これもやはり，携帯ゲーム同様，三間のなくなっている現代に適した遊びといえるでしょう。これらは，社会状況が大きく変わる中で，子どもの遊びの欲求を満たすものとして，一概に否定できるものではありません。

しかしながら，生活の中で相互に学びながら人間関係を形成する伝承遊びとは異なり，集団的なものから孤立的なものへ，生産的なものから消費的なものへ，遊びの質が変化していることは間違いありません。模倣や相互観察によって人間関係を構築し，創造性を高めるという，遊びが従来担っていた役割は，失われつつあるように思われてしまいます。

2)「冒険遊び場」の可能性

その一方で，よりよい遊びの機会を子どもたちに与えるため，子どもたちが自由に好きなことをできる，「冒険遊び場」や「プレーパーク」[40]と呼ばれる遊び場が，近年，増加しています。

「冒険遊び場」は，20世紀半ばにデンマークで始まり，その後，ヨーロッパ各国に広まったのち，日本では1979（昭和54）年に，東京都世田谷区に羽根木プレーパークが初めてオープンしました。その後，徐々に全国に広がり，2003（平成15）年には日本冒険遊び場づくり協会が設立され，現在，同協会には大都市圏を中心に300を越える冒険遊び場が参加しています[41]。

冒険遊び場では，子どもたちは，整備された公園とは違った，より自然に近い環境の中で，五感を最大限に使い，集った仲間とともに，道具を用いて，火を起こし，木を切り，遊び道具を作り，あるいは自分の体を使って遊びます。普通の公園とは違い，危険だからという理由で止められることなく，「プレーリーダー」と呼ばれるおとながともに活動しつつ，見守る中で，自分の思うままに遊びを楽しむことができます。

この「プレーリーダー」とは，「リーダー」と呼ばれてはいますが，保育・教育の場において遊びを「教える」おとなのような，子どもたちを教え導く立場の人ではありません。むしろ，主役は子ども自身であると考え，子ども自身が遊びを創造できる環境を整えると同時に，自らも遊ぶことによって，子どもたちのモデルとして，遊びを伝える役割も担っています。冒険遊び場では，子どもが自らのやりたいことに，年長者の真似をしながら挑戦するという，「伝承のメカニズム」が復権しつつあるといえます。

現在，子どもを取り巻く遊び環境は，さまざまな要因が絡まり合いながら変容しており，子どもの遊びも明確に変化しています。過去の遊び環境をそのまま復活させることは，残念ながら不可能であるといえるでしょう。その一方で，「冒険遊び場」は，まだまだ十分な数があるとはいえず，発展途上ではありますが，「伝承遊び」の根幹をなすメカニズムを十分に活かしつつ，子どもたちの新たな遊び

▲子どもを外遊びに誘うプレーリーダー。　写真提供：NPO法人プレーパークせたがや

▲本気の勝負には年齢は関係ない。　写真提供：NPO法人プレーパークせたがや

40) ジョー・ベンジャミン，嶋村仁志（訳）『グラウンド・フォー・プレイ：イギリス 冒険遊び場事始め』鹿島出版会，2011，羽根木プレーパークの会『冒険遊び場がやってきた！―羽根木プレーパークの記録』晶文社，1987 より。

41) 特定非営利活動法人 日本冒険遊び場づくり協会（http://www.ipa-japan.org/asobiba/）より。

環境を生み出そうとしているのです。そこに，現代の子どもの遊びの，一筋の光明を見出すことができるのではないでしょうか。

　ここまで，子どもの遊びについて，伝承遊びから現在の状況までを概観してきました。現状をまとめると，三間を中心に子どもの遊び環境が変容した結果，伝承遊びが姿を消しつつあるのみならず，「伝承のメカニズム」も姿を消しつつあるのに対し，保育・教育の現場の中で子どもの遊びを再生させようという試みが起こっています。子どもの遊びが活力を取り戻すために，私たちおとながそこで果たすべき役割は，本来子どもの主体的活動である遊びを「子どもに教える」役割ではなく，「プレーパーク」の「プレーリーダー」のように，遊びの中に参入し，「伝承のメカニズム」の一端を担うことなのだといえます。

▲ちっちゃくてもやりたいことは真剣にやる。　写真提供：NPO法人プレーパークせたがや

3 メディアと子ども

　先にも述べたように，子どもの生活や遊び方を変容させたもののひとつに，テレビゲームやパソコンといった電子メディアがあげられます。20世紀半ばにテレビが発明され，世の中に浸透し，さらにテレビゲームや携帯ゲーム，パソコンや携帯電話，スマートフォンの発明，浸透により，現代の子どもを取り巻くメディア環境は，より複雑になっています。その結果，子どもとメディアの関わり方は，常に議論の対象となっています。

　こういった電子メディアと子どもの関係を，どう考えればよいでしょう。ここでは，まず「メディア」とはそもそも何であるかを概説したのちに，子どもを取り巻くメディアの現状とそれに対する批判言説を確認します。その後，メディアについての理解を深めることで，「電子メディアと子ども」という今日的な問題について，整理していきます。

1．メディアの現状と批判
1)「メディア」の原義
　「メディア」という言葉は，今日の日本においては，テレビや新聞などの報道機関を指す言葉として定着しています。また，「マス・メディア」「ソーシャル・メディア」「メディアミックス」「メディア・リテラシー」といった熟語表現の中で目にすることもあるでしょう。

　それでは，そもそも「メディア」とは，どういう意味をもつ言葉なのでしょうか。

　「メディア」という単語の語源は，ラテン語の「media」という単語に求められます。これは，「medium」という単語の複数形であり，「中間にあるもの」「媒介となるもの」という意味をもっています。よって，原義的な意味でのメディアとは，「人と人との間に入り，情報を伝える媒介として，コミュニケーションを成立させるもの」なのです。

　そして，1対1ではなく，少数から多数（マス）へのコミュニケーションの媒介となるものが「マス・メディア」であり，具体的には，テレビや新聞などになります。最初に触れた，報道機関を指して「メディア」と呼ぶ今日的用法は，「マス・メディア」を「メディア」と混同しつつ，省略して使っている言葉だといえます。

　「メディア」という言葉は，明確に定義されることなく漠然と使用されることも多く，議論を始めるにあたり，その用語の意味するところをきちんと確認する必要があるでしょう。

2）電子メディアと子どもの現状

　一方，とりわけメディア批判の文脈においては，「メディア」という言葉は，「マス・メディア」を指す言葉ではなく，テレビやテレビゲーム，パソコン，携帯電話などの「電子メディア」に限定されて使用されることが多いように思われます。そこで，ここでは電子メディアと子どもがどのような関係をもっているのか，まず現状を明らかにしたいと思います。

　電子メディアの歴史を振り返ると，まず，20世紀の半ばにテレビが実用化され，高度経済成長期に一般家庭に浸透していき，現在では，ほぼすべての家庭がテレビを所有しています。そして，テレビに続き，この20年ほどの短い間に次々と電子メディアが誕生し，子どもたちの周囲に加速度的に浸透していきました。

　たとえばパソコンは，1970，1980年代には一部の限られた人の持ち物でしたが，今や，一家に1台が当たり前の時代となりました。そして，パソコンを介してインターネットに接続することが，子どもにとっても，ごく普通のことになっています。携帯電話もまた，1990年代に保有率が大きく上昇し，2003（平成15）年以降，世帯普及率が90％を超え続けています。個人所有を見ても，2013（平成25）年の内閣府による調査によると，中学生で半数，小学生でも3人に1人が携帯電話を所有しており，この割合は5年間で倍増しています。さらに，所有している携帯電話の種類を見ると，小学生では，機能の限定された子ども向け携帯電話が過半数で，スマートフォンは13％程度であるのに対し，中学生では約半数がスマートフォンを保有しています[42]。すなわち，子どもたちは，インターネットにアクセスするための自分自身の電子メディアを，徐々に保有していっているのです。

　さらに，子どもにとってより重要な電子メディアは，電子ゲームです。まず1980年代からテレビゲームが，次いで1990年代以降は携帯ゲームも，子どもたちの生活に侵入してきました。2010（平成22）年の学研教育総合研究所による調査によれば，子どもたちに人気の遊びは，男女ともに1位は携帯ゲームであり，テレビゲームも男子では2位，女子でも3位に入っています[43]。この傾向が顕著となるのは小学校3年生からで，低学年においては，ほかの遊びとの間にそれほどの偏りは見られていません。しかし近年は，小学校入学前の幼児を対象とした携帯ゲームソフトも発売されるようになっており，今後，電子ゲームの対象の低年齢化が進む可能性も考えられます。事実，スマートフォンでは既に乳幼児を対象としたゲームが生まれており，子どもたちがより幼い頃から電子ゲームに親しむ環境ができつつあるといえます。

　また，これらのメディアの「ハード的な側面」を見ると，とりわけ携帯電話や携帯ゲームにおいて，持ち運びができるメディアであるという特性があります。これは，従来のテレビやパソコンでは困難な，電子メディアとしては画期的なことでした。さらに，これらのメディアは，子どもたちにとって「所有物」になり得るという点でも画期的でした。これ以前は，テレビ・パソコンは当然のこと，テレビゲームであっても，基本的に同種のゲームは一家に1台に限られ，家庭の所有物でした。しかし，携帯ゲームが発展し，とりわけ1990年代半ばから，キャラクターを集めて交換するタイプのソフトが人気を博するようになると，仮に複数のきょうだいがいても，一人ひとりがゲーム機本体とソフトを同時に個人所有するようになってきました。携帯電話もまた，子どもが自分のものとして個人所有するメディアのひとつです。この，持ち運びが可能で個人所有できるという特性が，子どもとこれらのメディアの関係をより密接なものとしているのです。

3）電子メディアの使用への注意喚起，批判と，それに対する反論

　それでは，こういった電子メディアに対して，具体的にはどのような批判が寄せられているのでしょうか。ここでは，各電子メディアを対象とした批判を紹介するとともに，それに対する反論的な意見も取りあげることで，電子メディアと子どもの関係をめぐる議論を概観したいと思います。

42）内閣府「平成25年度 青少年のインターネット利用環境実態調査」，2014年3月（http://www8.cao.go.jp/youth/youth-harm/chousa/h25/net-jittai/html/index.html）より。

43）学研教育総合研究所「小学生白書Web版」，2010年9月（http://www.gakken.co.jp/kyouikusouken/whitepaper/201009/chapter2/09.html）より。

（1）テレビ

　まず，批判の対象となったのは，テレビでした。1976（昭和51）年に出版された，岩佐京子の『テレビに子守りをさせないで』では，忙しい保護者が，子どもをテレビの前に座らせて子守り代わりとすることに対し，番組の内容いかんに関わらず，子どもの言葉の発達が遅れ，ひいては自閉症になってしまうという主張がされました[44]。この主張のうち，テレビと自閉症の関係については，自閉症が先天的なものであることから，現在は完全に否定されています。

　その一方で，テレビと言語などのコミュニケーション能力の関係については，たとえば，1990年代に小児科医の柳沢 慧によって提起された，一見おとなしく手のかからないように見えるけれど，実はコミュニケーション不全に陥っている赤ちゃん「サイレント・ベビー」をめぐる議論においても，テレビ任せの子守りが原因のひとつとして取り沙汰されています[45]。また，日本小児科医会が2004（平成16）年に出した「『子どもとメディア』の問題に対する提言」でも，メディア漬けの生活が人と関わる体験の不足を招き，心身の発達の遅れやゆがみを生じさせるとの主張がなされ，テレビ視聴を控えることが提言されています[46]。

　以上のように，テレビに対する批判の焦点のひとつは，テレビ子守りによる「親子間のコミュニケーション不足」や「子どもの言語発達の遅れ」という，コミュニケーションの側面にあるといえます。

　一方，メディアの性質としての側面からは，テレビが基本的にただ見ているだけのメディアであるため，「受け身的な姿勢を育ててしまい，積極性が失われる」という指摘や，めまぐるしく情報が飛び交うテレビに慣れてしまうと，「集中力が失われる」といった指摘もあります。しかし，こういった指摘に対しては，科学的な議論が十分に尽くされている訳ではありません。

　また，テレビの内容が子どもに与える影響については，子どもに見せたくない，暴力的，性的な刺激の強すぎる映像が流れることへの批判に加え，「暴力的な映像を見た子どもは暴力的になる」といった，直接的影響説が根強く語られています。たしかに，文字と違い，映像の場合，子どもでも理解ができるため，影響を及ぼす可能性はより高くなるように思えますが，同じ番組を見た子どもたち全員に，同じような影響が見られるわけではありません。テレビが子どもに及ぼす影響は，あくまで，子ども自身の個性や家庭環境といった，さまざまな変数のうちのひとつにすぎません。たしかに，その影響は必ずしも小さくはありませんが，すぐに解明できるほど単純なものではないことも理解する必要があります。

（2）インターネット

　インターネットが普及して以降は，インターネットが子どもへ及ぼす，以下のような悪影響が懸念されるようになってきました。
①性的，暴力的な画像や情報に，テレビ以上に容易にアクセスできることへの懸念
②個人情報を流出してしまう，虚偽情報を信じてしまうなどのリテラシー*28に関わる問題
③危ないサイトを通じ，詐欺などの犯罪に巻き込まれる危険性
④インターネット中毒になり，通常のコミュニケーションが阻害される恐れ

　とりわけ，子どもたちが，携帯電話やスマートフォンなど，自身の所有物によってインターネットに接続できるようになって以降，それまで以上に，保護者の監視の目が行き届かなくなっています。そして，SNS（ソーシャル・ネットワーキング・サービス）*29やチャットソフト，短文投稿サイト，さらには学校裏サイトなどを通じ，インターネット上だけでなく，実際の人間関係にも問題を生じさせ，さらには子ども自身の体が，具体的な危機にさらされる可能性も生じてきました。インターネット上に生まれた，現実と重なりつつも異なる世界には，子どもにとっての潜在的な危険が数多く潜んでいるのだといえます。

　ただし，インターネットに対する批判には，メディアによって伝えられる情報内容とメディア

44）岩佐京子『テレビに子守りをさせないで：ことばのおそい子を考える』水曜社，1976より。

45）柳沢 慧『いま赤ちゃんが危ない：サイレント・ベビーからの警告』フォー・ユー，1990より。

46）日本小児科医会「『子どもとメディア』の問題に対する提言」，2004年2月（http://jpa.umin.jp/download/media/proposal02.pdf）より。

*28　リテラシーとは，表現されたものを読み解く能力であり，元来は文字を読む能力，すなわち識字能力のことであったが，近年は，ある特定の分野における決まった「文法」にのっとって情報を読み取る能力という意味で，「メディア・リテラシー」や「ネット・リテラシー」といった表現で用いられる。「ネット・リテラシー」とは，したがって，インターネット上に特有の記述に対し，情報の正誤や，危険性などを正しく読み解く能力である。

*29　インターネットのサイト内で，友だちとの交流など，社会的なネットワークを構築することができるサービスのこと。

自体とを混同している批判も少なくありません。たしかに，インターネットというメディアでは，性的，暴力的な情報や，利用者を危険にさらす情報が伝達されることがあります。そういった情報にアクセスしやすいという点は，インターネットというメディアのもつ特性のひとつだといえるでしょう。しかしながら，インターネットは，あくまでも，人と人とを媒介する「メディア」にすぎず，インターネットそれ自体や，インターネットを介したコミュニケーションがすべて危険だと考えてしまうことは，行き過ぎた誤解であるといえます。その点には，注意が必要でしょう。

(3) スマホ子守り

インターネットは，自分から自発的にサイトにアクセスしなければいけないため，結果的に，ある程度年齢のいった子どもでないと使いこなせないのに対し，それよりも幼い乳幼児による電子メディアの受動的な利用も問題になっています。それが，乳幼児に構うことができない際に，保護者がスマートフォンを与え，静かにさせるという「スマホ子守り」です。

実際，NHK放送文化研究所が2013（平成25）年に行った調査によると，デジタル機器の使用率は，携帯ゲーム機などの場合は年齢が上がるにつれて使用率が順次上昇するのに対し，スマートフォンのみ，2歳児前半と後半にそれぞれ17％，19％と，ひとつの頂点を迎え，その後，減少しています[47]。このデータから，幼児のスマートフォン使用は，幼児側からの要求というよりも，保護者がぐずる子どもの気をそらすためにスマートフォンを与えた結果であることがわかります。

この「スマホ子守り」に対し，日本小児科医会が2013（平成25）年，保護者と子どもの対話を奪い，赤ちゃんの育ちを歪めるとして，以下のような警鐘を鳴らしています[48]。
①子育てアプリの画面で赤ちゃんをあやすことは，育ちを歪める可能性がある
②メディアの使用時間が多すぎると，親子の会話や体験を共有する時間が奪われる
③親がスマホに夢中で，赤ちゃんの興味・関心を無視し，安全に対する気配りができていない

このうち，③はスマートフォンによる子守り自体ではなく，保護者がスマートフォンを使用しすぎることで子守りがおろそかになるという，少し異なる観点でありますが，①，②は，先に述べたテレビ批判の対象が，スマートフォンにも広がったものといえます。よって，「スマホ子守り」に対する批判は，それ自体は新しいものであるものの，その内容は，従来のメディア批判の延長線上にあると考えてよいでしょう。

ここまで，電子メディアに対する批判を確認してきました。子守りをテレビやスマートフォンに代替させることへの批判の中心は，それによって保護者と子どものコミュニケーションが阻害されるというものでした。インターネットへの批判としては，現実のコミュニケーションへの悪影響が頻繁に指摘されています。「メディア」本来の意味とは，先に見たように，コミュニケーションを媒介するものでした。よって，メディア批判の根底に，コミュニケーションのあり方への問題提起が存在することは，自然なことだといえるでしょう。

一方，これらの批判には，「メディア批判こそが論拠に乏しいレッテル貼りである」という批判も，常に存在しています。たしかに，メディア批判の中には，結論が先にありきで，科学的な論拠に基づかない，感情的で印象論的なものも少なくありません。さらに，これらの批判が，結局，正しかったのかどうかという問いに対して，もっとも初期の「テレビ子守り」への批判さえ，それによって育った子どもたちがおとなになった現在でも，十分に検証されたとはいいがたい状況です。

一見，昔に比べて子育ての問題が噴出しているように見える現在ですが，その全責任をテレビなどのメディアに帰すことができるのか，あるいは，ほかの社会の変化が原因なのか，決定する

---

[47] NHK放送文化研究所「2013年 幼児生活時間調査」，2013年9月（https://www.nhk.or.jp/bunken/summary/yoron/lifetime/pdf/130904.pdf）より。

[48] 一般社団法人日本小児科医会「スマホに子守りをさせないで！」，2013年11月（http://jpa.umin.jp/download/update/sumaho.pdf）より。

ことは困難です。とりわけ、最後に取り上げた「スマホ子守り」批判は、テレビ批判に比べても具体的な論拠に不足しているのが現状であり、その点を批判され、議論を呼んでいます。

　それでは、これらの批判は、科学的な論拠に乏しいという理由で、議論が決着するまでの間、一笑に付してもよいものなのでしょうか。この疑問について考えるため、次項では、別の角度から子どもとメディアについて論じたいと思います。

2．メディアの変遷と「子ども期」

　先述の通り、メディア批判の文脈において、「メディア」という言葉は電子メディアを指すものとして使用されています。しかしながら、そのような限定は、逆に、これらのメディアがもつ特性を理解することから遠ざけてしまうことにもなります。そのため、ここでは「メディア」の意味を限定せず、「コミュニケーションを媒介するもの」と広く捉え直し、その変遷を、基礎編Lesson1でも述べた「子ども観」（12ページ）との関係を見据えつつ、確認していきます。

1）メディア第一のターニングポイント：印刷技術の発明

　メディアの変遷における最初のターニングポイントは、15世紀の中頃に起こった、グーテンベルクによる活版印刷技術の発明です。印刷技術は、中世で、あるいは人類の歴史で、もっとも重要な発明のひとつであり、後の技術発展だけでなく、人間のコミュニケーションのあり方にも大きな影響を与えました。

　印刷技術の発明以前は、本はおもに聖職者の手によって一冊一冊書き写された写本に限られており、ごく少数のみが作られ、ごく限られた階層のみの所有物でした。そのため、人の知識とは、書物で伝えられるものではなく、基本的に口承によって語り継がれるもの、すなわち、直接的に対面し、時間を共有しながら受け継がれるものでした。しかし、この印刷技術の発明により、人びとは知識を印刷し、離れた地域にいる人にも、そして、後世にも伝えられるようになりました。人びとのコミュニケーションが、印刷された文字を「媒介」として成立するようになるのです。こうして、文字コミュニケーションが花開くことになります。絵本や児童文学といった子ども向けの本の誕生も、印刷技術の発展の結果、起こったものだといえます。

　さらに、印刷技術の発明は、「子ども観」にも大きな影響を与えました。書物によって知識が伝達されるようになるにつれ、文字を読めることは、おとなにとって必要な技能となりました。しかしながら、このような識字能力や、書かれた文章の意味をルールにのっとって読み解く能力は、決して一朝一夕に身につくものではありません。本を読むためには、とりわけ学校において、十分な時間をかけて文字と文法を学ぶ必要がありました。こうして、学校に子どもが集められるようになり、さらに、習熟度に応じたクラス分けがなされ、アリエスが「学校化」と呼ぶ変化が起こっていきました。そして、文字を読める存在が「おとな」であり、それを学校において習得中の存在が「子ども」であるという、両者を隔てる壁が、徐々にできていったのです。

2）メディア第二のターニングポイント：放送技術の発明

　メディアの第二のターニングポイントは、放送技術の発明です。まず、1832年のモールス信号の発明、1876年の電話の発明によって、人間は、離れたところにいる人同士が、ときを同じくして会話が可能となる遠隔コミュニケーションのための、電気信号という「媒介」を手にします。そして、20世紀初頭にはラジオが発明され、同時に多数の人間がラジオを通して同じ声を共有できるようになりました。そして、同時期に発明されていた映画と合わさって、20世紀半ばにテレビが発明されることで、声だけでなく、映像を多数に向けて発信できるようになったのです。

　印刷技術の発明以降、大勢の人に情報を伝えるメディアは、長い間、「文字」によって独占されていました。情報とは、文字に印刷されることで、多くの人に伝播され、共有されるものでし

た。しかし，必ずしも文字を必要としないテレビの発明によって，文字ではなく，声や映像を「媒介」としたマス・コミュニケーションが成立しました。これにより，文字コミュニケーションは，それまでの絶対的な地位を揺るがされることになりました。

この変化を受け，ニール・ポストマンは，著書『子どもはもういない』の中で，「子ども期の消滅」を主張しました[49]。これは，テレビによって無差別に流される，ときに暴力的な，あるいは性的な映像によって，子どもの健全な発達が阻害されるといった意見ではありません。ポストマンの関心は，テレビというメディアによって伝えられる内容ではなく，メディアそれ自体と，それによって成立するコミュニケーションの形式にありました。

先述の通り，文字を読み解くためには十分な教育が必須だったのに対し，テレビを介して流れる映像からメッセージを受け取るためには，必ずしも教育は必要ありません。文字を介したコミュニケーションの場合，文字を習得中の存在が「子ども」であり，すでに習得し，使いこなしている存在が「おとな」であるという区分が存在していましたが，テレビを見るためには段階的な習熟は求められないため，習熟度の違いによって子どもとおとなを区別するという考えが失われることになります。よって，テレビの前では，「おとな」と「子ども」という区分が大きな意味をなさなくなります。すなわち，ポストマンが説いたのは，テレビによって子ども期が迫害され，よくないものになってしまっているということではなく，より根幹的に，文字メディアによって成立した「子ども期」という区分や，子どもとおとなを隔てる壁が，テレビによって役割を終え，消滅に向かっているということだったのです。

3）メディア第三のターニングポイント：電子メディアの発明とその特性

そして，先述のように，ここ20年ほどの間に，パソコン，テレビゲーム，携帯電話，スマートフォンといった，テレビに続く多数の電子メディアが発明されます。これらのメディアと子どもとの関係や，それに対する批判は，先に見た通りですが，電子メディアをメディアの変遷の中に位置づけることによって，何が見えてくるのでしょうか。

まず，とりわけインターネットや携帯電話，さらに両者を統合したスマートフォンにおいて，コミュニケーションの方向性の変化が見られます。それ以前のメディア，たとえばテレビは，同時に多くの人へと情報を伝えることができるものではありますが，伝え手と受け手は固定されており，子どもが伝え手となることはありませんでした。よって，社会に影響は与えたとしても，子ども同士のコミュニケーション方法には大きな影響を及ぼしませんでした。文字によるコミュニケーションは，たしかに交換日記や手紙のやり取りなど，子どもの世界にも入り込んでいましたが，それほど主流とはいえず，子どものコミュニケーションは，あくまで，顔を突き合わせた状態での言葉や体を用いたものでした。しかし，双方向的なメディアであるインターネットや携帯電話の普及により，子ども同士の間で，必ずしも顔を突き合わせなくてもコミュニケーションを取ることが可能になりました。電話やメール，さらに現在ではSNSや短文投稿サイト，チャットソフトなどにより，これまでとは違ったタイプのコミュニケーションが，子ども世界にもち込まれたのです。

こうして新しいコミュニケーションが成立した結果，必然的に，それまでの手法，すなわち対面でのコミュニケーションに割かれる時間が減り，コミュニケーションの不足が指摘されることになります。さらに，電子メディアによって子どもたちが可能になったコミュニケーションは，これまで子どもとは結びついていなかった，ある種「子どもらしくない」コミュニケーション手法であり，それに対する，無意識のうちの違和感が，批判として表出しているのだと考えられます。

さらに，メディアと子ども期の関係を踏まえて考えると，これらの電子メディアに対する直感的な批判の，別の根幹的理由も明らかになります。

---

[49] ニール.ポストマン，小柴 一訳『子どもはもういない』新樹社，2001 (Postman, Neil, The Disappearance of Childhood, Delacorte Press, 1982.) より。邦題は「子ども」だが，原題は「理念としての子ども」を意味する「Childhood」（基礎編 Lesson1, 12ページ参照）という単語が用いられている点に注意が必要である。

前述のポストマンの論とは，テレビの理解には段階的な習熟が求められないため，「子ども」と「おとな」の境界が崩壊するというものでした。この境界線は，スマートフォンの前では，より一層，脆弱になります。文字を読めず，まだきちんと話すことのできない2歳児であっても，画像によって情報が示され，手で触れれば反応してくれるスマートフォンは，直感的に操作することができます。また，内閣府の調査[50]によると，「子どもより自分のほうがインターネットに詳しい」と答えた保護者は，小学生の保護者で7割，中学生で4割，高校生では2割となっています。インターネットの使用において，子どもとおとなの境界はなく，むしろ，立場が逆転さえしてしまっているのです。つまり，近代社会が前提としてきた，子どもからおとなへの成長という「子ども観」が，これらの電子メディアによって，暗黙のうちに揺るがされているのです。このように考えると，「スマホ子守り」によって乳幼児から電子メディアに触れさせることは，「子ども」と「おとな」の境界を揺るがし，ポストマンの述べた「子ども期の消滅」を促進する一歩であるといえます。つまり，場合によっては感情的にすら見える電子メディアに対する批判は，おそらく無自覚ではありながらも，直感的な，子ども期の崩壊への警鐘だといえるのです。

　電子メディア批判が科学的な論拠に乏しい点を批判する意見は，たしかに妥当なものだといえます。また，新しいメディアが発明されたのだから，子どもの頃から早くそれに慣れさせるべきであるという意見も，電子メディアを扱う技術や，メディア・リテラシーが重要な現代社会においては，説得力のあるものでしょう。しかし，新しいコミュニケーション手法が子どもの成育にどのような問題を引き起こすのか，十分には判明していない以上，急進的な変化に対する反対意見もまた，十分に尊重されるべきでしょう。まして，上で述べたように，それらは潜在的に，「子ども期」という概念を崩壊させる可能性を秘めているものですから，それを批判する意見は，たとえ直感的なものであっても，きちんと検討する必要があると思われます。新しいメディアが氾濫する現在において，それが引き起こすコミュニケーションの変化と問題点を注視し，子どもにどう与えていくかを判断する必要があるといえるでしょう。

　ここでは，メディアの現状と批判を確認したのち，「子ども期」への影響との関わりから，それらの批判や論点を整理しました。最後に述べたように，重要な点は新しいメディアによって，コミュニケーションがどのように影響を受けるかという点です。

　そして，コミュニケーションという観点からは，絵本は，親子が同じ場面を見ながら，子どものわからないものを親が声によって伝えるという，共有的なコミュニケーションを触発するメディアです。研究や経験の蓄積も多いため，親子間の良質なコミュニケーションをもたらしてくれることは疑いようがありません。電子メディアの時代であるからこそ，それを補う，絵本によるコミュニケーションが高く評価されているのです。

[50] 内閣府「平成25年度青少年のインターネット利用環境実態調査」，2014年3月 (http://www8.cao.go.jp/youth/youth-harm/chousa/h25/net-jittai/pdf-index.html) より。

Lesson 3：演習問題

1. 自分が住んでいる地域では，家族・学校・地域連携の取り組みがどのように行われているのか調べてみましょう。
2. 間食も含めて，乳幼児の1日の食事を考えてみましょう。
3. 今の子どもたちがどのような遊びをしているのか，観察して，グループで話し合ってみましょう。
4. 自分が子どものときに接してきた，あるいは現在使っている電子メディアの特性について，まとめてみましょう。
5. 子どもと電子メディアの「あるべき接し方」について，グループで議論してみましょう。

【参考文献】
・柏木惠子『子どもが育つ条件：家族心理学から考える』岩波書店，2008
・厚生労働省「保育所における食事の提供ガイドライン」，2012
・内閣府「平成19年度版　国民生活白書－つながりが築く豊かな国民生活」，2007
・内閣府「特集　家庭，地域の変容と子どもへの影響」『平成20年版 青少年白書』，2008
・内閣府「第2章　第2節　国の取組」『仕事と生活の調和（ワーク・ライフ・バランス）レポート2013～その残業，本当に必要？上司と部下で進める働き方改革～」，2013
・日本子ども社会学会研究刊行委員会編『子ども問題事典』ハーベスト社，2013
・日本女子社会教育会編『図説　変わる家族と子ども』日本女子社会教育会，1997
・日本子どもを守る会編『子ども白書「子どもを大切にする国」をめざして』本の泉社，2013
・ベネッセ研究所年報『子育て生活基本調査』（第4回）Vol.65，2010
・文部科学省生涯学習政策局調査企画課編『平成22年度 子どもの学習費調査報告書』エムア，2012
・文部科学省「企業と家庭で取り組む早寝早起き朝ごはん～大人が変われば，子どもも変わる。」，2012
・文部科学省中央教育審議会「大学分科会（第110回）参考資料」，2012
・文部科学省生涯学習政策局政策課編『平成24年度 子どもの学習費調査報告書』白橋，2014
・ユニセフ報告書『Report Card10－先進国の子どもの貧困』ユニセフ・イノチェンティ研究所，2012
・穐丸武臣・丹羽孝・勅使千鶴「日本における伝承遊び実施状況と保育者の認識」名古屋市立大学大学院人間文化研究科『人間文化研究』第7号，2007
・小川博久編著『「遊び」の探究―大人は子どもの遊びにどうかかわりうるか』生活ジャーナル，2001
・小川博久『遊び保育論』萌文書林，2010
・小川博久「第Ⅳ章　遊びの伝承と実態」無藤 隆編『新・児童心理学講座11　子どもの遊びと生活』金子書房，1992
・杉本厚夫『「かくれんぼ」ができない子どもたち』ミルネヴァ書房，2011
・堤 藍り「生活科の視点からみた伝承的なあそびの教材性「集団あそび」，「自然物を利用したあそび」，「伝承玩具のあそび」をキーワードにして」『生活科・総合的学習研究』第7号，2009
・内閣府「特集　家庭，地域の変容と子どもへの影響」『平成20年版 青少年白書』2008
・中地万里子「伝承遊び」平山宗宏ほか編『現代子ども大百科』中央法規，1988
・森 楙『遊びの原理に立つ教育』黎明書房，1992
・ニール・ポストマン，小柴 一訳『子どもはもういない』新樹社，2001
・バリー・サンダース，杉本 卓訳『本が死ぬところ暴力が生まれる―電子メディア時代における人間性の崩壊』新曜社，1998

Lesson 4 子どもの文化財の役割と活用法

学習のキーポイント
①絵本が子どもに果たす役割を知り，絵本を選ぶ必要性と子どもの絵本の見方を理解する。
②わらべうたの特徴や役割を学び，子どもとの遊び方のバリエーションを身につける。
③おはなしが子どもに与える意義を知り，覚え方，語り方を学ぶ。
④紙芝居の特徴を知り，その演じ方を学ぶ。

1 絵本と子どもの発達

1．絵本の特性
1）おとなから子どもに

「絵本」とは，子どもとおとながともに楽しむ子どもの文化財です。おとなが文字を読み聞かせることによって，子どもは耳で言葉を聞きながら絵本の絵を楽しみ，イメージの世界を広げ，想像力を羽ばたかせます。

乳幼児期に，おとなから絵本を読んでもらった経験のある子どもは，成長した後も，絵本の体験を忘れることがありません。両親から絵本を読んでもらったときの情景は，少なからず保護者（とくに両親）からの愛情をともなっており，絵本を読むことが子育てにも非常に大切であることがわかります[*1]。学生に幼い頃の絵本体験を書いてもらったレポートを読むと，読み聞かせは，読み手の愛情が子どもの心に流れ込み，生涯にわたってその絵本の記憶とともに，読み手と子どもとの安定した信頼関係を結んでいることに気づかされます。

そのことを示す，学生からのレポートの一部を紹介しましょう。

> **絵本が繋ぐ，幼少期の私と今の私―学生のレポートより**
>
> 私は生まれたときから沢山の本を読み聞かせしてもらっていました。月に1冊必ず届く新しい絵本を楽しみにしていました。なかでも気に入った絵本は何度も何度も読んでもらっていたので，今でもその絵本を見つけると頭の中で母の読み聞かせが蘇ってきます。『たまごのあかちゃん』[*2]という本があります。赤ちゃん向けの絵本ですが私はこの絵本がお気に入りの1つでした。「あかちゃんは　だあれ？　でておいでよ」のリズムに合わせて読んでくれていたのを今でも覚えています。そのせいか私自身が読み聞かせを行うときに，母の読み方に自然と似てきます。乳幼児期の記憶はなくなるとも言われているのに身体が読み聞かせを覚えているんだなぁ，と最近になって気が付きました。
>
> 絵本は常に目に入る場所にあったからなのか，読んでもらった沢山の絵本を覚えています。その中には，幼少期には内容が分からなかった絵本が小学生，中学生と年齢が増すごとに深く理解できるようになっていました。今ではすっかりその絵本『いたずら　きかんしゃ　ちゅう　ちゅう』[*3]もお気に入りの一冊に仲間入りしています。

[*1] 発展編 Lesson 3（232ページ）を参照。

[*2] 神沢利子文，柳生弦一郎絵による絵本。福音館書店より，1987年に初版が刊行された。

[*3] バージニア・リー・バートン文・絵，村岡花子訳による絵本。福音館書店より，1961年に初版が刊行された。

> 私は同世代の中でも家族との仲が良いと思います。もちろん反抗期のようなものも全くなかったわけではありません。でもいつも心のどこかで「ママ、ごめんなさい。」という気持ちがありました。両親に口出しされイライラして自分の部屋にこもると絵本を読んでいました。読んでいるうちに心が落ち着くことがありました。これは幼少期に読み聞かせを通じて築き上げた母との関係が関与しているのではないかと思います。
>
> （…中略…）
>
> いずれにせよ，乳幼児期の読み聞かせは親と子どもを繋ぐ大切な時間に変わりはないと感じました。
>
> （鏡 夏菜）

このように，絵本をおとなが読むことによって，短期的，長期的に豊かな関係を築いていくことになるのです。

2）主人公に自分を重ねる

さて，自分の経験・体験自体が，まだまだ少ない幼児期の子どもですが，その一方で，絵本での体験を，現実に近いものとしてとらえる想像力に長けています。

2歳から5歳くらいの子どもは，アニミズム*4が発達の特徴とされています。これは，動物や汽車や自動車にも命があると心から信じることができる時期であり，このことが物語に入り込める豊かな感性と想像力を後押ししているとも考えられます。ですから，子どもが主人公に同一化する力は，おとなとは比べものにならないほど強いものなのです。

たとえば，ここでは，『ぐりとぐら』*5のお話について取りあげて考えてみましょう。

この絵本の主人公であるねずみの「ぐり」と「ぐら」は，体が小さく，自分の体より大きなたまごを運ぶことができません。読者である子どもたちも，ぐりとぐらと同じように体が小さいため，大きなおとなの道具に囲まれて生活している自分をぐりとぐらの姿に重ね合わせます。ぐりとぐらが直面する一つひとつの出来事に対し，「どうすれば運べるのか？」「どうすれば料理ができるのか？」と，主人公と読者が一緒に考えていくことができる構成になっています。

また，ぐりとぐらは決してあきらめず，たまごから大きなカステラを焼き，最後にはみんなにごちそうして，みんなで一緒にカステラを楽しみます。こうした，困難にぶつかっても，めげずにやりとげる姿に，子どもは自分たちと等身大の主人公に感銘を受けているのでしょう。その結果，同書は，初版から50年以上も出版され続けるロングセラーになっています。

このように子どもたちは，絵本の主人公を通して，知識や思考力，豊かな想像力，また，広い意味では，人を思いやる気持ちや生きる姿勢を学ぶことができるのです。

▲『ぐりとぐら』の24，25ページより。

3）子どもの視点

活発な遊びを生み出したり，子どもたちが何度もくり返し「読んで欲しい」とせがんできたりするような絵本の多くは，子どもの視点から描かれています。子どもが登場人物に自分を重ね合わせるためには，前にも述べたように，その登場人物が，等身大の自分と近い存在である必要があります。

先にあげた『ぐりとぐら』の人気が衰えない理由のひとつには，読者であるおとな社会で大き

---

*4 アニミズムとは，生命やそのほか人間のもつ特徴を，無生物に付与すること。つまり，「無生物の擬人化」とみなすことができる。本書の基礎編Lesson1（9ページ），実践編Lesson1（125ページ）にも同様の説明があるので，併せて参照のこと。

*5 中川李枝子文，大村百合子絵による絵本。福音館書店より，1963年に初版が刊行された。

な道具に囲まれて暮らす小さな子どもは，小さなねずみだからこその苦労を，自分のことのように理解することができるということがあげられるでしょう*6。

4）豊かな言葉の宝庫
（1）整理しながら話す言葉
　子どもの言葉の発達を促す意味でも，絵本は欠かせません。身近な言葉から文学的な表現まで，絵本は，読み手であるおとなが日常的には使わないような言葉までも，子どもに伝えることができます。

　たとえば，『もりのなか』*7は，主人公である「ぼく」が森の中を散歩すると，「らいおん」や「さる」がつぎつぎと仲間になって，ついて来るというお話ですが，新しい動物が出てくるたびに，「ぼく」は動物たちと同じようなやり取りを行います。このように，同じようなことをくり返すことによって，子どもたちはお話の中で起きた出来事をきちんと頭の中で整理することができるようになります。そして，それを何度も積み重ねていくという，優れた描写を楽しむことができるのです。

　同書のはじまりの部分を，少しだけ見てみましょう。

---

①ぼくは，かみの　ぼうしを　かぶり，あたらしい　らっぱを　もって，もりへ，さんぽに　でかけました。
②すると，おおきな　らいおんが，ひるねを　していました。らいおんは，ぼくの　らっぱを　きいて，めを　さましました。
③「どこへ　いくんだい？」と，らいおんが　ききました。
④「ちゃんと　かみを　とかしたら，ぼくも　ついていって　いいかい？」
⑤そして　らいおんは　かみを　とかすと，ぼくの　さんぽに　ついてきました。
　　　　出典）マリー・ホール・エッツ 文・絵，まさきるりこ 訳『もりのなか』pp.3-8，福音館書店，1963より

▲『もりのなか』の3ページより。 　　▲『もりのなか』の5ページより。

　この後，ぞう，くま，かんがるーなど，つぎつぎに動物が仲間に加わって行きますが，少しずつ異なりながらも同じようなやり取りをくり返していくことで，子どもたちは，「何が起きているのか」「だれが仲間に加わったのか」など，絵本の中のお話を，頭の中で整理しながら理解していくのです。

（2）リズムにのれる「オノマトペ」
　「オノマトペ」とは，擬音語・擬態語のくり返しのことです。このオノマトペが多用されている絵本に，『わたしのワンピース』*8があります。同書中に使われているオノマトペは，読者が思わず踊り出したくなるようなものばかりです。

　『わたしのワンピース』の主人公である「わたし」はうさぎです。自分で作った白いワンピースを着たうさぎは，「ラララン　ロロロン　わたしに　にあうかしら」と踊りながら，いろいろな場所に散歩に出かけます。行く先ざきで，まっ白だったワンピースの模様は，

---

*6 「視点」については，基礎編 Lesson 5（101, 102, 105ページ）を参照のこと。

*7 マリー・ホール・エッツ文・絵，まさきるりこ訳による絵本。福音館書店より1963に初版が刊行された。

*8 にしまきかやこ絵・文による絵本。こぐま社より，1969年に初版が刊行された。

つぎつぎに変化していきます。たとえば，花畑を通るとお花の模様に，雨が降ってくると水玉模様に，というように，3場面ごとに同じ言葉と場面がくり返されていきます。これが三拍子のリズム感を生み出すとともに，同じ流れをくり返すことで，読み手に安心感を与えています。言葉や絵のすばらしさに加え，こうした文章と絵が織りなすリズム感も，この絵本の人気を不動のものにしているのではないでしょうか。

▲『わたしのワンピース』の10，11ページより。

元来，日本語には，オノマトペが大変多く，こうしたオノマトペを使った表現は，絵本を読むときの定番となっています。正高信夫は，その著書[1]の中で，生後6，7か月頃，「バンギング[*9]をしながら笑うという行動を繰り返すなかで，子どもは今までより速いテンポで，リズミカルに手を運動させるようになっていく」と述べています。

以下に，オノマトペを楽しめる絵本をいくつか紹介しましょう。

1）正高信男『子どもはことばをからだで覚える』p.75，中央公論新社，2001より。

*9 左右どちらか一方の手を，水平あるいは垂直方向にくり返し振ったり，オモチャのガラガラやスプーンを床や机に叩きつけるしぐさが典型的なバンキングの行動。

『もこ もこもこ』（谷川俊太郎 作，元永定正 絵，文研出版，1977より）

「もこ」「もこもこ」「にょき」「にょきにょき」

出典）同書pp.4, 6-8より

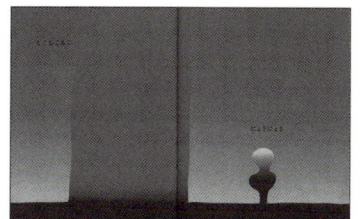

▲『もこ もこもこ』の8，9ページより。　▲『もこ もこもこ』の10，11ページより。

・・

『はなをくんくん』（ルース・クラウス文，マーク・サイモント絵，木島 始訳，福音館書店，1967より）

「みんな　はなを　くんくん」「のねずみが　はなを　くんくん」「くまが　はなを　くんくん」「ちっちゃな　かたつむりが　からのなかから　はなを　くんくん」

出典）同書pp.10-14より

・・

『じゃーん！』（トール・フリーマン 作・絵，たなかかおるこ 訳，徳間書店，2002より〈品切重版未定〉）

「じゃーん！　ロッテ，おさるさんだからころばないもん！」「だいじょうぶだもん，じゃーん！」

出典）同書pp.5-10より

（3）自分の気持ちを表現する

幼児期の子どもは，まだ自分の気持ちを言葉で表現することが得意ではありません。ですから，子ども理解の基本として，子どもの表情やしぐさといった言葉以外のノンバーバルな表現にも目を配ることが大切です。しかし，小学校に就学してからは，自分の気持ちや伝えたいことを，きちんと言葉で表現することが求められます。

絵本では，主人公の気持ちを表現している場面が書かれているものが少なくありません。たと

えば,『ロバのシルベスターとまほうの小石』*10にも,そのような場面が出てきます。

　ライオンから逃れるために,岩になってしまった主人公のロバのシルベスターは,両親に自分の気持ちを心の中で叫びます。「母さん！　父さん！　ぼくだよ！　シルベスターがここにいるんだよ！」と。また一方で,シルベスターの両親の側からも,わが子への心配や焦りの言葉が,必死の捜索のようすとともに語られます。

　このような絵本に触れることで,子どもは,絵本の物語に身をまかせながら,自己表現の方法も身につけていくものと思われます。

*10　ウィリアム・スタイグ作,せた ていじ訳による絵本。評論社より,1975年に初版が刊行された。現在のものは,2006年に刊行された改訳新版。

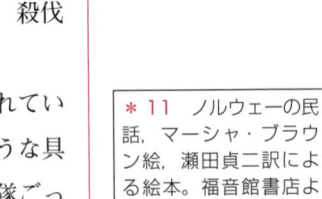

▲『ロバのシルベスターとまほうの小石』の26, 27ページより。

▲『ロバのシルベスターとまほうの小石』の30, 31ページより。

(4) 殺伐(さつばつ)とした言葉から,美しい言葉へ

　最近,テレビやゲームなどからのマイナスの影響として,「殺す」や「死ね」といった,殺伐とした言葉を使う子どもが増えているような気がしてなりません。

　『三びきのやぎのがらがらどん』*11では,三びきのやぎが橋を通るたびに,橋の下に隠れている怪物「トロル」から,「こっぱみじんにしてやる」「こなごなにふみくだくぞ」というような具体的なやっつけ方を示す言葉が浴びせかけられます。「死ね」という言葉しか知らずに戦隊ごっこで遊ぶ子どもたちにとって,このような絵本の表現が,現実感の薄い,新鮮で新しい感覚の言葉として響いてほしいものです。

　このような戦いの場面とは逆に,絵本では,優しい言葉かけや美しい自然の描写にも,数多く触れることができます。『くまのコールテンくん』*12には,最後のページに次のようなことが書かれています。

*11　ノルウェーの民話,マーシャ・ブラウン絵,瀬田貞二訳による絵本。福音館書店より,1965年に初版が刊行された。

*12　ドン・フリーマン作・絵,松岡享子訳による絵本。偕成社より,1975年に初版が刊行された。

「ともだちって,きっと　きみのような　ひとのことだね。」と,コールテンくんは　いいました。「ぼく,ずっとまえから,ともだちが　ほしいなあって,おもってたんだ。」
「あたしもよ！」リサは　そういって,コールテンくんを　ぎゅっと　だきしめました。

出典)ドン・フリーマン作・絵,松岡享子訳『くまのコールテンくん』p.30,偕成社,1975,より

5) 人の気持ちを思いやる

　『ひとまねこざるびょういんへいく』*13では,主人公のおさるの「じょーじ」が,パズルのコマを飲み込んで腹痛を起こし,病院で手術を受けることがテーマになっています。

　読者である子どもたちは,まず,病室(びょうしつ)のようすに興味津々と絵をつぶさに見つめます。そして,治療のための注射や薬は子どもたちも覚えがあるものなので,自分とジョージを重ね,次第にジョージの手術に立ち会う気持ちになっていくのです。

*13　マーガレット・レイ文,H.A.レイ絵,光吉夏弥訳による絵本。岩波書店より,1984年に初版が刊行された。『おさるのジョージ』シリーズとしても知られている。

▲大型絵本版の表紙

ジョージやほかの入院中の子どもたちへ，自然とエールを送る気持ちにさせるのも，絵本のすばらしいところではないでしょうか。
　さて，ここまで，具体的な絵本を紹介しながら絵本のよさを述べてきましたが，次に，子どもの発達と絵本についてもまとめておきましょう。

2．絵本の役割

1）子どもが追体験できる
　先にも述べましたが，子どもは，絵本の登場人物に自分を同一化して，ストーリーを聞いています。そのため，おとなが本を読むとき以上に，お話を自分のこととして受け止めているのです。
　その結果として，気に入った絵本を何度も「読んでもらいたい」と読み手にせがむことも，よく見られる光景です。

2）感動し，情緒を育てる
　「絵本の世界は，総合芸術だ」といわれます。耳に心地よい文章や美しい絵とともに，絵本のストーリーは，子どもたちにすばらしい感動を与えてくれるのです。

3）想像力を豊かにする
　日常では出会えない異国やファンタジーの世界を描く絵本は，子どもたちの世界を広げ，未知なる冒険へと想像力を羽ばたかせるきっかけとなります。
　反面，幼児が体験したことがある日常生活の場面などへの共感が，子どもの生きていくことへの自信を深めていくことにもつながっていきます。

4）語彙を豊富にする
　爆発的に語彙が増加する乳幼児期には，数多くの言語体験をしてほしいものです。しかし，日常生活で使用する言語や会話には限りがあります。
　絵本による豊富な言語体験には，確実に，子どもの語彙を増やしていく効果があります。

5）言語感覚を身につける
　語彙を増やすだけではなく，言葉の感覚や心の機微は，一度や二度聞いただけでは，その表現が身につくものではありません。絵本の登場人物を通して自己体験をすることで，子どもたちは，自分のものとして言語感覚に対する鋭い感性を磨いていくことができるのです。

6）文字に関心をもつ
　乳幼児期は，①絵を読み，②耳で言葉を聞きながら，③物語を楽しむことを，最優先に考えていくべき時期であると，筆者は考えます。
　しかし，小学校就学前になると，自然と文字への興味が沸いてきます。文字に関心をもつことは大事なことですが，このとき，文字を覚えるための教科書として絵本を使うことは，避けるべきです。なぜならば，それによって，絵本を嫌いになりかねないからです。絵本はあくまでも，「楽しむ本」であることを，忘れたくないものです。

7）知的好奇心を満たす
　乳幼児期は，自分の知らない世界への尽きない興味や関心がさかんになる時期です。しかし，幼児の生活範囲や環境は限られており，日常生活の中に，劇的な変化があるわけではありません。
　このような時期に絵本を開くことで，日常の延長，もしくは，非日常の体験ができることも，幼児にとって絵本が魅力的な要素のひとつだといえるでしょう。

8）考える力を育てる
　絵本を読み聞かせてもらう過程で，子どもは，絵本の主人公の行動やストーリー展開を予想し，考えていきます。
　思考力や倫理観，価値観の育成につながる表現があるのも，絵本の魅力のひとつです。

9）知識や視野を広げる

　知識や常識，視野を広げていくのは，絵本のみならず，読書体験全般から得られる喜びです。新しい考え方や人生の歩み方の方向を照らす可能性もあるでしょう。

10）人の気持ちを理解し，思いやりの心を育てる

　絵本には，さまざまな登場人物が，喜び，笑い，泣き，悩むなどの場面が描かれています。
　子どもは絵本と触れ合いながら，自分の経験の有無にかかわらず登場人物の気持ちに寄り添うことで，他者への理解を深めていくのです。

2 わらべうた・手あそび

1．わらべうたとは

　わらべうたは，伝承遊びとして子どもの遊びや歌の中で引き継がれてきた，日本独自の文化です。だれかが創作したものと違い，生活の中から生まれたものなので，わらべうたのリズムやメロディが，日本独特の旋律やリズムの延長線上にあることもわかってきています。岩井正浩は，子どもがおとなからの呼びかけに同調行動[*14]を取ることや，赤ちゃんが協和音[*15]を好む傾向にあることから，言葉とリズムが密接な関係をもっていると述べています[2)]。

　また，遊びの中から自然発生的に生まれてきたものだけに，地域や時代によって，同じわらべうたでも違って伝承されていることも珍しくありません。たとえば，「かぼちゃのたね」というわらべうたは，最近伝わっているものは，次のように変わっています。

> かぼちゃのたねを　まきました
> 芽が出て　ふくらんで　花が咲いたら　枯れちゃって
> 忍法使って空飛んで　東京タワーにぶつかって
> ぐるりと回って　じゃんけんぽん

　年代によって，遊び方が違ってくるのも，わらべうたが伝承であることの証（あかし）でしょう。今後は，スカイツリーが出てきたり，宇宙まで飛んでいったりするかもしれません。このように，子どもはわらべうたを歌い遊ぶとき，歌詞や振りつけを変えたりしながら楽しんできたのです。

2．わらべうたの分類

　では，「わらべうた」とは，どのような歌なのでしょうか。みなさんも子どもの頃，「はないちもんめ」や「げんこつやまのたぬきさん」などを歌いながら遊んだことがあるのではないでしょうか。わらべうたとは，そのような歌のことです。わらべうたは，現代に生まれた手遊びとは少し区別された，伝承された「遊びうた」のことで，「呼びかけうた」[*16,17]「あやしうた」[*16,17]「唱えうた」[*16]「数えうた」[*16]「囃しうた」[*16]に分類されます。それぞれをまとめると，表1－4－1のようになります。

　表1－4－1は，わらべうたを言葉の延長線上としてみた場合の分類ですが，子どもの歌遊びの観点からみると，遊び方は表1－4－2のようにもっと広がってきます。佐藤志美子は，わらべうたを遊び方と隊形によって分類しました（表1－4－2）。たとえば，「♪はなちゃん，りんごがたべたいの，でこちゃん」と言いながら顔を洗うわらべうたは「顔の動作遊び」に分類されますし，先ほど例に出した「かぼちゃのたね」は「手合わせ遊び」や「ジャンケン遊び」に，「とおりゃんせ」は「門くぐり」遊びに属します。

[*14] 他者の言葉によって，自分の行動を他者に合わせて変えること。

[*15] 同時に鳴らしたふたつ以上の音が，よく調和して耳に快く聞こえるときの和音のこと。

[2)] 岩井正浩「わらべうたはこどもの生命」大島清・大熊進子・岩井正浩編『わらべうたが子どもを救う』pp.197-200，健康ジャーナル社，2002，より。

[*16] 基礎編Lesson 2の「2 わらべうた」（30ページ）を参照のこと。

[*17] 「呼びかけ言葉」や「あやしことば」は，普段より，少し高く，ゆっくりになるという特徴をもっている（太田光洋編著『保育内容・言葉』p.75，同文書院，2006，より）。

表1-4-1　わらべうたの分類

① 「呼びかけうた」	子どもが発する言葉に対する返答や子どもへの語りかけ 例) はなちゃん，あそびましょ　など
② 「あやしうた」	子どもをあやすときの語りかけ 例) いない いない ばあ　ちょち ちょち あわわ　など
③ 「唱えうた」	おまじないをとなえる語りかけ 例) いたいの いたいの とんでいけ～　など
④ 「数えうた」	数を数えるときの語りかけ 例) だるまさんがころんだ 　　どれにしようかな かみさまの いうとおり　など
⑤ 「囃しうた」	はやすときに，ふざけた調子で使う語りかけ 例) やーだな やだな ○○に いってやろ 　　おまえのかあちゃん でべそ　など

表1-4-2　分類と教材＜遊び方と隊型＞

	遊びの型	要点・指導内容など	教材群
遊び方	・動作あそび	顔…顔の部位，名称，各部位の特徴を知る，各部位の動き方，働き方を知る。特に口の動きを見ることで発声の準備になる 手…手指の名称，各指のそれぞれのはたらき，右・左手の表情（開く，にぎる，特定の指使い，動きの多様さ，体の部位と関連）	・あがりめさがりめ ・いないいないバアー ・まいげのじいさん　など ・ふくすけさん ・はちべえさん ・123, 2の4の5　など
	・身ぶりあそび	体全体の動き，歩行やステップとの関連，具象物の模倣，流れとリズム，方向や移動，手と顔との連けい動作，表情の工夫	・いちわのからす ・べんけいさん ・青山土手から　など
	・ジャンケンあそび	ジャンケン勝負のルール，タイミング，即応動作，勝負時の心理コントロール，歌との一致，新しいルールの創作，相手の把握	・いしまつたいまつ ・おちゃらかホイ ・たけのこめだした ・チョンあいこ　など
	・鬼あそび	鬼ごっこ，鬼あてごっこ…ルールの理解，即応したすばやい動き，体のバランス，耐えること，攻撃，協調，予見，目的意識，表情，仲間づくり，緊張，脱落，繰り返しの楽しさ，役割	・おおかみさんいまなんじ ・ことしのぼたん ・さらわたし ・ぼうさんぼうさん　など
	・減り増えあそび	交代のルール，役割意識，協調，歩行のバランス，所属感，遊びの流れ，減り増えへの喜びと不安，仲間意識	・子とろ ・ほうずきばあさん ・いっちょすい ・花いちもんめ ・たけのこいっぽん ・おてんとさん
	・手合わせあそび	拍の一致，テンポ感，歌との一致，表情，リズムの先取り，終止感，組み意識，手指動作の即応，全体の流れ，パートナーの交代	・あんたがたどこさ ・青山土手から ・いちりとらん ・じっちゃこばっちゃこ　など
	・物語りあそび	表情，想像力，創造表現，協力，役づくり，情景把握，所属感，役割り分担，演じて楽しむ，流れの工夫，物語り（起承転結）	・ことしのぼたん ・あずきたった ・すずめすずめ　など
隊列	・門くぐり	遊びの流れ，偶然性，期待と不安，歩行の大切さ，交代のルール，表情	・うめとさくらと ・ドンドンばし ・うらのてんじんさま　など
	・円陣・円座	円歩行，表情表現，リーダー意識，交代のタイミング，歌と動きの一致，仲間意識，集団の動き，テンポの変化，山場づくり，繰り返し	・かごめかごめ ・ひらいた ・ぼうさんぼうさん ・一番星 ・かりうどさん ・さらわたし ・山のおっこんさん　など
	・隊列	統一した動き，縦歩行，横列交代，隊列の変化への対応	・ひとやまこえて ・花いちもんめ ・しものせきのわさぶろう
	・その他 　組・群れ・個々	相手との協調と対応，表情表現，組づくりの工夫，集団と組，個の係わり，隊型と組，拍，テンポの一致	・なべなべ ・くまさん ・うっつけ ・おちゃらか ・みずぐるま ・じごくごくらく　など

出典) 佐藤志美子『心育てのわらべうた』p.198，ひとなる書房，1996より

3．わらべうたの特徴

成立時期も作者も特定できないわらべうたですが，ある共通の特徴をもっています。その特徴を，以下にいくつかあげてみたいと思います[3]。

①口承されたものである
②地域性がある
③音楽性がある
④日本語のイントネーションにあった旋律，リズムをもっている
⑤一語一拍である
⑥子どもが発声しやすい5〜6音程度の音階からなっている
⑦拍子は，2拍子もしくは4拍子のものが多い
⑧曲の長さは，3〜12小節程度の比較的短いものが多い
⑨付点音符が使われ，日本語のイントネーションに近いリズムのものが多い
⑩単純なリズムのものが多い
⑪くり返しが多い

このように，子どもが歌いやすいものであり，遊びながら伝承されてきたことからもわかるように，わらべうたは子どもの成長・発達に欠かせない，日本の貴重な文化として継承されてきたものなのです。

[3] 木村はるみ・蔵田友子『わらべうたと子ども』pp.8-9，古今社，2001，太田光洋編著『保育内容・言葉』p.75，同文書院，2006，より。

4．手あそびの実際

ここまでは，わらべうたを中心に，その分類や特徴を学んできましたが，次に手あそびについて考えてみたいと思います。

わらべうたが日本語の影響を強く受けてきているのに対して，手遊びは西洋の音楽的特徴が強いというのが特徴です。両者に明確な区別はつけにくいものの，手軽に身体や手を使って遊ぶものが多くあります。いくつか代表的な手あそびを，楽譜と振りをともにあげますので，覚えて，子どもと一緒に遊んでみましょう。

plus 7　赤ちゃんが「いない いない ばあ」を好きなのはどうして？

「いない いない ばあ」は，赤ちゃんとの遊びの定番です。しかし，何気なくやっているようにみえるこの遊びは，実は，その奥に，深い意味が隠されています。

「いない いない ばあ」は，通常，次の順序で行われます。

子どもに「こっち向いて」と注意を促す⇒「いない いない」＝隠れて相手の注意をひく⇒「ばあ」＝登場して笑い合う

実は，この一連のパターンをコミュニケーションの観点からみると，「いない いない ばあ」の中には，コミュニケーションの真髄が凝縮されているのです。それは，

目の前から見えなくなる喪失感→再会できた喜び

です。ですから，「いない いない ばあ」の後に見せる表情としては，笑顔が一番，赤ちゃんに安心感を与えます。それによって，赤ちゃんとおとなとの絆が結ばれるのです。

赤ちゃん学の研究者である開 一夫は，赤ちゃんが「いない いない ばあ」を好きな理由を次の3つに整理しています[1]。

1) 食べものが出てくるうたあそび―「パン屋さんのうた」

作詞・作曲：不詳

ラララ パン やさんの　おみせのーまえは　パーンだら　けパンパン
アンパンジャムパン　クリームパン　コッペパンしょくパン　あじつけパンラララ
パン やさんの　おみせのーまえは　パーンだら　けパンパン

うたあそびの実践

<基本>

♪ラララパンやさんの…
パンだらけパンパン

「パン」ということばが出てくるところで，元気よく，手をたたく。

<応用>

♪ラララパンやさんの…パンだらけパンパン

「パン」ということばが出てくるところで，頭の上，顔の横など，自由にいろいろな位置で元気よく手をたたく。

出典）倉掛妙子採譜・遊びの実践，木村鈴代編著『新たのしい子どものうたあそび―現場で活かせる保育実践』pp.28-29，同文書院，2014より

①顔のパターンが好き（開始）
②隠れたものが出てくる（主題）
③期待の範囲内で出てくる（終了）

　「怒った顔，泣いた顔，無表情だとどうなるか？」という実験が，『すくすく子育て』（NHK教育テレビ）という番組の中で，出演者の協力によって行われたことがあります。その結果，赤ちゃんは，笑わずに固まってしまったり，困った表情になってしまったりしました。これは，人間の赤ちゃんが，「おとなの顔の表情に非常に敏感だ」ということの証ではないでしょうか。

　また，遊びのルーツから見ると，「いない いない ばあ」には，「かくれんぼう」と同じ構造がみられます。「かくれんぼう」については，哲学者の西村清和が，「隠れん坊とは急激な孤独の訪れ・一種の砂漠経験・社会の突然変異と凝縮された急転的時間の衝撃」と分析しています[2]。

　わらべうた「いない いない ばあ」ひとつをとってみても，そこにはさまざまな意味があり，興味深いテーマだということがわかります。

1) NHK教育テレビ「すくすく子育て」，開 一夫『赤ちゃんの不思議』p.51，岩波書店，2011より。
2) 西村清和『遊びの現象学』p.84，勁草書房，1989より。

2）動物が出てくるうたあそび―「こぶたさんがいえをたて」

小宮路 敏 作詞／外国曲

1.～3. こぶたさんが　いえをたて　こぶたさんが　いえをたて

1. わらでつくった いえをたて かぜ がふいて き た
2. き ー でつくった いえをたて あめ がふって き た
3. れんがでつくった いえをたて ゆき がふって き た

か　せ　が　ふ　い　て　　おお　か　ぜ　で　　か　ぜ　が　ふ　い　て　　おお　か　ぜ　で
あ　め　が　ふ　っ　て　　おお　あ　め　で　　あ　め　が　ふ　っ　て　　おお　あ　め　で
ゆ　き　が　ふ　っ　て　　おお　ゆ　き　で　　ゆ　き　が　ふ　っ　て　　おお　ゆ　き　で

か　ぜ　が　ふ　い　て　　おお　か　ぜ　で　その　いえ　は　とん　で　っ　た　　ヒュー
あ　め　が　ふ　っ　て　　おお　あ　め　で　その　いえ　は　つ　ぶ　れ　た　　ペシャン
ゆ　き　が　ふ　っ　て　　おお　ゆ　き　で　その　いえ　は　だい　じょう　ぶ　　イェーイ

うたあそびの実践

① 【1番】♪こぶたさんが
右手の人さし指で，鼻の頭を軽く押し上げる。

② ♪いえをたて 
両手の人さし指で，胸の前あたりに家の形を描く。

③ ♪こぶたさんがいえをたて 
①→②の順で，くり返す。

④ ♪わらでつくったいえをたて 
両手の親指と人さし指で輪をつくり，両手を左右に開く→閉じるをくり返す。

⑤ ♪かぜがふいてきた 
両手を右斜め上にあげ，左斜め下にふりおろす。

⑥ ♪かぜがふいて…おおかぜで 
強い風を表現するように，⑤と同じ動作をからだ全体をつかい，力強くくり返す。

⑦ ♪そのいえはとんでった 
②と同じ。

⑧ 「ヒュー」 
渦を巻くように両手を顔の前で1回転させ，右斜め上方向から左斜め下方向に流す。

⑨ 【2番】♪こぶたさんが…いえをたて 
①→②の順で，2回くり返す。

⑩ ♪きでつくったいえをたて 
両手の人さし指を立て，左右に開く→閉じるをくり返す。

⑪ ♪あめがふってきた 
両手を同時に上から下へ振りおろす動作をくり返す。

⑫ ♪あめがふって…おおあめで 
激しい雨を表現するように，からだ全体をつかって大きく，力強く，⑪をくり返す。

⑬ ♪そのいえはつぶれた

②と同じ。

⑭ 「ペシャン」

胸の前で，両手のひらを勢いよく1回，「パチン」とあわせる。

⑮ 【3番】♪こぶたさんが…いえをたて

①→②の順で，2回くり返す。

⑯ ♪れんがでつくったいえをたて

両手を「グー」にして，胸のあたりで左右に開く→閉じるをくり返す。

⑰ ♪ゆきがふってきた

両手を上にあげ，雪がちらちらと降るように両手をゆらしながらおろしていく。

⑱ ♪ゆきがふって…おおゆきで

大雪を表現するように，からだ全体をつかって力強く，大きく，⑰をくり返す。

⑲ ♪そのいえはだいじょうぶ

②と同じ。

⑳ 「イェーイ」

胸の前で両手を「チョキ」にして，そのまま前に押し出す。

出典）野口美乃里採譜・遊びの実践，木村鈴代編著『たのしい子どものうたあそび—現場で活かせる保育実践』pp.68-70，同文書院，2014より

3）からだを使ったうたあそび—「さかながはねて」

中川ひろたか 作詞・作曲

1. さかながはねて ピョーン！ あたまにくっついた ぼうし
2. さかながはねて ピョーン！ おめめにくっついた めがね
3. さかながはねて ピョーン！ おくちにくっついた マスク
4. さかながはねて ピョーン！ あーしにくっついた くつした

うたあそびの実践

※A＝「保育者（またはリーダー役）」，B＝「子どもたち」の複数人であそびます。基本的にはBはAと同じ動きをします。ここでは一部をのぞき，Aのみの動きで紹介します。

①-1 【1番】♪さかながはねて

両手をからだの前後に出し，揺らしながら自由に動く。

①-2 ♪さかながはねて

からだの前で両手をあわせて三角形にし，動く。

② ♪ピョーン！

両足を前後に軽く開くようにして，ジャンプする。

③ ♪あたまにくっついた

両手を顔の上にのせ，答えを引き出すようにBの顔を見る。

④ ♪ぼうし

③のポーズのままBは「ぼうし」と言い，それを受け，Aは答えを言う。

⑤ 【2番】♪さかなが…ピョーン！

①→②の順でくり返す。

⑥ ♪おめめにくっついた

両手を両目に軽くあて，目を隠す。

⑦ ♪めがね

⑥のままBは「めがね」と言い，Aは答えを言う。

⑧【3番】♪さかなが…ピョーン！　⑨♪おくちにくっついた　⑩♪マスク　⑪【4番】♪さかなが…ピョーン！

①→②の順でくり返す。

両手で口を隠し，答えを引き出すようにBの顔を見る。

⑨のままBは「マスク」と言い，Aは答えを言う。

①→②の順でくり返す。

⑫♪あしにくっついた　⑬♪くつした

からだをかがめて靴下にふれ，答えを引き出すようにBの顔を見る。

⑫のままBは「くつした」と言い，Aは答えを言う。

出典）木村鈴代採譜・遊びの実践，木村鈴代編著『たのしい子どものうたあそび―現場で活かせる保育実践』pp.86-87，同文書院，2014より

3 「おはなし」とは

1.「おはなし」

「おはなし」[18]を聞いたことがありますか？「おはなし」とは，世界中の国々に伝わる昔話[19]や創作のことです。昭和の頃までは，「おはなし」の多くは，日々の暮らしの中で語り継がれてきました。また，印刷技術が発展していない紀元前から存在した「おはなし」[20]ですが，19世紀のドイツでは，グリム兄弟[21]が収集，編纂したグリム昔話集が書物として広く普及しています[22]。日本でも，民俗学者として著名な柳田國男が，『遠野物語』[23]を世に残しています[24]。

しかし，語り継がれてきた「おはなし」は，文字化され，書物化されてしまった途端，世の中に普及しづらく，埋没してしまう傾向があるようです。なぜなら，「おはなし」は本来，だれかの口から語られる話を，だれかに届け，お互いに楽しんできたライブ形式の伝承文学だからです。つまり，語り手と聞き手が相互交流してこそ成立するのが「おはなし」なのです。わかりやすく例をあげるならば，大好きな歌手のライブに行ったとき，その歌手の生の歌声に酔いしれた経験があるのではないでしょうか。また，お笑いの寄席で，目の前で漫才師や落語家が語った漫談や噺に大笑いした体験があるかもしれません。こうした芸能は，記録された録画や録音では，そのときの雰囲気は半減し，感激は薄れてしまうものです。実は，「おはなし」も同じような魅力を備えていて，生の人と人との交流から生まれるものなのです。

21世紀に入り，瞬時にして，情報が世界中に伝達できる新しい時代となりました。このスピーディな時代に，「おはなし」は，人と人とが顔と顔をつき合わせる中で，ゆっくりと語られます。乳幼児の時代には，このスローな時間に，じっくりと育つものがあることを忘れてはなりません。

さて，家庭ではすっかり消滅してしまった「おはなし」は，一体，どこで行われているのでしょう。今では，図書館の児童サービスであるストーリーテリングとして，新しく認識されています。日本の公立図書館においても，幼児，児童への図書館サービスとして「おはなし会」が定着

---

[18]「おはなし」の歴史的背景については，基礎編Lesson2（33ページ）を参照のこと。

[19] 柳田國男が学術用語として使い始めた「口承文芸」のひとつ。口承文芸には，ことわざ，なぞなぞ，民謡，伝説，昔話，世間話，笑い話などがある（小澤俊夫編著『昔話入門』p.1，ぎょうせい，1997より）。

[20] おはなしを語るという行為が書き記された最初のものは，ウェストカー・パピルス（紀元前2千年頃に記録されたもの）というエジプトのパピルス。そこには，ピラミッドの建設者として名高いクフ王の3人の息子が，父親を楽しませるために交代で不思議な話を語ったと記されている。その後，英雄叙事詩『ギルガメッシュ』はシュメール人に語り継がれ，ホメロスの『イーリアス』と『オデュッセイア』の中にも，ギリシャ神話の中にも，古代ヘブライ語の教典の中にも『ギルガメッシュ』と同じ話がみられる（エリン・グリーン，芦田悦子・太田典子・間崎ルリ子訳『ストーリーテリング―その心と技』p.28，こぐま社，2009より）。

[21] 兄はヤーコプ・グリム（1785～1863），弟はヴィルヘルム・グリム（1786～1859）。ふたりとも，大学教授として古代ゲルマンの神話や古代文学への関心が，グリム童話集の成立のきっかけとなった（小澤俊夫編著『昔話入門』pp.15-16，ぎょうせい，1997より）。

[22] 1812年に初版となる第1版『グリム兄弟によって集められた子どもと家庭のためのメルヒェン集』が出版された。その後，1857年の第7版まで改訂が行われた。第7版には，200話が所収されている（小澤俊夫編著『昔話入門』pp.107-108，ぎょうせい，1997より）。
「白雪姫」「シンデレラ」「オオカミと7ひきのこやぎ」「あかずきん」「ヘンゼルとグレーテル」「カエルの王様」は，グリム童話の代表的な昔話。

しています。図書館で行われる「おはなし会」とは，20名前後の子どもたちに，図書館員やボランティアの人たちが，生の声で，子どもたちの顔を見ながら，いくつかのお話を語る形式が一般的です。アメリカの図書館での勤務を経て，帰国後，公益財団法人東京子ども図書館を設立し，「おはなし」の普及に努めてきた松岡享子は，「おはなし」を，「語り手が，主に声によって表現し，それを聞き手ともどもたのしむ」文学だと定義しています[4]。

　子どもの文学は，おとなとともに楽しむことが基本です。生まれたばかりの赤ちゃんは，わらべうたが最初に出会う文学でしょう。1，2歳になると，絵本に興味を示し始めます。しかし「おはなし」は，ある程度，まわりの生活に興味を示したり，言葉が増加してからでないと，話を聞きながら頭の中でイメージを作ったり，文章を理解することができません。ですから，「おはなし」に適した年齢は4歳以上だと，筆者は考えています。

　このように，幼児期の子どもに大きな楽しみを与える文学＝「おはなし」ですが，保育・教育の世界では，「おはなし」を取り入れている園は，まだ少数派です。しかし，幼児期の子どもにとって「おはなし」は，ますます重要な存在になってきました。それは，なぜでしょうか。

2．「おはなし」を聞くことの大切さ

　現代の子どもが物語にふれる文化財の大半は，テレビやマンガ，アニメーション映画などの視覚メディアによることが多いものと思われます。こうした視覚メディアから流れる映像からは，子どもたちは，すでにできあがったイメージを，受動的に受け取ることになります。このことは，自分で物語のイメージを膨らませる余地が少ないことを意味します。

　一方，「おはなし」には，絵本の読み聞かせのような「絵」はありません。つまり，既存の絵の力を借りずに，聞いた言葉だけを頼りに登場人物を思い描きながら，そのお話の世界を楽しむものなのです。それだけではなく，頭の中でお話の筋を追いながら，物語を組み立て，全体のイメージを作っていかなければ，途中でわからなくなってしまいます。言葉だけで「おはなし」を理解し，細部をイメージするためには，集中力，思考力，想像力を総動員して聞くことが求められるのです。

　近年，子どもの聞く姿勢について，「人の言葉を集中して聞く力が育てられていない」ことが，保育・教育現場で懸念されています。その原因のひとつとして，「おはなし」を「聞く」機会が極端に不足していることが考えられます。先にも述べたように，集中しながら，言葉一つひとつを理解し，お話のイメージを思い描く体験こそが「おはなし」です。その積み重ねによって，集中して「聞く」ことができるようになるのです。「聞く力」を育てるためには，「聞く」練習がとても大切で，「聞く」体験としてもっとも幼児に適したものが「おはなし」だといえるのです。思わず引き込まれるようなおもしろい「おはなし」に出会えてこそ，聞きたいという思いが育つのです。

　イギリスのヘンドン図書館で，児童図書館員の草分けとして活躍したアイリーン・コルウェル[25]は，子どもに「おはなし」をしたときのようすを，次のように記しています。

> 　私は，緊張で身ぶるいする思いで，
> 『むかしむかし，あるところに……』
> とはじめました。
> 　この魔法のことばで，子どもたちは，ゆったり，いすにすわりなおし，まるでおいしい御馳走を待ちかまえる小鳥のように，うれしそうに私を見ました。
> 　この日，私は，子どもたちが，まちがいなく喜ぶと思ったお話を，三つ選びました。一つは，男の子のための「ロビン・フッド」，女の子のためにはおひめ様の出てくる話，そして，最後にあのおかしい「エパミノンダス」[26]をしました。子どもたちは笑って，笑って，ひとりの小さ

---

*23　岩手県の遠野に伝わる民話，伝説を小説家佐々木喜善から聞き，編纂した説話集。河童，天狗，座敷童子などが登場する。119話からなる。

*24　新しいところでは，稲田浩二・和子編著『日本昔話百選　改訂新版』三省堂ブックス，2003などがある。

4）松岡享子『たのしいお話－お話を子どもに』pp.16-17，日本エディタースクール出版部，1994，より。

*25　コルウェル（1904-2002）は，1912～1976年までの40年間，イギリスヘンドン市にて，児童図書館で働く。著書に『子どもと本の世界に生きて－児童図書館員のあゆんだ道』（日本語訳版：石井桃子訳，こぐま社，1994年刊行），『子どもたちをお話の世界へ－ストーリーテリングのすすめ－』（日本語訳版：松岡享子ほか訳，こぐま社，1996年刊行）がある。

*26　このお話は，ブライアン作，松岡享子訳，東京子ども図書館編『おはなしのろうそく1』東京子ども図書館，1973に，「エパミナンダス」として所収されている。

> い男の子などは，せきこんでしまい，窒息しはしまいかと思って，心配になったほどでした。
>
> 出典）アイリーン・コルウェル，石井桃子訳，『子どもと本の世界に生きて』pp.165-166, 東京子ども図書館, 1974より

　このように，「おはなし」は，子どもとの至福のときを醸し出すことができるのです。幼児期に「おはなし」をすることが，子どもの育ちにとって大変意義があることだということがおわかりいただけたと思います。

3．おはなしと子ども

> 　おはなしをきいて楽しむ年齢に，このような芸術にふれる経験をした子どもはほんとうに恵まれた，しあわせな子どもです。なぜならその年ごろの子どもは，ひじょうに他からの影響を受けやすく，その年ごろに，あふれんばかりに心を満された子どもは，それから後の人生において，心がひからびてしまうことはないといえるからです。
>
> 出典）R. ソーヤー，池田綾子・上条由美子・間崎ルリ子・松野正子訳『ストーリーテラーへの道』p.13, 日本図書館協会, 1973より

　これは，ルース・ソーヤー[27]の言葉です。ソーヤーは，よい語り手になるための指南書である『ストーリーテラーへの道』を書いていますが，子どもにとって，「おはなし」が大変価値のあるものとして，心に響いてきます。

　先にのべたイギリスのヘンドン図書館の「おはなし会」のように，子どもとの楽しい時間をもつことは，保育所・幼稚園などでも十分可能です。ぜひ，子どもに「おはなし」を届けることに挑戦してみましょう。

　さて，子どもにとって「おはなし」のよい点は，「聞く力」を鍛えるだけではありません。「おはなし」のよい点を，8つにまとめてみました。

1）聞きたいという意欲や集中力が育つ

　先にも述べたように，「おはなし」を聞くことは，集中力を高め，聞く意欲を育てます。語り手は，聞き手である子どもの発達過程を見ながら，そのグループの興味・関心に応じた「おはなし」を選ぶことが大切です。

2）理解力，思考力が育つ

　子どもたちは，耳で言葉を追いながら，頭の中では，あらすじや登場人物，背景を理解し，物語を組み立てています。このように，「おはなし」は視覚で補う材料がないために，脳の働きが活発になり，理解力，思考力が育つのです。

3）言語感覚が養われる

　言葉とは，文字になったものを目で読むときよりも，声に出されたものを耳で聞くときのほうが，はるかに理解しやすくなります。とくに，字がまだきちんと読めない幼児期には，くり返しやリズム，響きの美しさを体で感じ，体に刻みつけながら覚えていきます。「おはなし」の言葉に耳を傾けることは，子どもの言葉を育てるうえで大きな力となります。子どもたちは，一度聞いた「おはなし」を，驚くほどよく覚えているものです。

4）想像の世界の間接体験ができる

　「おはなし」の登場人物に自分を重ね合わせて，物語の進行に同一化しながら聞くことは，子どものもっとも得意とすることです。語り手は，登場人物の行動や気持ちの動きによって，子どもたちが表情を変えたり，手を握り締めたりするようすを見ることができます。並外れた力を発

[27] ソーヤー(1880-1970) は，アメリカのストーリーテラー。

揮したり，悪者をやっつけたりするなど，子どもたちが空想の世界に想像力を羽ばたかせる手伝いをするのが，「おはなし」なのです。こうした体験は，幼児期において，とくに顕著にできることなのです。

5）心が充実し，解放される

「おはなし」を心から楽しんでいるとき，目を輝かせて聞き入る恍惚とした子どもの表情に触れることができます。このようなときの子どもの心は満たされ，解放されています。この充実したひとときを求めて，くり返し「おはなし」をしてもらいたがるのです。

6）仲間と共通体験ができる

クラスの仲間と一緒に聞くとき，子ども同士の反応が，ほかの仲間にも波及していくことがよくあります。たとえば，「おはなし」をしっかりと聞ける子に，ほかの子どもたちが引っ張られて，全体によりよい相乗効果を生むことも珍しくありません。ともに感動した共通体験がごっこ遊びに発展することも多く，仲間との結束を深めていくこともできます。

7）読書へと発展する

「おはなし」は，絵本の次の段階にある幼児期の文学だといえるでしょう。こうした体験は，「もっと長いおはなしを聞きたい」「自分でも本を読みたい」という文学への興味を育んでいきます。「おはなし」の体験が，子どもたちに読書を橋渡しするための種をまいているものともいえるのです。

8）語り手との信頼感を深める

「おはなし」をするとき，語り手は，子どもと目を見つめ合わせながら進めていきます。絵本や紙芝居は，「もの」が子どもの間に介在してしまうので，おとなは文字を読むことに気を取られてしまいがちです。しかし，「おはなし」をするときは，その逆です。語り手が聞き手である子どもたちに直接語りかけるため，語り手と子どもとの距離は非常に近くなります。保育者として「おはなし」をすることは，「今ここではない世界＝おはなしの世界」で，子どもと一緒に遊ぶことと同じことなのです。子どもは想像力の翼を広げながら，「おはなし」の世界を保育者などのおとなと共有し，おとなとの一体感を得ています。その結果，語り手と子どもとの間に強い愛情と信頼感が深まっていくのです[28]

4．よい語り手になるためには

「おはなし」には，さまざまな魅力があることが理解できたと思います。ところで，子どもを魅了する「おはなし」ができるようになるためには，いくつかのポイントがあります。ここからは，その8つのポイントを説明しましょう。

1）自分の聞き方・話し方を知る

次のレポートは，筆者の「おはなし」を語る授業で，自分の「聞く力」や「話し方」について，学生に振り返りをしてもらった内容です。

> ＜自分の聞く力について＞
> 　聞く力は自分自身に元々あるとは思わない。それは日常生活で触れてきたメディアは視覚メディアばかりで，話を聞いてイメージを膨らませるという作業をほとんどしないで育ってきたからだ。
>
> ＜人前で話すことについて＞
> 　私は人前で発表するのは苦手だ。目立つ事が嫌いだし，みんなが私を見ていると思うと恥ずかしい。自分が緊張しやすい人間で緊張すると話すテンポが上がってモゴモゴした話し方になり，声が震えるのも知っている。人前に立つ機会が多ければ多いほど，人

[28] 声優や俳優が物語を朗読したCDやDVDなどもあるが，目の前にいる子どものようすを把握しながら，相互交流ができるライブとしての「おはなし」のほうが，人と人とのつながりを深める意味で，ずっと効果的である。

前に立つ状況に慣れていくと思うので，おはなしをはじめとした人前での発表経験をなるべくたくさんして社会に出ていきたい。

＜実際に「おはなし」をしてみての感想＞

今回は目線が一番の反省点である。全体に目線を向けるように気を付けたのだが，恥ずかしさと緊張でなかなか一人ひとりとアイコンタクトをとることができず，目線が上の方を彷徨ってしまった。相手に何かを話す時に，目線を合わせる事は必要不可欠な事なので，実践の場では一人ひとりの子ども達と目線をあわせられるようにしたい。意外と難しいと思ったのが間の取り方だ。シーンの境目で自分としては一呼吸置いたつもりだったのだが，先生から指摘していただいて，あれは間になっていなかったのだと分かった。この先おはなしをする時はもっと間をしっかりとれるように気を付けたい。

吉村美保（卒業後，児童館に勤務。子どもへの「おはなし」を続けている）

このように，それぞれに得意，不得意があると思いますが，しっかりと自分自身を知ることが「おはなし」の上達につながります。高校までの経験・体験により，聞くことや人前での発表に対する自信には，個人差が表れます。しかし，主体的に人前で「おはなし」を語り，友だちの「おはなし」を聞くことにより，自信がなかった学生の苦手意識にも，変化が見られることが認められています[5]。

自信をもって語るためには，「人前での発表経験をなるべくたくさんして場に慣れたい」「一人ひとりの子ども達と目線をあわせられるようにしたい」と上記で紹介した学生のレポートにもあるように，授業で「おはなし」を聞き合い，語り合い，練習の必要性を強く認識していくことは大切なことです。

2）自分の声を磨く

自分の容姿や服装のことには気をつけていても，自分の声に無頓着ではありませんか。電話で初めて声を聞くだけで，会ってみたいと思わせるような美しい声には，だれでも憧れをもちます。もっと自分の声に関心をもちましょう。人の声や話し方に耳を傾けて，自分の声を知り，自分の声を磨いてきましょう。

次にあげるのは，発声のウォームアップです[6]。

①身体をストレッチして，楽にする
②首やのどが緊張しないように，まっすぐに伸ばして立つ
③横隔膜を使って腹式呼吸をし，息を口から吐く
④あごを引き，深呼吸をする
⑤背中を伸ばす
⑥両腕を伸ばす
⑦身体を揺する
⑧つま先歩きをする
⑨身体をまっすぐに伸ばす

3）「おはなし」選びを慎重にする

「おはなし」には，向くお話と向かないお話があります。向かないお話とは，長かったり，登場人物が多かったり，覚えにくい文章であったりするものです。せっかく苦労して覚えるのですから，子どもにもわかりやすい，聞き取りやすい言葉で書かれた物語が適しています。最初は，昔話を選ぶといいでしょう。なぜ，昔話が「おはなし」に適しているのかは，発展編Lesson 2の「2 昔話の特徴」（207〜210ページ）の中で詳しく触れています。こうしたお話集から，自分の好きなお話を選ぶと失敗が少ないと思います[*29]。

5）浅木尚実「ストーリーテリング（お話）と国語教育『話す力』『聞く力』養成〜教員志望学生のコミュニケーション力向上に関する考察〜」『淑徳短期大学紀要第53号』pp.53-67，淑徳短期大学，2014，より。

6）エリン・グリーン，芦田悦子・大田典子・間崎ルリ子訳『ストーリーテリング-その心と技』pp.XI-XIV，こぐま社，2009，より。

＊29 参考までに，このLessonの最後に，幼児に向く昔話が入ったお話集を紹介する。

「おはなし」選びのポイントを以下に整理しておきますが，大前提は，自分が好きで子どもに語りたいお話であることです。それは，読み手の「伝えたい」という気持ちが，子どもの中に流れ込んでいくからだといえるでしょう。

①構成，起承転結がしっかりしたお話
②人物が少なく，人物設定のしっかりしたお話
③絵になりやすいお話
④子どもの発達過程，人数，興味・関心に合ったお話
⑤四季折々に合ったお話

また，有名な昔話でも，いざ子どもに話そうと思っても，意外ときちんとしたあらすじを知らない場合があります。日本の五大昔話くらいは，あらすじを知って，「おはなし」できるようにしておきましょう。

日本の代表的な昔話

五大昔話：桃太郎，かちかち山，さるかに合戦，花咲爺，舌切り雀

そのほか：浦島太郎，三枚のお札，こぶとり爺，おむすびころりん，ねずみのすもう

4）「おはなし」をしっかりと覚える

「おはなし」は，整った文章を，しっかりと頭に入れておくことが成功の秘訣です。その理由は簡単です。以下に，「おはなし」を覚えなければならない理由を3つにまとめてみます。

①うろ覚えで，言葉を探りながらする「おはなし」は，非常に不安定になり，聞き手は集中して聞くことができません。

②美しく聞きやすい文章を覚えることによって，自分の文章力が磨かれ，語彙が増えると同時に，子どもにも正しく美しい日本語を伝えることができます。

③「おはなし」は，覚える過程でどんどん自分の中に沁みていきます。読むだけの朗読と違って，その語り手らしい解釈や人柄が加わったオリジナリティ豊かな「おはなし」は，その語り手にしかできない持ち話（十八番）となります。

そうはいっても，人前で話すのは勇気のいることです。それだけに，きちんと覚えていない「おはなし」だと，きちんと暗譜していないピアノ曲のように，途中で止まってしまいます。人前で語る技術を身につける第一段階も，やはり，整ったテキスト（本）の文章を覚えることです。江戸時代の寺小屋学習においては，徹底的に論語や名文を暗唱し，識字教育を強化したといわれています[30]。

ただし「おはなし」は，記憶した文章を口に出す暗唱とは違います。暗唱は，文章をきちんと間違えないで発表することが目的ですが，「おはなし」は，聞き手を楽しませることが目的です。文章を間違えないようにすることばかりを気にし過ぎて，緊張でコチコチになって語る「おはなし」では，子どもを飽きさせてしまいます。聞き手は，語り手らしい人柄や人生観の入った「おはなし」に感動し，拍手を送ります。そこには，暗唱とは決定的に違うおもしろさがあるのです。

とはいえ，やはり，しっかりと人前で語れるようになるには，「おはなし」を覚えることが基本です。いい加減に覚えたのでは，聞き手に迷惑がかかります。では，どのように「おはなし」を覚えていけばいいのでしょう。以下，順番にまとめてみましょう。

「おはなし」の覚え方

①声に出して下読みをする

「おはなし」を声に出して読むと，目と耳と口で覚えることができます。五感を使って覚

---

[30] 暗唱は，日本の伝統的教育方法であるが，きわめて斬新な方法・技術によって伝えられてきた。北岡俊明は，「江戸二百七十年間の教育方法は暗唱（素読）であり，明治維新の原動力となったものである。日本がアジアにおいて近代化に成功した原動力の一つが暗唱（素読）教育であった」（北岡俊明『暗唱術』pp. 2-3，総合法令出版，2011より）と，暗唱術の効用を述べている。また，辻本雅史は，暗唱することで優れた文章を模倣でき，語彙力，文章力の体得につながることを指摘している（辻本雅史『「学び」の復権―模倣と習熟』p.27，角川書店，1999より）。ここには，日本の国語教育の根幹ともいえる学習法が見てとれる。一方で，井上一郎は「話す力・聞く力を育てるには，指導の機会を繰り返し設ける必要がある。多様な状況や場面において，話し手と聞き手が直接的に向かい合い，対応する能力を求められるために実技性が高い」と述べている（井上一郎『話す力・聞く力の基礎・基本』p.27，明治図書出版，2008より）。

えることにより，より自分の声を自分で聞きながら，話のイメージを作ることができます。
②構成にしたがって場面割りをする
　自分が舞台の演出家だと仮定してみます。「おはなし」の題材として取りあげるお話を，場面の違いで分けてみましょう。このことを，場面割りといいます。以下，『おおかみと七ひきのこやぎ』*31 を例にあげ，場面割りを考えてみたいと思います。

＜『おおかみと七ひきのこやぎ』」の場面割り＞
(1) おかあさんやぎが，森に出かける場面
(2) おおかみが，こやぎの家の戸を叩く場面
(3) おおかみが，家に入ることに失敗する場面①
(4) おおかみが綺麗な声を手に入れる場面
(5) おおかみが，家に入ることに失敗する場面②
(6) おおかみが，足を白くする場面
(7) おおかみが家に入り，こやぎを食べる場面
(8) 柱時計に隠れたこやぎが，帰ってきたおかあさんやぎに報告する場面
(9) おかあさんやぎとこやぎが，ほかのこやぎたちを，おおかみのおなかから救い出す場面
(10) おおかみのおなかに石を詰め込む場面
(11) おおかみが井戸に落ちてしまう場面

　このように，あらすじの中で大事だと思われる出来事を抜き出して，「おはなし」の大きな骨組みを確認していきます。
③「おはなし」を絵にする
　次に，言葉から自分なりのイメージを作っていきます。
　たとえば七ひきのこやぎは，「一体どのくらいの大きさなのか」「七つ子のように同じ大きさなのか」「洋服は着ているのか」など，そのイメージを頭の中で絵に起こしていきます。その絵をイメージしながら，言葉をつけていくといいでしょう。
④全体を通して語る
　イメージができあがったら，場面ごとに分けて覚えていきます。そして，仕上げの段階では，最後まで通して語る練習をします。言葉が自分のものになるくらい何度も練習することが大切です。覚える作業は，丸暗記ではいけません。丸暗記は，機械的に言葉を頭の中に入れた暗唱であり，聞き手にとっては，イメージの裏づけのない，退屈なものとなってしまいます。

*31 ドーラ・ポルスター，佐々梨代子・野村泫訳による昔話集『子どもに語るグリムの昔話①』に収録（pp. 9-18, こぐま社, 1990）。そのほかにも，数多くの出版社から刊行されている。

5) 語り方を工夫しながら，語りを磨く
　「おはなし」が頭に入っても，そのままでは，まだ，完成ではありません。力の入れ方，抜き方，緩急，リズム，間の配分などに気を配りながら，スムーズに語れるようにします。
(1) 声
　声の出し方の基本は，聞き手がくつろいで，楽に聞けることです。先ほども述べましたが，自分の声を知り，無理なく美しく響かせる正しい発声と発音を，日頃から心がけることが大切です。聞き手に「おはなし」を伝えるポイントは，声の出し方がすべてなのです。
(2) 台詞とナレーション
　物語は，おもに台詞とナレーションで構成されています。ナレーションは，自然に淡々と物語の流れを伝えますが，登場人物の台詞を言うときにも，声優が出すような声色を使う必要はまったくありません。なお，人の声は，出し方によって次のような10種類の変化をつけることができます。

> **出し方による声の10種類の変化のつけ方**
> 高い声⟷低い声
> 明るい声⟷暗い声
> 強い声⟷弱い声
> 緩（ゆったりした）声⟷急いで出す声
> 大きな声⟷小さな声

　具体的には，たとえば，おじいさんなら，低くて，弱くて，ゆったりした声にすると雰囲気を出すことができますし，高く，明るく，強く，急いで言うと，子どもらしくなるでしょう。いろいろな役柄を想定して，声の出し方を工夫してみましょう*32。

（3）間の働き

　間とは，文章と文章の間に開ける若干の空白の時間です。1秒のこともあれば，2秒くらいのこともあるかもしれません。間によって，「おはなし」のよし悪しが左右されることもあります。物語のクライマックスや場面転換にじょうずに入れることによって，「おはなし」のメリハリをつけたり，流れに勢いをつけたりする効果があります。

　「おはなし」に限らず，絵本の読み聞かせにも紙芝居を演じるときにも，間は必要です。間の役割は，次の4つにまとめられます。

①息つぎ
②場面転換
③期待
④余韻

　具体的に，どのように間を入れるかは，そのお話によっても変わってきます。たとえば，先にも取りあげた『おおかみと七ひきのこやぎ』では，おおかみがこやぎの家に入ってくるクライマックス直前の場面転換のときに間を入れることによって，次の場面への期待や予想の時間が生まれます。それは，ハラハラ，ドキドキしながら展開を待つ子どもの気持ちに寄り添った時間だといえるでしょう。そして最後に，「めでたしめでたし」と言いながら，ゆっくりとした間を取ると，「おはなし」の余韻となって，聞き手が，ひとつの「おはなし」を聞き終えた満足感に浸るのです。

（4）メリハリをつけて

　間延びして，単調な「おはなし」ほど，つまらないものはありません。聞き手にとっては，語り手がどこをおもしろいと思っているのかが，わからないからです。普段の会話でも，友だちに，とくに大事な内容を伝えるときには，自然と力がこもったり，秘密の話をするときには，ひそひそした声で話したりしませんか。これと同様に，強調したい場面や静かに経過を語る場面などを見きわめてみてください。「おはなし」の流れに沿って，緩急や強弱をつけ，メリハリの効いた「おはなし」になるように練習をしましょう。

（5）3つの「S」

　「おはなし」を上達させるためには，学ぶべきことがたくさんあります。このLessonの終わりに，「おはなし」に関する参考文献をあげています。そこにあげている『お話を語る』の中で，松岡享子は，「おはなし」の基本として，3つの「S」，すなわち，「Simply（簡潔に）」「Slowly（ゆっくりと）」「Sincerely（誠実に）」が大切であることを述べています[7]。また，松岡享子は，よい語り手になるための三大秘訣は，「たくさん読む」「たくさん聴く」「たくさん語る」とも述べています[8]。

---

*32　このLessonの「紙芝居の演じ方」（92ページ）を参照。

7）松岡享子『おはなしを語る』p.58，日本エディタースクール出版部，1994，より。

8）松岡享子『レクチャーブックス・お話入門シリーズ1 お話とは』p.92-99，東京子ども図書館，1974，より。

子どもとともに心から「おはなし」を楽しむことによって、子どもと一緒に仕事をすることが、喜びとなっていくでしょう。

6)「おはなし会」のプログラムを作る

「おはなし」を効果的に子どもに届けるには、行事に応じたプログラムを考える必要があります。普段の「おはなし会」であれば、子どもが興味をもつような言葉かけをします。たとえば、先ほどの『おおかみと七ひきのこやぎ』であれば、「お留守番したことある人？」とか「お留守番しているときに、だれかがトントンとノックしたらどうする？」などと質問をし、物語の登場人物の立場が想像しやすいように促します。この「前フリ」の有る無しによって、「おはなし」がうまくいくかどうかに影響が出てきます。少し長めの「おはなし会」やお誕生会などの行事の場合は、「前フリ」の言葉だけでなく、手遊びやわらべうたをしてから、絵本を1、2冊読んで、集中力や興味を高めていくといいでしょう。ただし、どのプログラムも、幼児が楽に聞ける30分以内に収まるようにします。また、年齢や季節を考慮することも忘れてはなりません。89、90ページに、季節ごとのお勧めのプログラム例をあげますので、参考にしてみてください。

7)「おはなし会」の実際

(1)「おはなし」の場所と人数

「おはなし」は、りっぱなコンサートホールで行うようなものではありません。いくら生の雰囲気を大切にするといっても、子どもの顔が見えないような大きな会場では、「おはなし」自体が届かなくなってしまいます。聞き手は、せいぜい10〜20人前後が理想的で、多くてもひとつのクラスの人数程度が限界です。広すぎない、落ち着いた雰囲気の部屋で、マイクなしの地声が届く範囲で行うと、子どもたちの集中力を高めることができます。屋外や100名以上を対象にした大きな会場でマイクや照明を使って行うのは、ここでいう「おはなし」とは趣旨が異なってしまいます。

さて、「おはなし」をする部屋が決まったら、語り手と子どもの座る場所を考えましょう。語り手の位置は、壁や黒板を背にします。背後に窓があると、何かが通るたびに子どもたちの目に入り、気が散ってしまいます。どうしても窓を背にする場所しかない場合は、カーテンで光を遮断し、まぶしくないようにします。とはいえ、暗くして、ロウソクを灯す必要などはなく、静かで落ち着いた空間であればよいでしょう。

次に座り方ですが、子どもが床に座る場合は、語り手は椅子に座り、子どもが椅子に座った場合は、語り手は立った方が視線を合わせやすいでしょう。図の1－4－1のように、①聞き手は2列か3列の扇形で、②語り手と子どもの顔が、お互いによく見える位置関係に座り、③語り手は全員と目を合わせやすい距離を保つことが大切です。

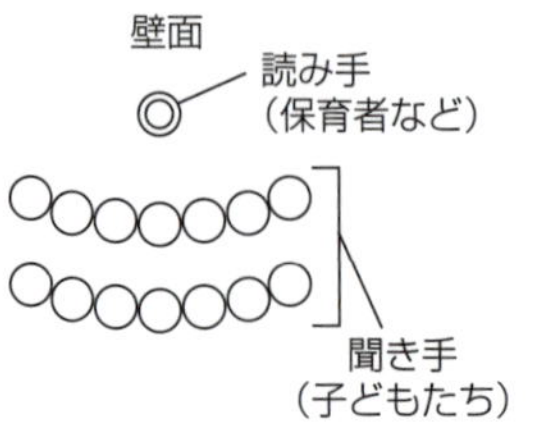

図1－4－1　「おはなし」のときの子どもの並び方

(2) はじめ方と終わり方

「おはなし」を始める前に聞く体勢を作りますが、次のような言葉かけをすると、子どもたちはスムーズに物語に入れるようです。

①気が散ってしまうので、手に何も持たないようにしましょう。
②背筋を伸ばして、（語り手の）目をよ〜く見ながら、聞いてくださいね。
③これからする「おはなし」には、絵がありません。ですから、自分の頭の中の白い画用紙に絵を思い浮かべながら、聞いてくださいね。

ほかにも、物語の中で聞きなれない言葉があり、それがキーワードになるような場合には、少し説明をしておくようにします。たとえば、「『ふるやのもり』は、『古家』、つまり、雨漏りするような古いうちのことです」というように、簡単に触れておきます。

さて、いよいよ「おはなし」を始めてみると、途中、子どもたちから質問をされることもあります。そのような場合には、質問をしてきた子に目でうなずくように「後でね」と合図し、「おはなし」の進行を妨げないようにします。質問してきた子どもには、「おはなし」の終了後に対応します。

終わり方は、余韻を残してゆったりと終わります。昔話では、「チョキンパチンストン」や「トッピンパラリノプー」などのおまじないの言葉で結ぶことが多いようです。不思議な世界の魔法がとけた合図なのでしょう。

終わった途端、だれかが感想を口にし、みんなで物語の余韻を楽しむのは自然なことですが、無理やり一人ずつに感想を言わせたりするのは、興ざめになるので注意しましょう。

8）「おはなし会」後の振り返り

「おはなし」を語り終えたら、以下の項目で記録をつけておきましょう。
① 日時、お天気
② 「おはなし会」のプログラム
③ 子どもたちの聞き方のようすやエピソード
④ 自分の反省・課題
⑤ 全体の感想

記憶が薄れないうちに記録しておくと、次のプログラム作成の際や自分の「おはなし」の上達に役立ちます。

おすすめの「おはなし会」プログラム

＜年中クラス＞

● 春
- 手あそび　　：「おはなし」（木村鈴代編著『新 たのしい子どものうたあそび－現場で活かせる保育実践－』pp.142-143, 同文書院, 2014より）
- 読み聞かせ：『はなをくんくん』（ルース・クラウス文, マーク・シーモント絵, 木島 始訳, 福音館書店, 1967）
- おはなし　　：「三びきのクマの話」(10分)（石井桃子編・訳, J・D・バトン画『イギリスとアイルランドの昔話』福音館書店, 1981より）

● 夏
- 手あそび　　：「はじまるよはじまるよ」（木村鈴代編著『新 たのしい子どものうたあそび－現場で活かせる保育実践－』pp.138-139, 同文書院, 2014より）
- 読み聞かせ：『どろんこハリー』（ジーン・ジオン作, マーガレット・ブロイ・グレアム絵, わたなべしげお訳, 福音館書店, 1964）
- おはなし　　：「ちいちゃい、ちいちゃい」(3分)（石井桃子編・訳, J・D・バトン画『イギリスとアイルランドの昔話』福音館書店, 1981より）

● 秋
- 手あそび　　：「おてらのおしょうさん」（木村鈴代編著『新 たのしい子どものうたあそび－現場で活かせる保育実践－』pp.164-165, 同文書院, 2014より）
- 読み聞かせ：『すてきな三にんぐみ』（トミー・アンゲラー作, 今井祥智訳, 偕成社, 1969）
- おはなし　　：「アナンシと五」(7分)（ジャマイカの昔話, 矢崎源九郎編『子どもに聞かせる世界の民話』実業之日本社, 1964より）

●冬
・手あそび　：「グーチョキパーでなにつくろう」（木村鈴代編著『新 たのしい子どものう
　　　　　　　たあそび－現場で活かせる保育実践－』pp.128-129，同文書院，2014より）
・読み聞かせ：『ぶたたぬききつねねこ』（馬場のぼる作，こぐま社，1978）
・おはなし　：「ついでにペロリ」（7分）（デンマークの昔話，松岡享子訳『おはなしのろ
　　　　　　　うそく6』東京子ども図書館，1977より）

＜年長クラス＞
●春
・手あそび　：「あおむし（「キャベツの中から」）」（木村鈴代編著『新 たのしい子どものう
　　　　　　　たあそび－現場で活かせる保育実践－』pp.56-57，同文書院，2014より）
・読み聞かせ：『きょうはなんのひ？』（瀬田貞二作，林 明子絵，福音館書店，1979）
・おはなし　：「ふしぎなたいこ」（6分）（にほんむかしばなし，石井桃子文，清水 崑絵
　　　　　　　『ふしぎなたいこ』岩波書店，1953より）
●夏
・手あそび　：「すいかの名産地」（木村鈴代編著『新 たのしい子どものうたあそび－現場
　　　　　　　で活かせる保育実践－』pp.46-47，同文書院，2014より）
・読み聞かせ：『ガンピーさんのふなあそび』（ジョン・バーニンガム作，光吉夏弥訳，ほる
　　　　　　　ぷ出版，1976）
・おはなし　：「アリョーヌシカとイワーヌシカ」（10分）（ロシアの昔話，A・トルストイ，
　　　　　　　高杉一郎・田中泰子訳，E・ラチョフ絵『まほうの馬』岩波書店，1964より）
●秋
・手あそび　：「やおやのおみせ」（木村鈴代編著『新 たのしい子どものうたあそび－現場
　　　　　　　で活かせる保育実践－』pp.38-39，同文書院，
　　　　　　　2014より）
・読み聞かせ：『おおきな おおきな おいも』（市村久子原案，
　　　　　　　赤羽末吉作・絵，福音館書店，1972）
・おはなし　：「三枚のお札」）（8分）（日本の昔話，大社玲子
　　　　　　　挿絵，東京子ども図書館編『おはなしのろう
　　　　　　　そく5』東京子ども図書館，1976より）
●冬
・手あそび　：「大阪名物」（木村鈴代編著『新 たのしい子どものうたあそび－現場で活か
　　　　　　　せる保育実践－』pp.48-49，同文書院，2014より）
・読み聞かせ：『ことばのこばこ』（和田 誠作・絵，瑞雲舎，1995）
・おはなし　：「スヌークスさん一家」（大社玲子挿絵，ハーコート・ウィリアムズ作，松岡
　　　　　　　享子訳『おはなしのろうそく2』東京子ども図書館，1973より）

※手あそびは，あまり動きのあるものを事前にすると，子どもたちは元気よく動きたくなって
　しまうので，静かなものを選びます。しかし，行事などで行う長いプログラムのときは，途
　中で気分転換に身体をほぐす手あそびを入れると，後半も持続して集中することができます。
　気分転換の手あそびとしては，「おちたおちた」「さかながはねて」「あたま・かた・ひざ・
　ポン」などが向きます。

幼児に向くおはなしのリスト

「あかずきん」（ドーラ・ポルスター，佐々梨代子・野村泫訳『子どもに語るグリムの昔話5』こぐま社，1992に収録）

「あなのはなし」（大社玲子挿絵，東京子ども図書館編『おはなしのろうそく4』東京子ども図書館，1988に収録）

「アナンシと五」（矢崎源九郎編『子どもに聞かせる世界の民話』実業之日本社，1988に収録）

「アリョーヌシカとイワーヌシカ」（ロシアの昔話，A・トルストイ，高杉一郎・田中泰子訳，E・ラチョフ絵『まほうの馬』，岩波書店，1964に収録）

「エパミナンダス」（大社玲子挿絵，ブライアント作，松岡亨子訳，東京子ども図書館編『おはなしのろうそく1』東京子ども図書館，1988に収録）

「おいしいおかゆ」（ドーラ・ポルスター，佐々梨代子・野村 泫訳『子どもに語るグリムの昔話1』こぐま社，1990に収録）

「おおかみと七ひきのこやぎ」（ドーラ・ポルスター，佐々梨代子・野村 泫訳『子どもに語るグリムの昔話1』こぐま社，1990に収録）

「ギーギードア」（マーガレット・リード・マクドナルド，佐藤涼子訳『語ってあげてよ！子どもたちに★お話の語り方ガイドブック★』編書房，2002に収録）

「三びきのクマの話」（石井桃子編・訳，J・D・バトン画『イギリスとアイルランドの昔話』福音館書店，1981に収録）

「三びきのこぶた」（石井桃子編・訳，J・D・バトン画『イギリスとアイルランドの昔話』福音館書店，1981に収録）

「三まいのお札」（大社玲子挿絵，東京子ども図書館編『おはなしのろうそく5』東京子ども図書館，1980に収録）

「スヌークスさん一家」（大社玲子挿絵，ウィリアムズ作，松岡亨子訳，東京子ども図書館編『おはなしのろうそく2』東京子ども図書館，1988に収録）

「ちいちゃい，ちいちゃい」（石井桃子編・訳，J・D・バトン画『イギリスとアイルランドの昔話』福音館書店，1981に収録）

「ついでにペロリ」（デンマークの昔話，大社玲子挿絵，松岡亨子訳，東京子ども図書館編『おはなしのろうそく6』東京子ども図書館，1982に収録）

「ふしぎなたいこ」（にほんむかしばなし，石井桃子文，清水 崑絵『ふしぎなたいこ』岩波書店，1953に収録）

「ホットケーキ」（ノルウェーの昔話，大社玲子挿絵，松岡亨子訳，東京子ども図書館編『おはなしのろうそく18』東京子ども図書館，1997に収録）

「まほうのかさ」（大社玲子挿絵，東京子ども図書館編『おはなしのろうそく30』東京子ども図書館，2014に収録）

4 紙芝居

1．紙芝居の特色

1）紙芝居とは

紙芝居は字の如く，紙の上でのお芝居です。脚本にしたがって，舞台に入れた8枚以上の絵を順番に横に引き抜きながら，おもに台詞を操りながら物語を展開していきます。演じ手は基本的にひとりで，直接，観衆に語りかけるライブ的要素が要求されます。したがって，演じ手は観客の反応を見ながら，絵を抜くタイミングや声，台詞回しなどを自在に変化させる技術を必要とします。

また，紙芝居においては，声や演出を微妙に変化させて心を通わせていくことも可能となるため，素材の「絵」だけでなく，実演する「演じ手」も重要な要素となり，演じ手の質が，紙芝居の効果を左右することにもなります。

紙芝居では，実演を通して聞き手と直接交流することにより，テレビなどの一方通行のメディアでは得られない，双方向性と一体感が味わえます。この点で，前出の絵本やおはなしと共通する特色をもっているものだといえます。

2）演じる前の準備
紙芝居は，①物語性の強いものと，②子ども参加型のおもに2種類に分類されます。前者では，演じ手は黒子的存在として，舞台の後方で演じますが，後者では舞台斜め前に立ち，子どもとやり取りしながら進めていきます。どちらの場合でも，以下の①〜③の準備が大切です。
①下読みをすること
②紙芝居用の舞台に入れて，声を出して練習すること
③演出を工夫すること

3）演じ方の3つの基本
紙芝居は，以下にあげる3つの基本を考えながら，事前に練習し，何度も演じてみることが上達への近道になります。

（1）声の出し方[33]

物語性のある作品は，①会話，②語り，③擬音で構成されています。とくに会話では，ひとりで複数の登場人物を表現するので，性格や職業，年齢などの条件によって声を変える必要があります。また，どんな気持ちで話しているのかなど，状況や場面も考慮します。

[33] このLessonの86ページ「台詞とナレーション」を参照。

```
12種類の声
高低：高い    中くらい    低い
緩急：速い    中くらい    ゆっくり
強弱：強い    中くらい    弱い
明暗：明るい  中くらい    暗い
```

たとえば，イソップの「あおがえるとつちがえる」[34]を演じるとき，元気で無鉄砲なあおがえるは，高く，速く，強く，明るい声を出し，臆病なつちがえるは，低く，ゆっくり，弱く，暗い声を出すと効果的です。また，同じ人物であっても，感情の動きや場面の展開によって，声の調子が変わります。たとえば，同じおじいさんの声でも，おじいさんが怒った声，笑っている声，困った声などを研究し，この12種類の声の使い分けで表現してみましょう。これは，だれもがもっている声の強さや高さを変える発声であって，プロフェッショナルな声優が出すような声色である必要はありません。自分の楽な発声法によって演じ分けてみてください。

[34] 堀尾青史作，二俣英五郎絵による紙芝居『ばんくがえる』（童心社，1975）の中に収録。

（2）間の取り方[35]
間には，「息つぎの間」「話の転換時の間」，また，「ドラマを生かす間」があります。とくに，ドラマを生かす間には，①観客に期待させる間，②登場人物の気持ちになって，思いをためる間，③情景，状況を納得させる間，④余韻を残す間の4つがあげられます。

[35] このLessonの87ページ「間の働き」を参照。

（3）抜く技術
①平らに抜く，②途中まで抜いて止める，③さっと抜く，④ゆっくり抜く，⑤画面を動かす（上下に動かす，まわす，ゆらす，など）といった引き抜き方があります。

これらのことをまとめると，図1-4-2のようになります。

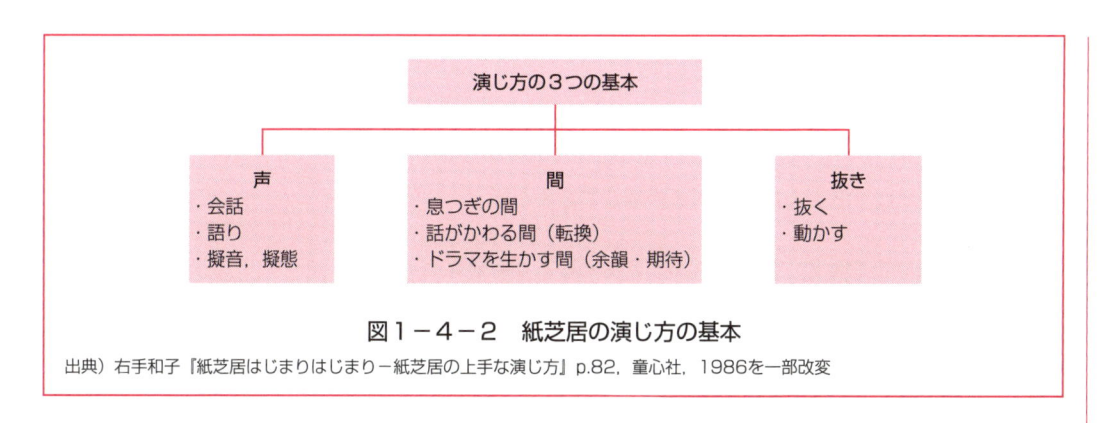

```
                    演じ方の3つの基本
        ┌──────────────┼──────────────┐
        声              間             抜き
    ・会話          ・息つぎの間       ・抜く
    ・語り          ・話がかわる間（転換）・動かす
    ・擬音，擬態    ・ドラマを生かす間（余韻・期待）
```

図1-4-2　紙芝居の演じ方の基本

出典）右手和子『紙芝居はじまりはじまり－紙芝居の上手な演じ方』p.82，童心社，1986を一部改変

おすすめ紙芝居

●高橋五山賞
『あてっこあてっこ』（野沢 茂原案，小林純一脚本，和歌山静子画，童心社，1978）
『おおきく おおきく おおきくなあれ』（まついのりこ脚本・画，童心社，1983）
『おとうさん』（与田凖一脚本，田畑精一画，童心社，1969）
『こねこちゃん』（堀尾青史作，安泰画，童心社，1971）
『たべられたやまんば』（松谷みよ子作，二俣英五郎画，童心社，1972）
『どうぞのいす』（香山美子作，岩本圭永子画，教育画劇，1976）
『なめとこ山のくま』（宮沢賢治原作，諸橋精光脚本・画，童心社，1992）
『においのおねだん』（岡上鈴江文，和歌山静子画，教育画劇，1978）
『ニルスのふしぎなたび』（ラーゲルレーヴ原作，上地ちづ子脚本，ユノセイイチ画，童心社，1991）
『のーびたのびた』（福田岩緒脚本・絵，童心社，2006）
『ふうたのはなまつり』（あまんきみこ作，梅田俊作絵，童心社，1993）

●子ども参加型紙芝居
『おおきく おおきく おおきくなあれ』（まついのりこ脚本・画，童心社，1983）
『おさじさん』（松谷みよ子作，瀬名恵子画，童心社，1973）
『ごきげんのわるいコックさん』（まついのりこ脚本・画，童心社，1985）
『にげたくれよん』（八木田宣子作，田畑精一画，童心社，1973）
『ぶたのいつつご』（高橋五山作・はり絵，童心社，1995）

●お話
『うめぼしさん』（神沢利子脚本，ましませつこ画，童心社，1985）
『おばけとやっちゃん』（松野正子脚本，渡辺有一絵，童心社，1981）
『こぎつねコンチとおかあさん』（中川李枝子脚本，二俣英五郎画，童心社，1998））
『こねこのしろちゃん』（堀尾青史脚本，和歌山静子画，童心社，1983）
『せかい一大きなケーキ』（古田足日作，田畑精一画，童心社，1969）
『てんからおだんご』（高橋五山制作，堀尾青史脚本，金沢佑光画，童心社，1976）
『ひよこちゃん』（チュコフスキー原作，小林純一脚本，二俣英五郎画，童心社，1971）

●昔話
『おだんごころころ』（坪田譲治作，二俣英五郎画，童心社，1972）
『かっぱのすもう』（渋谷 勲脚本，梅田俊作画，松谷みよ子監修，童心社，1984）
『きたかぜのくれたテーブルかけ』（ノルウェーのお話より，川崎大治脚本，桜井 誠画，童心社，1960）
『くわず女房』（松谷みよ子脚本，長野ヒデ子画，童心社，1998）
『さるじぞう』（川崎大治脚本，石橋三宣言，童心社，1979）
『たべられたやまんば』（松谷みよ子脚本，二俣英五郎画，童心社，1970）
『天人のはごろも』（堀尾青史脚本，丸木 俊画，童心社，1961）
『はなたれこぞうさま』（川村たかし文，梶山俊夫画，教育画劇，1998）
『ぱんくがえる』（堀尾青史作，二俣英五郎絵，童心社，1975）

Lesson 4：演習問題

1. 絵本に表現されているオノマトペを探し，どんな場面にどのように使われているのかを表にまとめてみましょう。
2. 子どもの視点で描かれている絵本には，どんな絵本があるか探してみましょう。また，その理由を説明してみてください。
3. 知らないわらべうたと手遊びを3つずつ覚え，自分のレパートリーとして実習などで歌ってみましょう。
4. 自分の好きな昔話をテキストからひとつ選び，きちんと覚えて，だれかの前で語ってみましょう。また，語った後に振り返りをして，もう一度，同じ話を子どもに語ってみましょう。
5. 紙芝居の登場人物の声を，役柄や気持ちに沿って演じ分けてみましょう。
6. 紙芝居の技法を生かし，5歳児向けの紙芝居を演じてみましょう。

【参考文献】
- 小泉文夫編『わらべうたの研究（研究編）』わらべうた研究刊行会，1969
- 大島清・大熊進子・岩井正浩『わらべうたが子どもを救う』健康ジャーナル社，2002
- 佐藤志美子『心育てのわらべうた』ひとなる書房，1996
- 尾原昭夫編著『日本のわらべうた〈戸外遊戯歌編〉』社会思想社，1975
- 川崎洋『日本の遊び歌』新潮社，1994
- 大田才次郎編，瀬田貞二解説『日本児童遊戯集』平凡社，1968
- 瀬田貞二『落穂ひろい－日本の子どもの文化をめぐる人びと』福音館書店，1982
- 加古里子『日本伝承のあそび読本』福音館書店，1967
- 小泉文夫『子どもの遊びとうた－わらべうたは生きている』草思社，1986
- 半澤敏郎『童遊文化史－考現に基づく考証的研究』東京書籍，1980
- 藤本浩之輔『野外あそび事典』くもん出版，1994
- 小川博久『保育援助論』萌文書林，2010
- 小川博久『遊び保育論』萌文書林，2010
- 川崎洋『日本の遊び歌』新潮社，1994
- 財団法人 幼少年教育研究所編著『遊びの指導 乳・幼児編』同文書院，2009
- 木村はるみ・蔵田友子『わらべうたと子ども』古今社，2001
- 松岡享子『たのしいお話－お話を子どもに』日本エディタースクール出版部，1994
- 松岡享子『たのしいお話－お話を語る』日本エディタースクール出版部，1994
- ルース・ソーヤ，池田綾子・上条由美子・間崎ルリ子・松野正子訳『ストーリーテラーへの道－よいおはなしの語り手となるために』日本図書館協会，1973
- アイリーン・コルウェル，石井桃子訳『子どもと本の世界に生きて――児童図書館員のあゆんだ道』日本図書館協会，1974
- アイリーン・コルウェル，松岡享子訳『子どもたちをおはなしの世界へ－ストーリーテリングのすすめ』こぐま社，1996
- シャルロッテ・ルジュモン，高野享子訳『"グリムおばさん"とよばれて－メルヒェンを語りつづけた日々』こぐま社，1986
- 東京子ども図書館『新装版 お話のリスト』東京子ども図書館，2014
- 東京子ども図書館編『お話－おとなから子どもへ 子どもからおとなへ』日本エディタースクール，1994
- 松岡享子「レクチャーブックス・お話入門シリーズ1～6」『お話とは』『選ぶこと』『おぼえること』『よい語り－話すことⅠ』『お話の実際－話すことⅡ』『語る人の質問に答えて』東京子ども図書館，1974～2011
- 小澤俊夫『昔話の語法』福音館書店，1999
- 小澤俊夫編著『昔話入門』ぎょうせい，1997
- 子どもの文化研究所編『紙芝居－子ども・文化・保育』一声社，2011
- リリアン.H.スミス，石井桃子・瀬田貞二・渡辺茂男訳『児童文学論』岩波書店，1964

Column 3 おはなしボランティア

1 おはなしボランティアって何？

　今や，ボランティアは特別なことではなく，だれもが当たり前のように参加する時代となりました。阪神・淡路大震災以降，日本各地で，幅広いボランティア活動が普及してきましたが，災害普及だけではなく，福祉活動，国際交流，環境保全などなど，分野を問わず，活動する場が広がっています。

　子どもの分野では，とくに「子どもと本をつなぐボランティア」活動が，全国各地で活発に行われています。公共図書館，児童館などの公共機関においても，大勢のボランティアの方々が活躍していますが，とくに，保育所，幼稚園，小学校といった保育・教育機関では，乳幼児，児童を対象とする地域ボランティアを募集するところが増え，PTAや地域の方々が，子どもたちに「おはなし会」の出前を行っている姿が多くみられます。

2 「おはなし会」ってどんなことをやるの？

　「おはなし会」とひと口にいっても，場所や対象年齢，あるいは主宰する団体によって，やり方はさまざまですが，通常は20人前後の子どもに，絵本の読み聞かせや「おはなし（ストーリーテリング）」をするところが多いようです。時間は，対象年齢によって異なりますが，30分前後のプログラムが一般的で，クリスマスやお誕生会などの催しでは，人形劇やパネルシアターといった特別なプログラムを企画する場合もあります。

3 「おはなし会」の効用

　近い将来，みなさんが就職する先の園でも，ボランティアの方々にお世話になることがあるかもしれません。「おはなし会」をお願いする場合，子どもにとって通常の保育と違う有意義な時間をいただくことができます。以下に，その利点をいくつかまとめてみましょう。
①地域の方との交流ができる
②職員とは違うおとなとコミュニケーションが取れる
③通常と違った雰囲気の「おはなし会」により，聞く力や想像力が育まれる
④仲間と共通のおはなしを楽しみ，遊びに発展できる

4 「おはなし会」のエピソード

　公立図書館の司書Mさんは，自身を「ハーメルンの笛吹き」[*1]と称されています。これは，児童室の「おはなしの時間」になると，子どもたちがMさんのまわりにサーッと集まってくるためで，大の人気者です。子どもたちは，おもしろいおはなしを聞かせてくれる彼女が大好きなのです。

　このように，図書館の司書が「おはなし会」を担当しているような場合だけでなく，地域で「おはなし会」を開

*1）ドイツのハーメルンに伝わる伝説。

いている一般のメンバーの方たちも，子どもたちとの出会いを楽しみに，練習を積み重ねて来てくださっています。そのようなボランティアの方たちに，どのように「おはなし会」を楽しんでいるのかについて聞いてみました。以下に，そのうちのいくつかを紹介したいと思います。

ボランティアAさんの話

『ふしぎなたいこ』*2というおはなし（ストーリーテリング）を小学校2年生のクラスで話した時のことでした。最後に，このおはなしはこの本にのっています，と『ふしぎなたいこ』（石井桃子文 清水崑絵 岩波書店，1953）を見せたところ，「僕が，思っていたげんごろうさん（主人公の名前）と違う」という声が，あがりました。この絵本のげんごろうさんは，まげを結った着物姿なのですが，その子のげんごろうさんのイメージは，もっと現代的な風貌だったのかもしれません。また，この話は，不思議な太鼓を叩くことによって，自分の鼻がどんどん伸びていき，野を越え，山を越え，最後には，雲をつきぬけて天国にいってしまうという奇想天外な話です。ですから，子どもたちの想像した鼻の長さは，とても，30センチ程の絵本には，収まりきれなかったのかもしれません。「ぼくの鼻（？）は，もっと長くなったよ。」と，両手を精一杯のばしても，まだたりないぐらいの表現をしてみせる子もでてきました。この子たちの頭の中には，清水 崑の描いた絵に負けずと劣らないげんごろうさんが，動いていたんだなと思うとうれしくてしかたがありませんでした。

ボランティアSさんの話

1年生のおはなし会でのことでした。今回で3度目というこのクラスでは，5，6人の子が，寝転がって聞いていました。その子たちは，おもしろいところだけ起き上がって笑い，後ろの子とふざけあい，先生に叱られながら，また寝っ転がりました。でも，聞いていないわけではないのです。

人の話を聞くのも訓練がいります。諦めないで，辛抱強く語っていくと，このクラスも，半年あまりたって，ようやく落ち着いて聞けるようになってきました。

そして，学期末，お別れの挨拶をすると，何人もの子が，「おもしろかった！」と，抱きついてほおずりしに来たのです。派手なこと，にぎやかなことは何一つしませんでした。おはなしをすることで，そこには，人間どうしのつながりができていたのです。

ボランティアNさんの話

『六人男，世界をのし歩く』（『子どもに語るグリムの昔話2』佐々梨代子訳，こぐま社，1991）というグリムの昔話を，4年生のクラスで語った時のことのことは忘れられません。この話には，人並みはずれた技をもつ男たちが登場します。例えば，4キロも距離の離れた遠くの木の幹にとまるハエの左の目玉を鉄砲でねらう狩人や，やはり4キロも向こうの風車に鼻息を吹きかけて勢いよく回す鼻吹き男が活躍します。どちらかというと男の子向きの骨太の話ですが，男女関係なく，子ども達が大喜びしてくれたのです。彼らが登場するたびに，大声で笑い，次の瞬間，次はどうなるのか，息をひそめて聞き入ろうします。その表情は，真剣そのもので，こちらも思わず，子どもたちの目の力にひきこまれそうでした。中には，こらえられずに，鉄砲をかまえて撃つまねをしたり，片方の鼻を押さえて，鼻息をふきかけようとするアクション派もいました。子どもたちは，心も身体もお話の世界に入り込んでいたのです。こんな時，おはなし会は，大成功で，「めでたし，めでたし。」と，語り手と聞き手の双方に，深い満足のため息が，かわされるのです。

---

*2) 基礎編Lesson4の「幼児に向くおはなしのリスト」（91ページ）を参照。

5 おはなしボランティアの心得

　ボランティアの方々は，とても一生懸命です。しかし，一緒に集まって研修したり，勉強会を開いたりする場所がないことがほとんどです。図書館などが場所を提供していることもありますが，「勉強するにも，講師を招く資金や手立てがない」という悩みも聞かれます。そのような意見が聞こえてきたら，場所の提供や勉強会の提案をするコーディネーターの役割をすることも，保育所や幼稚園などには必要になってくるでしょう。
　おはなしボランティアの方々との共通の認識をもつために，以下の事項を共有しておくといいでしょう。

おはなしボランティアの目的
- 子どもと絵本やおはなしの楽しさを共有する
- クラス全員に共通のおはなしを体験してもらう
- 生の声を耳で聞き，集中力，想像力を養う
- 絵本やおはなしを通して，言葉の力を養う
- ボランティア自身の知識と技術を高め，ライフワークとしての喜びを生み出す

絵本・おはなしの選び方
- 子どもたちは，十人十色，興味や聞き方もさまざまなので，年齢や興味に合った絵本・おはなしを選ぶこと
- 季節や行事に合った絵本・おはなしを選ぶ
- 社会問題を考えさせるようなテーマより，楽しくユーモアのあるものの方が，単発のおはなし会には有効である

NGなこと
- 絵本は教科書ではないので，国語の教科のようなテーマを考えることはしない
- 感想を極力求めない。習慣化すると，どんな感想を言うかを考えながらしか，おはなしを聞けなくなってしまう
- 絵本は，薬と勘違いしない。たとえば，これを読んだ・聞いたからといっていじめがなくなるといった絵本は存在しない
- 聞くことを楽しむことを主たる目的とし，自分で読むことは強要しない

（浅木尚実）

Lesson 5 絵本と子ども

学習のキーポイント
①絵本についての総合的な知識を学ぶ。
②絵本の構造，描写の特徴などを具体的な絵本を通して知り，絵本の可能性を考える。
③絵本における視点のあり方を学び，乳幼児に絵本を選ぶ際の絵本の見方を考察する。
④絵本の果たす役割や種類を学び，絵本への興味を広げる。

1 絵本の「い・ろ・は」を学ぶ

1．絵本とは何か

絵本についての総合的な知識を得るためには，①作者や画家の背景，②絵や物語の内容，③絵本の構造や特色などを理解することが大切です。

ここでは，3つめの「絵本の構造や特色」について学習していくことにします。

1）絵本の構造

最近出版されている絵本のほとんどは，本書と同様に，文字の流れが横書きで，左開きにページをめくっていくものが主流です。しかし，縦書きで文字が書かれてきた日本語の性質上，かつては，文字が縦書きに流れ，右開きにページをめくっていく絵本も出版されていました[*1]。

（1）表表紙から裏表紙まで

表紙のデザインとタイトルは，読者がそこから絵本の内容をイメージするという役割をもっていますが，同時に，絵本を手に取ったときに，読者に「読みたい」という気持ちを喚起させるという大切な機能ももっています。読者が絵本を開いていくとき，①表表紙→②見返し→③タイトルページ（本扉）→④本文→⑤奥付→⑥見返し→⑦裏表紙，という順番を辿ることになりますが（図1-5-1），絵本の場合，そのすべてが重要な情報源となっています。

①見返しによる情報

たとえば，「見返し」をじっくり見ることのおもしろさの例として，『いつもちこくのおとこのこージョン・パトリック・ノーマン・マクヘネシー』[*2]を見てみたいと思います。

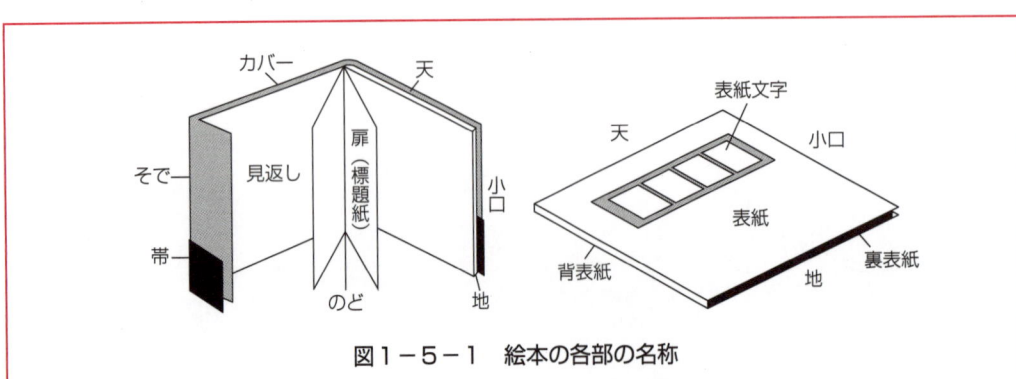

[*1] 「plus 2 岩波の子どもの本」（99ページ）を参照。

[*2] ジョン・バーニンガム作，谷川俊太郎訳による絵本。あかね書房より，1988年に初版が刊行された。

図1-5-1　絵本の各部の名称

出典）生田美秋・石井光恵・藤本朝巳『ベーシック 絵本入門』p.187, ミネルヴァ書房, 2013より

plus 2　岩波子どもの本：現在に通じる日本絵本の草分け的戦後初の絵本

　第二次世界大戦が終わって，さまざまな分野に新しい潮流が起こり，子ども観や子どもの本においても，新しい芽吹きがみられました。1950（昭和25）年，「〈岩波少年文庫〉」が創刊され，『クマのプーさん』[*1]の翻訳者である石井桃子編集のもと，多くの外国の児童文学の翻訳本が積極的に出版され，戦後の不安定な時代に，子どもに読書の楽しみを与え，日本の児童文学創作に刺激を与えました。

　続いて，1953（昭和28）年，外国絵本の研究者であった光吉夏弥がこれに加わり，より低い年齢層の読者に向けて，「〈岩波子どもの本〉」が出版されました。その編集方針は，以下の通りです。

・絵本は消耗品だから，できるだけ安い，買いよいものにすること（判型は変形菊型：20.5×16.5センチ，25～90頁）。
・右開き，縦書き，レイアウトを変えなければならないものは編集し直す。

　なお，この「〈岩波子どもの本〉」は，2002（平成14）年で総計60冊となり，現在も何冊かは刊行中です。

　シリーズの中で，とくに評判が高かった絵本に『ちびくろさんぼ』[*2]があります[*3]。そのほかにも，『ふしぎなたいこ』[*4]『ちいさいおうち』[*5]『ひとまねこざる』[*6]『はなのすきなうし』[*7]『うみのおばけオーリー』[*8]『どうぶつ会議』[*9]などなど，数多くの名作を世に送り出しています。

*1) A.A.ミルン作，E.H.シェパード絵，石井桃子訳による。1981年に初版が刊行された。
*2) ヘレン・バンナーマン文，岡部冬彦絵，光吉夏弥訳による。1953年に初版が刊行された。
*3) ヘレン・バンナーマン（1899）の原著ではなく，フランク・ドビアスの絵による。人種問題で絶版の期間もあったが，現在は瑞雲舎より刊行。
*4) 石井桃子文，清水 崑絵による。1953年に初版が刊行された。
*5) バージニア・リー・バートン文・絵，石井桃子訳による。1954年に初版が刊行された。
*6) H・A・レイ文・絵，光吉夏弥訳による。1954年に初版が刊行された。
*7) マンロー・リーフ文，ロバート・ローソン絵，光吉夏弥訳による。1954年に初版が刊行された。
*8) マリー・ホール・エッツ文・絵，石井桃子訳による。1954年に初版が刊行された。
*9) エーリヒ・ケストナー文，ワルター・トリアー絵，光吉夏弥 訳による。1954年に初版が刊行された。

　この絵本の見返しには，小学校に遅刻をしたジョンが，先生から罰として書かされた反省文が使われているのですが，一つひとつをよく見てみると，同じ文章を300回書いている途中で，単語のスペリングが間違っていたり，涙あるいは汗でにじんでいたりする箇所が，あたかも本物であるかのように描かれています。

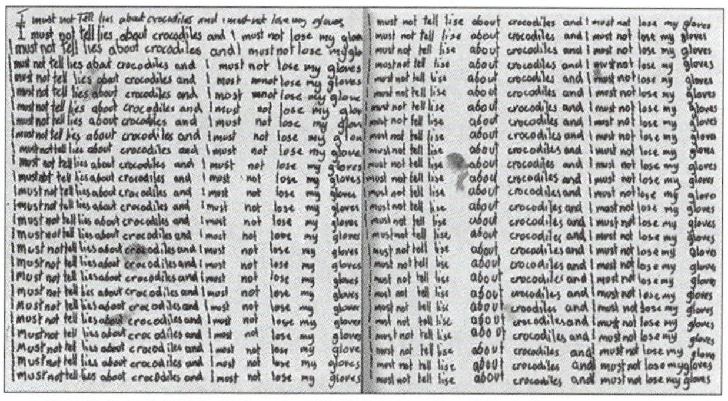

▲1行1行をよく見てみると，スペルが違うところ，濡れた後のシミのように見えるところなどが発見できます。

読者は，この見返しによって，物語の中のジョンの気持ちを，より深く理解することができるものとなっています。

②裏表紙による情報

　また，「裏表紙」の大切さは，『はじめてのおつかい』[*3]を読むと理解しやすいでしょう。

　この絵本は，5歳のみいちゃんが，初めてひとりでお使いに行く話ですが，本文の絵では，おかあさんがみいちゃんを出迎え，一緒に帰るくだりが最後の場面となっています。しかし，裏表紙に描かれた絵を見ると，みいちゃんが途中の坂道で転んでしまい，血でにじんだ膝を，おかあさんによって手当てしてもらったことがわかります。

　このように，表表紙から裏表紙まですべてを味わい，作者や画家の製作の意図を受け止めていくことが，絵本の楽しみのひ

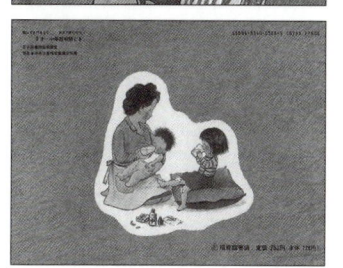

*3 筒井頼子作，林明子絵による絵本。福音館書店より，1976年に初版が刊行された。

▲裏表紙の絵です。ここには，本文で語られたお話の続きが描かれています。

とつだともいえるでしょう。

③奥付による情報

「奥付」とは，日本の場合，裏表紙の手前に掲載されている，その絵本についての基本情報のことです。ここには，本のタイトルのほかにも，作者，画家，出版社（住所など），出版年などが明記されています。また，その本が何刷目のもの（何回印刷されたものなのか）といったことまで，奥付を見るだけでわかります。

外国の絵本の場合は，表扉の裏に，原題のほか，出版社や出版年などが掲載されています。

④そのほかの情報

奥付の周辺あるいはカバーの袖（折り返し）の部分に，作者や画家の紹介が掲載されています。ここから，その作者のほかの絵本の情報を得たり，絵本誕生の背景などを理解したりすることができます。

2．ページをめくることや展開の仕方

1）文と絵のコラボレーション

基礎編Lesson 2（39ページ）でも触れたように，絵本とは，文章（テキスト）と絵（イラストレーション）によって表現されている，表現媒体（メディア）です。絵だけを頼りに読み取っていく文字なし絵本や，ほとんど物語が主流で絵はイラストの役割程度のものまで，文章と絵のバランスはさまざまですが，幼児がわかりやすい絵本は，その大半が，絵と文字が協力し合って物語を伝えるような絵本です。

渡辺茂男は，『ジャンル・テーマ別 英米児童文学』の中で，乳幼児におとなが読み聞かせる前提としての絵本は，「ありのままの直截さと明快さ，文章の単純さ」，絵とことばの調和，物語性豊かなイラストレーションが大切であることを述べています[1]。また，子どもから読み継がれてきているロングセラー絵本[*4]や喜んでくり返し読む現代の絵本には共通の要素があり，その要素として，①物語の強い線，②くりかえし，③積み重ね，④子どもの参加を誘う力をあげています[2]。

2）文字なし絵本

異色な絵本として，先に述べたように，文章がなく，おもに絵だけが語りかけてくるようなものも存在しています。

このような「文字なし絵本」は，絵だけを手がかりとして読み進めるため，想像的思考力を刺激し，視覚的文学能力を高めることができます。また，文字がないため，読みの能力の違う子ども同士が，一緒に楽しむこともできます。

このような絵本の代表作として，『ロージーのおさんぽ』[*5]や『リリィのさんぽ』[*6]などがあげられます[3]。

3）展開の仕方

（1）左から右へ

一般的に，左開きの絵本の場合，描かれた絵は，左から右に流れていきます。

たとえば，『ちいさなねこ』[*7]では，冒頭，小さなねこが，初めて家からひとりで外へ行くとき，左から右に向かって走り出す場面が描かれています。子ねこは，子どもに捕まったり，自動車に轢かれそうになったり，犬に追いかけられたりしながら，つぎつぎと災難をくぐり抜けていきます。子ねこの向きは，木の

▲『ちいさなねこ』の14，15ページより。

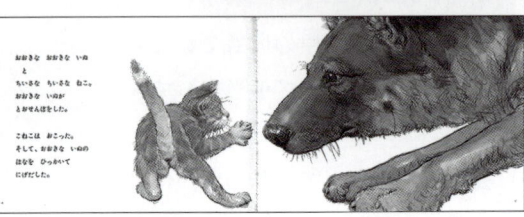

---

1) 渡辺茂男「20世紀の絵本」吉田新一編著『ジャンル・テーマ別 英米児童文学』p.155，中教出版，1987より。

*4 ロングセラー絵本については，「plus 3」（108ページ）を参照。

2) 渡辺茂男「20世紀の絵本」吉田新一編著『ジャンル・テーマ別 英米児童文学』p.171，中教出版，1987より。

*5 パット・ハッチンス作，渡辺茂男訳による絵本。偕成社より，1975年に初版が刊行された。原書は，Pat Hutchins, *Rosie's Walk*, 1968。

*6 きたむらさとし作・絵による絵本。平凡社より，2005年に初版が刊行された。原書は，Satoshi Kitamura, *Lily Takdes A Walk*, 1987。

3) 生田美秋・石井光恵・藤本朝巳『ベーシック 絵本入門』p.29，ミネルヴァ書房，2013，より。

*7 石井桃子作，横内襄絵による絵本。福音館書店より，1963年に初版が刊行された。

上に逃れて急場をしのぐまで、すべて右向きに描かれています。一方、対峙する、子ねこを捕まえる子どもや向かってくる自動車、子ねこをからかう犬などは、どれも左向きです。左から右への進行方向に進む主人公に対して、相手が右側にいて、子ねこを待ち受けるという構図は、ページをめくり、読者の「続きの場面を見たい」という期待を高めることにもつながるのです。

（2）ページめくりのドラマ[*8]

絵本を読み聞かせる場合は、おとなが文章を読み、子どもが絵を読むことで物語が進行しますが、絵本のページをめくる間の時間と空間が非常に大切であることには、あまり目が向けられていません。

先程の『ちいさなねこ』では、子ねこが大きな犬から追いかけられる絵を見ながら、読み手である子どもは、次のページを予想し、犬から逃れる方法をあれこれ想像しているに違いありません。そして、ページをめくって、木の上に登った子ねこの姿を確認し、安堵します。しかし次に、その高い木のてっぺんで子ねこが「にゃお！にゃお！」と鳴いているようすを見て、また、「どうすればいいのか」考えるでしょう。そして、ページをめくりながら、最後にお母さんが迎えに来ることが分かった瞬間、ホッと胸をなでおろすことができることでしょう。

このように、ページをめくる短い時間の中で、読み手の子どもは、物語の展開を想像し、思いをめぐらすことができるのです。

▲『ちいさなねこ』の24，25ページより。

3．絵本の表現の仕方

1）時間と空間の表現

19世紀のヨーロッパで現代絵本の形態が確立し、1930年代には、アメリカで躍動感あふれる、ダイナミックな絵本がつぎつぎと登場してきました。

その先駆けとしてあげられるのが、基礎編Lesson 2（102ページ）でも紹介した『100まんびきのねこ』[*9]です。同書では、子ねこが成長する時間の経過が、コマ送りのようなつながりであるモンタージュにて表現されています。連続した時間と空間の流れを、絵本の見開き上に、スクリーン画面として機能させた点で、大きな称賛を浴びました[4]。これは、美術評論家が「異時同図」と呼ぶ、中世技術や日本の絵巻物にも見られる技法です[5]。

2）映画的手法

『かもさんおとおり』[*10]で試みられた映画的手法の描写法は、日本でも多く取り入れられています[6]。ここでは、『ぼくのかえりみち』[*11]で、その具体的な描写法を見てみましょう。

同書は、主人公の小学生のそらくんが、小学校から家までの道のりを、歩行者通路を示す白い線を辿って帰る過程を物語にしています。同書では、そのそらくんの姿を、数台のカメラで追いかけているかのように、横からだけでなく、前からや後ろから、また、まるで空から鳥が見

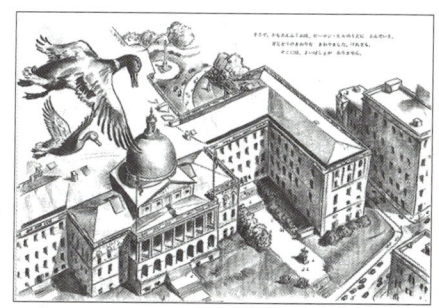

▲『かもさん おとおり』の14，15ページより。

▲『ぼくのかえりみち』の12，13ページより。

[*8] 基礎編Lesson 2（40ページ）を参照。

[*9] ワンダ・ガアグ文・絵、石井桃子訳による絵本。福音館書店より、1961年に初版が刊行された。

4）中川素子・今井良朗・笹本純『絵本の視覚表現—そのひろがりとはたらき』pp.3-7、日本エディタースクール出版部、2001、より。

5）マリア・ニコラエヴァ、キャロル・スコット、川端有子・南隆太訳『絵本の力学』pp.188-196、玉川大学出版部、2011、より。

[*10] ロバート・マックロスキー文・絵、渡辺茂男訳による絵本。福音館書店より、1965年に初版が刊行された。原書は、Robert McCloskey, *Make Way for Duckling*, 1941。

6）中川素子・今井良朗・笹本純『絵本の視覚表現—そのひろがりとはたらき』pp.10-11、日本エディタースクール出版部、2001、より。

[*11] ひがしちから作・絵による絵本。BL出版より、2008年に初版が刊行された。

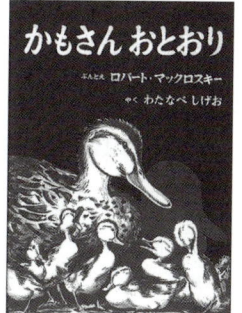

ているような鳥瞰図や，地下から見上げているような方法を使って描いています。つまり，立体的なカメラ技術による視点移動が行われていて，「ロングショット」や「クローズアップ」の効果も使用されているのです。

3) 固定された視点

『ぼくのかえりみち』のような縦横無尽に動く視点とは逆に，固定された視点で描かれた絵本もあります。

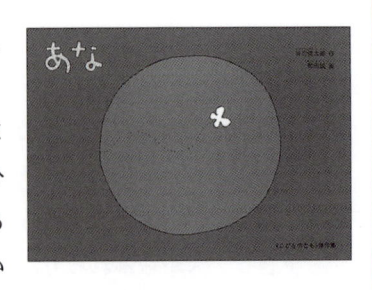

『あな』*12では，絵本の向きを90度傾け，ページを縦，つまり下から上にめくっていく方法に挑戦しています。主人公のひろしが掘ったあなの位置は，ページの中央に固定され，そのあなをめぐっての家族や友だちとの対話のやりとりがおもしろい展開となっています。

4) 枠・はみ出し・断ち落とし

「枠」には，事象を囲み，制限することで，大きさを固定したり，物事を落ち着かせたりする効果があります。『ねむれないの？ ちいくまくん』*13では，ほらあなを枠で示すことによって，中の明るさを調節したり，外の雪の世界とを対象的に描いたりすることに成功しています。

一方，『かいじゅうたちのいるところ』*14には，「はみ出し」の技法が貫かれています。具体的に見てみると，主人公のマックスの怒りが部屋の枠を取り払い，ジャングルや海へとはみ出し，かいじゅうたちのいるところの場面では，すべての枠が消え去っています[7]。

また，『おおきなかぶ』*15で使われているのは，「断ち落とし」の技法です。同書では，おじいさんがおばあさんや孫を呼んでも，犬やねこやねずみを呼んでも抜けない巨大なかぶを表現するのに，かぶの全体像を見せずに，一部のみを「断ち落とし」の技法によって画面いっぱいに描くことにより，とてつもなく大きなかぶを連想させる描写法が生きています。彫刻家でもある画家，佐藤忠良の力強い描写力により，この絵本はリズミカルな文章と相俟って，不朽の名作となっています。

5) 色彩のいろいろ

瀬田貞二は，『絵本論』*16の中で，美術的に質の高い絵を推奨しています。基礎編Lesson 2でも触れたように，出版技術の進化にしたがって，さまざまな色を使った絵本やいろいろな印刷技法を駆使した絵本も出版が可能となりました。

その一方で，昔ながらに白黒のみで表現した『もりのなか』*17，白黒と三色刷りを交互に組み込んだ『アンガスとあひる』*18，また，『はなをくんくん』*19のように白黒のモノトーンの絵が続いた最後の最後に，一輪の花にだけ色をつけてインパクトを表現しているものもあります。また，『ママ，ママ，おなかがいたいよ』*20では，影絵の手法を使うことで，読み手の想像力を刺激することに成功しています。

6) 聴覚表現

絵本の表現方法は，絵によるものばかりではありません。文字を獲得する以前の聴覚が優れた時期の幼児を意識した，耳で聞いてわかりやすい文章や音の表現も，絵本の重要な要素のひとつです。子どもの言葉の習得には，メロディやリズムが大きく関連していることが判明しています[8]。

たとえば，『もこ もこもこ』*21は，「もこ」「にょき」などの擬音語，擬態語（オノマトペ）だけで構成された絵本ですが，赤ちゃんが体全体を使って，跳ねたり踊ったりしながら，この絵本

---

*12 谷川俊太郎作，和田誠画による絵本。福音館書店より，1983年に初版が刊行された。

*13 マーティン・ワッデル作，バーバラ・ファース絵，角野栄子訳による絵本。評論社より，1991年に初版が刊行された。

*14 モーリス・センダック作・絵，神宮輝夫訳による絵本。冨山房より，1963年に初版が刊行された。

7) 生田美秋・石井光恵・藤本朝巳『ベーシック 絵本入門』pp.32-33，ミネルヴァ書房，2013，より。

*15 ロシアの昔話，A. トルストイ再話，内田莉莎子訳，佐藤忠良画による絵本。福音館書店より，1966年に初版が刊行された。

*16 瀬田貞二『絵本論－子どもの本評論集－』，福音館書店より，1985年に初版が刊行された。

*17 マリー・ホール・エッツ文・絵，まさきるりこ訳による絵本。福音館書店より，1963年に初版が刊行された。

*18 マージョリー・フラック作・絵，瀬田貞二訳による絵本。福音館書店より，1974年に初版が刊行された。

*19 ルース・クラウス文，マーク・サイモント絵，木島始訳による絵本。福音館書店より，1967年に初版が刊行された。

*20 レミイ・シャーリップ，バートン・サプリー作，レミイ・シャーリップ絵，つぼいいくみ訳による絵本。福音館書店より，1981年に初版が刊行された。原書は，Remy Charlip and Burton Supree, *Mother Mother I Feel Sick*, 1966。

8) 正高信男『子どもはことばをからだで覚える－メロディから意味の世界へ』，中央公論新社，2001，より。

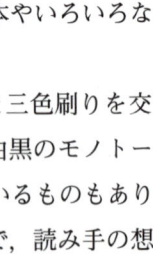

を楽しむようすが,家庭からも保育所からも報告されています*22。こうした音を楽しむ絵本は,赤ちゃん絵本の中に顕著に見られますが,幼児期の絵本全般を通してオノマトペは多用されています。それは,絵本を読んだときにイメージがわきやすいのと同時に,楽しい雰囲気が耳に心地よく伝わってくるからだと考えられます。

また,「11ぴきのねこ」シリーズ*23は,とらねこ大将を先頭に11匹のねこたちが自分の体より大きな魚をつかまえ,食べようとする試みが海の上でくり広げられるユーモアあふれる作品ですが,「ニャゴ ニャゴ ニャゴ」といったオノマトペがふんだんに使われています。ほかにも,子守唄「大漁節」の歌詞にねこたちが思わず眠り込んでしまう場面も挿入されていて,漫画家ならではの馬場のぼるの愉快な絵と,思わず笑い出してしまうような音楽的な文章の相乗効果がみられます。『11ぴきのねこ どろんこ』の中の一節では,泥んこで遊ぶねこたちのようすを,たくさんのオノマトペで表現しています。

*21 谷川俊太郎文,元永定正絵による絵本。文研出版より,1977年に初版が刊行された。

*22 実践編Lesson1（114ページ）を参照。

*23 馬場のぼる作による絵本で,こぐま社から刊行されている。シリーズには,『11ぴきのねこ』『11ぴきのねことあほうどり』『11ぴきのねこ どろんこ』などがあり,1967年にシリーズの第1冊目となる『11ぴきのねこ』が刊行されてから,1996年に完結編となる6冊目の『11ぴきのねこ どろんこ』が刊行されるまでに,30年の歳月を要した。

ザブーン。
「はあい,どろぬまー」
ザブ ザブ ザブ ザブ。
「ウヒャー」ニャゴ ニャゴ ニャゴー。
ザブ ザブ ザブ ザブ。
ニャゴッ。モガ モガ モガ。
「プハー,どろぬま　やめー」
出典）馬場のぼる『11ぴきのねこ どろんこ』pp.18-19,こぐま社,1996,より

上記のように,そのほとんどをオノマトペの文章で表現する構成となっており,荒唐無稽なねこたちのキャラクターと一致して,勧善懲悪ものの物語とはひと味違った,大変人気のある作品となっています。

2　子どもと絵本

1．絵本に読み聞かせが必要な理由

1）読者の二重性

絵本は,子どもに手渡されるまでに長い道のりをたどります。先にも述べたように,絵本の作者や画家はおとなですし,編集者や書店,買い与える保護者や保育者・教師もおとなです。「本の型,重さ,資質,色彩,表紙から見返し,扉,ジャケット,活字,絵,すべてのレイアウト,デザイン性」が,作者と画家,編集者によって配慮され,書店に並んでからは,保護者,教育関係者,保育者などに吟味,選別されて,はじめて子どもに手渡されます。つまり,絵本は二重三重の媒介者を経て,読み手である子どもよりも,直接の購買者であるおとなの読者の趣味・好みによって子どもに手渡されることになるのです。

このように,一般の書籍と違って,読者である子どもが主体的に選ぶというより,おもに,おとなの意思にしたがって子どもに手渡されることの多い絵本ですが,その中には,大きく3つの役割があると考えられます。ひとつには,子どもの情緒的,言語的な発達を促していくこと,ふたつ目には,子どもが,絵本に描かれた絵によって,高い芸術性を身につけていくこと,最後に,読んでくれるおとなとの関わりを通して,大きな安心感と安定感を得ていくことの3点です。

たしかに,絵本を読むことによる積み重ねが,子どもの自信や自己肯定感につながっていくこ

とは事実です。しかし,表だって,絵本の教育的ツールとしての利用を考えるのは,子どもにとってあまり喜ばしいことではありません。本来,絵本とは楽しいものですから,教育的な見地を前面に出すというよりは,おとなと子どもが,読み聞かせを通して,楽しい世界を共有していくきっかけとするものであると考えます。

では,乳幼児期の子どもたちは,どのように絵本を見ているのでしょう。

2)耳から言葉を聴き,目で絵を読む

(1)絵でものを考える

就学前に幼児が文字を読めるようになるのは,早ければ早いほどいいのでしょうか。

早期教育を熱心にすすめる前に,その年齢に適した方法を考えなければいけません。乳幼児期は,絵でものを考える時代です。

基礎編Lesson 2 (39ページ)でも触れたように,人間の歴史において,ごく初期の文字をもたない時代には,絵で情報交換をしていました。たとえば,ラスコーの壁画に描かれた絵は,当時の狩りの仕方を伝えていますし,中世の教会には,キリスト生誕の絵が飾られ,キリスト教の教えを伝えています。現在の文字にも,絵が記号化された象形文字によるものがたくさんあります。

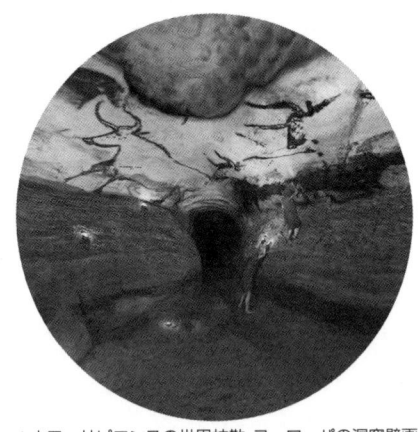

このように,おとなでも,何かを理解するためには,耳から入った情報を絵や情景にして,心のスクリーンに映し出しているものではないでしょうか。ましてや,まだ経験や知識の少ない乳幼児期には,原始時代のように,絵でものを考える時期が必要です。いきなり実物と文字とが結びつかないために,一度,絵にして物事を吸収していくのが,乳幼児期にしかできない大切な作業です。この過程を経ることで,抽象的な思考へと発展していくのです。

▲ホモ・サピエンスの世界拡散 ヨーロッパの洞窟壁画(ラスコー洞窟) 写真提供:国立科学博物館

このことについて,松岡享子は,「子どもの時代は,ものごとを絵にして考えるとき,すでに絵になったものの助けを必要とする時代」と述べ,乳幼児期に絵本を読んでもらうことの重要性を訴えています[9]。

保育・教育実習後に,実習生が子どもたちから,お礼状をもらうことがあります。その中には,文字ではなく絵が描かれていることもありますが,一生懸命描いてくれた絵手紙は,幼児の言葉そのものだといえるのではないでしょうか。

▲学生が,保育実習先の子どもからもらったお礼の手紙の1枚。

9)松岡享子『えほんのせかい こどものせかい』pp.29-39,日本エディタースクール出版部,1987,より。

(2)絵本とは,おとなが文を読み,子どもが絵を読むもの

おとなに絵本を読んでもらうとき,子どもは絵をつぶさに見ることができます。耳から入ってくる生の声は,大好きなおとなであればあるほど心地よく,子どもに大きな安定感を与えます。ときに,クライマックスに迫る場面では劇的に,悲しい場面では寂しげに,おとなの声によって,子どもは物語への楽しさを倍増させていきます。

しかし,現代は多くの教育産業が子ども向けのCDやDVDを出しています。このようなものは,忙しいときなどには便利ですが,どんなにすばらしい名優によって制作されたものでも,聞き手の子どもに,直接,愛情深く語りかけてはくれません。聞き手の子どもが聞きたいのは,訓練された俳優やアナウンサーの声よりも,その子どものためだけに直接読んでくれる,温かくて優しい,身近な大好きな人の声なのです。

（3）絵本とは，絵と文とページをめくるもの

マリア・ニコライヴァとキャロル・スコットは，絵本を読む際にページをめくることを，「ページターナー」という用語で表現しました。そして，この「ページターナー」によって，絵本は読者の関心を引きつけ，「次を読みたい」という気にさせる効果があるものとして，ほかの絵画との違いを指摘しています[10]。同じことを，「ページめくりのドラマ」として表記している場合もあります[*24]。

アニメーションや映像で提供される物語と絵本の物語との大きな違いは，前者が間髪を入れずに次の場面が流れてくる見ている側が受け身の立場であるのと比べて，後者はページをめくる前に次の場面を予想できる時間があり，読者が能動的な立場を保てるという点にあるといえるでしょう。

たとえば，先にも紹介したように，『ちいさなねこ』は，まだほんの小さな赤ちゃんのねこが，ひとりで外に出てしまう話で，子ねこは，子どもに捕まりそうになったり，自動車に轢かれそうになったり，犬に追いかけられたりと，スリル満点に物語は展開していきます。この話の展開において，ページターナー，つまり，ページとページの間には，子ねこが移動する時間や空間が流れています。子どもは，ページがめくられる瞬間の刹那の時間に，次にどうなるのかを予想して，想像力を耕しているのです。ですから，絵本とは，「絵」と「文」と「ページをめくること」で構成されているものだといえるのです[*25]。

「絵本＝絵＋文＋ページをめくること」

2．絵本の視点

1）絵本の視点

だれでも物語を読むときには，だれかの眼（視点）を通して物語を楽しみます。小説でいえば，一人称の視点[*26]は自分の眼を通して見る世界を，三人称の視点[*27]は第三者の眼を通して見る世界を描いています。

絵本の場合，絵と文の視点が同じ場合が多いのですが，違う視点を表現することも可能です。ですから，絵本の視点を語るのは大変むずかしい問題です。本書では，画家が書く場合の絵の描写法における視点については，このLessonの第1節第3項「絵本の表現の仕方」の中の「2）映画的手法」（101ページ）や「3）固定された視点」（102ページ）において，詳しく述べてきました。しかし，先に述べたように，子どもが読者ではあるものの，おとなの手によって与えられるものであるという絵本の二重構造の特徴を考えたとき，だからこそ，おとなが自分の視点だけから考えて子どもに絵本を手渡すと，失敗する場合があることも知っておくべきでしょう。

2）おとなの見方，子どもの見方

絵本作家・翻訳家でもあり，評論家でもある瀬田貞二は，子どもの絵本ついて，次のように述べています。

> 子どもたちはじつにくわしくながめ，くわしく「ほんとうでない」ことを指摘します。彼らはすこぶる現実的です。そして絵を意味的に見ます。子どもたちの目は，裸の目で，この世のものと肉体的につながっています。（…中略…）訓練のつんだ大人は，（…中略…）絵の純粋絵画性を見ます。美的に判断します。この線はどうか。色は？　構図はしっかりしているか。デッサンはくずれていないか。調和は？　デザイン感覚はあるか。
> ・・・・・・・・・・・・・・・・・・・・・・・・・・・・
> 子どもの見方が正しい点は，絵本の絵が，あくまで物語の動きに同化していかなければならないことをしっかり知っているところです。意味的なものが絵にじゅうぶんに明瞭にあら

10）マリア・ニコラエヴァ，キャロル・スコット，川端有子・南隆太訳『絵本の力学』p.205，玉川大学出版部，2011，より。

[*24] 基礎編Lesson 2（40ページ）を参照。

[*25] このLessonの100，101ページを，併せて参照のこと。

[*26] 読者の眼と登場人物の眼がピタリと重なる場合。そのとき，視点人物の視座が作中人物の眼と直接重なる（竹内オサム『絵本の表現』p.35，久山社，2002，より）。

[*27] 対象を第三者的に突き放して見る場合。この視点は，さらに「客観」「限定」「全知」の視点に区別される。「客観」とは視座が外側にあり続けるもの。「限定」とは一部の視座に限定されるもの。「全知」とは視点対象を多様な視座から描き出す視点（竹内オサム『絵本の表現』p.35，久山社，2002，より）。

われていて，絵だけでもお話がたどれるほどダイナミックに動いていかなければならないのが絵本の要点です。
　　　出典）瀬田貞二『絵本論―瀬田貞二子どもの本評論集―』pp.95-96, 福音館書店, 1985, より

　このように，おとなと子どもの間に見方の違いがあるとするならば，おとなになった読み手ができるだけ子どもの見方に近づくためには，自分が子どもだった頃の気持ちを思い起こすことが一番の早道です。絵本の表現には，読者の絵の見方に沿った視点をもつことが重要です。

3）絵本の視点を読み取る

　おとなの小説では，はっきりと視点を特定することが容易にできますが，先ほども述べたように，絵本の視点を定めるのは，むずしい作業といえます。
　絵本の表現方法とは，幼児独特の視点や感覚をもとに展開される必要があります。その理由のひとつとして，乳幼児は，各感覚器官が十分に発達していないということを忘れてはなりません。ふたつには，幼児の身体の大きさや知覚が，おとなとは大きく異なり，理解の差を生んでいることも見逃せません。おとなとは，見る角度，視野が極端に異なるといっても過言ではないのです。
　では，絵本ではどのように視点を定めているのでしょう。

（1）並行視点

　文章表現の中においては，「だれの目から見ているか」という意識が，作品の読み方を大きく左右します。しかし，絵本の場合には，絵と文が同じ視点から描かれているとは限りません。
　前掲の『ちいさなねこ』や『たろうのおでかけ』[*28]は，語り手の目は，いつも事件が起こる進行方向の真横から描写されます。つまり，舞台の劇を観客が観ている視点での描き方です。これを「並行視点」と呼び，主人公と視点人物の密着度が高い描き方だといえます[11]。日本の幼児向け絵本の大半が「並行視点」であり，日本の伝統的な手法だといわれています。
　また，同じ「並行視点」でも，絵本の1ページ目から最後まで，1本の線を辿るように連続性をもたせて物語が展開する絵本もあります。たとえば，『いたずらこねこ』[*29]では，カメと子ねこが行きつ戻りつしつつ，1本の線の上を左右に動き，リズミカルな展開が緊迫感を生んでいます。また，『はろるどとむらさきのくれよん』[*30]は，主人公のはろるどが，むらさきのくれよんで描く世界でお話が展開していきます。その不思議な世界は，1本の線を辿っていくことによって，統一感がはかられています。

（2）追尾視点

　先にも紹介した『はじめてのおつかい』では，ひとりで牛乳を買いに行く主人公みいちゃんの後ろ姿を，ママが追跡している視点で描かれているといわれています。物語の語りの推移は，「並行（寄り添う）→後ろに回りこむ（追いかける）→遠く見送る（見送る）」となっており，ママの追跡心理を同時体験できるしかけとなっています。しかし，みいちゃんの動きや変化を目のあたりにできるこのような描き方は，同時に，子どもの気持ちと合致しているものともいえます。坂の途中で派手に転んでしまった痛さをがまんしながら，落としてしまった100円玉を探すときの動転した気持ち，やっと牛乳が買えたときの涙が出るほどホッとした気持ち，そして，裏表紙[*31]で描かれているひざのケガの手当てをしてもらって心から幸せだと思える気持ちなど，みいちゃんの姿の描き方は，

▲『はじめてのおつかい』の10, 11ページより。

[*28] 村山桂子作，堀内誠一絵による絵本。福音館書店より，1963年に初版が刊行された。

[11] 西郷竹彦「絵本における文と絵の構成」日本児童文学者協会編『日本児童文学 臨時増刊 絵本』pp.27-34, 誠光社, 1974, より。

[*29] バーナディン・クック文，レミイ・シャーリップ絵，まさきるりこ訳による絵本。福音館書店より，1964年に初版が刊行された。

[*30] クロケット・ジョンソン作，岸田衿子訳による絵本。文化出版局より，1987年に初版が刊行された。

[*31] 裏表紙の写真は，99ページを参照のこと。

子どもが読みながら感じる気持ちとピッタリと一致している描き方だといえます。

（3）同一化の視点

先でも述べましたが、子どもが物語を楽しむ際、もっとも重要なのは、主人公に同一化することだといえるでしょう[*32]。

同一化の視点とは、読者の目と登場人物の目が重なり合う視点であり、ニコラエヴァは、『絵本の力学』の中で、視点ではなく「焦点化」と呼んでいますが、次のふたつをあげています[12]。

①外的焦点化：ひとりの登場人物の知覚的な視点だけに言及
②内的焦点化：登場人物の考えや感情を内観

このうち「内的焦点化」の方法にはさまざまありますが、登場人物の顔の表情や、ページの中の位置や色や技法などの変化によって、読者の共感を得ることを試みています。たとえば、前にも触れた『いつもちこくのおとこのこージョン・パトリック・ノーマン・マクヘネシー』では、飛び上がって怒る教師に対して、小さく無表情に描かれた主人公ジョンの姿に、多くの子どもがその気持ちを共感できる仕掛けに成功しています。

[*32] 基礎編Lesson 4の69ページを参照のこと。

[12] マリア・ニコラエヴァ, キャロル・スコット, 川端有子・南 隆太訳『絵本の力学』pp.164-167, 玉川大学出版部, 2011, より。

3．絵本を選ぶ

1）子どもに好まれる絵本

リリアン.H.スミスは、その著書『児童文学論』の中で、よい絵本の見分け方として、「子どもの興味をひきつけるためには、その絵本のアイディアや感情は、ただおとなの考えや情緒を単純にしたものであってはいけないので、子どもの心のなかにあるそれらでなければならない」と述べています。また、「子どもたちは、絵が物語を語っていてくれさえすれば、その絵がすきになる（…中略…）幼児が、一つの絵本のなかに求めているのは、冒険である。自分自身も主人公とともにそのなかに入ってゆき、いっしょにその冒険に加われるような、絵で描かれた物語である」と、自分と同一化できる登場人物の存在も欠かせないことを指摘しています[13]。

また、絵本を選ぶ際、とくに気をつけたいのは、先にも述べたように、子どもとおとなとは興味や視点が違うことを認識することでしょう。子どもの視点に立った絵本選びをすれば、絵がカラーでも、白黒でも、主人公が動物でも汽車でも関係なく、子どもは物語を楽しみ、くり返し読むようになるのです。

[13] リリアンH.スミス, 石井桃子・瀬田貞二・渡辺茂男訳『児童文学論』p.206, 岩波書店, 1964, より。

2）ロングセラー絵本

毎年出版される新しい絵本の中にも、これまで述べてきたような、子どもに合った絵本の条件を兼ね揃えているものはありますが、30～50年以上もの長い間、出版され続けているロングセラー絵本[*33]は、多くの読者が支持してきた経緯があります。新しいもの、流行の絵本は、選び方がむずかしい点もあります。そのため、まずは、長く愛され、読み継がれている絵本を数多く読み、視野を広めたいものです。

[*33] 「plus 3 ロングセラー絵本」（108ページ）を参照のこと。

4．絵本の選び方

1）選び方7つのポイント

さて、今までさまざまな角度から、絵本の見方、楽しみ方を述べてきました。ですが、一番重要なのは、新しい絵本を見たときに、それが、「子どもが読みたいものであるか、どうか」を、自分で判断する能力を身につけることです。

最後に、選び方の指針となる7つのポイントをまとめますので、書店や図書館で、自分の力で絵本を選ぶときの参考にしてください。

絵本の選び方7つのポイント

①子どもの発達や興味・関心に合った本選びを心がけましょう。

　※年齢，興味，個性，環境，性別など

②ストーリーは，子どもが理解しやすいものでしょうか。また，関連する出来事は，子どもにとって関心があるものでしょうか。

③主人公や登場人物は，子どもが自分を重ねやすい描かれ方をしているでしょうか。子どもの視点に戻って見てみましょう。

④伝えたい，きれいな日本語で書かれていますか。文章が美しい日本語で，具体的な描写やリズム，くり返し，オノマトペ（擬音・擬態語）で描かれているでしょうか。

⑤かわいい絵にとらわれてはいませんか。絵に芸術的，美的なセンスが感じられるものでしょうか。

⑥本の初版刊行年からどのくらい経過しているでしょうか。その経過時間は，その本のおもしろさの年輪だとも考えられます。

⑦作者や出版社が誠実に作った絵本でしょうか。

plus 3　ロングセラー絵本

1．ロングセラー絵本はおもしろい

　日本では，毎年，数え切れないほどの新刊絵本が出版されています。日本の印刷技術は写真やカラー印刷も，技術的にも質の高いものが多いといわれており，世界でも高い評価を受けています。しかし，せっかく綺麗に作られた絵本でも，未来永劫出版され続けることはむずかしく，数年で絶版になっていくものも少なくありません。

　そのような中で，長い間，淡々と出版を重ねている絵本があります。こうした，長い間出版され続けている絵本のことを，筆者は「ロングセラー絵本」と呼んでいます。

　だれでも知っている『ピーターラビットのおはなし』[*1]ですが，イギリスで，なんと，今から100年以上前の1902年に出版された絵本だったことを，みなさんはご存知でしょうか。また，『ちいさなうさこちゃん』[*2]（「ミッフィー」としても知られています）や『ひとまねこざる』[*3]（「おさるのジョージ」としても知られています）も，だれもが知っていると思われる絵本ですが，どちらも絵本としては大ベテランのものです。

　もちろん，日本にも世界に誇れるロングセラー絵本がたくさんあります。今でも人気絵本のトップに君臨している『ぐりとぐら』[*4]は1963（昭和38）年に誕生し，それ以来，50年以上が経過しています。おとなの本であるならば，「古典」と呼ばれて書庫に眠ってしまうことがあるかもしれませんが，ロングセラー絵本は，いまだに現役で活躍しているのです。

　それでは，どうして，たくさんのロングセラー絵本が，ベテラン絵本として現代の子どもにも支持されているのでしょうか。それには，ふたつの大きな理由が考えられます。ひとつ目は，ほとんどのロングセラー絵本が，どの時代の子どもの心をもつかんできたからです。その登場人物の多くは，子どもが自分の気持ちを乗せやすく，物語を自分のものとして楽しめるものだからなのです。

　ふたつ目は，世代を超えて読み継がれてきているからです。つまり，子どものときに読んでおもしろかった絵本を，自分の次世代の子どもたちに伝えるという連鎖が生まれているのです。さらに加えるならば，大勢の利用者が集まる図書館で何度も貸し出される絵本は，古くなり，やがてボロボロになります。そのため，貸し出しの多い絵本ほど図書館でも買い替えられ，必要とされるので，そういう面においても出版が途絶えることがないのです。

2．『ぐりとぐら』の魅力

　ここで，日本の代表的なロングセラー絵本『ぐりとぐら』を例にとって考えてみることにしましょう。筆者が教えている学生たちが小さい頃，この絵本をどのように読んでいたかを聞いてみました。

2）抽象的概念のむずかしさ

絵本の中には，「死」「老い」「病気」「自分探し」「不安」といった抽象的な概念をテーマにしたものも少なくありません。

しかし，幼児期にこうした内容を理解することはむずかしく，興味を示さないときは，無理に与えるべきではありません。外見的には絵本であっても，その内容は，おとな向けの絵本もあるのです。とくに，「死」や「戦争」といったテーマを扱うのはむずかしく，これらは，小学校中学年以上になってから向き合うテーマであると考えます。このことについて，幼児教育者の汐見稔幸は，以下のように述べています。

> 子どもは生きていくことに不安や期待や希望をもっています。世界の向こうを知りたいという願望と不安，愛情を失うことの怖さ，愛してもらうということの素朴なあり方，そんなものを〈情念〉として蓄えているんです。そんなプリミティブな感情の表現形として，昔話にはお姫さまやおじいさんとおばあさん，長者，山姥が描かれているんですね。それらは自分の心の中のどろどろした部分，現実にしたら暴力になってしまうような感情さえも，うまい具合に身代わりしてくれているんです。
>
> そうやって，あいまいな感情にひとつひとつ象徴的な形を与えていくのが，絵本やおとぎ

「ぐり」と「ぐら」は等身大

　私が『ぐりとぐら』の絵本が好きな理由は，2匹の世界の中に入りこめるところだと思う。絵本を読み進めていくと，自分も小さくなったような気がするし，普段は小さく見える卵やフライパンもとても大きくて，重い物のように感じてしまう。
（吉田菜奈）

　小さい頃，お気に入りだったシーンは，大きい卵をぐりとぐらが，発見するシーンである。ぐりとぐらの背たけを超えてしまうくらいの大きな卵が小さい私から見たらとても魅力的だった。
（山本紗也）

　野ねずみが人間のおうちに入っていくときのドキドキ感と人間の手袋や靴下，フライパンなどの大きさと野ねずみの大きさの違いが見えているのがおもしろく，印象的だった。
（吉田有希）

お料理好きでけちじゃない

　カステラを作るのに必要な材料をお母さんが読んでいる時「はやくカステラ作らないかなー。」と毎回ドキドキしていたのを覚えている。カステラが完成する頃に，森のお友達がたくさん出てくるのも『ぐりとぐら』の魅力だと思う。完成したカステラを2人で食べるよりも，仲間たちと食べた方がおいしく感じるからだ。「おいしい」という言葉はぐりとぐらからしたら，とても嬉しい言葉だったにちがいない。
（山本紗也）

　一番印象に残っているところは「けちじゃないよ。ぐりとぐら」というところです。小さかった私は，いつもご飯やおいしいおやつを独り占めしていました。そのときに少しだけ胸がいたくなりました。
（黛 史織）

3．1950～1970年代に出版されたロングセラー絵本

日本では，戦後，国内外のおもしろい作品をたくさんの子どもに読んでもらおうと「岩波子どもの本」（岩波書店）や「こどものとも」（福音館書店）が企画され，1950～1970年代に，絵本の黄金時代が築かれました。その間に出版されたものが，今でもロングセラー絵本として，多くの子どもたちに読まれているのです。

巻末の「資料編：絵本リスト」（p.246）に代表的なロングセラー絵本をご紹介します。これらは保育者の必読図書ともいえるものです。まだ読んでいない絵本があったら，ぜひ読んでみてください。

＊1）ビアトリクス・ポター作・絵，石井桃子訳による絵本。福音館書店より，1971年に初版が刊行された。
＊2）ディック・ブルーナ文・絵，石井桃子訳による絵本。福音館書店より，1964年に初版が刊行された。
＊3）H. A. レイ文・絵，光吉夏弥訳による絵本。岩波書店より，1954年に初版が刊行された。
＊4）中川李枝子文，大村百合子絵による絵本。福音館書店より，1963年に初版が刊行された。

話のひとつの重要な役割です。

....

　戦争のお話を読み語りする所もあります。（…中略…）たとえば『かわいそうなぞう』[*34]。動物が現実の論理で殺されるお話ですよね。大人の世界が創り出した悲劇であって，幼児にはその理由までは理解できません。（…中略…）命を失う不安だけが残ってしまう。僕は，あのお話を批判したいのではなくて，時期の問題を言いたいのです。子どもが戦争に対して怒りを抱くのは，もっと後でもいいと思うんです。

　なぜなら，幼い子はストーリーをそのまま覚えてはいなくて，断片として覚えてはいます。それがかたちを与えるということです。その断片は，簡単には意識に上ってこないけれど，無意識のなかで影響を与え続けます。だからこそ人生の最初には，生きていくのは楽しいものだ，困った時には必ず誰かが助けに来てくれる，そういう希望や安心感を与えてあげるべきなんです。

　出典）汐見稔幸『別冊太陽 No.112 Winter 2000　読み語り絵本100』pp.66-67，平凡社，2001より

[*34] 土屋由岐雄文，武部本一郎絵による絵本。金の星社より，1970年に初版が刊行された。

3 絵本の種類

　本Lessonでは，おもに物語絵本における，描かれ方や視点のもち方，選び方などについてお話してきました。しかし，絵本には，さまざまな種類があります。絵本を分類する際，テーマや内容によって，はっきりと分けられない場合もありますが，ここでは，絵本の種類をおおまかに次の10種類に分類し，それぞれの特徴を説明したいと思います。

絵本の種類

①赤ちゃん絵本

　0～2歳の乳児期向けの絵本。ものの名前や自分が体験した日常を描いたテーマのものが多い傾向にあります。輪郭や色がはっきりした絵，リズミカルな文章が好まれます。

具体例
・『くだもの』（平山和子作，福音館書店，1979）

②言葉の絵本

　なぞなぞ，言葉遊び，わらべうた，詩にイラストをつけた絵本などがあります。

具体例
・『ことばのこばこ』（和田 誠作・絵，瑞雲舎，1995）

③昔話絵本

　各地に伝わる伝承昔話に再話者が文章をつけ，さまざまな画家が絵を描いています。ただし，容易に改作されているものの中には原話の意図が失われてしまっているものもあるため，気をつける必要があります。

具体例
・『三びきのやぎのがらがらどん』（ノルウェーの昔話，マーシャ・ブラウン絵，瀬田貞二訳，福音館書店，1965）

④物語絵本

もっとも作品数が多い，創作絵本のことです。中には，「ねえ，どれがいい？」と，聞き手の参加を促すような読者参加型の絵本もあります。

> 具体例
> ・『ねえ，どれが いい？』（ジョン・バーニンガム作・絵，まつかわ まゆみ訳，評論社，2010）

⑤ポストモダン絵本

1980年代以降に流行した，ポップで斬新なデザインの絵本のこと。「ポストモダン[*35]絵本」という言葉は，『子どもはどのように絵本を読むのか』の中で使われています[14)]。その特徴として，以下のようなものがあげられます[*36]。

①未完結性……物語の解釈は読者にゆだねられる
②意味の崩壊……とっぴな出来事がごく自然なこととして起こる
③抽象的イメージ……今ままでの絵本のように物語を補充するものではなく，絵そのものに独立した意味がある
④あいまいなプロット……物語の起承転結がはっきりしない
⑤細部の楽しみ…描き込みが多く，探す楽しみも付加されている

> 具体例
> ・『なみにきをつけて，シャーリー』（ジョン・バーニンガム作・絵，へんみまさなお訳，ほるぷ出版，2004）
> ・『かようびのよる』（デヴィッド・ウィーズナー作・絵，当麻ゆか訳，徳間書店，2000）

⑥文字なし絵本

文章がなく，絵だけで展開される絵本。想像しながら，さまざまな読み方が可能になります。ただし，読み聞かせには不向きなものです。

> 具体例
> ・『ZOOM』（イシュトバン・バンニャイ作・絵，復刊ドットコム，2005）

⑦科学絵本

自然科学（虫，植物，天文，地学，人体，宇宙など）や社会科学（仕事，社会，流通，経済など）をわかりやすく解説した絵本。写真やイラストが多用されており，おとなの入門書としても便利です。

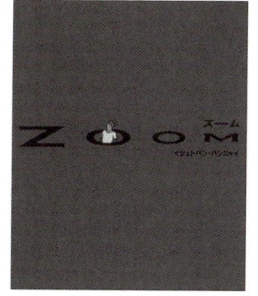

> 具体例
> ・『しごとば』（鈴木のりたけ作，ブロンズ新社，2009）

⑧写真絵本

写真集や写真で物語を構成した絵本。

> 具体例
> ・『ぼく，おにいちゃんに なったんだ』（トーマス・ベリイマン写真・文，石井登志子訳，偕成社，1985）

⑨バリアフリー絵本

手で触って触覚的に楽しめたり，音が出て聴覚的に楽しめたりする絵本。障がいのある子どもたちも楽しむことができる絵本です。

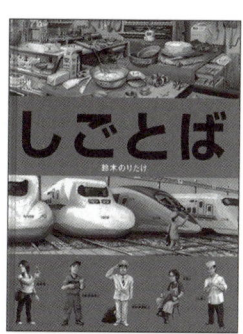

[*35] 細部に遊びや過剰な装飾をする，それまでの風潮を壊す特徴のあるものとして，美術，文学，とくに建築用語として現れた言葉。

14) ヴィクター・ワトソン，モラグ・スタイルズ，谷本誠剛訳，『子どもはどのように絵本を読むのか』pp.12-15，柏書房，2002，より。

[*36] 詳しくは，『絵本をひらく』（谷本誠剛・灰島かり編『絵本をひらく―現代絵本の研究』人文書院，2006）の中で，灰島が，『こしぬけウィリー』([*37])を例に説明しているので，興味のある人は読んでみてほしい。また，灰島は，ポストモダン絵本作家として，イギリスのバーニンガム，アンソニー・ブラウン，アメリカのオールズバーグ，ウィズナーなどを，日本では大竹伸朗（[*38]）をあげている。

[*37] アンソニー・ブラウン作，久山太市訳による絵本。評論社より，2000年に初版が刊行された。

[*38] 大竹伸朗文・絵の絵本としてあげられるのが『ジャリおじさん』。福音館書店より，1994年に初版が刊行された。

具体例

・『さわって ごらん いま なんじ？』（なかつかゆみこ作・絵，岩崎書店，1999）

⑩しかけ絵本

　ページの中に，読み手が動かす工夫が施されている絵本。高額なものもあります。

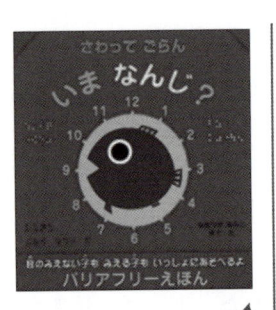

Lesson5：演習問題

1. 1963（昭和38）年に出版された『ぐりとぐら』が，50年以上，子どもたちから読み継がれている，その理由を考えてみましょう。
2. 擬人化されている絵本を探し，その擬人化の特徴を具体的に述べてみましょう。
3. ロングセラー絵本（初版刊行後30〜50年以上経過して，今なお，読み継がれている絵本）にはどのような絵本があるか，調べてみましょう。

【参考文献】

・松岡享子『えほんのせかいこどものせかい』日本エディタースクール出版部，1987
・松居 直『絵本とは何か』日本エディタースクール出版部，1973
・生田美秋・石井光恵・藤本朝巳『ベーシック 絵本入門』ミネルヴァ書房，2013
・ジェーン・ドゥーナン，玉置友子・灰島かり・川端有子訳『絵本の絵を読む』玉川大学出版部，2013
・中川素子・今井良朗・笹本純『絵本の視覚表現―そのひろがりとはたらき』日本エディタースクール出版部，2001
・棚橋美代子・阿部紀子・林美千代『絵本論―この豊かな世界』創元社，2005
・中村柾子『子どもの成長と絵本』大和書房，1983
・中村柾子『絵本はともだち』福音館書店，1997
・中村柾子『絵本の本』福音館書店，2009
・矢野智司『動物絵本をめぐる冒険―動物―人間学のレッスン』勁草書房，2002
・吉田新一『絵本の魅力―ビュイックからセンダックまで』日本エディタースクール出版部，1984
・ジュディ・テイラー，吉田新一訳『ビアトリクス・ポター―描き，語り，田園をいつくしんだ人』福音館書店，2001
・中川李枝子『絵本と私』福音館書店，1996
・三宅興子編著『絵本と子どものであう場所―幼稚園絵本文庫10年の記録』翰林書房，2006
・光吉夏弥『絵本図書館―世界の絵本作家たち』ブック・グローブ社，1990

実践編

Lesson 1 発達に応じた絵本の選び方

> **学習のキーポイント**
> ①0歳から就学前幼児の発達過程における特徴を知り，絵本との関連を学ぶ。
> ②それぞれの年齢の子どもの絵本に関連した事例から，集団や家庭における絵本と子どもの関わりについての理解を深める。
> ③乳幼児期から小学校低学年につながる時期に役立つ絵本を知る。

1 赤ちゃん絵本

1．赤ちゃんの発達の特徴とおすすめ絵本

1）赤ちゃんと絵本―0・1歳の頃

　赤ちゃんは，絵本を理解できるのでしょうか。

　日本では，赤ちゃん絵本が出版されてからまだ歴史が浅く，はっきりした研究やデータがあるわけではありません。しかし，赤ちゃんと絵本との関わりは，思った以上に大切です。

　このLessonでは，本書の執筆陣の経験をもとに，いくつかのエピソードを紹介したいと思います。赤ちゃんが，まわりのおとなと，絵本を通してどのように関わっているかを見てみましょう。

子育てママの育児日記

【4か月ごろ】
・顔をじーっと見たり，気に入った絵を見ている。⇒（1）
・ほかの絵を見せてもすぐに目を離すのに，気に入った絵のときは，じーっと見つめている。⇒（1）
・毎日見せていると，お気に入りの絵がわかってくる。⇒（1）

好みの絵本
『いい おかお』（松谷みよ子文，瀬川康男絵，童心社，1967）
『ちいさなうさこちゃん（「うさこちゃんの絵本」シリーズ）』（ディック・ブルーナ文・絵，石井桃子訳，福音館書店，1964）
『どうぶつのおやこ』（藪内正幸画，福音館書店，1966）

【7か月ごろ】
・効果音をつけたり，抑揚をつけたりしながら読んでもらうのを好む。⇒（1）
・『もこ もこもこ』*1 では，「ぱっちーん」が大好きで，効果音をつけると声をあげて笑う。⇒（2）
・顔の絵本は，笑った顔が大好きで，絵本をパチパチ叩いて喜ぶ。⇒（4）
・怒った顔を真似ると，じーっと見て笑い出す。⇒（4）
・絵本の内容よりも，ママとの応答的なやりとりが楽しくて，喃語や表情で，何度もくり返し読むのをせがむ。それに応えて，何度もくり返し読んであげる。⇒（3）

*1 谷川俊太郎作，元永定正絵による絵本。文研出版より，1977年に初版が刊行された。

~Lesson 1：発達に応じた絵本の選び方

好みの絵本
『あかちゃんのうた』（松谷みよ子文，いわさきちひろ絵，童心社，1971）
『かお かお どんなかお』（柳原良平作・絵，こぐま社，1988）
『じゃあじゃあ びりびり』（まついのりこ作・絵，偕成社，1983）
『もこ もこもこ』（谷川俊太郎作，元永定正絵，文研出版，1977）

【1歳】

　『もこ もこもこ』は，赤ちゃんのときからずっと読み続けている絵本であるが，風船が割れる経験をしたとき，驚きとともに，絵本の中の言葉でもある「ぱっちーん」という言葉を声に出した。そして，『もこ もこもこ』の絵本を持ってきて「ぱっちーん」の場面を出し，「ふうせん，ぱっちーん」と言った。

　その後，『もこ もこもこ』を読むたびに，嬉しそうに「ぱっちーん」と手を叩き，声のトーンも本格的に「ぱっちーん」と言っている。そして，必ず得意そうに，「ママにぱっちーん，ふうせん」と伝えてくる。絵本の世界と，現実の「ぱっちーん」と割れてはじける感覚が，統合された瞬間であった。⇒（2）

【1歳3か月頃】

・時間があれば，「絵本を読んで」とせがむ。お話を，じーっと聞けるようになる。何度も読んでいる絵本では，先のお話や絵がわかるので，先を急いで，自分の好きな絵のところで嬉しそうにする。⇒（3）

・ママ以外の，ばあばやじいじ，パパにも，絵本を読んでもらいたがる。⇒（3）

・自分で歩くことができるようになったため，本棚から絵本を引っ張り出して，関わりたい，甘えたい，遊びたい人のところに持って行き，絵本を差し出して，「読んで」とせがむ。その後，その人と遊び始めるので，絵本を，自分なりの人と関わるためのツールにしているように思う。⇒（3）

▲図書館で大好きなおじいちゃんに読んでもらって。

・恥ずかしいけれど関わりたいという思いを，絵本を読んでもらいながら，受け止めてもらえると，その人への信頼感や安心感が生まれる。人を受けいれるための心の準備をしている。⇒（3）

好みの絵本
『いない いない ばあ』（松谷みよ子文，瀬川康男絵，童心社，1967）
『たまごのえほん』（いしかわこうじ作・絵，童心社，2009）
『はらぺこあおむし』（エリック・カール作，もりひさし訳，偕成社，1976）
『ママだいすき』（まど・みちお文，ましませつこ絵，こぐま社，2002）
『もこ もこもこ』（谷川俊太郎作，元永定正絵，文研出版，1977）

※各文の最後の（　）内の数字は，以下に続く，説明箇所にリンクしています。

（1）マザリーズ

　じっと見つめてくる，かわいらしい赤ちゃんに話しかけるとき，おとなは知らず知らずのうちに，ゆっくりと優しい声で語りかけていませんか。

　これは，「マザリーズ」と呼ばれる現象で，おとなが意識するしないに関わらず，自然と乳児に語りかけるときに使う言葉の特徴で，乳児をもつ母親に，もっとも顕著に見られます[*2]。このマザリーズは，地球上のどの言語圏や文化圏でも共通して見られます。

　言葉の意味のすべてがわからない乳児期には，五感すべてで楽しめる，言葉の音楽的な要素が

---

*2　同じ時期の乳児をもつ父親や年齢の高い子どもの両親，子どものいないおとなには，ほとんど見られません（独立行政法人　理化学研究所「子どもの言語発達に合わせて親もマザリーズ（母親語）の脳内処理を変化—育児経験，性差，個性により親の脳活動の違いが歴然—」http://www.riken.jp/pr/press/2010/20100810/より）。なお，保育所などではあまり使われませんが，家庭では「あんよ」や「ねんね」といった育児語が多いのも日本語の特徴です。

必要となります。その意味からも，耳に心地よいマザリーズは，スキンシップをともなう，優しいコミュニケーションの方法でもあるのです。

　赤ちゃん絵本にも，マザリーズに似たテンポやリズムが見出せます。絵本から流れ込んで来る言葉が，子どもにとって，その後の言葉の基礎となり，自らの考える力や学ぶ能力，そして人間関係の基盤となって，豊かな人生を築くことができるのです。

　以下は，具体的なマザリーズの特徴です。

マザリーズの特徴
①短く，ゆっくり，高いピッチ，尻上がりのイントネーション
②統語的に単純，明瞭な発音
③反復　子どもとのやりとりのなかで同じ言葉が繰り返し使われる
④代名詞よりも名詞の多用
⑤＜いま・ここ＞への限定
⑥身振りの随伴
注）出典元では，「マザリーズ」ではなく，「ベイビー・トーク」とされています。

出典）太田光洋「第1章　子どものことばと育ち」太田光洋編『保育・教育ネオシリーズ⑳　保育内容・言葉』p.2，同文書院，2006より一部抜粋

（2）リズムや抑揚の心地よさ

　赤ちゃんは，胎児の頃から，耳が一番早く発達するといわれています。視力がまだ十分に発達していない乳児期には，耳に聞こえる言葉の抑揚やリズム，響きに強い関心を示し，心地よさを感じています。

　音楽のリズムと運動の関係は，人以外ではあまり見られず，人に特徴的な行動とされています。リズムを感じ，運動を調節する能力は，耳の奥にある三半規管や大脳の中にある大脳基底核や補足運動野という部分が関係していることがわかってきています[1]。ですから，マザリーズをはじめ，歌やわらべうた，リズムのある絵本の言葉で発語を促したり，言葉を育てたりすることは，赤ちゃんにとって楽しいことであることはもちろん，年齢に合った，非常に理にかなった手段だということができるのです。

　基礎編Lesson 4（70ページ）でも述べたように，日本語には「オノマトペ」と呼ばれる擬音語，擬態語が多く存在しています。オノマトペは，その言葉を聞いたり読んだりした一瞬のうちにイメージを把握しやすい特徴があります。そのため，絵本にもふんだんに使われており，中でも，先の「子育てママの育児日記」にも出てきたオノマトペだけで構成された谷川俊太郎作の『もこ　もこもこ』は，抽象的な絵と結びつき，115ページの赤ちゃんをはじめ，多くの子どもをとりこにしています。

　また，2場面で1組のパターンのくり返し[*3]が赤ちゃんに好まれることから，まついのりこ作『じゃあじゃあ　びりびり』[*4]や，林 明子作『でてこい でてこい』[*5]は，そのパターンを取り入れています。また，これらの絵本には，リズミカルなだけでなく，呼びかけやくり返しも多用されています。

　このように，赤ちゃん自身がリズムとパターンを音楽的な感覚として体で捉えながら楽しみ，参加しやすい絵と言葉のある絵本が，この時期に適しているのです[2]。

おすすめ絵本
『きゅっ きゅっ きゅっ』（林 明子作，福音館書店，1986）
『ころ ころ ころ』（元永定正作，福音館書店，1984）
『じゃあじゃあ びりびり』（まついのりこ作・絵，偕成社，1983）

1）呉 東進『赤ちゃんは何を聞いているの？―音楽と聴覚からみた乳幼児の発達』pp.59-64，北大路書房，2009，より。

*3　「いない いない ばあ」などをはじめ，二拍子のリズムに通じるものを赤ちゃんは好む傾向にある。

*4　まついのりこ作・絵よる絵本。偕成社より，1983年に初版が刊行された。

*5　林 明子作による絵本。福音館書店より，1998年に初版が刊行された。

2）『母の友2014年4月号（731号）』pp.14-15，福音館書店，2014，より。

『でてこい でてこい』（林 明子作，福音館書店，1998）
『はくしゅ ぱちぱち』（中川ひろたか文，村上康成絵，ひかりのくに，2005）
『ぽん ぽん ポコ ポコ』（長谷川義史作，金の星社，2007）
『もこ もこもこ』（谷川俊太郎作，元永定正絵，文研出版，1977）

（3）生理的早産と愛着形成

　人間の赤ちゃんは，ほかの哺乳類に比べると未成熟な状態で生まれてきます。アドルフ・ポルトマン（1897-1962）は，これを「生理的早産」[*6]と呼びました。鹿や馬などの赤ちゃんには，誕生後，すぐに立ち上がり，自力で歩いて母親のお乳を飲みに行く能力があります。しかし，このような巣立ちが早い動物とは異なり，人間の赤ちゃんは，1歳を過ぎるまで，自力で歩いたり，おとなと同じ形態の食べ物を口にしたりすることはできません[*7]。「ねんね」の状態から「はいはい」の時期を経て，離乳まで1年以上，人に頼りきりのままでいるということは，周囲のおとながお乳や栄養を与え，眠りにつく場所を確保し，危険から守り，育てることを前提としているのです。つまり，だれかに守り，育ててもらわなければ生存できない人間は，厳しい自然界において，大変無防備な状態で生まれてきているわけなのです。そして，人は，生まれた瞬間から，人との関係の中で育まれていくことが前提条件となっているのです。

　このような赤ちゃんの心のメカニズムを，ジョン・ボウルビィ（1907-1990）は，「アタッチメント理論」として説明しました。これは，この時期の赤ちゃんには，空腹や不快などの欲求を満たしてくれるおとなの存在が不可欠で，それにより養育者への信頼感が育ち，最終的には人間への信頼感へとつながっていくというものです[*8]。

　そのために，赤ちゃんは，周りのおとなの注目を浴びやすいふたつの特徴をもっているともいえます。そのひとつは，かわいいということ，もうひとつは，生まれつき人の顔に関心があるということです。

①赤ちゃんは，なぜ，かわいいのか？

　では，どうしておとなは，赤ちゃんを「かわいい」[*9]と感じるのでしょうか。

　赤ちゃんのかわいらしさの要因のひとつとして，まず，その見た目（外見）があげられます。赤ちゃんには，広いおでこやずんぐりむっくりとした短い手足など，いくつか共通した特徴があり，それは，万国共通のものとして認識されています。

　このような赤ちゃんのかわいらしさの特徴は「幼児図式」といわれ，以下のようにまとめられます。
①体に対する顔の大きさの割合が大きい。顔より頭蓋が大きい＝額が大きい
②目が大きく，丸くて，顔の中の低い位置にある
③鼻と口が小さく，頬がふくらんでいる
④体がふっくらして，手足が短く，ずんぐりしている
⑤動作がぎこちない

　このような特徴が，おとなに，赤ちゃんは「かわいい」という感情を抱かせ，生まれたての未成熟な状態から，思わず微笑んで庇護したい愛情行動を引き起こすといわれています。

　流行しているキャラクターにも，共通したこのような特色が見られるのも興味深い現象です。人は，小さく，愛らしく，かわいいものを庇護したい衝動に駆られるものなのです。

　また，動物行動学者のコンラート・ローレンツ（1903-1989）[*10]は，多くの生物には，外見上共通する特徴が見られると指摘しており，動物の赤ちゃんも同様に，「かわいい」と思わせる特徴を持ち合わせているとしています（図2-1-1参照）。

　この時期の絵本の役割として一番重要なのは，母親や父親あるいは保育者といった養育者が読んでくれるとき，おとなを独占できたと子どもが実感し，愛情を感じることでしょう。つまり，

[*6] 人間は，ほかの哺乳類の動物に比べて，早産の状態で生まれる。これは異常出産ではなく生理的に早産であることから，アドルフ・ポルトマンは，生理的早産，また，乳児期を子宮外胎児であると述べている。未熟な状態で生まれてくるため，人は，誕生後，親の養育の影響を強く，長く受けることになった（アドルフ・ポルトマン，高木正孝訳『人間はどこまで動物か－新しい人間像のために』p.60，岩波書店，1962より）。

[*7] 人間の赤ちゃんは，どうしてこんなにも早く，母体から出てくるのか。人間が二足歩行をしているために，3,000～4,000グラム以上に育った胎児を支えきれないことも，進化の過程で起こってきたことだと考えられている。また，骨盤も，10か月以上の胎児が通り抜けることができないものとなっており，これは，二足歩行の人間の物理的な宿命だともいえるのである。

[*8] 発展編 Lesson 3「子育て支援と絵本」（222ページ）にて詳しく説明。また，「アタッチメント（愛着）理論」についても，発展編 Lesson 3（224ページ）を参照のこと。

[*9] 「かわいい」の言葉の語源は，「かほはゆし（顔映ゆし）」で，これが「かわゆい」となり，「かわいい」に変化したといわれている。

[*10] オーストリアの動物行動学者。「刷り込み」の研究で有名。

読み手であるおとなと，聞き手である子どもが，絵本を通してしっかりと心を通わせ，楽しい共通の体験をすることだといえるでしょう。

> **おすすめ絵本**

『あそぼう あそぼう おとうさん』（浜田桂子作，福音館書店，1997）
『ぎゅっ』（ジェズ・オールバラ作・絵，徳間書店，2000）
『くっついた』（三浦太郎作・絵，こぐま社，2005）
『こすずめのぼうけん』（ルース・エインズワース作，石井桃子訳，堀内誠一画，福音館書店，1977）
『だっこのえほん』（ヒド・ファン・ヘネヒテン作・絵，のざかえつこ訳，フレーベル館，2004）
『ちいさなねこ』（石井桃子文，横内襄絵，福音館書店，1963）
『なーらんだ』（三浦太郎作・絵，こぐま社，2006）
『ぼくにげちゃうよ』
　　（マーガレット・ワイズ・ブラウン文，クレメント・ハード絵，岩田みみ訳，ほるぷ出版，1976）
『ママだいすき』（まど・みちお文，ましませつこ絵，こぐま社，2002）

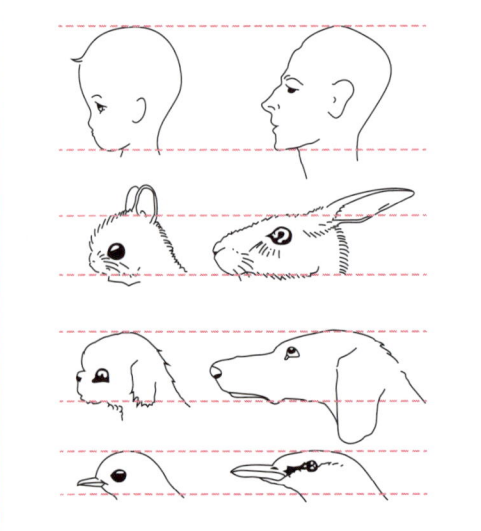

図2−1−1　ローレンツのおとなと子どもの顔の比較図

出典）Lorenz, K. 1943 Die angeborenen formen moeglicher erfahrung. *Zeitschrift für Tierpsychologie*, 5, 235-409.

（4）顔に興味のある赤ちゃん

　生まれたばかりの赤ちゃんの視力は，0.04〜0.08くらいだといわれています。この視力では遠くのものは見えませんが，母乳を飲む際，抱っこされた母親の顔は見える視力です。母乳を一心に吸う赤ちゃんは，ときどき吸うのを止め，母親の顔をじっと見つめ，母親からの声かけを待っていることもわかっています[3]。

　また，ある実験によると[*11]，赤ちゃんはいろいろな形の中でも，とくに人の顔が好きで，長時間見ていることがわかっています[4]。それも，「福笑い」のような目鼻がバラバラな顔ではなく，目鼻が正しい位置にある人の顔に注目するということです。これは，見つめられると無視できない人間のコミュニケーションの基本にも通じるものです。赤ちゃんに見つめられるおとなは，思わず赤ちゃんを守ろうと思うのではないでしょうか。このことは，赤ちゃんをあやすときの「あやしうた」に，顔で遊ぶ歌が非常に多いことでもわかります。

　「いない いない ばあ」は，日本に古くから伝承されている「あやしうた」ですが，英語にも「ピカブー」など，同様の遊びがあることは興味深いことです。

　「いない いない ばあ」は，子どもにとって，大好きな人が隠れ，また笑顔で戻ってくる遊びですが，顔に興味のある赤ちゃん期にこそ楽しめる遊びであり，おとなとのやり取りの中で，自然に育まれるコミュニケーションの原点でもあるのです。

　そのほかにも，赤ちゃんの顔で遊ぶ「わらべうた」は数多くありますが，「あがりめ さがりめ」や「ちょち ちょち あわわ」など[*12]が掲載されているわらべうた絵本『あがりめ さがりめ—おかあさんと子どものあそびうた』[*13]は，おとなと子どもが遊び合うヒントとなることでしょう。

> **おすすめ絵本**

『あがりめ さがりめ—おかあさんと子どものあそびうた』（ましませつこ絵，こぐま社，1994）
『あっぷっぷっ』（中川ひろたか文，村上康成絵，ひかりのくに，2003）
『あんたがた どこさ—おかあさんと子どものあそびうた』（ましませつこ絵，こぐま社，1996）
『いない いない ばあ』（松谷みよ子文，瀬川康男絵，童心社，1967）

---

[3] 正高信高『0歳児がことばを獲得するとき—行動学からのアプローチ』pp.3-53，中央公論新社，1993，より。

[*11] 新生児の顔選考：ロンドン大学のマーク・ジョンソンらは，新生児に，「顔」刺激への特別な注視行動があることを発見した（開一夫『赤ちゃんの不思議』pp.11-14，岩波書店，2011より）。

[4] 山口真美『赤ちゃんは顔をよむ—視覚と心の発達学—』pp.9-21，紀伊国屋書店，2003，より。

[*12] そのほかにも，「ここはとおちゃんにんどころ」「はなちゃんりんごがたべたいのでこちゃん」など，がある。

[*13] ましませつこ絵による絵本。こぐま社より，1994年に初版が刊行された。「column 4」（135ページ）参照。

plus 4　赤ちゃん絵本

1.『ちいさなうさこちゃん』登場

　1964（昭和39）年，「子どもがはじめてであう絵本」というシリーズ名で，日本初の赤ちゃん絵本が，福音館書店から出版されました。作者はディック・ブルーナ[*1]です。

　主人公のうさこちゃんの本名は，ナインチェ・プラウス，オランダ語で「ふわふわうさぎ」を意味します。石井桃子の翻訳による語りかけるような文章は，赤ちゃんが初めて出会う日本語として選び抜かれたものといえます。このうさこちゃんは，たちまち人気者になりました。

　後に，同じ絵本が『ミッフィー』として講談社から出版され，その絵本が皮切りとなり，多くの商品にキャラクター化されていきました。

　ブルーナの作品には，うさぎのうさこちゃん（ミッフィー）のほかに，こぐまのボリス＆バーバラ，ぶたのポピー＆グランティ，いぬのスナッフィーなど，さまざまな動物が登場し，活躍します。

　絵の特徴は，シンプルな法則に貫かれています。表情は極端に図式化され，性格や年齢差は，目や顔の形，洋服や小道具で表現されています。正方形の紙面，真正面を向く登場人物，明確な輪郭，12場面での構成も，全シリーズにおける共通点です。また，色は，ブルーナカラー[*2]といわれるブルーナこだわりの特注の絵具から紡ぎ出された鮮やかな色彩で描かれています。

おすすめ絵本

『うさこちゃんとうみ』（「子どもがはじめてであう絵本 第1集」収録）（ディック・ブルーナ文・絵，石井桃子訳，福音館書店，1964）
『こねこのねる』（「子どもがはじめてであう絵本 第3集」収録）（ディック・ブルーナ文・絵，石井桃子訳，福音館書店，1968）
『しろ，あか，きいろ』（ディック・ブルーナ文・絵，松岡享子訳，福音館書店，1984）
『ちいさなうさこちゃん』（「子どもがはじめてであう絵本 第1集」収録）（ディック・ブルーナ文・絵，石井桃子訳，福音館書店，1964）
『ちいさなさかな』（「子どもがはじめてであう絵本 第2集」収録）（ディック・ブルーナ文・絵，石井桃子訳，福音館書店，1964）

2. 日本の赤ちゃん絵本

　その後，日本のオリジナルの赤ちゃんのための意欲的な創作絵本がつぎつぎと生まれてきました。

　1967（昭和42）年には，松谷みよ子作，瀬川康男絵による『いない いない ばあ』『いい おかお』が，1969（昭和44）年には，せな けいこ作「いやだ いやだの絵本」シリーズや，わかやま けん作「こぐまちゃんえほん」シリーズなど，絵本年齢は3歳からという従来の認識を覆し，赤ちゃん絵本の本格的な取り組みが始まりました。

おすすめ絵本

『あーんあん』（せな けいこ作・絵，福音館書店，1972）
『いい おかお』（松谷みよ子文，瀬川康男絵，童心社，1967）
『いない いない ばあ』（松谷みよ子文，瀬川康男絵，童心社，1967）
『いやだ いやだ』（せな けいこ作・絵，福音館書店，1969）
『しろくまちゃんのほっとけーき』（わかやま けん作，こぐま社，1972）
『だるまさんが』（かがくいひろし作，ブロンズ新社，2008）
『ねないこ だれだ』（せな けいこ作・絵，福音館書店，1969）

*1）1927年，オランダ生まれで，グラフィックデザイナーとして活躍。『ちいさなうさこちゃん』は，1955年に初版が刊行された。日本では，福音館書店より，石井桃子訳にて，1964年に初版が刊行された。
*2）赤，黄，青，緑の4色に，後に茶色とグレーがつけ加えられた。

【参考文献】
・ディック・ブルーナ，メルシス社監修，講談社編集『ディック・ブルーナのすべて』講談社，1999

2　1〜2歳児と絵本

1．初語からの語彙の急増

　乳幼児期は，発達の速度や社会的，物的，人的環境の個人差も大きく，ほかからの影響を非常に受けやすい時期です。そのため，絵本を選ぶときには，それぞれの子どもに合わせて考えることが重要です。しかし，集団の場合は，画一的には述べられませんが，ある程度，発達過程に沿って選ぶ視点も必要です。

　人は，おおよそ1歳3か月頃には二足歩行ができ，ほとんど同時期に，言葉として初語が発せられます。子どもの運動能力や知的能力の発達を促すためには遊びが不可欠ですが，言語発達・認知発達も急速に発達し，1歳半頃までに，ものには名前があるということを知るようになります。この頃から語彙の急増期に入り，絵本との関わりも，より深くなっていきます。

2．個人差がある絵本との出会い

　絵本に興味が出る時期は，一人ひとりさまざまです。年齢以上の絵本をおもしろがる場合もありますが，子どもによっては，絵本にまったく興味を示さない場合もあります。そういう場合，「理解できないのでは」と心配する向きもありますが，ほかのことへの興味の方が強い時期でもあるのです。ですから，無理強いして絵本嫌いにするよりは，興味がわく時期を待っても問題はありません。子どもの興味は絵本だけではありませんから，あせらず，絵本と出会える環境さえ整えておけば，いつでも絵本の世界に入っていけるようになるでしょう。

　たとえば，絵本に興味の薄い子どもでも，身近な食べものや洋服，動物などが描いてある図鑑的な「ものの絵本」や「乗りもの絵本」*14は，読んでもらいたがる傾向があったりもします。

3．「もの」の名前の絵本

　運動能力が発達し，行動範囲が広がったり，コミュニケーションを取る相手が増えてきたりすると，子どもは自分で言葉を広げていこうとします。そして，自分の名前はもちろん，先にも触れたように，日常生活で触れるすべてのものには名前があることに気づいていきます*15。

　「シンボルの形成・命名期」ともいわれるこの時期に，『しろ，あか，きいろ』*16の中の「わたしのシャツはしろ」「スカートはあか」を，毎日3，4回，1か月以上にわたって読むことをせがんだ1歳児の報告もあります。

　また，『くだもの』*17『おにぎり』*18は，ページをめくるたびに，美味しそうに描かれている身近な食べものが登場するので，身近な素材で名前を覚えていくためには恰好の絵本です。

おすすめ絵本
『しろ，あか，きいろ』（ディック・ブルーナ文・絵，松岡享子訳，福音館書店，1984）
『ずかん・じどうしゃ』（山本忠敬作，福音館書店，1977）
『どうぶつのおやこ』（藪内正幸画，福音館書店，1966）
『とびだす・ひろがる！のりものえほん』（古川正和作・構成，本信公久絵，偕成社，2000）

4．園生活と基本的生活習慣

　子どもは，ひとり歩きが始まると，手も使い，器用になってきます。2歳頃からは，「自分でやりたい」という積極性も芽生え，「じぶんで」という言葉を，よく口にします。

　園生活では，子どもたちの「身の回りのことを自分でやりたい」という気持ちを，さりげなく援助していくことが求められます。自立の第1歩として，基本的生活習慣*19をひとりでできるようになることが，幼児期での一人前の証です。基本的生活習慣とは，食事，睡眠，排泄，衣類

---

*14　発展編 Lesson 1（186，187ページ）参照。

*15　名前を知るためには言葉を知る必要があるが，1歳半頃には10単語くらいしか話せなかったものが，6歳には1万語を超えて話せるようになるというように，子どもは，数年間で，加速度的な学習を行っている。

*16　ディック・ブルーナ文・絵，松岡享子訳による絵本。福音館書店より，1984年に初版が刊行された。

*17　平山和子作による絵本。福音館書店より，1979年に初版が刊行された。

*18　平山英三文，平山和子絵による絵本。福音館書店より，1992年に初版が刊行された。

*19　2014（平成26）年に告示された「幼保連携型認定こども園教育・保育要領」の「健康」の内容には，「基本的な生活習慣の形成に当たっては，家庭での生活経験に配慮し，園児の自立心を育て，園児が他の園児と関わりながら主体的な活動をする中で，生活に必要な習慣を身に付けるようにすること」とされている。

の着脱，衛生などのことを指しますが，模倣(もほう)が始まるこの時期に，絵本を使って自立を促すことも，園では一般的に行われていることです。

> おすすめ絵本

●食育
『おにぎり』（平山英三文，平山和子絵，福音館書店，1992）
『くだもの』（平山和子作，福音館書店，1979）
『しろくまちゃんのほっとけーき』（わかやま けん作，こぐま社，1972）
『そらまめくんのベッド』（なかや みわ作・絵，福音館書店，1999）
『にんじん』（せな けいこ作・絵，福音館書店，1969）

●睡眠
『おつきさまこんばんは』（林 明子作，福音館書店，1986）
『おやすみなさい おつきさま』（マーガレット・ワイズ・ブラウン作，クレメント・ハード絵，せた ていじ訳，評論社，1979）
『おやすみなさいのほん』（マーガレット・ワイズ・ブラウン文，ジャン・シャロー絵，石井桃子訳，福音館書店，1962）
『どうやってねるのかな』（藪内正幸文・絵，福音館書店，1987）
『ねないこ だれだ』（せな けいこ作・絵，福音館書店，1969）

●排泄(せつ)
『うんぴ・うんにょ・うんち・うんご』（村上八千世文，せべ まさゆき絵，ほるぷ出版，2000）
『みんなうんち』（五味太郎作，福音館書店，1977）

●着脱
『おててがでたよ』（林 明子作，福音館書店，1986）
『しろ，あか，きいろ』（ディック・ブルーナ文・絵，松岡享子訳，福音館書店，1984）
『どうすればいいのかな？』（渡辺茂男文，大友康夫絵，福音館書店，1977）
『はけたよ はけたよ』（かんざわとしこ作，にしまきかやこ絵，偕成社，1970）

●衛生
『からだが かゆい』（岩合日出子文，岩合光昭写真，福音館書店，2008）
『ぼくのおふろ』（鈴木のりたけ作・絵，PHP研究所，2010）

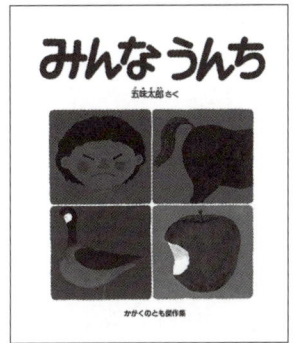

　保育所や幼稚園などの現場では，日常生活のいろいろな場面で絵本を活用することができます。子どもの身近なテーマである基本的生活習慣を扱った絵本は大変多く，適材適所で選んでいくことが重要です。そのためには，まず，①数多くの絵本の知識をもつこと，次に，②「どの場面で，どの絵本を見せていけばいいのか」という判断を行うことが大切です。そのためにも，自分の中にたくさんの絵本の引き出しを作り，子どもが，さまざまなことを理解し，興味・関心を深め，多方面のテーマに視野を広げていけるように，場面ごとの絵本選びには慎重な姿勢で臨んでほしいと思います。

　以下に紹介する保育所の事例では，3～5歳児の事例ではありますが，食育と睡眠の場面で，絵本が子どもの興味・関心をうまく引き出している実態がよくわかります。

事例2－1－1　都内A保育所の現場レポート①－食育『そらまめくんのベッド』（3～4歳児）
　食育の導入においても，絵本がとても役立ちます。

まず,『そらまめくんのベッド』[*20]の読み聞かせで,そらまめの特質・特徴などを知らせます。子どもたちは,思い思いの「そらまめ」に対するイメージを膨らませながら,興味をもって,おはなしに聞き入っています。

[*20 なかや みわ作・絵による絵本。福音館書店により,1999年に初版が刊行された。]

　主人公のそらまめくんがベッドをお友だちに貸してあげなかったこと,突然なくしたことで,そらまめくん自身にとってもなくてはならない大切なものなのだとわかったこと,ベッドがうずらの役に立ち,とても嬉しかったこと,ベッドが見つかってみんなが祝ってくれたことなど,そらまめくんのさまざまな体験を自分のことのように捉え,子どもたちは,いろいろと考えさせられていきます。「自分だったら…」と感情移入し,読み終わると,それぞれの思いや疑問を口々に伝えてきます。

子ども「お友だちに貸してって言われたら,貸してあげなきゃいけないんだよね〜」
子ども「いじわるして貸してあげなかったから,ベッド取られちゃったんじゃない?」
保育者「みんなも,自分の大事なものを貸してって言われたら貸してあげられる?」
子ども「貸してあげる〜」
子ども「○○ちゃんになら貸してあげる〜」
子ども「僕の家,布団〜(笑)」
など,楽しい意見が飛び交う。
子ども「でも,うずらの赤ちゃん,生まれてよかったね」
保育者「ベッドが気もちよかったんだね」
子ども「そんなにそらまめのベッドってフカフカなの?」
子ども「うん,どうなってるんだろうね」
保育者「じゃあ,栄養士の△△先生に教えてもらおうか?」
・・・・・・・・・・・・・・・・・・・・・・・・・・・・・・・・・・
栄養士「みんな,そらまめって食べたことある?」
子ども「ある〜」
栄養士「そらまめって,なんで,そらまめっていうか知ってる?」
子ども「空から落ちてくるの?」
子ども「そらの…まめ?」
栄養士「正解は,空に向かってはえるから。空に向かってピーンと伸びて,だんだん中が重くなってくると下がってくるのよ。そうしたら,食べていいよっていうサインなの」
子ども「ふ〜ん」
栄養士「じゃあ,実際にそらまめくんのベッドさわってみる? ホントにフカフカかな?」
　子どもたちに,サヤをむくのを手伝ってもらいます。
子ども「中がフワフワしてる〜」
子ども「綿が入っているみたい!」
子ども「ここ,食べられるの?」
子ども「わ,小っちゃい赤ちゃんそらまめだ〜」
　楽しみながらサヤをむき,植物のもつおもしろさを体感していきます。
　「読み聞かせ→興味・関心→やってみよう(体感)→食べたい」という流れで,絵本から食べものに関する情報を伝え,子どもたちが関心をもてるようにします。そのうえで,実際にそのものに触れ,「食」に対して興味をもてるように促します。

同じように，秋のお芋掘りの前には『おおきな おおきな おいも』[*21]や，子どもたちの大好きなかけ声「うんとこしょ，どっこいしょ！」が出てくる『おおきなかぶ』[*22]を読みます。そして，「みんなで力を合わせて抜こうね！」と声をかけたうえで，お友だちと「うんとこしょ，どっこいしょ！」と声をそろえて，力を合わせて，楽しくお芋を引き抜く気持ちを盛り上げるなど，絵本から実体験に結びつけると，子どもたちもとてもわかりやすく，親しみがわくようです。

事例2－1－2　都内A保育所の現場レポート②－午睡『三びきのやぎのがらがらどん』（3～5歳児）

『三びきのやぎのがらがらどん』[*23]は，読み聞かせで，保育者が，つい，話し方に力が入ってしまう1冊です。

だれもが知っている，このような「ちょっぴりこわい！」という名作も，読む時間（タイミング）や状況を工夫すると，保育をスムーズに行うことに役立ちます。

この絵本を読み聞かせすると，「トロルは怖い」と，ドキドキ，ゾクゾク，ワクワクしますが，「でも，大きいヤギのがらがらどんがやっつけてくれるから大丈夫」と，最後はホッとした表情を見せるところが，子どもらしい反応です。

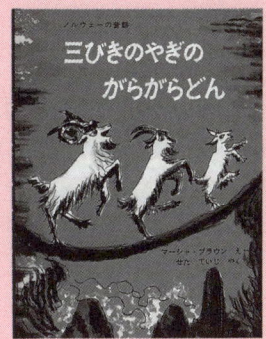

最初の読み聞かせでは，この「ドキドキ感」を楽しんでもらいます。そして，数回，くり返して読み聞かせているうちに，子どもたちも保育者も，ほぼ完璧に覚えてしまいます。

そこで，寝る前の導入で，今度は「おはなし」にしてみます。

布団に横になっても，まだまだ寝たくない子どもたちは，興奮状態で大騒ぎの日もあります。そのようなときには，トントンと優しく背中をたたきながら，『三びきのやぎのがらがらどん』の素話をしてみるのです。

「『三びきのやぎのがらがらどん』，はじまりはじまり～」と言うだけで，子どもたちはスッと静かになり，聞き入ります。

掛け布団を頭からかぶり，顔だけ出して聞く子，保育者の体の一部を触って聞く子など，その姿はさまざまです。頭の中には絵本のトロルが出てきたり，大きいやぎのがらがらどんがこっぱみじんにやっつけるシーンが出てきたり，最後には草をたっぷり食べて太った三びきを想像したりして，眠りに入ります。

同様に，『めっきらもっきらどおんどん』[*24]『かいじゅうたちのいるところ』[*25]『モチモチの木』[*26]など，子どもたちは，「ちょっと怖いな…」と思うような内容の絵本が大好きです。午睡前の落ち着かない雰囲気を，このちょっと怖い，というお話をうまく使うと，驚くほど静かになります。保育者が子どもたちの目を見ながら話すので，臨場感たっぷりです。

このように，ときには読み聞かせではなく素話をしてみるなど，工夫をすると，さまざまな場面で応用がききます。

3　2～3歳児と絵本

1．自己意識感情（照れ・共感・嫉妬・自己概念）の発達

人は，いつ頃，自分を意識し始めるのでしょうか。

鏡に映る自分の姿を自分と認識できるのは，2，3歳からだといわれています[5]。さらに，2歳以降に特徴的な変化は，自己制御が芽生え始めるとともに，自己主張や自己抑制の発達がみら

[*21] 市村久子原案，赤羽末吉作・絵による絵本。福音館書店より，1972年に初版が刊行された。

[*22] ロシアの昔話，A・トルストイ再話，内田莉莎子訳，佐藤忠良画による絵本。福音館書店より，1966年に初版が刊行された。

[*23] ノルウェーの昔話，マーシャ・ブラウン絵，瀬田貞二訳による絵本。福音館書店により，1965年に初版が刊行された。

[*24] 長谷川摂子作・降矢なな画による絵本。福音館書店により，1990年に初版が刊行された。

[*25] モーリス・センダック作・絵，じんぐうてるお訳，による絵本。冨山房により，1975年に初版が刊行された。

[*26] 斎藤隆介作，滝平二郎絵による絵本。岩崎書店により，1971年に初版が刊行された。

5）遠藤利彦・佐久間路子・徳田治子・野田淳子『乳幼児のこころ―子育て・子育ての発達心理学』p.164，有斐閣，2011，より。

れるようになることです。「じぶんで」という自立の言葉や,「いや」という自己主張の言葉を連発するのも,この時期の子どもに特徴的な発達です。

また,「みてみて」「○○したんだよ」という言葉は,自己を語る自己概念の発達を表しています。

このような時期の絵本としては,他者と自分との関係を描いた『わたし』*27などが適しています。この絵本の中では,自己と人との関わりが,たとえば,「わたし」は,「かあさんから みると むすめのみちこ」「さっちゃんから みると おともだち」「きりんから みると ちび」など,いろいろな側面から言及されています。

*27 谷川俊太郎文・長 新太絵による絵本。福音館書店により,1981年に初版が刊行された。

おすすめ絵本
『いい おかお』(松谷みよ子文,瀬川康男絵,童心社,1967)
『かお かお どんなかお』(柳原良平作・絵,こぐま社,1988)
『みんなのかお』(さとうあきら写真,とだきょうこ文,福音館書店,1994)
『わたし』(谷川俊太郎文,長 新太絵,福音館書店,1981)

2. 絵本で共有する大好きな先生

ヴィゴツキー*28の「発達の最近接領域の理論」6)では,子どもの認知発達のレベルをふたつの領域で示しています7)。

ひとつは,ほかの人の援助なしで,自分の力だけで行える能力で,もうひとつは,おとなの援助を借りてはじめて可能となる能力のレベルです。そして,このふたつの水準の間の領域を,「発達の最近接領域」と呼びます。おとなは,子どもの認知能力の発達促進のために,一人ひとりの子どもの発達の最近接領域を見きわめ,行動や課題のむずかしさを調節します。

また,ときには,ある行動が成功するように,一緒に,見本となる取り組みを見せる,すなわち,「足場かけ(スケフォルディング)」*29を示して,子どもの発達を促していくことが求められます。

次のふたつの2歳児の事例では,大好きな先生を取り合う子どもたちに,順番を守ることや人と分け合うルールを教えています。どの子どもも満足できるように工夫するには,時間がかかるものですが,このような状況においても絵本は活用できるのです。

*28 ヴィゴツキー, L. S. (Vygotsky,L.S.) は,旧ソヴィエトの教育心理学者である。ヴィゴツキーが提唱した「発達の最近接領域」は,子どもの発達のレベルにもっとも近接した領域(内容)での支援が,もっとも効果的であるという理論である。

6) 中村和夫『ヴィゴツキー心理学完全読本ー「最近接発達の領域」と「内言」の概念を読み解く』p.11,新読書社,2004,より。

7) 遠藤利彦・佐久間路子・徳田治子・野田淳子『乳幼児のこころー子育ち・子育ての発達心理学』p.132,有斐閣,2011,より。

*29 「足場かけ」(スケフォルディング)とは,建築現場で足場を利用することからきた言葉である。子どもが成長する際,「おとなの支援=足場」が必要であるが,その一方で,徐々に減らしていくことも必要となる,と考えられている。

事例2-1-3　都内A保育所の現場レポート③ー「先生のおひざ,じゅんばんこ」(2歳児)

「せんせい,これよんで!」と,おひざの上にちょこんと座る2歳のAちゃん。その手には,いつもお気に入りの絵本を持っています。もう,何十回も読んであげている絵本です。読み始めると,先生をひとり占めできる優越感と,おひざの上で先生に包み込まれている安心感でいっぱいになります。Aちゃんには,至福のひとときです。

でも,保育者が読み始めると,ほかのお友だちも寄ってきます。Aちゃんは,何とかして,その場所を死守しようとしています。

左右横から,後ろから,へたすると絵本と自分の間に顔を出してきたりして,ほかのお友だちやBちゃんからの邪魔が入ります。

Bちゃん「いっしょに〜」
Aちゃん「だーめー!　Aちゃん見てるのー」
Bちゃん「いーれーてー」
Aちゃん「だーめーよー」
Bちゃん「いーれーてー」

Aちゃん「だーめーよー」

のくり返し。

保育者は，「ねえ，Aちゃん。Bちゃんが一緒に見たいって」「Bちゃん。Aちゃんが先に見てたんだよ。どうする？」など，言葉の橋渡し[*30]をしながら見守っています。

「う〜ん」，と考えたBちゃん。そして，いつも先生に言われている「じゅんばんこ」を思い出したのか，「Aちゃん，じゅんばんこ〜。いい？」と言いながら，Aちゃんの顔をのぞき込みます。すると，Aちゃんも「いいよ〜」と返事をして交渉成立。Bちゃんは，保育者の横に座り，ちゃんとAちゃんが読み終わるのを待っています。

すると，周囲にいて興味がなくなった子どもたちは離れて行き，待ってでも読んで欲しい子は絵本を片手に横で待つ，という図式ができあがりました。

このやりとりで，Aちゃんたちは，改めて「じゅんばんこ」の意味を知るきっかけになったのです。

事例2−1−4　都内A保育所の現場レポート④−「はんぶんこ」（2歳児）

子どもたちふたりが，保育者に絵本を読んで欲しくて，おひざの取り合いをしています。

Cちゃん「せんせい，これよんで」
Dちゃん「Dちゃんが〜」
Cちゃん「だーめー。Cちゃんさきー」
Dちゃん「Dちゃん〜」

このようなやりとりが1，2回行われた後に，何が起こるのかというと，かみつきやひっかき，体を押したり叩いたり…。トラブルへと発展する場合が少なくありません。

そこで，保育者は，「はんぶんこ」を伝えます。

保育者「こっちのおひざはあいてるよ。はんぶんこ！」
Cちゃん「Cちゃん，こっち〜。はんぶんこ〜。」
Dちゃん「Dちゃん，こっち〜。はんぶんこ〜。」

「じゅんばんこ」ができることも大事ですが，「じゅんばんこ」では，待っている間に片づけの時間になってしまったり，なかなか順番が回ってこなかったりして，読んでもらうチャンスを逃すこともあります。それに，「待つ」という行為は，2歳児くらいではなかなか続くものではありません。

子どもたちは，「じゅんばんこ」「はんぶんこ」を，そのときどきで使い分けます。お友だちと一緒に読んでもらってもいいときは「はんぶんこ」で我慢。でも，ひとり占めしたいときには「じゅんばんこ」で待ってでも，おひざをゲットします。

これは，素晴らしい学びの場です。絵本は，その内容もさることながら，大好きな人に読んでもらうことで，子どもにとって，さらに充実したひとときを過ごせるようにしてくれるものなのです。

3．アニミズム的思考

ピアジェは，知的能力の発達を4段階[*31]に分けました（表2−1−1）が，そのうち，2〜7歳のことを「前操作段階」と呼び，イメージや表象を使って，考え，行動できるようになる時期だと説明しています。この時期は，まだ，自己中心性が強く，自分の視点以外の他者の視点から物事を見ることがむずかしい時期ともいえます[*32]。

そのような中で，「アニミズム」[*33]は，この時期にだけ表れる特徴的な思考法です。子どもは，未知の出来事や物事に出合ったとき，自分の知っている知識でそのことを理解しようとします。

[*30] これもヴィゴツキーのいう「足場かけ（スフォルティング）」のひとつである。

[*31] この4段階とは，①感覚運動的段階（誕生〜2歳），②前操作的段階（2〜4歳・4〜7歳），③具体的操作段階（7〜12歳），④形式的操作段階（12歳〜）のことである（遠藤利彦・佐久間路子・徳田治子・野田淳子『乳幼児のこころ―子育ち・子育ての発達心理学』p.123，有斐閣，2011，より）。なお，ピアジェについては，基礎編Lesson 1（9ページ）を参照のこと。

[*32] ほかに，エリクソン，ワロン，ハヴィガーストなどによる発達段階論がある。

[*33] 基礎編Lesson 1（9ページ），基礎編Lesson 4（69ページ）を参照のこと。

表2-1-1　ピアジェが仮説化する各発達段階での子どもの思考特徴

発達段階	年齢の範囲	達成可能な典型と限界
感覚運動的段階 (誕生～2歳)	誕生～1ヵ月 1～4ヵ月 4～8ヵ月 8～12ヵ月 12～18ヵ月 18～24ヵ月	反射的な活動（シェマ）を行使し外界を取り入れる． 第一次循環反応（自己の身体に限った感覚運動の繰り返し），行為の協応． 第二次循環反応（第一次循環反応の中にものを取り入れての繰り返し），視界から消えるとその対象を探索しようとしない． 第二次循環反応の協応，隠された対象を探す，しかし最後に隠された場所でなく，最初にあった場所を探す． 第三次循環反応（循環反応を介し，外界の事物に働きかけ，外界に変化をもたらす自分の動作に興味を持つ），目と手の協応動作が成立． 真の心的表象の始まり，延滞模倣．
前操作的段階 (2～7歳)	2～4歳 4～7歳	記号的機能の発現，こどばや心的イメージの発達．自己中心的コミュニケーション． ことばや心的イメージのスキルの改善，ものや事象の変換の表象は不可能．保存問題や系列化やクラス化の問題に対し一つの知覚的次元で反応（判断）．
具体的操作段階 (7～12歳)		具体物を扱う限りにおいては論理的操作が可能になる．ものや事象の静的な状態だけでなく変換の状態をも表象可能．外見的な見えに左右されず保存問題や系列化やクラス化の問題解決が可能．だが科学的な問題や論理的変換のようにあらゆる可能な組合わせを考えねばならぬ問題には困難を示す．
形式的操作段階 (12歳～)		経験的事実に基づくだけでなく，仮説による論理的操作や，命題間の論理的関係の理解が可能である．より抽象的で複雑な世界についての理解が進み，たとえば，エネルギーの保存や化学的合成に関するような抽象的概念や知識が獲得される．

出典）丸野俊一「6章　認知」無藤 隆・高橋惠子・田島信元編『発達心理学入門Ⅰ－乳児・幼児・児童』p.86, 東京大学出版会，1990より

ですから，子どもは，自分のよく知らない動物や無生物に対しても，自分と同じ人間の属性や行動に当てはめ，類推していくのです。

絵本には，生き物でいえば，数多くの動物や鳥や魚，虫などが登場します。無機物でも，機関車，自動車，家や木が主人公になる場合もあります。絵本の擬人化は，アニミズム思考の幼児にとって，理解を助ける有効なしかけだといっていいでしょう。

おすすめ絵本
『おおかみと七ひきのこやぎ』（グリム童話，フェリクス・ホフマン絵，瀬田貞二訳，福音館書店，1967）
『おつきさまこんばんは』（林 明子作，福音館書店，1986）
『ぐりとぐら』（中川李枝子作，大村百合子絵，福音館書店，1963）
『三びきのやぎのがらがらどん』（ノルウェーの昔話，マーシャ・ブラウン絵，瀬田貞二訳，福音館書店，1965）
『しょうぼうじどうしゃじぷた』（渡辺茂男作，山本忠敬絵，福音館書店，1966）
『ロバのシルベスターとまほうの小石』（ウィリアム・スタイグ作・絵，せた ていじ訳，評論社，2006）

4．移行対象

スヌーピーで知られるアメリカの漫画『ピーナッツ』には，いつも毛布を離さないライナスという男の子が出てきます。嫌なことや不安なことがあるたびに，ライナスは毛布を抱きしめ，頬ずりします。このように，自分の気持ちを落ち着かせるとき，その子にとって，なくてはならない大切なもののことを「移行対象」と呼びます*34。この「移行対象」は，子どもがフラストレーションを経験する中で，感情の統制をする役割があると考えられています。

絵本には，こうした「移行対象」を経験している主人公も登場します。たとえば，『ラチとらいおん』*35では，ラチが人形のライオンに力をつけてもらい，成長していくようすが描かれています。

おすすめ絵本
『アルド　わたしだけのひみつのともだち』（ジョン・バーニンガム作，谷川俊太郎訳，ほるぷ出版，1991）
『クマのプーさん』（A.A.ミルン作，E.H.シェパード絵，石井桃子訳，岩波書店，1981）
『ジェインのもうふ』（アーサー・ミラー作，アル・パーカー絵，厨川圭子訳，偕成社，1971）
『ラチとらいおん』（マレーク・ベロニカ文・絵，徳永康元訳，福音館書店，1965）

*34 児童精神科医・小児科医であるウィニコットが提唱した概念である。

*35 マレーク・ベロニカ文・絵，徳永康元訳による絵本。福音館書店により，1965年に初版が刊行された。

4 3〜5歳児の絵本

1．他者との葛藤

　幼児期になると，家族のほかにも人間関係の幅が広がり，他者への興味・関心も増してきます。集団の場においては，けんかやいざこざも経験し，泣いたり，乱暴にふるまったりと，自分の感情を抑制していくことに未発達な場面も多々見られます。

　しかし，この頃からが，社会人として準備段階に入る時期になります。相手との関係を壊さずに，うまく対処していくコミュニケーション能力を発達させていくことができる大切な時期だともいえるでしょう。

おすすめ絵本

『おこだでませんように』（くすのきしげのり作，石井聖岳絵，小学館，2008）
『おこる』（中川ひろたか作，長谷川義史絵，金の星社，2008）
『けんかのきもち』（柴田愛子文，伊藤秀男絵，ポプラ社，2001）

2．他者を思いやる心

　2歳児頃から，「ママ，好き」や「おばけ怖い」など，自分の感情を言葉にすることができるようになるといわれています。

　その後，個人差はありますが，4，5歳になると，自分と他者との双方の感情を同じように理解し，その理由にまで目を向けることができるようになります。そのような中で，この時期は，「うれしい」感情の表出がもっとも多く，「怒り」や「悲しみ」は，あまり表出されません。

　そのため，おとなには，子どもの気持ちに寄り添い，よき理解者になるような，より高度なコミュニケーション能力が求められます。なぜならば，自分を理解してくれるおとなの存在が，子どもに潤いやゆとりをもたらし，他者の気持ちにも寄り添うことができる人間へと成長していく結果を生むからです。

　絵本には，さまざまな登場人物のいろいろな感情が表現されています。たとえば，『わたしとあそんで』[*36]は，主人公の「わたし」が，野原で，ばったやうさぎ，かめ，りすなどに「遊びましょ」と呼びかけていくお話ですが，「わたし」が呼びかけた動物は，みんな逃げて行ってしまいます。だれも遊んでくれないので，「わたし」は，池のそばの石に腰掛けます。

　暖かい黄色を基調とした優しいペン画によって，「わたし」の寂しい気持ちが静かに伝わってきます。子どもは，絵本を通して，「わたし」の気持ちに寄り添い，共感しながら読みすすめていくものと思われます。

おすすめ絵本

『だいじょうぶ だいじょうぶ』（いとうひろし作・絵，講談社，1995）
『ないしょのおともだち』（ビバリー・ドノフリオ文，バーバラ・マクリントック絵，福本友美子訳，ほるぷ出版，2009）
『ゆうかんなアイリーン』（ウィリアム・スタイグ作，おがわえつこ訳，らんか社（旧社名，セーラー出版），1998）
『わたしと あそんで』（マリー・ホール・エッツ文・絵，与田準一訳，福音館書店，1968）

3．ふざけとユーモア

　子どもは，ふざけることが大好きです。3，4歳頃には，「おしり」や「うんち」といった，いわゆるタブー語をわざと使って，笑いを誘うことがありますが，5歳になると，恥ずかしさを覚えるのか，タブー語でのふざけは減ってきます[*37]。なお，「ふざけ」の種類の分類について，

[*36] マリー・ホール・エッツ文・絵，与田準一訳による絵本。福音館書店により，1968年に初版が刊行された。

[*37] ふざけの機能として，①ともに楽しむことを目的とし，受容されやすい（関係強化ポジティヴ），②ともに楽しむことを期待しているが，受容されにくい（関係強化ネガティヴ），③いざこざなど緊迫した状況を中断する（緊張緩和），④一緒に遊ぶきっかけを作る（仲間入り），⑤自分で楽しむ（自己主張），があげられる（掘越紀香・無藤隆「幼稚園児の仲間関係における『ふざけ』行動の役割」『日本発達心理学学会第7回大会発表論文集』p.52,1996，より）。

表2-1-2　ふざけの種類の分類

大げさ・滑稽	滑稽な話し方・表情（イントネーション，赤ちゃん語，顔歪め），大げさな動作（大声を出す，大げさな身振り），滑稽な動作（自分を叩く，転ぶ，まわる，かくれる，追う，逃げる，抱きつく，くすぐる，予想外の動作），滑稽なことを言う
まね	相手のまね（大げさなまねを含む），テレビのまね，ふざけのまね
ことば遊び・替え歌	ことば遊び，替え歌
からかい	意地悪を言う，反対を言う，相手を叱る・注意する・叩く・蹴る・押す・揺らす・はがいじめにする，耳元で大声出す，相手の物を壊す
タブー	身体・排泄のタブー（オッパイ，チンチン，おしり，パンツ，おしっこ，おなら，うんち），性のタブー（キス，結婚，オカマ），ネガティヴなタブー（死，ババァ，ジジィ，バカ，アカンベェ），その他（サル，ブタ，酒）

出典）掘越紀香「ふざけ行動に見るちょっと気になる幼児の園生活への対処」『保育学研究』41(1), pp.71-79, 2003より

表2－1－2に示します。

　絵本には，こうした幼児期の悪ふざけに迎合した言葉を使ったものも見られますが，「うんち」や「おしっこ」は，自分の体や健康を守るために大切なものでもあります。科学的にも正しい知識として，ふざける材料ではないことをきちんと伝えていきたいものです。

　この時期はユーモアの精神が旺盛です。おもしろい絵本が大好きで，くり返しせがんでくるでしょう。ユーモアは，人とのコミュニケーションでも潤滑油としての役割を果たします。イギリスやアメリカでは，伝統的に，ユーモアを尊重する文化が発達しています。また，会議などの逼迫した議論の中でも，深刻な問題をユーモアで表現し，笑いから万人の心をつかむ場合もあります。

　「ドリトル先生」シリーズの作者であるヒュー・ロフティングは，ユーモアは子どもの文学にとって不可欠であるとして，次のように述べています。

> 児童文学は，おもしろくなくてはいけない。このおもしろさということは，いかなることがあっても，子どもの読みものには欠くことのできないものである。しかし，おもしろく書こうとして，子どもたちの歓心を買ったり，こびたりすることは，固くつつしまなくてはならぬ。
> 　　　　出典）原 昌『児童文学の笑い ナンセンス・ヒューモア・サタイア』pp.2-3, 牧書店, 1974より

　原 昌は，ロフティングのこの文学観を，「本来文学の面白さは内容上，その素材の面白さ，ストーリーの面白さ，登場人物の面白さ，文学表現の面白さにあると考えられるが，その根底には作家が児童に感動と共感を呼ぶような快感を作中に設定しえたかどうかにかかっている。言いかえれば，（…中略…）児童に内在している喜悦・歓喜，そして憐憫・同情などによって生ずる一種の陶酔感情のことであって，これらを掘り起こすことができるかどうかがその作品の面白さを決定づける」と説明しています[8]。

　日本でも，笑いの文化は，独自に発達し，普及しているといえるでしょう。

　江戸時代から伝わる落語に代表されるように，滑稽話，狂言など，日本独特のユーモアを表現している伝統的な文化があります。しかし一方で，昭和の頃まで，日本人の国民性としての恥らいや慎みを美徳とする文化が，笑いを積極的に取り入れては来なかった歴史も感じられます。

　平成に入り，空前のお笑いブームが巻き起こってきたのは記憶に新しいことですが，人をバカにしたり，あざけり笑ったりするといった，人を傷つける笑いは，厳に慎まなくてはなりません。ウィットに富んだ，質の高いユーモアを身につけていくことが，将来の生きる力につながるだけでなく，国際人としての教養ともなるのです。

　絵本には，ユーモアにあふれた作品がたくさんあります。たとえば，日本では，長 新太，馬場のぼる，五味太郎，長谷川義史，いとうひろし，なかがわひろたか，かがくいひろし，川端 誠，井上洋介，鈴木のりたけ，スズキコージなどの作家の絵本には，すぐれたユーモアが感じられます。

　外国のユーモアは，日本の笑いと違い，強烈な皮肉や諷刺を含んでいる場合があります。しか

---

8) 原 昌『児童文学の笑い ナンセンス・ヒューモア・サタイア』p.3, 牧書店, 1974より。

し，それを抜きにして，幼児でも外国のユーモアを楽しむことができる作品もあるのです。代表的な作家としては，ジョン・バーニンガム，H・A・レイ，ウィリアム・スタイグ，トミ・ウンゲラ，キタムラサトシ*38，レミイ・チャーリップ，ロジャー・デュボアザンなどなど，枚挙にいとまがありません。

*38 イギリスで活動している日本人絵本作家。

おすすめ絵本

●馬場のぼる
『11ぴきのねこ』（馬場のぼる作，こぐま社，1967 ※11ぴきのねこシリーズ全6巻，1967～1996）

●長谷川義史
『おじいちゃんのおじいちゃんのおじいちゃんのおじいちゃん』（長谷川義史作，BL出版，2000）

●長 新太
『キャベツくん』（長 新太文・絵，文研出版，1980）
『ゴムあたまポンたろう』（長 新太作，童心社，1998）
『つきよのかいじゅう』（長 新太作，佼成出版社，1990）

●かがくいひろし
『おしくら・まんじゅう』（かがくいひろし作，ブロンズ新社，2009）
『おもちのきもち』（かがくいひろし文・絵，講談社，2005）
『だるまさんが』（かがくいひろし作，ブロンズ新社，2008）

●川端 誠
『落語絵本4 じゅげむ』（川端 誠作，クレヨンハウス，1988）

●その他
『だるまちゃんとてんぐちゃん』（加古里子作・絵，福音館書店，1967）
『ねぎぼうずのあさたろう その1 とうげのまちぶせ』（飯野和好作，福音館書店，1999）
『ぶたのたね』（佐々木マキ作，絵本館，1989）
『ぽちぽちいこか』（マイク・セイラー作，ロバート・グロスマン絵，今江祥智訳，偕成社，1980）
『まほうのかさ』（R.ファイルマン原作，E.コルウェル再話，ジョン・シェリー絵，松岡享子・浅木尚実訳，福音館書店，1999）

4．仲間と絵本を楽しむ

1）ごっこ遊びの黄金期

3～5歳児は，仲間意識が芽生え，友だちと一緒に遊ぶことが楽しくなる時期です。読んでもらった絵本から共通のイメージをもち，さっそく遊びにつなげることも珍しくありません*39。

*39 発展編 Lesson 1（182～185, 191～196ページ）を参照。

保育所保育指針の第1章 総則の「3 保育の原理」「（2）保育の方法」の「オ」には，子どもの自発性，主体性を引き出す環境構成を重んじると同時に，「乳幼児期にふさわしい体験が得られるように，生活や遊びを通して総合的に保育すること」と述べられています。

ここで求められているような主体的な遊びが，しばしば絵本から発展することも珍しくありません。絵本を仲間と一緒に読んでもらうことで，楽しさが倍増することもあります。仲間同士が共通のイメージをもち，ごっこ遊びに発展していく醍醐味を味わえる点でも絵本の存在は大きいのです。

次の事例は，ある夏の日，世田谷区S保育所の年長組で『おおきな おおきな おいも』*40を読んだことから展開した活動です。

*40 市村久子原案，赤羽末吉作・絵による絵本。福音館書店より1972年に初版が刊行された。

事例2−1−5　『おおきな おおきな おいも』ごっこ
時　：2009年7月
場所：都内S保育所
対象：年長組11名
読み聞かせ絵本：市村久子原案，赤羽末吉作・絵『おおきな おおきな おいも』福音館書店，1972

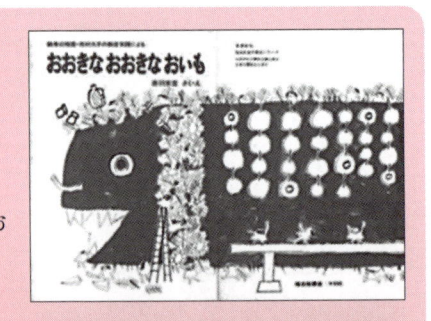

　読み聞かせ後，すぐに絵本に関連した遊びが始まりました。
　担任保育者がきっかけとして屋上に連れて行き，紙をつなげて絵の具を準備するところまで行いました。そして，絵の具の調合をはじめ，その後の展開を子どもたちに任せた結果，活発な遊びが始まりました。この絵本が，遊びを触発した結果であると考えられます。

▲屋上で紙を広げ，おいもを描き始めます。
▲体中，おいも色になって遊びます。 
▲『おおきい おおきい おいも』のできあがり。 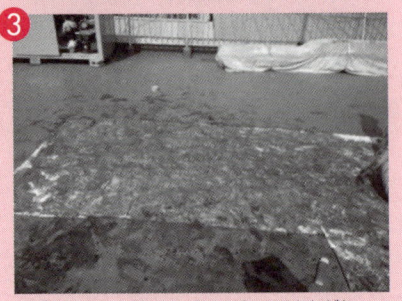

2）劇遊び

　保育所や幼稚園などでは，年間行事として，劇遊びやオペレッタを取り入れているところも多くあります。その際に，絵本を題材にすると，子どもたちにとっても慣れ親しんでいるお話なので，子どもたちの間で，イメージや世界観を共有しやすいことが考えられます。自分が知っているお話の世界の登場人物になることができる劇遊びの経験は，子どもの心に強く残り，忘れられない体験となっていくことでしょう。

　しかし，準備の段階での先生たちの苦労は並大抵のものではありません。台本作り，配役，演出，大道具・小道具，衣装，音響，演技指導などなど，現場監督さながらの八面六臂（はちめんろっぴ）の活躍が期待されます。しかし，そのような準備や練習を積み重ねた後に，本番での子どもたちの達成感や保護者の喜びを感じることができることも，保育者のやりがいにつながります。

　次にあげる，ある保育所の事例では，字が読めない幼児に台詞の指導をする際の苦労が表れています。

事例2−1−6　都内A保育所の現場レポート⑤−「劇遊びにつなげる」（3〜5歳児）
　ほとんどの保育所では，年度末に1年の集大成ともいえる行事として，劇遊びなどを披露する「生活発表会」があります。絵本や紙芝居を題材にした劇遊び，生活劇，オペレッタ，リズム遊び…保育者のプレッシャーが一番大きく，悩みどころでもある行事のひとつです。
　でも，考え方を変えると，「子どもたちが好きなお話やクラスのカラーに合った内容をどう設定するか？」「導入はどうするか？」「衣装は？」など，保育者の腕の見せどころでもあります。保護者へのアピールとしても効果絶大で，成功したときの達成感は，経験した者に

しかわからない，計り知れない満足感です。

　大切なのは，最初の導入方法です。後輩保育者などから相談されることの多くに，「3，4歳など，まだ文字を読めない年齢の子どもたちに，どうやってセリフを教えたらよいのでしょうか」という質問があります。

　年長クラスになると，台本を渡し，「読んできてね」ということも可能かと思いますが，年少・年中クラスでは，文字に対する個人差があるため，そうもいきません。ここで大切なのは，「楽しみながら覚える」ということ。無理矢理に覚えさせようとするのは，好ましくないと思います。

　ですから，そのようなとき，私（筆者）は，子どもたちと一緒に紙芝居を手作りします。その手順は，以下のようです。

①まずは，子どもたちが大好きなお話の中から一冊を選び，そのお話を数回，くり返し読んで聞かせます。読む回数のポイントは，子どもたちが，目をキラキラさせて聞き入ってくる程度です。飽きてしまうほどには読んではいけません。

②その次に，絵本の中の絵を，Ｂ４判またはＡ３判くらいの大きさの紙に，マジックで描きます。その際には，全部の絵を描く必要はありません。メインとなる４，５場面ほどを大まかに描くだけで十分です。

③「②」の絵に，子どもたちに色鉛筆で色を塗ってもらいます。少しくらいはみ出しても，笑って楽しんでしまいましょう。できれば，その途中に，「ここはどんなお話だっけ？」など，内容について話したり，やり取りしたりしながら行うと，ストーリーが頭に入りやすくなります。

④絵が完成したら，裏に台本通りの文章やセリフを入れ，完成です。絵本の通り，一言一句，同じにする必要はありません。ただ，キーワードや子どもたちが大好きなセリフだけは，そのまま使いましょう。

　自分たちで作ったオリジナル紙芝居。子どもたちが，嬉しくないはずはありません。はみ出したり，いろいろな色が混ざったりしているのを見て，「あ，あそこ，○○ちゃんが塗ったところだ～」「ここのところ，一緒に塗ったんだよね！」など，大盛りあがりです。不思議と自分たちで作ると，セリフも自然に入ってしまいます。

　ここまでくれば，後は，実際に劇遊びをしても，内容やセリフが無理なく出てきて，すぐに体も動きます。

　「絵が苦手」だという保育者もたくさんいると思いますが，現場の中に，必ず何名かは絵心のある人材がいるはずです。衣装係・ピアノ係・司会など，それぞれの得意分野を生かして完成させていけばよいのです。子どもたちと，楽しく作り上げていきましょう。

5 小学校への準備を視野に入れた絵本

1．小学校が楽しみ

　文部科学省は，次期学指導要領の改定で，現行の小学１年生の学習内容の一部を保育所や幼稚園などでの保育・教育内容に移行させる検討を始めることになりました。保育所・幼稚園などから小学校への接続を円滑に進めること，質の高い幼児教育をめざすのが，その理由です[41]。

　アメリカでは，小学校への接続を円滑に進めるために，小学１年の学習内容の事前学習が，すでに「キンダーガーテン」という制度で始まっていますが，これを日本に導入する場合には，保

[41] 文部科学省の諮問機関である「中央教育審議会」に意見を尋ね，求め，制度設計を議論。早ければ2016（平成28）年の改定を目指しており，幼稚園教育要領と保育所保育指針に小学１年の学習内容の要素を取り込むことを検討している。具体的には，生活科の見直し，ひらがなの読み書き，算数の足し算，引き算などが，その検討対象となっている。

育士や幼稚園教諭の教育制度や研修が必要となるでしょう。また，元来，幼児期の遊びを尊重し，保育・教育の中の遊びを重んじてきた日本の保育制度になじむかどうかは，今後の課題となるでしょう。

1）学校ってどんなところ？

　本来の就学準備とは，小学校がどのようなところか，見学に行ったり，絵本で情報を得たりしながら，子どもたちの就学を楽しみに待つ態度を育てることではないでしょうか。小さい頃から，幼児期にしか育ち得ない自由な遊びを通して，柔軟な心を育てることを忘れてはならないと思います。

おすすめ絵本

『教室はまちがうところだ』（蒔田晋治作，長谷川知子絵，子どもの未来社，2004）
『よい子への道』（おかべ りか作，福音館書店，1995）

2）数の絵本

　幼児期は，生活の概念の基本を学ぶ時期だといわれますが，記号的世界である数字や文字にも興味をもっています。

　たとえば，ダンゴムシを植え込みで見つけた子どもが，「ひとつ，ふたつ，みっつ…」と数えながらバケツに入れている姿を目にすることがあります。また，「100まで数えられるよ」と，うれしそうに話す年長組の子どもも多いでしょう。

　筆者が，子どもたちに「アナンシと五」[*42]というおはなしをしたとき，アナンシがあひるやうさぎの奥さんをだます場面で，「1．2．3．4．5」と声をそろえておはなしに参加してくることがありました。このように，子どもは，数えることが大好きなのです。

　絵本の中には，数を楽しく数えていくお話もあります。小学校での算数の授業に入る前に，数の楽しみ方を，絵本を通して身につけるように促すのも一考です。

[*42] 矢崎源九郎編『こどもに聞かせる世界の民話』より。実業之日本社より，2000年に初版が刊行された。

おすすめ絵本

『あめのひってすてきだな』（カーラ・カスキン文・絵，与田準一訳，偕成社，1969）
『おまたせクッキー』（パット・ハッチンス作，乾 侑美子訳，偕成社，1987）
『かずあそびウラパン・オコサ』（谷川晃一作，童心社，1999）
『ひよこのかずはかぞえるな』（イングリとエドガー・パーリン・ドーレア作，瀬田貞二訳，福音館書店，1978）
『まりーちゃんとひつじ』（フランソワーズ文・絵，与田準一訳，岩波書店，1956）

3）言葉の絵本

　先にも述べたように，年中や年長児になると，数と同様，文字・言葉といった記号的世界にも興味をもち始めます。

　国語的な能力でいえば，「聞く」「話す」という手段を身につけた子どもは，次に，「読む」ことに関心をもち，最終的には「書く」ことができるように発達していきます。

　幼児期は，言葉のリズムや響きを体で感じることができる時期です。むやみに幼児に文字を教え込むよりも，絵本を通して，詩やしりとり，だじゃれなどを楽しみながら，言葉への感性をじっくり育てたいものです。

おすすめ絵本

『かえるがみえる』（松岡享子作，馬場のぼる絵，こぐま社，1975）
『きっと きって かってきて』（ことばあそびの会〈谷川俊太郎，川崎 洋，郡山半次郎〉文，金川禎子絵，さ・え・ら書房，1978）

『ことばのこばこ』（和田 誠作・絵，瑞雲舎，1995）
『これは のみの ぴこ』（谷川俊太郎作，和田 誠絵，サンリード，1979）
『さるのオズワルド』（エゴン・マチーセン作，松岡享子訳，こぐま社，1998）
『なぞなぞえほん　1のまき〜3のまき』（中川李枝子作，山脇百合子絵，福音館書店，1988）
『なぞなぞ100このほん』（M・ブラートフ採集，松谷さやか編・訳，M.ミトゥーリチ絵，福音館書店，1994）
『ぽぱーぺ ぽぴぱっぷ』（谷川俊太郎作，おかざきけんじろう絵，クレヨンハウス，2004）
『ぶたたぬききつねねこ』（馬場のぼる作，こぐま社，1978）
『わにが わになる』（多田ヒロシ作，こぐま社，1977）

Lesson1：演習問題

1. このLessonで学んだ発達過程の各段階での特徴を踏まえ，テキストの「おすすめ絵本」以外で，その年齢に向く絵本を選んでみましょう。
2. 保育・教育実習で，それぞれの年齢に合った絵本を選び，そのときのエピソードをまとめてみましょう。
3. ユーモアのある絵本にはどのような特徴があるか，具体的に絵本を選んで，考えをまとめてみましょう。

『【参考文献】
- 桐谷滋編『ことばの獲得 ことばと心の発達 第2巻』ミネルヴァ書房，1999
- 岡本夏木『子どもとことば』岩波新書，1982
- K・チュコフスキー『ことばと心の育児学』理論社，1984
- 友定啓子『幼児の笑いと発達』勁草書房，1993
- 金澤和子編著『赤ちゃんと絵本であそぼう』一声社，2009
- 今井和子『遊びこそ豊かな学び―乳幼児期に育つ 感動する心と，考え・表現する力』ひとなる書房，2013
- 小西行郎・吹田恭子『赤ちゃんパワー〜脳科学があかす育ちのしくみ〜』ひとなる書房，2003
- 瀬田貞二『絵本論』福音館書店，1985
- 八木紘一郎編著『ごっこ遊びの探求―生活保育の創造をめざして』新読書社，1992
- 関 一夫『赤ちゃんの不思議』岩波書店，2011
- 小西行郎・遠藤利彦編『赤ちゃん学を学ぶ人のために』世界思想社，2012
- 今井和子監修『0歳児の育ち事典1』小学館，2009
- 今井和子監修『1歳児の育ち事典2』小学館，2009
- 今井和子監修『2歳児の育ち事典3』小学館，2009
- アリソン・ゴプニック，青木 玲訳『哲学する赤ちゃん』亜紀書房，2010
- ボウルビィ，二木 武監修『母と子のアタッチメント―心の安全基地』医歯薬出版，1993
- 心理科学研究会編『育ちあう乳幼児心理学―21世紀に保育実践とともに歩む』有斐閣，2000
- 谷田見公昭監修『生活の自立Hand Book』学習研究社，2009

Column 4 小さい人たちにとっての絵本とわらべうた

1 絵本の主人公は「わたし」であり「友だち」

　絵本の出版社に届く郵便物で一番多いのは，読者（多くはお母さま）から寄せられる，感想を書いたハガキです。そこには，読んだときのお子さんの反応や，絵本をともに楽しんだことで知り得た親としての喜びなどが，短いながら，生き生きとつづられています。中でも感想が群を抜いて多いのが，初版刊行から40年以上たっている『こぐまちゃんえほん』（わかやまけん作）のシリーズです。

> 　朝ご飯を食べなかった娘（1歳半）が『こぐまちゃんおはよう』を横に置いて食べるようになり，お風呂もきらいだったのが，自分で服を脱ごうとします。こぐまちゃんは，大親友で大先生です。

> 　『しろくまちゃんのほっとけーき』は，図書館で借りて，返却するたびに「しろくまちゃん，いないー！」と泣くので，借りては返しをくり返し，今回購入しました。「しろくまちゃんは，今日からずっとおうちにいるよ」と言ったときの息子（2歳）の笑顔を見せたかったです。

　これらの感想から，小さな子どもたちにとって，何度も「よんで！」と持ってくる絵本の中で起きることは，「おはなし」ではなく，自分も参加している「本当のこと」だというのがよくわかります。ですから，主人公がしていることは，何でも真似してやってみたいのです。  
　たとえば，『しろくまちゃんのほっとけーき』で，主人公が冷蔵庫から卵を取り出そうとして落とし，「たまご　ぽとん　あっ　われちゃった」という場面が子どもたちは大好きで，同じように卵を落として，お母さんを困らせている子がいっぱいいるとか。また，主人公が悲しむ場面では，子どもも涙を流して大泣きします。自分を重ね合わせる主人公は，友だちであり，ときにはライバルでもあるようです。

2 肉声による言葉で通じ合う喜びを

　さて，このシリーズをスタートするとき，読者の対象年齢は2歳から3歳の子どもたちに設定されました。そして，その日常で起こることをテーマに15冊の絵本が作られました。当時（1970年代前半）は，0歳児に絵本を読むことなど，だれも想像もしなかったと思います。でも今は，1歳未満で「こぐまちゃん」に出会う子どもたちも大勢いて，その子たちは，お話はよく理解できなくても，とても喜んで聞いています。
　それは，きれいな色彩もさることながら，「ぽたあん　どろどろ　ぴちぴちぴち……」というホットケーキの焼

ける場面に象徴されるような，耳に心地よい音や言葉が，このシリーズにはいっぱい出てくるからのようです。

小さな子どもたちは，このように，読んでくれる人の肉声を通して，絵本からたくさんの言葉を吸収していきます。これは，語彙を増やすといった学習的な意味合いだけはでなく，読んでくれる人と気持ちや意思を通じ合わせる，喜びに満ちた時間です。

3 赤ちゃんにもっと「わらべうた」を

絵本を読んだときだけでなく，赤ちゃんをあやしたとき，それに応じてはっきり笑ってくれると，幸せな気持ちになりますね。おとな同士も目を見て話しかける機会がどんどん減っている「今」という時代は，まだ自分からはおしゃべりをしない赤ちゃんに，こうして話しかけたり，あやしたりすることが，とても大事になってきています。そんなとき，力を発揮するのが，遠い昔から伝えられてきた「わらべうた」です。ただ残念ながら，人から人へというわらべうたの伝承はすでに途絶え，よく知られているのは「いない いない ばあ」くらいかもしれません。

そこで，家庭や保育の場でわらべうたをもっと楽しんでいただきたいと思って作ったのが，『あがりめ さがりめ－おかあさんと子どものあそびうた』（ましませつこ絵）でした。この絵本を作ったきっかけは，保育園の子どもたちが，何度も何度も同じ唄をうたってもらって楽しんでいるようすに心を動かされたからでした。

この絵本の中には，ひと見開きにひとつずつ，1冊に15のわらべうたが載っています。ましませつこさんの手染めの和紙による貼り絵は，鮮やかさの中に日本的な美しさやユーモアも感じられますし，その唄の雰囲気や遊び方もわかるようになっています。表題の唄のほか，「いっぽんばし こちょこちょ」（脇の下をくすぐられるのを子どもは待っています），「だるまさん」（「あっ ぷっぷ」で終わる，笑わせ遊び），「ちょち ちょち あわわ」（「おつむ てん てん」が印象的？）など，よく知られたものも……。全部はうたえなくても，お得意な唄を，2つ，3つ持っていると，子育てにも，保育にも，魔法のように効き目がありますよ。

それにしても「なぜ，わらべうたはこんなに小さな子どもたちの心を引きつけるのだろう」と，不思議に思うほどです。それは，何百年も昔からの「子どもたちよ，健やかに育って……」という願いが一つひとつの唄の中に詰まっているからではないでしょうか。

なお，この本には続編の『あんたがた どこさ』や，ひとつのわらべうたが1冊の絵本になった『ととけっこう よがあけた』『まてまてまて』などもあります。この「わらべうたえほん」（こばやしえみこ案・ましませつこ絵）のシリーズは，長年，わらべうたによる保育を実践なさってきた小林衛己子さんのお力をお借りしてできたものです。

4 ますます大切になる絵本やわらべうた

いまは便利な電子機器に囲まれ，何ごともあっという間に調べたり，発信したりできるような時代です。「わらべうたなんて，古くさい」と感じられる方も多いかもしれません。でも，便利になればなるほど，生まれてからしばらくの間は，人と人とが直に言葉を掛け合って気持ちを交わし合うこと，そして，身体に触れてあやしたり，遊んだりする体験が大切になってきているのではないでしょうか。

小さいときに見た絵本の一場面がおとなになっても忘れられないことがあるように，抱っこで揺すられたり，身体を触れ合って遊んでもらったりしたわらべうたのフレーズは，思いがけないときにその人の中で甦ってきて，その人を支えてくれるように思うのです。

（こぐま社 関谷裕子）

Column 5 絵本とユーモア

　笑いを誘う絵本は子どもたちに人気があります。子どもは，2歳にもなれば自分から笑いを取り，人の気を引こうとするそうで，笑いは人間に備わったユニークな特性といえそうです。『日本国語大辞典』[1)] によれば，ユーモアとは「人を傷つけない上品な可笑しみや洒落……」とあり，『オックスフォード英語辞典』[2)] には，さらに，「ユーモアを解する力」という説明が加わっています。このように，発信者と受信者が互いに笑いを共有することでユーモアが生きてくるのですが，絵本ではユーモアはどのように扱われているのでしょうか。以下に，例をあげながら見てみましょう。

1 絵のおもしろさ

　日本には12，13世紀に描かれた，マンガのルーツといわれる絵巻物『鳥獣戯画（ちょうじゅうぎが）』があり，そこには，擬人化された動物たちが年中行事を行うようすが茶目っ気たっぷりに描かれています。ウサギとカエルの相撲のシーンなどは，見ているだけでほおが緩みます。本来なら身体の大きさが違いすぎる両者ですが，非力なはずのカエルがウサギをひっくり返すという逆転のおもしろさもあり，ユーモア絵本の原点といってもよさそうです。

　一方，イギリスでは19世紀半ばに絵本が開花しましたが，とくに，ランドルフ・コルデコットの絵本には，あちこちに笑いの種が仕掛けられています。

　『ジョン・ギルピンのゆかいなお話』[*1] では，馬車で食事に出かける家族を，後から馬で追いかける父のギルピン氏をおもしろおかしくとらえています。馬が暴走して，カツラはすっ飛び，ワインの瓶はぶつかり合って割れ，通りの人びとも，ガチョウも，あわてて飛びのくようすは，まるで映画のシーンのようです。暴走の果てにヨレヨレになってやっと家族と再会する場面は，前半のドタバタとは対照的に，心温まる笑いを誘います。コルデコットはマザーグースも愉快な絵本にしましたが，彼のユーモアのセンスと躍動感あふれる絵は，それまでの動きのなかった挿絵を超えて，絵本の可能性を大きく前進させたといえるでしょう。

2 くり返しのおもしろさ

　「くり返し」は，いつの時代も人をひきつける魅力的な仕掛けです。音楽や昔話にも，くり返しはつきもので，たいていは同じことが3回くり返され，くり返しごとに音が大きくなったり，3回目にはくり返し部分が変形して，メロディや物語が新たな展開を見せたりします。くり返しを生かした絵本には，幼い子どもをひきつけるものが少なくありません。

　くり返しを視覚的に応用したのが，『ねずみくんのチョッキ』[*2] です。ねずみくんの赤い毛糸のチョッキを，トリ，サル，ライオンなどの動物たちが次々に借りて，「すこしきついが　にあうかな？」と着てみますが，だんだんチ

---

1) 北原保雄ほか編集委員『日本国語大辞典［第2版］13（もんこ～ん）』p.361，小学館，2001，より。
2) オックスフォード大学出版局編『オックスフォード現代英英辞典[第8版]』p.761，旺文社，2010，より。
*1) Randolph Caldecott, *The Diverting History of John Gilpin*, Facsimile edition. 日本では，よしだしんいち訳により，ほるぷ出版から，1981年に初版が刊行された。
*2) なかえよしを作，上野紀子絵による絵本。ポプラ社より，1974年に初版が刊行された。

ョッキは伸びて，最後にゾウが着た後は……。動物たちが，無理やり小さなチョッキを着るしぐさや，得意そうな顔つき，そして，最後に伸びきったチョッキを引きずりながら着て歩くネズミ君のようすは，ユーモアとして少々過激かもしれません。しかし，最終ページには心温まる笑いが準備されていますからご安心を。

『ぼちぼちいこか』*3では，かば君が，消防士，船乗り，パイロットなど，いろいろな職業に挑戦しますが，消火用のはしごが壊れたり，舟が沈んでしまったり，飛行機が飛び上がれなかったり……。何をやっても，巨体が災いしてうまくいかず，読み手は，「またか！」とあきれながらも，懲りないかば君を笑うしかありません。マイペースのかば君は散々な結果にもへこたれず，いいことを思いつくまでハンモックで一休みして「ま，ぼちぼち いこか」とひと言（しかも，ハンモックはカバ君の重みに耐えています！）。それまでの悪戦苦闘ぶりとは打って変わった，いわばフェイントをかけたオチが笑いを誘います。

さらに，『ぼちぼちいこか』では，関西弁を生かした軽妙な訳文がユーモアを倍増させている点も見逃せません。

3 意外性のおもしろさ

私たちは，物事が予想外の方向に進んだり，常識をはぐらかされたりするとき，思わずその意外性に笑ってしまうことがありますが，長 新太の『ゴムあたまポンたろう』*4は，まさにそんな絵本です。何しろ，始まりの言葉が，「とおくの ほうから おとこのこが とんできました。あたまが ゴムで できている『ゴムあたまポンたろう』です。」ですから，もはや，常識は通用しません。

ポンたろうは，鬼の角や，木や，おばけなどにぶち当たりながらも，そのたびに，うまくバウンドして，さらに遠くに飛んで旅を続けます。途中でハリネズミの棘に当たりそうになって，今度こそゴムあたまが破れてしまうのではないかと読者をハラハラさせますが，ハリネズミがくるりとお腹を上にして，足でポンたろうを蹴ってくれます。こんなポンたろうの旅におとなは首をかしげるかもしれませんが，子どもたちはこの絵本が大好きです。

4 ブラックなおもしろさ

さて，ユーモアには，微笑ましいものと少々棘のあるブラックなものがありますが，「ピーターラビット」絵本シリーズの作者ビアトリクス・ポターの作品には，しばしばブラック・ユーモアが顔を出し，おとなのファンを惹きつけます。

たとえば，『パイがふたつあったおはなし』（Beatrix Potter, *The Tale of the Pie and Patty-Pan*, 1905）では，ネコ婦人にお茶に呼ばれたイヌ婦人が，ネズミ入りのパイを食べさせられては大変と一計を案じるストーリーで，ご婦人たちの見えの張り合いを笑っています。また，『ひげのサムエルのおはなし』（Beatrix Potter, *The Tale of Samuel Whiskers or, The Roly-Poly Pudding*, 1908）は，子ネコのトムが屋根裏に入り込んだところ，ネズミのサムエルと妻のアナ＝マリアがトムをひっとらえて，パン生地で巻いて食べようとする話です。ネコとネズミの力関係を逆転させた物語も，トムを紐でぐるぐる巻きにした「ネコ巻きだんご」のリアルな絵も，ダークな笑いを誘います。

＊3）マイク＝セイラー作，ロバート＝グロスマン絵，いまえよしとも訳による絵本。偕成社より，1993年に初版が刊行された。
＊4）長 新太作による絵本。童心社より，1998年に初版が刊行された。

笑いは，人間に備わった特性のひとつだといわれますが，見慣れた常識の世界をちょっとずらして，思いがけない方向から眺めることで笑いを引き出すユーモアは，ゆとりのある心があってこそ生まれるものだといえるでしょう。

　子どもは，おとなが見過ごしたり，常識でしか判断できなくなったりした事柄や表現におもしろさを見つけ出す名人ですが，ともすれば，そのような名人技はおとなから無視されがちです。おとなにとっても，ユーモア絵本は，柔軟な心を取り戻す特効薬かもしれません。

（白百合女子大学　白井澄子）

【参考文献】
・マッギー，ポールE.『子どものユーモア　その起源と発達』島津一夫監訳，石川直弘訳，誠信書房，1999
・平井信義，山田まり子『子どものユーモア　おどけ・ふざけの心理』創元社，1989

Memo

Column 6 障がい児と絵本

障がいがある子どものための絵本は，あまり多くはありません。しかし，障がいがあろうとなかろうと，どの子にも，絵本を楽しみ，絵本を読んでもらいたいという思いに変わりはありません。

1 「てんじつきさわるえほん」

ここで，現在も活躍されているひとりの全盲のお母さんのお話をしたいと思います。

先天性の全盲の岩田美津子さんは，150人のボランティアの方々とともに，創意工夫をこらした手作りの「てんやく絵本」[1]の読み聞かせをしながら，晴眼[2]のふたりの息子さんを育てられました。その経験から，「てんやく絵本 ふれあい文庫」を開設し，その1万冊を超える蔵書の中から，「てんやく絵本」の郵送による無料貸し出しを，全国に向けて，30年以上続けてこられました。その一方で，点字つきの触れる絵本が書店で普通に購入できることを願って，出版社や印刷会社，作家，書店員に呼びかけて「点字つき絵本の出版と普及を考える会」を立ち上げ，大きな成果をあげています。以下に，その経緯をご紹介したいと思います。

「点字つき絵本の出版と普及を考える会」のあゆみ

2002　岩田美津子さんが，関係各社に声かけして会が始まる。
2006　「点字つき絵本・さわる絵本リスト」（第1版）完成。
2007　「てんじつきさわるえほん」シリーズ『きかんしゃトーマス なかまがいっぱい』『ドラえもん あそびが
　　　いっぱい！』が小学館から刊行される。
　　　『これ，なあに？』『ちびまるのぼうけん』（デンマークのさわる絵本）が偕成社から復刊される。
2008　『点字つきはらぺこあおむし』が偕成社より出版（1冊ずつインドで手作り）。
2009　『てんじつきさわるえほん　しろくまちゃんのほっとけーき』がこぐま社より出版。
　　　教文館ナルニア国で，「ふれあい文庫25周年記念展」開催。
2011　ジュンク堂（東京・池袋）にて「点字つき絵本・さわる絵本」コーナーが常設となる。
2013　結成10年を記念して，「てんじつきさわるえほん」シリーズの三社同時出版が実現。『こぐまちゃんと
　　　どうぶつえん』（こぐま社），『ノンタンじどうしゃぶっぶー』（偕成社），『さわるめいろ』（小学館）。
　　　『ぐりとぐら』50周年の福音館書店の企画により，「てんじつきさわるえほん」版を出版。

「てんじつきさわるえほん」では，絵や文字を浮き上がらせるために，通常の絵本のカラー印刷の上に，特殊なインクを使って，絵の形と点字を隆起させる印刷方法をとっています。通常と違う印刷・製本のため，コスト高が大きな悩みとなっていますが，リング綴じや蛇腹式の折りたたみ製本など，技術やコスト面で試行錯誤をくり返しながら，情報を共有しつつ活動を続けています。

こうした取り組みが全国に広がり，どこの書店にも「てんじつきさわるえほん」が並ぶ日が来ることを願ってやみません。

[1] 塩化ビニールのシートを利用して，おもな登場人物の型を取って貼り重ねることによって，文章だけでなく，絵の部分も触れてわかるようにした絵本。
[2] 視覚に障がいのない者のこと。

なお,「てんやく絵本」「てんじつきさわるえほん」のことをもっと知りたい方は,下記にお問い合わせください。

NPO法人てんやく絵本ふれあい文庫
代表者　岩田美津子
住所　〒550-0002
大阪市西区江戸堀1-25-35 近商ビル2階
電話番号　06-6444-0133
http://homepage1.nifty.com/fbunko

【参考文献】
・関谷裕子「絵本周辺領域の動向『てんじつきさわるえほん』三社同時出版をめぐって」『Book End』(絵本学会),2013
・関谷裕子「『てんじつきさわるえほん』が三冊同時に出版されました」日本児童文学者協会『日本児童文学』,2013. 9-10月
・「点字つき絵本の出版と普及を考える会」のあゆみ
・関谷裕子「一番人気のロングセラー絵本『しろくまちゃんのほっとけーき』が『てんじつきさわるえほん』になりました！」『こぐまのともだち』,2009.7
・岩田美津子『見えないお母さん絵本を読む』,せせらぎ出版,1992
・岩田美津子『点訳絵本のつくり方』,せせらぎ出版,1994
・岩田美津子『点字つき絵本　チョキチョキ チョッキン』,こぐま社,1996
・岩田美津子『岩田美津子の絵本探検』,JULA出版,1997
・岩田美津子・菊地澄子・岡田なおこ『バリアを越えて』,岩崎書店,2000
・越水利江子『あきらめないで また明日も－岩田美津子の点字つき絵本にかける夢』,岩崎書店,2004
・岩田美津子『点訳絵本のつくり方 増補改訂版』,せせらぎ出版,2005

❷『クシュラの奇跡』

　もうひとつも,ニュージーランドで実際に起こったお話です。その感動的な実話は,『クシュラの奇跡　140冊の絵本との日々』[*3]という本にまとめられています。

　クシュラは,1971年,ニュージーランドのオークランド市で生まれました。誕生後,重い黄疸や呼吸困難に見舞われ,十分な睡眠や母乳をとることが不可能な状態でした。両腕の自由は利かず,視力も弱かったため,だれかの助けを借りなければ,おもちゃで遊んだり,何かを見たりすることもままなりませんでした。度重なる入院や手術を経て,クシュラの両親は,娘の障がいと向き合う子育ての方針として,次の2点を原則としたのです。ひとつ目は,とにかくしっかりと抱いてやること。ふたつ目は,絵本を交代で読んでいくことでした。

　重い障がいを背負い誕生したクシュラですが,両親から,日々,絵本の読み聞かせを受けていくうちに,少しずつ障がいを克服していきます。

　本書は,そのクシュラの生後4か月から幼児期までの記録です。障がいがある,なしにかかわらず,よい絵本が,いかに子どもによい影響を与え,その子に人生を力強く生きていく力を与えていくか,実話ならではの説得力のあるドキュメンタリーとなっています。そこには,家族や絵本が,クシュラの成長をいかに助け,重い障がいの克服の支えとなっていくかが克明に描かれています。著者ドロシー・バトラーの言葉を借りて推薦文として石井桃子が語った「よい本とは,子どもにとっての宝である。その子に障害があろうと,なかろうと」[1]という言葉が,読後,いつまでも脳裏に焼きつき,胸に響いてきます。

＊3）ドロシー・バトラー,百々佑利子訳『クシュラの奇跡　140冊の絵本との日々』,のら書店,1984。
　1）ドロシー・バトラー,百々佑利子訳『クシュラの奇跡　140冊の絵本との日々』,のら書店,1984の帯にある推薦文（石井桃子）より。

出版された当時，本書は大変な反響を呼びました。以下は，朝日新聞の「天声人語」に取り上げられた記事の抜粋です。

> 『クシュラの奇跡・百四十冊の絵本との日々』（百々佑利子訳）という本を読んで心を打たれた。幼い時にいい本に出あうことの大切さを，この本は説く。（…中略…）少女は何回もの入院と手術に耐え，絵本によって，自分をとりまく世界のことを吸収してゆく。（…中略…）絶望的な日々も，めげずに本の仲だちを続けてくれた両親をもったことは，クシュラの幸せだった。（…中略…）この本は巧まずして，世界名作絵本のすばらしい手引書にもなっている。
>
> 出典）1984年6月18日付朝日新聞朝刊「天声人語」より

おすすめ絵本

『アレルギーとたたかうイサベル』（トーマス・ベリイマン文・写真，石井登志子訳，偕成社，1994）
『車いすのマティアス』（トーマス・ベリイマン文・写真，石井登志子訳，偕成社，1990）
『さっちゃんのまほうのて』（たばせいいち，先天性四肢障害児父母の会，のべあきこ，しざわさよこ共同制作，偕成社，1985）
『聴導犬シンディ誕生物語』（パトリシア カーチス文，デービット・カップ写真，木原悦子訳，小学館，1998）
『わたしたちのトピアス』（セシリア・スベドベリ編，ヨルゲンほか文・絵，山内清子訳，偕成社，1978）
『わたしたちのトピアス 大きくなる』（ボー・スベドベリ編，ヨルゲンほか文・絵，ピヤネール多美子訳，偕成社，1979）
『わたしたちのトピアス 学校へ行く』（ボー・スベドベリ文・写真，ラグンヒルド・ロベレ・トピアスの兄弟たち絵，オスターグレン晴子訳，偕成社，1998）
『私たちの手で話します』（ファイニク作，バルハウス絵，ささきたづこ訳，あかね書房，2006）
『わたしの妹は耳が聞こえません』（ジーン・W・ピーターソン作，デボラ・レイ絵，偕成社，1982）
『わたし，耳がきこえないの』（トーマス・ベリイマン作，石井登志子訳，偕成社，1987）

（浅木尚実）

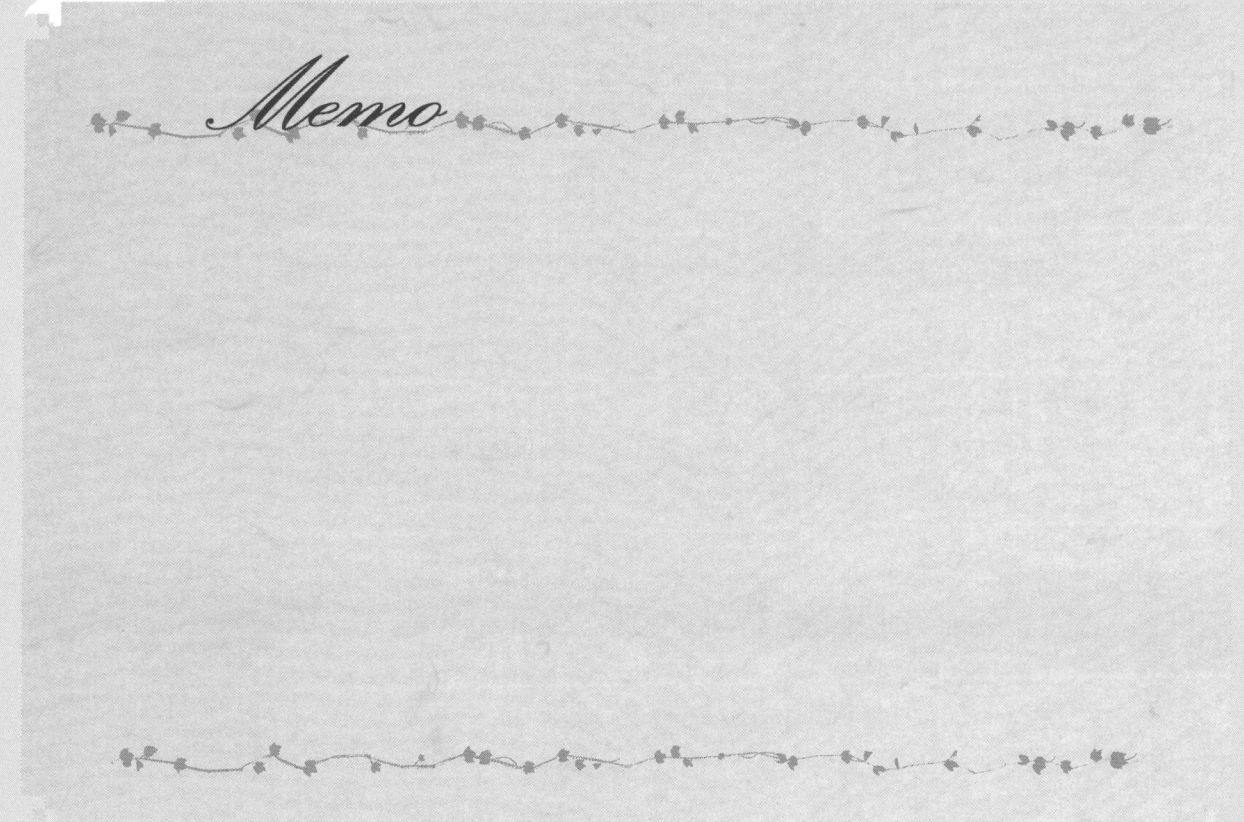

Memo

Lesson 2 絵本を用いた実践

学習のキーポイント

①保育・教育場面において絵本を読む際の環境作りとして、「教材研究」「場の設定」「人的環境」の3点を学ぶ。
②導入としての「手遊び・わらべうた」について理解を深め、実践につなげる。
③物語絵本の読み方の基本を学び、絵本の研究と絵本によってコミュニケーションを図ることの理解を深める。
④子どもたちが、身の回りの生きものや物事に、科学的関心がもてるような環境を作る。
⑤関心をもったことについて、子ども自身が知識を得ようとする意欲が湧くような経験を提供する。
⑥保育者が科学絵本を適切に紹介することにより、やがて子どもは科学絵本を自ら適正に扱えるようになることを知る。

1 絵本を読む環境作り

子どもの前で絵本を読むときには、まず、それに適した環境を設定することが必要です。

たとえば、ピアノの弾き歌いをするなら、十分に練習を積み、歌詞を覚えるでしょう。また、造形活動を指導するなら、教材を揃え、どのように進行させるかを考えるのではないでしょうか。

絵本を読む場合も同じです。保育室にどのような絵本を揃えるか、十分な準備をしてから読むことを心がけましょう。ピアノの弾き歌いや造形活動と同じように、時間をかけてていねいな準備を、絵本を読むときにも行うことが大切です。

絵本を読む際の準備として、次にあげる3つの環境を整えることが大切です。
①子どもの発達や遊びに欠かせない、絵本そのものの環境
②絵本を読む、場所の環境
③保育者などの人的環境

とくに、3番目の「人的環境」には、読み手自身の読み方、選び方が含まれていることも忘れてはいけません。

1. ひとつめの環境－絵本そのものを選ぶこと

「5W1H」という言葉を聞いたことがあるでしょうか。これは、情報伝達の基本で、「いつ＝When」「どこで＝Where」「だれが＝Who」「なにを＝What」「なぜ＝Why」「どのように＝How」を示すものです。

絵本を読むことも情報伝達のひとつですから、この基本を当てはめて考える必要があります。とくに、絵本は、「いつ」「どこで」「だれに」読むかを考えつつ選ぶことが大切です。

この基本をひとつずつ検証し、準備することが、絵本を読む[*1]際の基本となります。以下において、その一つひとつについて、具体的に説明を行いたいと思います。

1）いつ＝When

「いつ＝When」としては、季節、読む時間帯などが考えられます。また、場面として、朝の会、昼食の前、あるいは食後、午睡前、帰りの会などがあげられるでしょう。さらに、新学期なのか、保育が落ち着いた時期なのかについても考慮します。

*1 「読み聞かせ」という言い方は、おとなからの視点という意味を含むという考えから、「読み語り」「絵本読み」などという呼び方をしている園もある。また、0～2歳くらいまで（場合によっては、3～5歳児であっても）、3、4名くらいまでの子どもたちの横に座るなどの姿勢で、絵本の場面を一緒に見ながら読むことを「読み合い」と表現することもある。

2）どこで＝Where

「どこで＝Where」は，保育室，ホール，異年齢混合の保育室などが考えられます。「読み聞かせ」には，落ち着いた雰囲気の保育室などが望ましいでしょう[*2]。

3）だれが＝Who

「だれが＝Who」は，もちろん，学生や担任保育者自身なのですが，子どもとの信頼関係が成り立っているのか否かによって，個性や発達に応じて必要な絵本，子どもたちが興味・関心をもつ本への理解が異なってきて，選ぶ絵本も変わってきます[*3]。

また，「Who」には，「だれに」も含まれています。何歳児に読むのか，集団の大きさはどのくらいかなど，その対象を考えることが大切です。絵本を読む際には，集団の大きさは，できれば，20人くらいまでの子どもたちを対象にしたいところです[*4]。0～2歳児であれば，集団での読み聞かせではなく，2，3名の子どもを対象として個々に読みましょう。

4）なにを＝What

「なにを＝What」で大事なことは，「どの絵本を選ぶのか」ということを考えることに時間をかけることです。絵本を選ぶ際の基準[*5]としては，以下のようなことがあげられます。

①集団でも見やすいように，絵がはっきりしていて，遠くからでもよく見えるもの
②文章が多すぎないもの
③文と絵のバランスがよいもの
　※具体的には，見開きに描かれている絵に対して20行を超える文章があると，耳から入る情報が絵の情報より多くなってしまいます。こうなると，文章の量とその絵を見ている時間とのバランスが悪くなってしまうことになります。
④話の筋が横道にそれないもの
　※昔話などのお話は，起承転結がしっかりしていて，このよい例だといえます。
⑤ある程度の大きさがあるもの
　※具体的には，20×20cm以上くらいの大きさがあるものが適しています。手のひらに入るような小さな絵本は，2，3人の子どもと一緒に読む際にはよいのですが，10人以上の子どもを対象に読む場合には，絵が小さいと，見えにくいこともあります。
⑥色が淡く，遠くから見にくい絵や描き込みが多い絵の場合，その絵本を選ぶ意味を確かめる

そのほかには，対象年齢を考慮することも大事です。絵本の裏表紙などに書いてある「〇歳から」といった表示は，あくまでも目安です。目の前にいる子どもたちを見て，その子たちに合っていると思うものを選びましょう。

5）なぜ＝Why

「なぜ＝Why」，つまり「絵本が育むもの」は，何回もくり返し読んでいく中から，自ずと出てくるはずです。「なぜ＝Why」の理由が，「この絵本が好きだから」というだけではなく，「この絵本を通して，何を子どもたちに届けたいのか」「子どもたちと何を共有したいのか」についても考えて選びます。

6）どのように＝How

絵本を何度もくり返して読み込むうちに，絵本が，「どのように＝How」読むことを求めているのかがわかってくるでしょう。子どもたちに絵本を読んで，物語を届けるとき，あなたは絵本のコーディネーターです。子どもの示す反応にその場で対応するのか，もしくは，子どもたちが絵本の世界に入り込んでいるようなら，そのまま読み進めるのかなど，さまざまな場面を想定することが大切です[*6]。

こうして，ていねいに選んだ絵本を子どもに読み聞かせる前に，次のようにして，声に出して読んでみましょう。

[*2] 現場の保育者になると，園庭や公園などを「場」として設定することもある。しかし，これは気が散る要素もあり，すぐにできるものではないので，ここでは省略することとする。

[*3] 子どもたちとの関わり合い，信頼関係の度合いとして，学生であれば「実習も後半となり，子どもたちとのコミュニケーションは十分にとれている」，担任保育者であれば，「クラス担任として1年間をともにしてきた」などが考えられる。

[*4] 基礎編Lesson 4の88ページ「7）『おはなし会』の実際」を参照のこと。おはなしを語るにも，10～20人前後が理想的とある。絵本の場合も，どの子からも絵が見えるよう，子どもたちには数列の扇状に椅子を配置したり，床に座るようにしたりするなどの工夫をする。

[*5] 絵本を選ぶ際には，本書の基礎編Lesson 5も参照のこと。

[*6] 「plus 6 絵本の場面割り・読み方の工夫としめくくり」（145ページ）を参照のこと。

（1）下読み

まず，最初に行うのが，「下読み」です。大好きな本を，目の前にいる子どもたちに届けるには，どうしたら効果的なのか，「どのように＝How」読むのかを思い巡らす時間がこの時間です。黙読するだけでなく，声に出して何度も読んでみましょう。

（2）基本の「読み聞かせ」

基本は，絵本をそのまま，つまり，絵と文が語りかけてくる世界を再現するように読めばよいのです。途中でコメントをはさんだり，子どもたちと会話をしたりする必要は，ほとんどありません。それは，読み終わってからでも十分にできます。途中でひとりの子どもの質問に答えると，せっかく聞いているほかの子どもたちの集中力を途切らせる原因となるからです。

もしも，子どもたちから質問や発言が出てきた場合には，「わかっているよ」「気づいているよ」というような受容的なアイコンタクト，頷きで応えるなどの工夫をしましょう。そのうち，「読み聞かせ」に慣れてくると，「そうね」「あとでね」など，ひと言，その子を受容するような言葉かけができるようにもなります。

なお，「あとで」と言った場合は，読み終えてから，必ず，その子の言いたいこと，聞きたいことを聞いて，受け容れることを忘れないようにしましょう。

（3）絵本から受け取る読み方

絵本自体が要求してくる読み方もあります。それを見分ける力を身につけましょう。

たとえば，楽しみやリズムを共有するような絵本なら，元気よく読みます。登場人物の気持ちに寄り添って読むようなものなら，それに適した声質[*7]で読むといいでしょう。ただし，決してわざとらしい声色にはならないように注意しつつ，そのものになりきることが大切です。

たとえば，『三びきのやぎのがらがらどん』[*8]『やぎのブッキラボー３きょうだい』[*9]の絵本に登場するトロル[*10]やオオカミの会話部分では，わざとらしくではなく，ほんの少しトーンを落とす，または，トーンをあげるなどすることで，状況が伝わりやすくなります。

また，物語の世界を静かに届けたい場合には，小さな声でささやくように読むこともあります。たとえば，ユリー・シュルヴィッツの『よあけ』[*11]は，詩をベースに作られた絵本ですから，大声を張りあげて読むようなものではありません。とはいっても，聞こえないような小さな声で

*7　基礎編 Lesson 4（84ページ）を参照。

*8　ノルウェーの昔話，マーシャ・ブラウン絵，瀬田貞二訳による絵本。福音館書店より，1965年に初版が刊行された。

*9　ポール・ガルドン作，青山南訳による絵本。小峰書店より，2005年に初版が刊行された。

*10　『三びきのやぎのがらがらどん』や『やぎのブッキラボー３きょうだい』の中に出てくる怪物の名前。北欧の自然の精霊でもある。

*11　ユリー・シュルヴィッツ作・画，瀬田貞二訳による絵本。福音館書店より，1977年に初版が刊行された。

plus 5　「読み聞かせ」に関わるQ&A

◆Question：子どもの声かけに応えていいの？

絵本を読んでいて，子どもたちからわからないことを質問されたり，「あ，それ知ってる！」「僕も！」というような声があがったりしたときに，そこに反応してしまい，絵本を読み進めることができなくなってしまいました。

◆Answer

せっかく，お話の世界に子どもたちが入ってきてくれているのですから，そういう場合には，発言した子に対し，アイコンタクトでレスポンスを返しておきましょう。もしも，「あ，かえるだ！」など，絵を見て反応するような子がいた場合には，笑顔で頷いておきましょう。絵を指さして，見せてもよいですね。

また，絵本を読む前に，「その本知ってる」「見たことある」などと言われて，「どうしよう！」と戸惑ったり，悩んだりしてしまった経験がある人がいるかもしれませんね。そのようなときは，動揺しないで，「わぁ，知っているお友だちがいてよかった！　一緒に見ましょう」など，その子の反応を受け止めてから読み始めるといいでしょう。「絵本の楽しさを，倍，共有できるのだ！」と読み手が信じれば，きっと，よい時間をもつことができます。

また，「そんなの，赤ちゃんっぽい」「もっと違う本読んで！」などと言われても，準備してきたものを自信をもって読みましょう。

plus 6　絵本の場面割り・読み方の工夫としめくくり

1．場面割りと読み方の工夫

　「場面割り」と「読み方」の工夫を，『ぐりとぐら』[*1]のお話から考えてみましょう。

　『ぐりとぐら』は，子どもたちが大好きなお菓子を森の奥で作るという，楽しい楽しいお話です。

　物語は，「のねずみの　ぐりと　ぐらは，おおきな　かごを　もって，もりの　おくへ　でかけました」という，一文で始まります。この短い一文の中で，登場人物や場面などが紹介されています。明るく楽しい気分になる始まりですから，この絵本は，読み手に対して「棒読み」を要求していないことがわかるのではないでしょうか。

　これに続く「ぼくらの　なまえは　ぐりと　ぐら（…中略…）おりょうりすること　たべること　たべること　ぐり　ぐら　ぐり　ぐら」の一文は，文頭を一字分下げて書いてあります。ここは，絵本が読み手に対して，あたかも詩を読むように，リズムをつけたり，あるいはオリジナルのメロディをつけたりするなどの工夫を要求しているところですから，このことを意識して読んでみるとよいでしょう。

　その後，4ページ目の本文の最後の行には「まあ！　みちの　まんなかに，とても　おおきな」という一文があり，ページをめくった7ページ目の一行目には「たまごが　おちていました。」という言葉とともに，6，7ページの見開きにまたがるほどの大きなたまごにびっくりして，大喜びするぐりとぐらの姿が描かれています。ここでは，まず，読み手は，「まあ！」という感嘆詞を読みつつ，「とてもおおきな」の言葉とともにわずかな"ため"の時間を作ってからページをめくり，子どもたちが大きな卵に目を奪われたタイミングで「たまごが　おちていました。」と，声の調子を少し高めにして読みます。

　読み手はこのように，絵本が「このように読んで欲しい」と要求してくるものを敏感に感じ取り，その通りに読めばいいのです。

　ただし，クライマックスとなる23ページ目に書かれている『「さあ，できたころだぞ」ぐらが　おなべの　ふたを　とると』までの文章は，あらかじめ頭に入れておいて，20，21ページ目を読むときにページをめくらないまま，先に読んでしまいます。そして，"ため"の時間を作ってから，ページをめくって22，23ページ目を開き，子どもたちがほんの数秒間，絵本の中のお菓子の絵に気持ちを集中させたときに「まあ！　きいろい　かすてらが，」と読むことで，聞き手である子どもたちの目・心・頭の中には，感動をともなって，絵と文が同時に入ってくることになります。

▲『ぐりとぐら』の22，23ページより。

　ここでは『ぐりとぐら』を例にあげましたが，どの絵本も，絵本の方が「こう読んで欲しい」と訴えてくるものを，必ず内包しています。子どもたちに「読み聞かせ」をする前に，まず，絵本と向き合う気持ちで，何度も何度も「下読み」をしてみましょう。自分がその絵本に「場面割り」と「読み方」を教えてもらうという気持ちで読めば，きっと絵本が語りかけてくれるはずです。

2．絵本読みのしめくくり

　保育・教育の現場では，絵本を読んだ後，「振り返り」をして，まとめることが多いです。読みっぱなしを基本としている園もありますし，「なぜ，感想を聞かないの？」と問われることもあります。また，絵本によっても，しめくくりの方法は，それぞれ，みな違います。

　子どもたちと絵本の内容を楽しく振り返ることは，「感想を求めること」ではありません。常に感想を聞いていると，純粋におはなしに入り込むことより，後でどんな感想を言ったらいいか，という姿勢で聞くようになるからです。子どもたちの心の真ん中に絵本を届けることができたか，具体的な言葉で確認しましょう。

　絵を再度見て，「ぐりとぐらの作ったのは車だったね。リュックサックに入らなかったあのおおきなおなべが，たまごの殻の車には入ってしまったね」などと，絵本の内容を一緒に共有します。「どうでしたか？」などの抽象的な言葉ではなく，具体的な言葉で絵本の世界を共有するのです。楽しかった余韻を，少し子どもたちと共有してみましょう。

　これをきっかけに，劇ごっこが始まったり，ごっこ遊びの中に絵本の物語世界が登場したり，子どもたちの想像力は無限大です。

　絵本は，絵を描いた人，文を書いた人，出版した人，流通に乗せた人，その本を選んで買った，あるいは図書館に入れた人，園に置こうと決めた人など，多くのおとなたちが，子どもに幸せな絵本を読む時間を保証しようと届けた「贈り物」です。

　ぜひ，"あなたの声"で，"あなたの読み方"で，「読み聞かせ」に挑戦してみて下さい。

[*1] 中川李枝子文，大村百合子絵による絵本。福音館書店より，1963年に初版が刊行された。

は，絵本の世界は，子どもたちには届きません。何を言っているのか，聞き耳を立てる努力を子どもたちに要求することにならないよう，一語一語ていねいに発声をすることも大切なことです。モゴモゴと口ごもるのは，読んでいることにはなりません。

　このように，絵本一冊一冊から立ちあがってくる絵本の世界観がつかめるまで，何度も何度も，くり返し読んでみましょう。

　瀬田貞二は，著書『絵本論』の中で，「自分が好きなままに，心の流れて行くままに，読んでやるのがほんとうだと思います（…中略…）お話を印象づけられたところは，そう印象づけられたように読む。（…中略…）イメージをかきたてられたようにして，お話を想像して思い描きながら読むのです」と述べています[1]。好きな絵本を子どもたちに読むときには，つい，力が入ってしまい，むやみに声色を変えたり，感情を込めすぎたり，注目してほしいところを指示したりしがちです。もちろん，そのような工夫を要求する絵本もあります。しかし，そのような絵本であっても，わざとらしくならない限界を知ることが大事です。読んでいて自然に出てくる表現は，素直に，そのまま表現してみましょう。

2．ふたつめの環境－室内環境，絵本を読む場の環境設定

　「室内環境，絵本を読む場の環境設定」のためにとくに必要なものは，先に述べた「5W1H」のうち，「いつ＝When」「どこで＝Where」「だれに＝Who」です。この3つは，このLessonの冒頭で，絵本を選ぶ際にとくに大事にするものとして紹介したもののうちの「1）〜3）」と同じになります。ただし，「2）」では，「どこで＝Where」と一緒に「どのように＝How」も考えてみましょう。「3）」は，「だれが＝Who」を「だれに＝Who」という視点から考えましょう。

1）いつ＝When

　季節がいつなのか，どのような行事が入っているのかを考慮しましょう[*12]。

　たとえば，避難訓練や行事などの活動の直後には，子どもたちは，長い絵本に集中することはむずかしくなります。気持ちを開放させるような短めの絵本を選びましょう。活動の後やお弁当，給食の前には，『きょうのおべんとう なんだろな』[*13]や『オムライス ヘイ！』[*14]など，食事の時間を期待しながら楽しめる絵本を選ぶと，気持ちの切り替えができます。

2）どこで＝Where，どのように＝How

　「どこで＝Where」「どのように＝How」は，環境構成[*15]ともなるものなので，図示してみるといいでしょう（図2−2−1，2−2−2参照）。具体的には，以下のようなものが考えられます。

①保育室などの子どもが落ち着ける場を選びます。できる限り，ホールや体育館，廊下やテラスなどは避けましょう。壁，カーテンなどで区切られた空間の方が，子どもたちは絵本に集中できます。

②「①」と同じ理由から，読み手の後ろ側，つまり，子どもたちの目線の先に，窓や子どもたちにとって気になるものがないように気をつけましょう。

③子どもたちが椅子に座っていたら，読み手は立ちましょう。また，子どもたちが床に座っている場合には，読み手は椅子に座ります。その際，子どもたちにきちんと絵が見えるように，子どもたちとの距離も考えて，立つ，あるいは，椅子に座るようにします。子どもたちが席についたまま，体だけを保育者の方に斜めに向けるような無理な姿勢をとることがないよう工夫しましょう。

④できれば，子どもたちが床に座る，あるいは椅子を持って

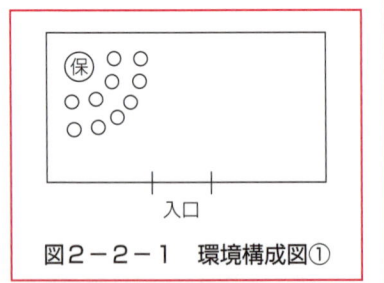

図2−2−1　環境構成図①

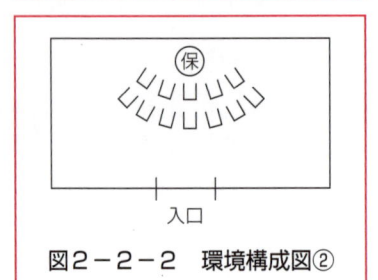

図2−2−2　環境構成図②

---

1) 瀬田貞二『絵本論－瀬田貞二子どもの本評論集』p.76，福音館書店，1985より。

*12　実習の場合には，その日の保育の流れの中で「いつ＝When」，「読み聞かせ」を行うかは，はじめは実習担当の先生に相談して設定することになる。また，「責任実習・全日実習」では，「いつ＝When」，どの絵本を読むかということも計画の中に入れ，指導案を作成する。

*13　岸田衿子作，山脇百合子絵による絵本。福音館書店より，1994年に初版が刊行された。

*14　武田美穂作による絵本。ほるぷ出版より，2012年に初版が刊行された。

*15　保育のねらいを達成するために構成される環境（物的環境，人的環境）をさす。保育室内の保育者と子どもたちの位置を図示することも，環境構成のひとつとなる。

保育者のまわりに集まる形がふさわしいのですが、子どもたちが席に座った姿勢で読む場合も出てきます*16。この場合も、椅子は、読み手の方に向けるようにします。

3）だれに＝Who

0～2歳児の場合には、①身近なものが表現されているもの、②ものの形など、絵がはっきりしているもの、③言葉にはリズムや意味があり、楽しいものだということが伝わるような赤ちゃん絵本を選ぶといいでしょう。そして、たとえば、1対1で「読み聞かせ」をする場合は、右の写真やイラストのように絵本の読み手と聞き手の視線の高さが同じになるようにするといいでしょう*17。

3～5歳児の場合でも、場面によっては、「読み合い」をすることは大切です。基礎編Lesson 4（68ページ）でも学んだように、絵本は、おとなも一緒に入り込むことで、多くの役割を果たすものだからです*18。

▲床に座っている子どもたち全員に絵本が見えるように、椅子に座って読み聞かせます。

◀できるだけ目線の高さを合わせて読み聞かせます。

3．3つめの環境－人的環境、つまり読み手自身のこと

「人的環境」とは、先にも述べたように、読み手自身を含む、子どもたちに関わる人びとのことです。「読み聞かせ」においては、絵本の絵が子どもに見えるように配慮して持ち、絵本の文を子どもに聞きやすいように話す「読み手」のことです。

以下に、「読み聞かせ」を行う際に、読み手に求められる具体的な読み方や心得を示します。

①絵本は、脇を締め、「のど」*19の下の部分をしっかり支えるように持ちます。その際、親指のつけ根部分に本を持たせかけ、残りの4本の指でしっかり押さえるようにして持つとよいでしょう。子どもから見て本が不安定に感じられないようにします。上からぶら下げるような持ち方はしません。

②右開きの本は左手に、左開きの本は右手に持ちます。このとき、本の位置は、読み手の体の横側にくるようにするといいでしょう*20。

③絵がきちんと子どもに見えていますか。絵本が子どもたちの方ではなく上の方を向いていませんか。読むことに集中しすぎると、絵本が上を向いてしまいがちになります。持ち方に慣れるまでは、大きめの鏡に自分の姿を映しながら練習してみるといいでしょう。

④「読み聞かせ」の時間が、いつの間にか、子どもたちにとって、一生懸命に絵本を読む先生の背中を見る時間にすり替わってはいませんか。読み手が、文字を読むために絵本の方にかがみ込んだり、ページをめくる手で絵本を隠したりすることがないようにします。

⑤「読み聞かせ」は、読み手がじょうずに読めたかどうかを発表する場ではありません。大事なことは、あくまでも、物語が子どもに届いているかどうかです。子どもたちのようす、反応に気を配りましょう。

⑥自分の声に自信をもちましょう。声はすべて、音にしましょう。とくに「サ行」の発音の際には、息が大きく漏れやすいので、きちんと「音」にするように気をつけて発声することを基本とします。物語が、読み手の声でいつまでも子どもたちの心に残るものとなるので、それぞれがもつ「声」というオリジナルの楽器を使い、「読み手自身の声」で、ただただ誠実に、ゆっ

---

*16 実習の際には、その園の方針にしたがうようにします。

*17 先にも述べたように、このような読み方を「読み合い」ともいう。なお、「読み合い」については、このLessonの脚注「＊1」（142ページ）を参照。

*18 基礎編Lesson 4（73ページ「2．絵本の役割」）を併せて参照のこと。

*19 本がとじてある内側の部分のことをいう。

*20 左利き、右利きなど、使い勝手の違いがあるので、必ずしも絶対というわけではない。

くりと，明瞭な言葉で読みましょう。
⑦子どもの視線を捉えているか，確認をしましょう。まず，絵本の題名（タイトル）を読むのでも，どのようなことでもよいので言葉かけをして，子どもたちが絵本と読み手の方に集中していることを確認してから，読み始めます。子どもたちの反応を確かめながら読み進めましょう。

2 「物語絵本」の読み方

1．物語絵本を読むということ

絵本の世界に入る鍵は，「喜びの経験」と「おとなが読むこと」です。

カナダの児童図書館員であったリリアン H. スミスは，『児童文学論』[*21]の中で，「その子がその本によって，一つの貴重な経験を得た場合（…中略…）いちだんと成長して，かれの人間形成に何かを加えたことになる」[2)]として，読書には"他の方法では得られない種類の経験"があると，述べています。そして，「今まで以上に新しい感じ方ができ，新しい考え方ができるようになる。そしてそれが，その子をさらにつぎの新たな経験—それがどんなものにしても—にみちびいてくれる」[3)]とも述べています。

また，日本において，数々の絵本を送り出してきた松居 直は，リリアン H. スミスのいう経験の鍵となるのは「その絵本によって子どもがどれほどの"喜び"を感じたか否かで決まります」[4)]としています。

絵本の特性は，「おとなから子どもに」「主人公に自分を重ねる」「子どもの視点」「豊かな気持ちの宝庫」「人の気持ちを思いやる」などです[*22]。子どもの頃に絵本を読んだ体験が「核（芯）」となり，成長にともなって経験していくさまざまなことを，その核のまわりに，まるで年輪のように少しずつ積み重ねていき，人は成長していくのです。そのような，蓄えられる"喜び"と"経験"，絵本がもっているこの力は，おとなが読み聞かせることで，初めて生きてくるのです。子どもたちに絵本を手渡す方法を身につけましょう。

2．絵本を選ぶ基準を再確認する

絵本を選ぶ前に，選ぶ基準を再確認しておきましょう。基礎編Lesson 5の「絵本の選び方7つのポイント」（107ページ）でもふれていますので，併せて参照してください。

①子どもたちの発達や興味・関心に合っているか
　※背表紙やカバーの「〇歳から」の表示は，はあくまでも目安です。
②子どもたちが理解しやすいストーリーか
　※構成がしっかりしている話か否かを考えます。
③子どもたちが自分を重ねやすい登場人物か
　※子どもたちが，主人公に同一化できるものか否かを考えます。
④伝えたいきれいな日本語か
　※言葉を獲得する年齢であることへ，配慮します。
⑤かわいい絵にとらわれていないか
　※「あたたかさ」や「優しさ」が感じられるか否かを考えます。
⑥その本のおもしろさを，初版年から見ているか
　※古典絵本，出版から25年を過ぎた絵本から選ぶという選び方もあります。
⑦誠実に作られた絵本か
　※子どもだましでない誠実な絵と文，高い芸術性と子どもに寄り添う気持ちがあるものか否かを考えます。

[*21] カナダの児童図書館員 Lillian. H. Smith（1887-1983）によって1953年に出版されたこの本を，日本の絵本出版を支えた石井桃子，瀬田貞二，渡辺茂男が，1964年に翻訳出版した。児童書のバイブルと呼ばれている。

[2)] リリアン H. スミス，石井桃子・瀬田貞二・渡辺茂男訳『児童文学論』p.8, 岩波書店，1964 より。

[3)] リリアン H. スミス，石井桃子・瀬田貞二・渡辺茂男訳『児童文学論』pp.8-9, 岩波書店，1964 より。

[4)] 松居 直『絵本の森へ』p.175, 日本エディタースクール出版部，1995 より。

[*22] 基礎編 Lesson 4 の「1．絵本の特性」（68ページ）を併せて参照のこと。

3．絵本が育むものを再確認する

絵本を育むものについて，基礎編Lesson 4の「2．絵本の役割」（73ページ）を参照のうえ，以下について，再確認しましょう。これらのことは，読み手の声を通して，しっかりと子どもの心に届いているはずです。

①子どもが追体験できる
②感動し，情緒を育てる
③想像力を豊かにする
④語彙を豊富にする
⑤言語感覚を身につける
⑥文字に関心をもつ
⑦知的好奇心を満たす
⑧考える力を育てる
⑨知識や視野を広げる
⑩人の気持ちを理解し，思いやりを育てる

このような特性をもち，たくさんのことを育んでくれる絵本を，保育・教育の場で子どもたちと共有し，ときには，膝をくっつけて読む経験ができるのは，読み手にとっても楽しいことです。

4．字の書かれていないページを読む

文字のない絵本や，途中に文字のない絵だけの場面があるような絵本があります。

このような場合は，「描いてあることを読む」と考えるといいでしょう。

文字のない絵本は，絵が多くを語っています。絵が何を語りかけているのか，よく感じ取ってみましょう。そうしたら，何をどう話したらよいのか，自ずと頭や心の中に浮かんでくるはずです。それをもとに，はじめのうちはシナリオを作って文章を考えておくといいでしょう。慣れてくると，子どもたちと会話をしながらでも，絵本が語りかけてくるメッセージを読み取ることができるようになってきます。

以下に，いくつかの具体例をあげてみましょう。

『かいじゅうたちのいるところ』（モーリス・センダック作・絵，じんぐうてるお訳，冨山房，1975）

25ページ目で，主人公であるマックスが，「では　みなの　もの！」「かいじゅうおどりを　はじめよう！」と言った後，6ページにわたって文字がありません。ここの部分は，主人公がかいじゅうたちと「かいじゅうおどり」を楽しんでいるようすを，読み手も，子どもたちと楽しみましょう。そして，「もう　たくさんだ。やめえ！」という，次に続く文章が効果的に心に響いてくるようにしましょう。

『どろんこハリー』（ジーン・ジオン文，マーガレット・ブロイ・グレアム絵，渡辺茂男訳，福音館書店，1964）

『どろんこハリー』は，珍しい本の作りになっていて，通常，1ページ目のみの本扉が，1ページ目と2，3ページ目の2箇所，設けてあります。

物語の最初の一文は，「ハリーは，くろいぶちのある　しろいいぬです。」で始まりますが，

実際には，お話自体は，表紙（カバー）の絵から，既に始まっているのです。絵だけを見ている子どもたちの方が，読み手よりも先に，そのことに気づくこともあります。

▲『どろんこハリー』の本扉（1ページ目）

『ねむりひめ』（グリム童話，フェリクス・ホフマン絵，瀬田貞二訳，福音館書店，1963）

『ねむりひめ』の絵本では，ゆっくりページをめくることで，時間の経過を示すことができます。フェリクス・ホフマンがわが子のために絵を描いた絵本のひとつである『ねむりひめ』では，城全体が100年の眠りについたシーンをシルエットのみで表現し，また，時間経過を表現するために余白が多用されています。その手法は，まるで，芝居の第2幕の始まりのようです。100年の経過を示すわけですから，ほかのページをめくるよりも，たっぷり時間をかけてめくりましょう。

　また，絵本によっては，見返しに隠されている「遊び」（98，99ページ参照）を探してみるのも，子どもたちにとって，楽しい作業になります。
　このような絵本の遊びは，子どもたち自身が発見し，気づくので，読み手からの説明は不要です。下読みをし，くり返し練習しておいたならば，子どもたちがどこに気がつき，反応しているかを見る気持ちのゆとりがもてるようにもなります。

5．めくる速度と読む速度
　ページをめくる間も，読み手は，めくることばかりに気をとられないようにします。まず，表紙から見返しを経て，本扉，本文へ。そして，本文から奥付，見返し，裏表紙へとページをめくっていく時間，すべての要素を，ていねいに心を込めて読みましょう。
　また，子どもたちは，あくまでも絵を見ています。ページをめくった瞬間に，ほんのひとときでよいので，そのページの絵が「すとん」と子どもたちの心に落ちるような「間」を作りましょう。

6．「おはこ（十八番）」を作る
　「おはこ（十八番）」を作りましょう。つまり，レパートリーを増やすこと，「この絵本なら，いつでも読めます」という得意な本を持つのです。
　それには，子どもの前で読む経験を6回はくり返すことです。すると，7回目には，「あれ？すっかり自分のものになっている！」と感じる瞬間が訪れます。このことを，筆者は「マジックセブン」と呼んでいます。そこまでにいたれば，その絵本は，その人にとっての「おはこ」になります。もしも，7回読んだ絵本が，対象年齢ごとに7冊（0～2歳児に7冊，3歳児に7冊，4歳児に7冊，5歳児に7冊）を超えたなら，あなたにとって何よりの財産が貯まったことになります。

3 導入としての手あそび・わらべうた

　基礎編Lesson 4（74ページ）でも述べたように，手あそびやわらべうた遊びは，それだけで歌と身振りを組み合わせ，子どもたちの気持ちを開放させるものであったり，音とリズムに合わせて身体を動かす心地よさが味わえるものであったりもしますが，絵本の「読み聞かせ」活動の導入としても活用することができるものです。

　つまり，手あそびやわらべうた遊びには，保育者やクラスのほかの子どもたちと気持ちを通わせながら雰囲気を和ませる効果，また，集中力を高め，心を落ち着かせる時間を作る効果もあるのです。絵本の「読み聞かせ」の際には，たとえば，最後が「手はおひざ」で終わるような手あそびやわらべうた遊びを選ぶといいでしょう。ただし，ここで子どもたちがハイテンションになりがちな動作の多い手あそびやわらべうた遊びを行うと，子どもたちは，静かな気持ちへの切り替えがむずかしくなってしまうので，取りあげるものには注意が必要です。

　なお，絵本の「読み聞かせ」の前に，子どもたちの心を落ち着かせるためのそのほかの方法として，①詩を読む，②澄んだ音の出るチャイムを鳴らすなども考えられます。

4 「科学絵本」の紹介の仕方

1．幼児の科学的関心を育てる

　幼稚園教育要領（以下，「教育要領」）の第2章「ねらい及び内容」，保育所保育指針（以下，「保育指針」）では第3章「保育の内容」の環境の中に，「周囲の様々な環境に好奇心や探究心をもってかかわり，それらを生活に取り入れていこうとする力を養う」とあり，保育・教育の現場では，子どもたちにこのような力を育てていくことが求められています。

　「科学絵本」は，こうした意味でも，子どもたちにとって非常に重要な役割を担っているものだといえるでしょう。

　「科学絵本」は，子どもたちの好奇心や探究心を引き出すと同時に，関心をもった事柄への「答え」を示してくれるものという側面ももち合わせています。そして，この答えの興味深さから，また，さらなる探究の世界へと子どもたちをいざなう力をもっているものであるともいえます。常に好奇心や探究心をもって生活する子どもたちにとって，そのような好奇心や探究心を育む力をもった「科学絵本」は，「物語絵本」と同様，なくてはならないものなのです。

　このように，子どもたちを，さまざまなことに意欲と好奇心をもって取り組む人へと成長させていく力をもっている「科学絵本」ですが，それは，小学校での学びの道標である教科書のように，決まった年間カリキュラムのもと，どの子どもたちに対しても一律に読み聞かせていけば，毎年，同様の効果を発揮するものなのでしょうか。

　そうであれば，ことは非常に簡単ですが，残念ながらそうではありません。対象者が乳幼児である限り，あくまでも，今，目の前にいる子どもの側に立った絵本選びと紹介の仕方を考える必要があります。そうでなければ，その効果が十分には発揮されないからです。

2．実生活の中で体験できる身近な題材であること

　では，「子どもの側に立った」絵本について，考えてみたいと思います。

　まず，先にあげた教育要領，保育指針や「幼保連携型認定こども園教育・保育要領」（以下，「教育・保育要領」）の文中に「周囲の」という言葉が用いられていることに注目してみましょう。ここからは，子どもが好奇心や探究心をもつには，その生活から離れたものではなく，子どもの

「周囲の」事柄であることが必要であるとしていることがわかります。

また，教育要領，保育指針，教育・保育要領の「環境」の'ねらい'には，以下の3つの項目があげられています。

plus 7　実習でできる手あそび

「手あそび」には，手指を動かして楽しむものがたくさんあります。以下に，そのような「手あそび」の例として『1本と1本で』『1本と5本で』を紹介します。

『1本と1本で』　作者不詳／アメリカ民謡[1]
1本と1本で　忍者になって
2本と2本で　かにさんになって
3本と3本で　ねこさんになって
4本と4本で　たこさんになって
5本と5本で　とりさんになって　おそらにとんでった

『1本と5本で』　作者不詳／アメリカ民謡[1]
1本と5本で　たこやきたべて（①）
2本と5本で　やきそばたべて（②）
3本と5本で　スパゲティたべて（③）
4本と5本で　アイスをたべて（④）
5本と5本で　おにぎりつくって　ピクニック

＜『1本と5本で』の遊び方＞
①1本指を楊枝に見立てる。
②2本指をおはしに見立てる。
　※「やきそば」の部分を，「おすしを」という言葉に替えたものもある。
③3本指をフォークに見立てる。
　※「スパゲティ」の部分を，「ケーキを」という言葉に替えたものもある。
④4本指をスプーンに見立てる。
　※「アイス」の部分を，「カレー」という言葉に替えたものもある。

　みなさんは，上記2曲の「手あそび」の，どのようなバリエーションを知っていますか。ほかの「手あそび」や「わらべうた」にも，さまざまなものが伝わっています。

　「手あそび」の歌として，ひとまとめにくくってはいますが，その中には，作詞・作曲者などの作者の存在するもの，しないもの，外国曲のアレンジのものなど，いろいろなものが存在しています。

　また，「わらべうた」は，基礎編Lesson4（74ページ）にあるように，自然発生的に誕生してきたものが多く，同じ「わらべうた」でも地域や時代によって違いがみられるため，さまざまなバリエーションが存在しています。

　ですから，どうぞ，自分が知っている遊び方，歌い方で楽しんでください。

　保育・教育実習の場で，子どもたちの前に立ったときに「違う！」と言われ，戸惑ってしまう実習生を見かけることがあります。そいうときには，「今日は，お姉さん（お兄さん）先生のやり方でやってね」と，自分の知っている，準備してきた方法で行ってよいのです。「今度，みんなの知っているやり方も教えてね」と言えば，子どもたちは納得してくれるものです。

　あるいは，サッと自分の頭や気持ちを切り替えて，「じゃあ，みんなの知っているやり方を教えてもらおうかな？」と，子どもたちがいつも行っている遊び方に合わせる方法もあります。

　「子どもたちとコミュニケーションが取れて，楽しむことができる」，そのことが一番大切です。臨機応変に対応しましょう。

[1]「Ten Little Indians」として知られているアメリカ民謡。

(1) 身近な環境に親しみ、自然と触れ合う中で様々な事象に興味や関心をもつ。
(2) 身近な環境に自分からかかわり、発見を楽しんだり、考えたりし、それを生活に取り入れようとする。
(3) 身近な事象を見たり、考えたり、扱ったりする中で、物の性質や数量、文字などに対する感覚を豊かにする。

この３つすべてに、先ほどの「周囲の」と同じ意味合いともいえる「身近な」という言葉が入っていることに気づくのではないでしょうか。

つまり、幼児が好奇心や探究心をもって関わろうとするものには、「身の回りにある身近な」ものが相応しいとされているのです。これは、幼児にとって、興味をもったり、記憶したり、理解したりするためには、実体験が必要であるからにほかなりません。

3. 実生活と科学絵本の関係

それでは、体験的に確認できない環境では、「科学絵本」や図鑑を用いても、子どもが関心をもったり、正しい知識を身につけたりすることがむずかしいということについて、実際にあった例を参考に考えてみましょう。

事例２－２－１　カブトムシとアゲハチョウの幼虫の観察

ある３つの幼稚園・保育所の４，５歳児クラスにカブトムシとアゲハチョウの幼虫の入った飼育ケースを置きました[23]。

カブトムシ、アゲハチョウともに、それぞれの生態が分かる「科学絵本」を読み、その後も、飼育ケースの横には、子どもたちがいつでも読めるように、その絵本を置いておきました。

【カブトムシ】

カブトムシの幼虫は、土のような養土に潜り込んだままの状態で育ちます。そのため、その成長のようすは、子どもたちの目にとまることは、ほぼありません。蛹になった姿も、そして、そこからカブトムシが出てくるようすも見ることはできませんでした。

２か月近く経った頃のある日、突然、飼育ケースの中にカブトムシが現れたことに気づいた子どもたちは驚きました。その間、一度も姿を見なかったので、前に一度見た白い幼虫の姿など、子どもたちはすっかり忘れてしまっていたからです。

【アゲハチョウ】

アゲハチョウの幼虫は、その成長のようすが子どもたちの目にとまるところで育っていくため、子どもたちは、毎日、その成長を見守りました。蛹になるようすも、そこからアゲハチョウが出てきたようすも、観察することができました。

カブトムシ、アゲハチョウともに飼育が終わって、子どもたちに調査を行ったところ、毎日、成長のようすを見守ってきたアゲハチョウの生態はよく理解していました。一方、カブトムシについては、その生態を理解していない子どもたちがいることが分かりました。

両方の飼育ケースの横には、生態が描かれている絵本が常に開かれた状態で置かれていたにも関わらず、直接、目で見て観察できるかできないかで、カブトムシとアゲハチョウというふたつの昆虫に対する子どもたちの理解度に、はっきりとした差が出たのです。

*23　補足として、この事例は、３つの園で同じ実験を行ったのではなく、以下の３つの状態を比較検討してわかったことである。①ひとつの幼稚園では、あるクラスでカブトムシを、別のクラスでアゲハチョウを飼った。②もうひとつの幼稚園では、アゲハチョウだけを飼った。③保育所では、同じクラスの中でカブトムシとアゲハチョウを同時に飼った。

4．「科学絵本」の紹介の仕方

　「科学絵本」は，「物語絵本」と同様，読み聞かせる子どもの状況に合わせて選ぶものです。ここでは，4つの方法を取りあげ，その紹介の方法について考えてみたいと思います。

1）子どもの疑問や関心に合わせて，子どもたちとともに読む

　子どもは，常に，さまざまな事柄に興味をもち，分からないことがあると，保育者に聞いてきます。

　たとえば，「先生，海の中は，どうなっているの？　どんなお魚がいるの？」と聞かれたとしましょう。このような広範囲の質問には，簡単には答えられません。ひと言で海といっても，北極や南海，深海の海など，さまざまなものがあり，また，それぞれにまったく違う様相をしているからです。しかし，質問した子どもは，ほとんどの場合，世界中のすべての海のことについて，そのようすや生物を詳しく知りたいと思っているわけではありません。

　では，どうしたら，子どもたちの興味・疑問に応える絵本を紹介できるのでしょうか。それには，以下のような方法が考えられます。

①普段から，ある程度の「科学絵本」を揃えておきます。そして，その概要も知っておくようにしておきます。

②子どもから疑問を投げかけられたら，まず，「なぜ，その疑問をもったのか」を尋ねます。

③疑問をもった理由が引き出せたら，それに沿った絵本を探します。たとえば，もしもその子が，最近，近くの海に行ったためにその疑問をもったのであれば，日本近海の浅瀬の海の中のようすが描かれているような絵本を見つけるといいでしょう。

④選んだ絵本を子どもと一緒に読んだり，楽しんだりします。

　このように，自分の思い込みを避け，今，子どもが求めていることを，まずは正しく把握したうえで，その疑問に応えるための「科学絵本」を探し，子どもに提供すればよいのです。

　少人数での，子どもの興味に沿った「科学絵本」の紹介は，もっとも基本的で，重要な紹介の仕方だといえるでしょう。

▲「先生教えて！」に応えて図鑑を取り出した保育者。子どもたちの疑問や関心に，正しい知識をもとに答えます。

2）一斉活動の中で，クラス全員に「読み聞かせ」をする

　クラス全員の関心を集めたい場合には，やはり，一斉活動として「科学絵本」の「読み聞かせ」をするのが一番有効でしょう。取りあげた題材が，共通理解としての'大切なもの'や'おもしろい発見'となったときには，子ども同士の会話の中で自然と話題として取りあげられるようになります。そして，そのような会話が互いを刺激し合い，その理解をより深めていくというような相乗作用を生み出す効果もあります。

　たとえば，クラスにカタツムリなど，新しい虫が持ち込まれたとします。それを，みんなで関心をもって飼育したいと考えたとき，やはり一斉での「読み聞かせ」は，欠かせない活動となるでしょう。

　ただし，一斉での「読み聞かせ」においては，注意しておきたいことがあります。「科学絵本」は，一般に写真や写実的な図が多く使われており，その細部を見ることによって興味や知識が深まるものであるのが特徴です。多人数の前で行う一斉での「読み聞かせ」では，本と子どもとの距離が遠くなってしまうため，その特徴が生かされにくく，細部の情報が子どもに伝わりにくくなります。ですから，子どもたちがいつでもその本を手に取り，細かいところまで確認することができるようなコーナーを用意し，子ども自身の興味にしたがって，見たり，読んだりできるような環境設定をするなどの配慮が必要でしょう。

　さらに「科学絵本」の文章は，読み聞かせるために書かれた「文学的」なものだけでなく，科

学的な「説明文」としての役割をもつものも多いので，必ずしも全文を読み聞かせる必要はありません。今，対象としている子どもたちの興味・関心や発達，人数などを考慮し，読み聞かせに相応しいものかを検討することを忘れてはならないでしょう。

3) 生きものを飼育しているケースの横などに，実物と並べて「科学絵本」を置く

虫の飼育ケースや子どもたちが拾ってきた木の実の横などに，その生きものや植物のことがよくわかるような「科学絵本」を，いつでも手に取れるような状態で開いて置いておくことも，よい紹介方法のひとつです。この方法であれば，子どもたちは実物と見比べながら，自分の気が向いたときに，その興味にしたがって納得いくまで眺めることができます。

こうしたコーナーを作ると，子ども同士が自然と集まって，実物を何度も確認しながら，「科学絵本」を楽しんでいるようすが見られます。

▲飼育ケースの側に置かれたダンゴムシの「科学絵本」。虫メガネの中で動く小さな赤ちゃんダンゴムシを，絵本でじっくりと確認できる。
絵本協力：集英社（『育てて，しらべる 日本の生きものずかん4　ダンゴムシ』〈布村 昇監修，佐藤 裕・安東 浩撮影，Cheung ME絵，2004〉）

4) 季節に相応しい「科学絵本」コーナーを作る

春，カメが冬眠から目覚め，虫が活発に動き出す季節には，さまざまな生きものを題材とした「科学絵本」が子どもたちの興味を惹きつけます。それは，子どもたちにとって，それらの生きものを「身近に」感じられる季節となったからです。

夏にはたくさんの虫たち，秋には紅葉する美しい葉や空の雲，冬には氷や雪の「科学絵本」など，季節を感じられる，季節に合った題材を選んで「科学絵本」のコーナーを作ることで，子どもたちは一層，身近な自然に興味を寄せていくでしょう。

園によっては，「科学絵本」コーナーは作らなくとも，今月の絵本コーナーをクラスの中に設けているところも少なくありません。

「物語絵本」の中に，1冊か2冊でもいいので，その季節に相応しい「科学絵本」を加えておくことを心がけると，ファンタジーとはまたひと味違ったわくわく感や感動の世界に，子どもたちをいざなうことができます。

▲たくさんの生きものが活発に動き出す5月の絵本コーナーには，「科学絵本」が並びます。

おすすめ絵本

●春の絵本
『あかちゃんかたつむりのおうち』（いとうせつこ文，島津和子絵，福音館書店，2006）
『おおきなかがく ぼくはざりがに』（武田正倫監修，飯村茂樹・片野隆司写真，ひさかたチャイルド，2005）
『かがくのとも313　すみれとあり』（矢間芳子作，森田竜義監修，福音館書店，2002）
『ダンゴムシみつけたよ』（皆越ようせい文・写真，ポプラ社，2002）
『たんぽぽ』（平山和子文・絵，北村四郎監修，福音館書店，1972）
『やさいはいきている：そだててみようやさいのきれはし』（藤田 智監修，岩間史朗写真，ひさかたチャイルド，2007）

●夏の絵本
『うみのかくれんぼ』（サンシャイン国際水族館監修，ネイチャー・プロダクション写真，ひさかたチャイルド，2012）
『かぶとむしはどこ？』（松岡達英作，福音館書店，1992）
『ざっそう』（甲斐信枝文・絵，福音館書店，1976）
『どきどき・しぜん あげは』（小林 勇文・絵，福音館書店，1972）
『どきどき・しぜん にじ』（さくらいじゅんじ文，いせひでこ絵，福音館書店，1992）
『へんしんおたまじゃくし』（福山欣司監修，榎本 功写真，ひさかたチャイルド，2007）

●秋の絵本
『おいもができた』（馬場 隆監修，榎本 功写真，ひさかたチャイルド，2000）
『おちばひらひら』（久保秀一写真，七尾 純文，偕成社，2002）
『ちいさなかがくのとも138 くりくりくりひろい』（澤口たまみ文，サイトウマサミツ絵，福音館書店，2013）
『どんぐりころころ』（大久保茂徳監修，片野隆司写真，ひさかたチャイルド，2007）
『かがくのとも546 どんぐりをおとしたのはだれ？』（高柳芳恵文，はたこうしろう絵，福音館書店，2014）
『びっくりまつぼっくり』（多田多恵子文，堀川理万子絵，福音館書店，2006）
●冬の絵本
『きらきら』（谷川俊太郎文，吉田六郎写真，アリス館，2008）
『かがくのとも405 しもばしら』（野坂勇作作，福音館書店，2002）

plus 8 「読み聞かせ」を題材とする指導案

　保育・教育実習では，子どもたちの前で「手あそび」「読み聞かせ」「紙芝居」を行うこともあるでしょう。「観察実習」[*1]のときでも，こうした形で，園児の前に立つことがあります。
　「指導案を作成するように」との指示がなくても，自分なりに，「このように組み立ててみようか」と考えるヒントにもなるので，まず，「読み聞かせ」の指導案を書いてみましょう。
　以下に，指導案を作成する際の考え方を含めた一例を示します。参考にしてみてください。なお，ここでは，『てぶくろ』[*2]の絵本を読むことを例にとってみました。
（1）「活動名」は，子どもの側からの視点で表現します。
（2）「子どもの姿」とは，当日までの1，2週間，または，ここひと月くらいの子どものようすのうち，この指導案に関連のある子どもの姿です。感じたことではなく，事実を記します。
（3）「ねらい」は，この時期，この場面で，何が育ってほしいかという，「心情・意欲・態度」のことです。子ども主体の表現で，「～しようとする」「～し，楽しむ」「関心をもつ」などと記述します。
（4）「内容」は，（3）「ねらい」を達成するための具体的な活動を，その活動を通じて達成される満足感，充実感も含んだ形で，子どもの立場から「工夫する」「身につける」「気づく」などの表現で記述します。
（5）「留意点」は，保育者の側の視点から書きます。
　また，「環境構成と予想される幼児の活動」では，たとえば，「落ち着きのない子がいる」というようなマイナスの表現は避けるようにします。
　「保育者の援助」の欄には，「席につかない子がいることが予想されるので，なぞなぞをして，集まりに参加したい，という気持ちを引き出す」など，うまくいかないことを予想するのではなく，その場をどうするのか考えて記述するようにします。ここで，「どんな声かけをしようか」と，シナリオ[*3]を作って，実習に臨みましょう。

「部分実習　指導案」絵本の場合

クラス	○○組　4歳児	平成△年2月○日（○曜日）

（1）活動名　　「絵本を見る」
（2）子どもの姿
・多くの絵本に親しみ，クラスの友だちと一緒に絵本の読み聞かせの体験を重ねている。
・3学期に入り，友だち同士の結びつきが強まっている。
（3）ねらい
・友だちと一緒に絵本を見て，昔話を身近に感じる。
・絵本に親しみ，友だちとイメージを共有する。
・手袋の絵を描く製作活動につなげる。

『つららが ぽーっとん』（小野寺悦子文，藤枝つう絵，福音館書店，2003）
『どきどき・しぜん ふゆめがっしょうだん』（富成忠夫・茂木 透写真，長 新太文，福音館書店，1990）
『ふしぎいっぱい写真絵本：20 おかしなゆきふしぎなこおり』（片平孝文・写真，ポプラ社，2012）
『みかんのひみつ』（鈴木伸一監修，岩間史朗写真，ひさかたチャイルド，2007）
●そのほか
『うさぎ』（中川美穂子指導，内山晟写真，フレーベル館，2008）
『かがくのとも絵本 とりになったきょうりゅうのはなし』（大島英太郎作，福音館書店，2010）
『ちいさなかがくのとも131 でんしゃがきた！』（石橋真樹子作，福音館書店，2013）
『はじめてであう すうがくの絵本セット』（安野光雅，福音館書店，1982）
『福音館の科学シリーズ31 星座を見つけよう』（H. A. レイ文・絵，草下英明訳，福音館書店，1969）
『みんなうんち』（五味太郎作，福音館書店，1981）
『もうどうけんドリーナ』（土田ヒロミ作，日紫喜均三監修，福音館書店，1983）

（4）内容
・導入として手あそびを楽しむ。
・『てぶくろ』の絵本を見る。
（5）留意点
・製作活動につなげる声かけを行う。
【絵本を読むうえで注意する点】
・絵本が動かないようにしっかり脇を締め，右手で絵本のとじ下を支える。
・子どもたちに絵がよく見えるよう，角度，ページのめくり方などに注意する。
・ゆっくり明瞭な声で読む。間を取り，クライマックスでメリハリをつけ，工夫をして読む。
・子どもたちにきちんと伝わっているか確認し，子どものようすを見ながら読む。
・準備するもの：ウクライナ民話，エウゲーニー・M・ラチョフ絵，内田莉沙子訳『てぶくろ』福音館書店，1965

時間	環境構成と予想される幼児の活動	保育者の援助
10：05	各自，椅子を持って保育者の前に集まる。	椅子を持って保育者のまわりに集まるよう促す。すぐに反応できにくい子もいると思われるので，早め早めに声をかける。
10：10	手あそび『はじまるよ』。保育者の話を聞く。「小さすぎて入れないよ」「ネズミさんなら入れるかな？」などと答える子がいる。	導入として『はじまるよ』の手あそびをする。保育者が使っている手袋を見せる。「この中に，動物さんが入るとしたら，だれが入ることができるかな？」と聞く。
10：20	『てぶくろ』の絵本を見る。	「それでは，『てぶくろ』の絵本を読みましょう」と言ってから，『てぶくろ』の絵本を出す。『てぶくろ』の絵本を読む。間の取り方，読む速さなどに気をつけながら，登場人物の気持ちになって，会話文を読む。ページをめくるときも，常にお話の世界に気持ちを置き，子どもたちの反応を見ながら，タイミングを計って行う。
	絵本の感想などを口ぐちに話す。	読み終えたら，絵本を置き，「たくさんの動物さんが入ることができましたね」と声をかけ，お話の余韻に浸る時間を作る。
10：30	保育者の話を聞き，次の活動に関心を向ける。	「では，これから，みなさんにも，動物さんが入ることができる手袋を作ってもらおうかな？」と，手袋の絵を描く製作活動につなげる。
評価	・友だちと一緒に喜んで絵本を見られるような環境構成ができていたか。・絵本のイメージを共有できる読み方ができていたか。・絵本の内容に親しみがもてる配慮がなされていたか。	

＊1）「観察実習」という名称ではあるが，ただ観察するのではなく，実際の保育に参加しつつ，子どもたちのようすや保育者の援助の仕方などを学ぶ「参加・観察実習」のこと。
＊2）ウクライナ民話，エウゲーニー・M・ラチョフ絵，内田莉沙子訳による絵本。福音館書店より，1965年に初版が刊行された。
＊3）正確な言い方は，「細案」。

Lesson2：演習問題

1. このLessonに出てきた絵本を実際に友だち同士で読み合い，練習してみましょう。
2. 絵本を対象年齢別に選び，どのような作家が描いた作品なのか調べてみましょう。絵本ノートを作って，季節別などで分類しておくと，現場でも役立ちます。
3. チャンスを捉えて，実際に子どもたちに読んでみましょう。読んだ記録をつけましょう。なお，その際，その時の子どものようすや，とくにどの部分，あるいは何に関心をもったかなども記録するとよいでしょう。
4. 春のような季節，アリなどのような虫などについて子どもたちに知らせたい時に，「科学絵本」を活用して紹介すると効果的ですが，ほかに，どのような題材を扱う時に，「科学絵本」を用いると望ましいものと考えられますか。

【参考文献】
・相京香代子・深美馨里『わらべうたでゆったり子育て』冨山房インターナショナル，2014
・谷田貝公昭監修，中野由美子・神戸洋子編著『新・保育内容シリーズ4　言葉』一藝社，2010
・林 邦雄・谷田貝公昭監修，大沢 裕・高橋弥生編著『幼稚園教育実習』一藝社，2012
・石橋裕子・林 幸範『新訂 知りたいときにすぐわかる 幼稚園・保育所・児童福祉施設等 実習ガイド』同文書院，2013

Memo

Lesson 3　絵本を題材にした子どもの文化財

学習のキーポイント
①絵本・昔話を題材とした，さまざまな子どもの文化財（パネルシアター，手袋人形など）の意義や役割を知る。
②絵本・昔話を原案としたパネルシアター，おはなしエプロンの作り方・演じ方を知る。
③絵本・昔話の登場人物などの作り方，演じ方を学ぶ。

1　子どもの文化財を手作りする

1．子どもの文化財を手作りすることの意義

　子どもたちにおはなしを届ける際に文化財を使うと，子どもたちとのコミュニケーションにおいて大きな力を発揮してくれます。

　また，その文化財を手作りすることにも，大きな意味があります。作り手が，物語世界に心を注ぎながら文化財を作成している間に，その作品が作り手自身のものにもなっていくからです。ほかにも，子どもたちが手作りの文化財に惹きつけられること，実習生や保育者が緊張せずに子どもの前の立つことができることなど，その効果は多角的に考えられます。

2．子どもの文化財を手作りするにあたっての留意点

　ただ，絵本の絵を利用して，子どもの文化財を作ろうとする場合，注意しなくてはいけないことがあります。それは著作権[*1]です。絵本は，知的財産[*2]として保護されているのです。

　絵本の絵をコピー・模写などをして利用する場合には，著作権者の許可が必要です。学校の授業の中で，必要な範囲での使用であれば，公表されている著作物を教員や学生が著作権者の了解を得なくても複製することが認められています。保育・教育実習もこの範囲といえますが，だれでも見ることができるような発表会などに出品する場合は，授業の中で使用するケースのような許される範囲を越えるものと考えられます。絵本を題材にして手作りした大型紙芝居，パネルシアター，おはなしエプロン，ペープサートなどは，あくまでも，保育・教育の現場内での使用にとどめましょう。

　また，インターネットを介したソーシャル・ネットワーキング・サービス（SNS）などに作品の写真を掲載することは，その許される範囲を超えてしまうということも知っておきましょう。

　それ以外にも，一つひとつの手作りの文化財を大切に保管すること，すぐに取り出せるようにすることも，保育者に求められることです。

3．手作りできる，さまざまな子どもの文化財

　以下に，身近に作ることができる子どもの文化財について紹介しましょう。
1）人形
（1）「人形劇」とは
　「人形劇」とは，文字通り人形を使った劇のことですが，人型だけでなく，動物でも無生物で

[*1] 著作権とは，1886年，スイス（ベルヌ）にヨーロッパ諸国が中心となって10か国が集まり，「文学的及び美術的著作物の保護に関するベルヌ条約」（通称，「ベルヌ条約」）により定められたもの。日本は1899（明治32）年に「著作権法」を制定し，同年，「ベルヌ条約」に署名した。この法律は1970（昭和45）年に全面改正され，その後，著作物等の知的財産を重視していく方針で，毎年改正されている（文化庁による）。

[*2] 「知的財産権」とは，知的な創作活動によって何かを創り出した人に対し，「他人に無断で利用されない」という権利を保護する制度である。「知的所有権」や「無体財産権」と呼ばれることもある。著作物利用許可申請書（日本書籍出版協会のホームページからダウンロードできる）を各出版社に送り，許諾を受けられた場合のみ，利用が可能となる。

も，何でも人形となります。

　専門家の作る人形には，かなり大振りのものもあり，あやつり（糸繰り）人形，人形の頭をかぶるマスクプレイ人形，棒人形，影絵人形など，さまざまなものがあります。

　保育者が作る場合は，身近な素材である紙粘土，毛糸や布，新聞紙，ダンボール，プラスチック素材，紙パック（牛乳パック），ペットボトルなど，何でも使えます。

　子どもたちは，アニミズム世界[*3]に生きています。保育者の手にある人形を，子どもたちがどれだけ身近に感じるかは，保育者の演じ方次第です。子どもとともに，これらの手作り人形を楽しむには，いかに動きが感じられるように子どもの前に差し出せるかにかかっています。それを扱う保育者の気持ち，言葉を託し，生き生きと表現しましょう。

　たとえば，人形を袋に入れ，「♪ととけっこう　よがあけた　まめでっぽう　おきてきな」[*4]と歌いつつ取り出し，「おはよう」とあいさつする場面を作るなど，「手遊び歌」や「わらべうた」と組み合わせることも可能です。演じる前には，たとえば，その人形は眠そうに起きてくるのか，元気よく飛び出すのか，その動きと言葉，その両方を何度もくり返し練習します。大きめの鏡に向かって演じてみるとよいでしょう。

（2）手袋人形・カラー軍手人形など布製の人形

　動物の人形，子どもの人形など，手袋，カラー軍手を使って，長く使える布製の人形を作りましょう。

　また，手袋・カラー軍手だけでなく，人形の型紙を布の上に置いて切り，周囲を縫ったもの，靴下人形，ひも人形，ハンカチのねずみ，お手玉を人形にしてのミニ舞台など，工夫次第で，さまざまな布からも人形を作り出すことができます。

　布の人形の利点は，布のあたたかみが幼い子どもたちにも親しみやすいものであること，洗うことができるため，清潔に，長く使うことができることです。

　ここでは，簡単に作れる，いくつかの手作り人形の例を紹介します。作り方を参照のうえ，取りあげる登場人物を工夫して，オリジナルの子どもの文化財を作ってみましょう。

軍手人形

【用意するもの】
- カラー軍手
- 針
- 糸
- 化繊綿
- ハサミ
- パーツ用の素材（ボタン[*5]，フェルト，化繊綿，刺繍糸，リボンなど適宜）

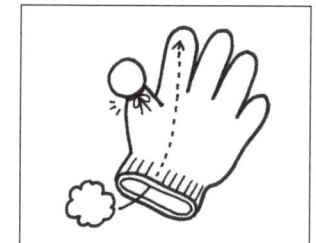

▲出来上がりイメージ

【作り方】
① 軍手の指先から3cmくらいまでの部分に，化繊綿をしっかり詰め，詰め終わりのあたりを糸を数回巻きつけて，しっかりと止めます。
② 「①」の化繊綿を詰めた部分に，パーツ用の素材を使って登場人物の顔を作るとできあがりです。糸で止めた部分にリボンなどを巻きつけてもいいでしょう。
※「②」の工程で，縫う作業がむずかしい場合には，油性ペンなどで表情を描いてもいいですし，パーツをフェルトで作り，それを手芸用の接着剤で貼りつけてもかまいません。ビーズや目玉シールなども使えます。
※化繊綿を詰める前に顔を作っても構いませんが，化繊綿を詰めた後に表情を作った方が，きれいに仕上がります。

▲指先の部分に化繊綿を詰めて，糸で巻き止めます。

[*3] 「幼児期は，生命のないものにも生命が宿り，意識をもっていると考える傾向がある」というもので，スイスの心理学者ジャン・ピアジェ（Jean Piaget，1986-1980）によって提唱された。基礎編 Lesson 1（9ページ），基礎編 Lesson 4（125ページ）も併せて参照のこと。

[*4] 元歌は，『ととけっこう』というわらべうた。『ととけっこう よが あけた』（こばやしえみこ案，ましませつこ絵，こぐま社，2005）として絵本が刊行されている。

[*5] 赤ちゃん用に作るときには，誤飲する危険性のある素材は避けるようにする。

布人形

【用意するもの】

・手のサイズよりもひと回りくらい大きめの布またはフェルト2枚分
・パーツ用の素材（ボタン，フェルト，化繊綿，刺繍糸，リボンなど適宜）
・糸（縫い合わせる用）
・厚紙

【作り方】

①厚紙で動物など，好きな人形の形に型紙を作ります（その際，親指と小指を入れる場所となる，人形の手の部分を作ること）。

②布の表側が内側になるように2枚を合わせ，その上に①の型紙を置き，型紙より少し大きめに周りを切ります。フェルトの場合は，2枚を重ねて，同様にまわりを切ります。

③布の1枚の表側に，人形の表情を作ります。耳をつけたり，リボンなどで飾りをつけたりしてもいいでしょう。フェルトの場合は，②の内の1枚に，同様に表情を作ったり，飾りをつけたりします。

④布は，②の要領で，布の表側が内側になるように2枚を合わせ，周囲を縫い合わせます。裏返してできあがり。フェルトの場合は，表情をつけた面が表側にしたまま2枚を重ね，まわりを縫ってできあがり。縫い目などが気になる場合は，フェルトも布と同様に作っても構いません。

※「③」の工程で表情を作る際は，161ページで紹介の軍手人形と同様，作りやすい方法で作るといいでしょう。

※市販の無地のミトンを活用して，登場人物の表情を作ると，それだけで布人形になります。

※『手ぶくろ人形の部屋』[*6]など，軍手などを利用した手作り人形の作り方が紹介されている手芸の本も多数，出版されています。そういうものを活用してもいいでしょう。

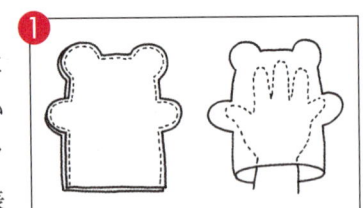

◀表になる面を内側にして，周囲を糸で縫います。布の長さは，手のつけ根がすっぽりと隠れるくらいがいいでしょう。

◀裏返して，きれいに形を整えたらできあがりです。

▲フェルトの場合は，まわりを糸で縫ったまま，裏返さずに仕上げることができます。

何かひとつの絵本を題材として人形を作っておくと，ほかのお話のときにも使える場合があります。たとえば，『赤ずきん』[*7]のお話を題材に人形を作ったら，登場人物の中から「おおかみ」「赤ずきん」「お母さん」の人形を使って，『なぞなぞのすきな女の子』[*8]の人形劇を演じることもできます。また，「おおかみ」は，『おおかみと七ひきのこやぎ』[*9]のお話でも，『三びきのこぶた』[*10]でも大活躍するはずです。

ヘビの人形

【用意するもの】

・2色のカラー軍手の指の部分

[*6] 高田千鶴子製作・指導による書籍。偕成社により，1982年に初版が刊行。

[*7] グリム文，バーナディット・ワッツ絵，生野幸吉訳による絵本。岩波書店より，1976年に初版が刊行された。

[*8] 松岡享子作，大社玲子絵による幼年童話。学研より，1973年に初版が刊行された。

[*9] グリム童話，フェリクス・ホフマン絵，瀬田貞二訳による絵本。福音館書店より，1967年に初版が刊行された。

[*10] イギリス昔話，瀬田貞二訳，山田三郎画による絵本。福音館書店より，1967年に初版が刊行された。

・ウッドビーズ2個
・綿ロープ（長さは適宜）
・化繊綿適宜
・刺繍糸適宜

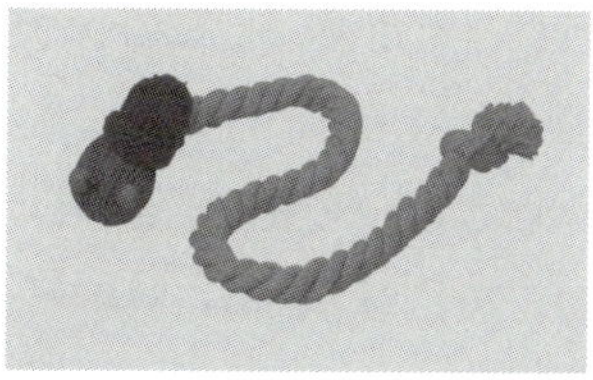

【作り方】
①1色のカラー軍手の指先の方に，ウッドビーズを刺繍糸で縫いつけ，ヘビの目を作ります。
②①の軍手の指先に化繊綿をしっかりと詰め，口の部分に綿ロープの片側を差し込み，軍手と布ロープを刺繍糸で縫い合わせます。 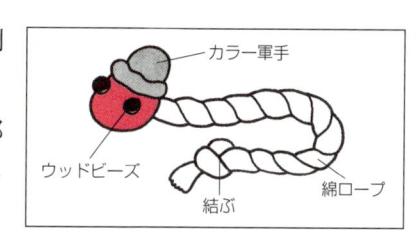
③もう1色のカラー軍手の指先に化繊綿を詰めたら，口の部分を外側にくるくると巻いて，帽子のつばを作り，巻いた部分が開かないように縫い留めます。
④③を②の上部に縫いつけ，綿ロープの端を1回結んでできあがりです。

※身体の部分を，綿ロープの代わりに細長い袋状のものにし，大小大きさの異なる球形の発泡スチロールを詰めると，触り心地や動きがおもしろい人形になります。また，これを活用して作ったヘビ人形の頭と身体の部分に持ち手をつけると，くねくねと動く人形劇の人形としても使えます。

※ヘビの頭に載せた帽子を，イラストのようにカラーリボンを巻きつけて指にはめただけで「帽子人形」という立派な人形になります。帽子の中に化繊綿を少な目に詰めて，そのまま指先にはめるだけです。指にペンなどで表情を描いてもいいですし，表情をつけた軍手の指先の部分にこの帽子を載せても遊べます。また，白い軍手の指の部分にも化繊綿を詰め，口の部分を縫い留めると，手のひらサイズの小さな軍手人形になります。

（3）さまざまな素材から

布以外の身近なリサイクルできるような素材も，人形に変身させてみましょう。

紙コップに絵を描いたり，折り紙を貼ったりした人形であれば，子どもでも簡単に作れます。子どもたちの作った紙コップ人形やお手玉人形[*11]などを，机の上で動かす「テーブル人形劇」[*12]に使うと楽しい時間となります。

紙コップ・紙パック人形
【用意するもの】
・紙コップまたは紙パック
・ペンなどの筆記用具
・折り紙や色画用紙など（必要であれば）

【作り方】
①イラストのように，紙コップの両側の端の部分を切り落とします。
②①を底の部分で半分に折り，紙コップを縦長に開いた状態にします。紙パックの場合には，飲み口部分をあけて中をきれいに洗って乾かし

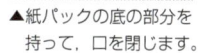

[*11] 小豆やペレット（重し）を入れた布製のお手玉に，目・口・耳などをつけて作った人形。

[*12] テーブルの上で人形を動かして演じるミニ人形劇。ひとりで行うことができる。

てから、イラストのように、対角線になる２つの角の部分を、底の部分まで切ります。

③②の表面に人形の絵を描くとできあがりです。紙コップ人形の場合は小さいので、イラストのように、そのまま余白も残したままでもいいですし、余白を切り落としてもいいでしょう。紙パックの場合は、表になる部分に絵柄が入っているので、折り紙や色画用紙などを貼ったうえで表情などを描き入れ、動物など、登場人物の形に余白部分を切り落とすとよいでしょう。

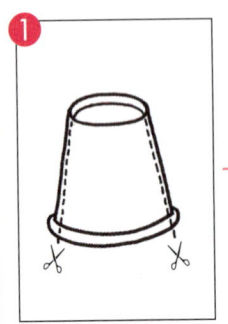

❶
▲紙コップの直径の両端にあたる部分に、飲み口から底に向かって切り込みを入れます。

❷
▲底の部分を谷折りにして、紙コップを縦に開いて絵を描くとできあがりです。

◀紙パックの注ぎ口側を開き、紙コップ人形と同様の方法で、対角線上の２つの角の部分を、開いた口の方から底方向に向かって切り込みを入れます。

底を谷折りして縦にひらく

ペットボトル人形

【用意するもの】
- ペットボトル（きれいに洗って、中を乾燥させたもの）
- 割り箸（割っていないもの）２膳分
- 輪ゴム
- フェルト
- 布
- 化繊綿
- 刺繍糸
- ビニールテープもしくは荷造り用布テープ

▶片手で割り箸を握り、もう片手でペットボトルの飲み口の部分を持って、上下に動かして遊びます。

【作り方】
①ペットボトルを適当な長さに切り、飲み口がついている方を使います。切り口で手を切らないように、切り口の部分にビニールテープもしくは荷造り用布テープを貼って保護します。

②割り箸２膳分を、ペットボトルより長くなるように長さを調節してビニールテープもしくは荷造り用布テープでしっかり固定します。

③フェルトと化繊綿で作った人形の頭を割り箸の先につけ、洋服のように作った長めの布を縫いつけます。布は動かす手が隠れる程度の長さにし、手を差し入れる後ろ側の下の部分は、閉じずに開いた形にしておくと、動かしやすくなります。

④③の割り箸を①のペットボトルに、飲み口の部分が下になるようにして通します。ペットボトルの飲み口のつけ根辺りを輪ゴムでゆるめに留めてできあがり。

（図ラベル：フェルト／布／切ったペットボトル／割り箸）

＜応用＞
動物の顔の部分を、軍手で作ることもできます。
【用意するもの】
・カラー軍手

- 糸
- 化繊綿
- 針
- ハサミ
- パーツ用の素材（ボタン*13，ビーズ，フェルト，刺繍糸，リボンなど適宜）

▲軍手で作った2種類の犬の顔。　写真提供：富田優希さん

*13　赤ちゃん用として作る際には，誤飲の危険性のある素材は避けること。

【作り方】

① 軍手を指の部分もすべて裏返しにして，指のつけ根の部分を縫う，もしくは，糸で巻きつけてしばり止めます。そのとき，指の部分を動物の耳になるように活用する場合は（写真右），その分の指のつけ根は縫わずに，もしくは糸で巻き止めずに残します。

② ①を表に返し，パーツ用の素材を使って，表情を作ります。

③ ②にしっかり化繊綿を詰め，軍手の口の部分を縫い閉じるとできあがり。

※「②」の工程で表情を作る際は，161ページで紹介の軍手人形と同様，作りやすい方法で作るといいでしょう。写真は，パーツをフェルトで作り，それを手芸用の接着剤で貼りつけて作ったものです。

※化繊綿を詰めた後に，表情を作った方が，きれいに仕上がります。

※軍手の指の部分をじょうずに活用すると，動物の耳として活用できます（写真右）。

そのほかにも，先に触れたように，紙粘土，毛糸，新聞紙，ダンボール，木の実，廃材（トイレットペーパーの芯など），スポンジ，100円ショップで購入できるようなさまざまな素材（紙皿，紙コップなど）が，何でも保育の中で用いる子どもの文化財に変身します。

いろいろなもので人形を作り，お話の世界を再現してみましょう。

2）ペープサート（Paper Puppet Theater）

紙の人形を「ペープサート」と呼びます。割り箸などを持ち手として使い，この持ち手を回すことで，紙人形の表と裏の面の変化をつけて，おはなしを表現する文化財です。

以下のようにして，作ります。

ペープサートの作り方

① 画用紙など，2枚の厚手の紙に登場人物を描きます。前向きと後ろ向き，右向きと左向き，泣いた顔と笑った顔など，変化をつけて描くことがポイントです。

② 2枚を，同じ大きさに，余白をつけてうちわのように切り抜きます。

③ 持ち手となる割り箸などを，持つ長さを考えながら片面（絵のない面）に荷造り用の布テープなどで貼りつけます。

④ もう1枚の紙をのりなどで貼り合せ，できあがりです。

▲登場人物の表と裏など，画用紙に一対の絵を描きます。

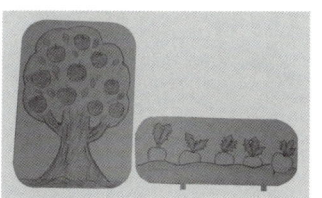

▲背景もペープサートで作ることができます。

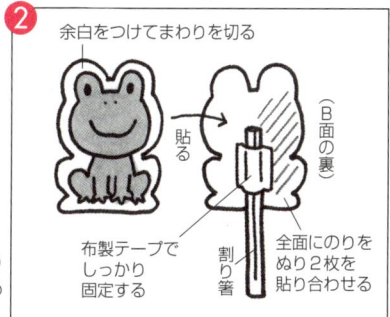

▶片側の裏側に持ち手になる割り箸などをしっかり固定して，もう片方の絵を貼り合わせます。

❶ ▲大きなこぶたのわらの家ができました。 
❷ ▲おおかみがやってきて壊してしまいました。 
❸ ▲中くらいのこぶたの木の家ができました。 
❹ ▲おおかみがやってきて壊してしまいました。 
❺ ▲小さいこぶたのレンガの家に,おおかみがやってきました。 
❻ ▲おおかみはレンガの家を壊すことができず,逃げて行きました。

　登場人物の表情を裏と表で変えるなど,手軽に作れ,幅広い年齢の子どもが楽しめます。たとえば,きつねとたぬきの化かし合い,風船やクレヨンが描いた絵に変化するなど,裏表の変化が楽しめるような作品を作りましょう。ひとりでも,数人でも演じられます。

　また,舞台を使うと,演じやすく,見応えのあるものになります。

簡単に作れる舞台
【紙パックを使って】

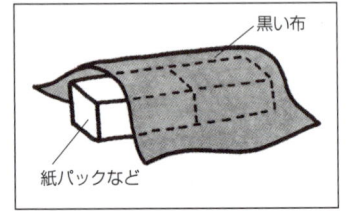

　紙パックを数本分並べるなど,平らなもので台を作り,上から黒色の布をかければ,簡易の舞台ができあがりです。これを高さ40～50cmくらいの小さめのテーブルなどに布をかけて,その上に置いて使ってもよいでしょう。この舞台は,ペープサート以外にも,お手玉人形劇をはじめ,小さめの人形を使ったいろいろなテーブル人形劇にも活用できます。

【身近なものを活用して】

　ペープサートの場合,舞台とそれを見ている子どもたちとの間に一定以上の距離ができると,子どもたちからは見づらくなってしまいますので,舞台は,できるだけ厚みが少ないものが適します。机などを活用する場合にも,そのまま卓面を舞台として活用するのではなく,足の部分が自分の側に来るようにして倒し,そこに黒い布をかけて使うと,子どもたちからは見やすい舞台になるでしょう。ただし,机の脚の部分でケガをしないように,演じるときには注意が必要です。また,この舞台は,1～2人くらいの少人数で演じるときに適しています。

　机以外にも,工夫次第で身近なものが舞台になります。たとえば,両脇に傘立てなどを利用し,長い棒を固定したところに黒い布をかけるだけでも,また,譜面台を2～3台並べて少し厚手の横長の厚紙をわたし,そこに薄め黒い布をかけても,同様に簡易舞台になります。

3) からくりミニ劇場

　「からくりミニ劇場」は,しかけの中からおはなしが飛び出してくるように感じられる,楽しい文化財です。絵本のページをめくるように,お話の場面が次々と現れます。

（1）紙パックシアター

1,000mlの紙パックを使って作る，立体のからくり劇場です。

6.3cm×145cmくらいの長い紙[*14]を3本を用意し，右巻きと左巻きにした2本の紙パックを合わせると，立体からくりのできあがりです。12～13面のおはなしを展開することができます。

*14 ケント紙が丈夫で，破れにくい。

紙パックシアターの作り方
【用意するもの】
- 紙パック（1,000mlのもの）2本分
  ※きれいに洗って，しっかり乾かしておいたもの
- 八ツ切画用紙3枚またはA2サイズのケント紙1枚
- のり，セロハンテープ，はさみ，など
- マジック，クレヨン，色鉛筆，ペン，など

【作り方】

①画用紙は横向きに使います。1枚につき，6.3cmの幅の細長い紙を9本作り，3本の重なり部分をのりで貼り合わせて，145cmくらいの細長い紙を作ります。これを3本分準備します。
  ※貼り合わせるときにセロハンテープを使うと，上から絵が描けなくなってしまうので，補強する場合には，最後に絵を描いてから貼るといいでしょう。

②1本の紙パックには，真ん中の部分を空けて，①の紙を，上と下に2枚，左巻きに貼り，巻き終わり部分を14cmほどの長さ分を残して，グルグルと巻きます（A）。もう1本の紙パックには，上下の部分を空けて，①の紙を，真ん中に1枚，右巻きに貼り，Aと同様にして巻きます（B）。

③Aの巻き終わり部分はBの紙パックに，Bの巻き終わり部分はAの紙パックにのりで貼りつけると（❸の下のイラストのようになります），紙パックシアターのベースは完成です。

④自分で物語の場面割りを考えて，③に，はじまりから順にお話を描いていくとできあがりです。

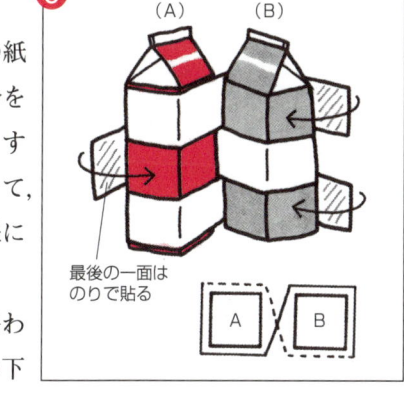

▲オリジナル『ぴよぴよひよこ』のお話のスタートです。

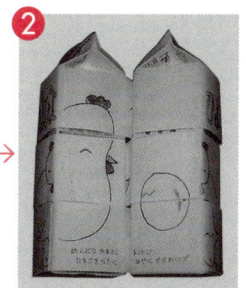

▲2本の紙パックをゆっくりと外側の方向に開くと，お話が展開していきます。

▲オリジナル『みずたまり』のお話のスタートです。

▲お話が進むうちに，カエルやウサギが登場し，子どもたちの興味をひきます。

（2）平面からくりシアター

土台となる平面の厚紙に，「紙パックシアター」と同じ方法で長い紙を巻きつけると，「平面からくりシアター」になります。絵がパタパタと変化していく楽しさは，「紙パックシアター」と

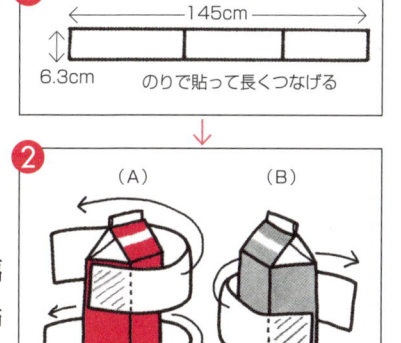

plus 9　1枚の紙で作る絵本を「自己紹介絵本」に

1．「自己紹介絵本」を作ってみよう

1枚の紙の裏表を使って，保育・教育実習の場で大活躍するオリジナルの「自己紹介絵本」を作ってみましょう。作り方は以下の通りです。

【用意するもの】
・少し硬めの四ツ切り画用紙1枚
　※自己紹介用には，A2判くらいの大きさのものが適しています。
・はさみ

【作り方】
① 画用紙を横方向に置いたら，まず，横半分に折りたたみます。さらにそれを縦半分，横半分に折り，4等分になるように折り目をつけたら，半分に折りたたんだ状態に開いて戻します。
② ①の画用紙の開いていない方の縦半分の位置から，折り目が交差しているところまで，折り線に沿って横方向にはさみを入れ，切り目を入れます。
③ 上の部分を横半分に折ってから，さらに縦方向に半分に折ったら，絵本の土台のできあがりです。

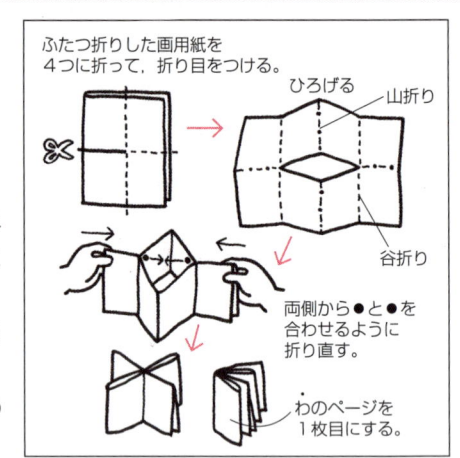

ふたつ折りした画用紙を4つに折って，折り目をつける。
ひろげる　山折り　谷折り
両側から●と●を合わせるように折り直す。
わのページを1枚目にする。

❶ ▲8面の小さな絵本に見えますが…。 
❷ ▲7面目まできたところで，矢印のように上方向に絵本を開くと…。 
❸ ▲中の全面を使って，さらにお話を展開することができます。

絵本の土台ができたら，まず，自分の名前（ひらがなのフルネームで考えます）の一文字ずつについて，子どもたちに理解できる範囲の身近なもので，何が当てはまるのかを考えます。

たとえば，あなたの名前が「どうぶん　しょうこ」さんだとします。
・ど＝ドーナツ
・う＝うま？　うしがいいかな？
・ぶ＝ぶた
・ん＝パンダのん（少々，強引でも大丈夫です）

同じです。

（3）1枚の紙で作る絵本

1枚の紙の両面を使ってお話を作ります。詳しい作り方は，「plus 9　1枚の紙で作る絵本を『自己紹介絵本』に」を参照してください。

4）大型紙芝居

（1）大型紙芝居を作る

ひとりで扱えるサイズの大型紙芝居でしたら，515mm×728mm（ほぼB2判のサイズ）のボール紙（板目紙）で作成するといいでしょう。

近年は，市販の大型紙芝居を販売している出版社が増えてきているので，絵本，紙芝居を模写する作品は，著作物利用許可申請書を提出しても許諾が出ないことも考えられます。先にも述べ

- しょ=しょうがっこう
- う=うさぎ
- こ=コアラ

　今あげた，ひらがな一文字と，そこから連想する絵を，各ページに描（書）きます。そして，その裏面には，たとえば，①好きな食べ物，②好きな遊び，③好きなスポーツ，④好きな乗り物，⑤好きな色，⑥好きな季節，などを考え，同じように，それぞれについての絵を描き，遠くからでもはっきりと見えるように，太めのサインペンで縁取りをします。

　色を塗る際にクレヨンを使うと，ほかのページにも色が移ってしまうので，色鉛筆，ソフト色鉛筆などを使って彩色するといいでしょう。クレヨンで描くしかない場合には，定着液を吹きつけておくといいでしょう。

2．自己紹介をしてみよう

　それでは，自分で作った「自己紹介絵本」を使って，実際に自己紹介をしてみましょう。具体的なセリフの例を以下に示すので，参考にしてみてください。

【自己紹介の例】

　こんにちは，幼稚園の先生になるための勉強をしています。きょうから，みなさんのクラスに入れていただくことになりました。お姉さんの名前を覚えてもらおうと思って絵本を持ってきました。

ドーナツの「ど」
うまの「う」
ぶたの「ぶ」
ぱんだの「ん」
しょうがっこうの「しょ」
うさぎの「う」
こあらの「こ」
「どうぶん しょうこ」といいます。
好きな食べものは，さくらんぼです。
好きな遊びは，ブランコです。
好きなスポーツは，水泳です。
好きな乗り物は，飛行機です。
好な色は水色，海と空の色です。
海で泳げる夏が，一番好きな季節です。
どうぞよろしく。
そうそう，お姉さんの名前には，「パンダ」と「うさぎ」と「コアラ」が入っています。
みんな，「パンダうさぎコアラ」[*1]の歌遊び，知ってる？　知ってる人がいたら，一緒に歌って下さい。

　このように，「自己紹介絵本」のページを開きながら自己紹介をしたら，改めて「パンダ」「うさぎ」「コアラ」のページを開きながら，「パンダうさぎコアラ」の歌を歌います。

*1）高田ひろお作詞，乾 裕樹作曲による童謡。

たように，だれでも見ることができるような発表会などに出品する目的で作成する場合は，注意が必要です[*15]。

（2）大型紙芝居を演じる[*16]

　紙芝居には，物語中心のものと，子どもたちを巻き込んで展開するものとがあります。いずれの場合も，紙芝居は演じる要素が強いものになります。子どもたちの前で演じる際には，以下のようなことに気をつけましょう。

①「下読み」を行い，演出ノート[*17]にしたがって練習しておきましょう。
②抜き（めくり），止めの効果を意識して演じます。
③絵本を読むときよりも，「演じる」ことを意識しましょう。
④子どもたちの反応を確かめながら演じましょう。

*15　著作権については，このLessonの160ページを参照のこと。

*16　紙芝居の演じ方については，基礎編Lesson 4（92ページ）を参照のこと。

*17　紙芝居の台詞などが書いてある面の下側に，たとえば，「大きな声で」「話しかけるように」など，読み方のヒントが書いてある部分のこと。

⑤できれば，紙芝居の枠を使います。なければ，幕紙[*18]を作って表紙の前に出し，同じものを最後の場面の後に見せて締めくくり，舞台である雰囲気を作りましょう。

2 絵本で演じるパネルシアター・おはなしエプロン

1．パネルシアター
1）パネルシアターとは

　「パネルシアター」は，Pペーパー[*19]という特殊な紙に写し取った人形に色を塗って動かす人形劇です。人形の首や手の部分を本体に糸で止めて動きを表現したり，窓や戸が開くように切り込みを入れたり，さまざまな仕掛けを施すことで，いろいろな展開を楽しむことができます。そのため，物語を再現することにも，歌の歌詞を覚えて楽しく歌うことにも応用されています[*20]。

　また，手作りの人形であることから，演じる人と見ている子どもたちの間に親近感が生まれ，コミュニケーションが容易に取れる，魅力ある視聴覚教材ともなっています。

　ただし，少し大掛かりなものになりますので，日常的に行うものというよりは，クリスマス会や誕生会など，特別なときに上演するのに適した文化財だといえるでしょう。

　先にも述べたように，さまざまな仕掛けができるものではありますが，ここでは，ごくごくシンプルな作り方を紹介します。また，下絵を写してパネルシアターが作れるような書籍が数多く出版されているので，そのようなものを活用して手作りしてみてもいいでしょう。

パネルシアター用の絵人形の作り方

【用意するもの】
・Pペーパー
・黒の油性ペン（少し太めのものがよい）
・彩色用の絵の具やポスターカラーなど
　※とくに，Pペーパーの白色を生かす場合以外は，下地用としてクリーム系の色目のものを用意しておくといいでしょう。
・筆，はさみ

【作り方】
①Pペーパーに，黒の油性ペンで登場人物の輪郭を描きます。
②白色をいかす人形の場合以外は，①で取った輪郭の内側を，クリーム色系統の色味で塗りつぶし，乾かします。
③②の上から，登場人物に適した色味で色を塗ります。その際，外側から内側に向かって色を塗り，中心に向かってぼかすように塗ると，仕上がりがきれいになります。
④③が完全に乾いたら，①で取った輪郭に沿ってはさみで切ります。
⑤④の輪郭を油性ペンで再び囲み直すと，できあがりです。
※登場人物である絵人形がしわになってしまったり，色が落ちてしまったりしないように，彩色したらニスなどの定着液を吹きつけておくといいでしょう。
※パーツがなくなりやすいので，封筒やクリアファイルなどに，演じ方の台本と一緒に保管するといいでしょう。

2）パネルシアターの題材を決めるときの注意点

　パネルシアターには，適する物語とそうではない物語があります。パネルシアターに向く物語の特徴を，以下にまとめます。

[*18] 紙芝居と同じサイズの厚紙に画用紙や包装紙などを貼って作るもの。紙芝居の1枚目の前や最終場面の後に入れて，物語のはじめと終わりを演出するために使う。紙芝居の枠に入れても使うことができる。

[*19] 不織布（服の芯地）が，起毛ネル布に容易にくっつき，はがすのも簡単であること，両面に着色できることから用いられるようになった。古宇田亮順が1973（昭和48）年に「Pペーパー」と命名した。

[*20] パネルシアターでも，当然，著作権の問題が生じるので注意が必要である。著作権については，160ページを参照のこと。

①登場人物が，あまり多くないもの

※登場人物が多いと，人形の取り出しが大変になります。取り出しに手間取って物語が途切れないように，登場人物はあまり多くない方がいいでしょう。

②場面転換があまり多くないもの

③おはなしの長さが，あまり長くないもの

※5〜15分くらいの長さで終われるものを目安とするといいでしょう。

3）パネルシアターの演じ方

パネルシアターは，以下のような方法で演じます[1]。

①「おはなし」を始める前には，登場人物の絵人形がすべて揃っているか，また，順番に並べられているかを確認しておきます。

②絵人形は，利き手を使った方が扱いやすいので，右利きの人はパネルボードの右側に，左利きの人はパネルボードの左側に立つといいでしょう。

※絵人形が，子どもに見えなくなるような位置に立つことは避けましょう。

③パネルシアターは，演じ手と聞き手がコミュニケーションをはかりながらおはなしを展開するものではありますが，語られ，演じられるのは「おはなし」であることを聞き手に意識づけするためにも，始める前には台本を覚え，聞き手にしっかり伝わるように，はっきりとした声で，これからはじまるおはなしの題名を紹介します。

④どの位置の聞き手からも絵人形が見やすいように，また，登場人物たちが「おはなし」の流れに沿った，適した位置関係になるように，パネルボードにバランスよく貼れるようにします。

⑤「④」とも関連しますが，絵人形をパネルボードに貼る際には，「おはなし」の流れが途切れないよう，1度で，適した位置に貼るようにします。そのとき，聞き手である子どもたちにとって，「おはなし」の中の絵人形は命が吹き込まれた生きものですので，パネルボードにきちんと貼ることばかりに意識が集中して，絵人形を何度も強く押さえたり，たたいて貼るようなことがないよう，ていねいに取り扱うように注意しましょう。

⑥聞き手である子どもたちが「おはなし」の世界に入り込めるように，絵本の「読み聞かせ」などと同様，聞き手が聞きやすいように，焦らず，「間」や「リズム」を大切にしながら語り，演じるようにします。

※「③」でも述べたように，パネルシアターを演じるときには，子どもたちとコミュニケーションを取ることが前提となるので，子どもたちの反応をしっかり受け止め，子どもたちとのやり取りも大切にします。

このようなことも含め，パネルシアターを演じるためには，ほかの子どもの文化財同様，ていねいな練習が必要であることはいうまでもありません。

1）山本眞基子・平川静子，児童図書館研究会編集部編『てまめあしまめくちまめ文庫（実技編1）パネルシアター（初級編）』p.15，児童図書館研究会，1997，より。

パネルボード（舞台）の作り方

【用意するもの】

・パネル板2枚（片面が接着用となっているもの）
・ネル布（パネル板2枚よりひとまわり大きいもの）
・荷造り用布テープ（白）[*21]

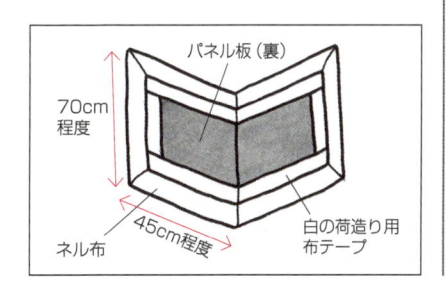

【作り方】

①パネル板2枚を貼り合わせます。

*21　荷造り用布テープは，裏移りしないように白色のものを用いる。

②①の接着面の方にネル布を貼ります。ネル布の余分な部分を裏側に折り，表に映らないように白色の布製のテープで留めて，できあがりです。

※作ったパネルボードは，聞き手である子どもたちが見やすいように，また，絵人形が落ちにくくなるように，イーゼルや譜面台などを活用して，少し傾斜をつけて立てかけるとよいでしょう。またその際，イーゼルや譜面台の下の部分を黒い布で隠すと，より舞台らしくなります。

2．お話エプロン

「お話エプロン」とは，胸当てのあるエプロンを舞台とし，そのエプロン上で物語を演じるものです。マジックテープの凸凹を利用し，凹面をエプロンに，凸面をフェルト製の人形につけ，エプロンの舞台に人形を貼りつけながらお話を展開していきます。

「お話エプロン」の代表格である『エプロンシアター®』は，1979（昭和54）年に，中谷真弓が，雑誌『幼児と保育』（小学館より刊行）に発表したのが始まりで，エプロンという，日常，どこにでもあるものが，おはなしの舞台となる楽しみがあります。『エプロンシアター®』は，実物大の型紙，作成の方法と説明，演じ方などが記載された書籍も刊行されています。

また，『簡単たのしいエプロンでつくるポケットシアター』[22]は既成のエプロンを使って作成するもので，ひとつのエプロンで，いくつかのおはなしが演じられるようになっています。

保育・教育の現場では，エプロンの着用については，いつもつけている園，給食の時間だけエプロンをつける園など，さまざまですが，それでも，エプロンという日常的なものが，非日常的な空間となる楽しさは，幼い子どもたちにとっては，思わず「触ってみたい」と思うほど楽しいものなのです。そのように，子どもたちが親しみを感じるエプロンで「おはなしエプロン」を演じると，その手応えを感じることができるでしょう。

▲道・森・川・家などのベーシックな背景を縫いつけておくと，いろいろなおはなしを演じることができて便利です。

3 絵本の登場人物を作る

1．絵本の登場人物を手作りするメリット

現在，さまざまな絵本やお話をもとにした『羊毛フェルトで作る絵本のマスコット』[23]『いっしょにつくろう―絵本の世界をひろげる手づくりおもちゃ』[24]『手作りおもちゃ・おはなし小道具シリーズ　おばけの作り方教えます』[25]をはじめ，手作りおもちゃの作り方を紹介している書籍が，多数，出版されています[26]。

手作りおもちゃとひと言でいっても，人形やパペット，指人形，おはなしエプロン，絵本など，その種類や大きさはさまざまで，既製品や制作キットとして販売されているものまであります。それらを，インターネットなどを利用して，簡単に購入することができるようにもなってきています。しかし，高価なものや

[22] 尾崎富美子著による書籍。2010年に，トロル出版部より刊行。

[23] 須佐沙知子著による書籍。白泉社より，2013年に刊行。

[24] 高田千鶴子・酒本美登里・小林義純製作，村田まり子絵，ペソ写真による書籍。福音館書店より，1994年に刊行。

[25] 芳賀哲著による書籍。一声社より，2013年に刊行。

[26] これらの本の多くが，ロングセラー絵本を中心に扱っている。作り方の説明だけでなく，型紙を紹介しているものも多くあり，初心者でも作りやすい工夫がされている。

オリジナリティに欠けるものもあり，実際の子どもとの遊びに，本当に適しているのかを吟味する必要があります。

なぜ，保育者がおもちゃを手作りすることに目が向けられているのでしょうか。その理由として，以下のようなことが考えられます。

1）環境に合わせておはなしすることができる

保育者自身が自分で作った手作りおもちゃだからこそ，演じる際に，使い勝手のよいものとなります。そのため，保育室などの室内で，大勢の子どもたちを前におはなしを演じて見せる場合だけでなく，おはなしによっては外で使用することもできます。また，預かり保育などの少人数を対象とした場面での人形劇など，さまざまな場面でも使用することができます。

2）コミュニケーションの道具として用いることができる

たとえば，手作りおもちゃのような文化財を使用すると，子どもたちとの距離を縮めるきっかけとなります。

3）さらなる遊びに発展する機会になる

ごっこ遊びの題材になったり，おはなしの登場人物などを粘土で作って遊んだり，新しい遊びを創造したり，おとなが予想していないような行動・活動に発展する場合もあります。

4）子どもが表現をするきっかけ作りとなる

保育者が手作りしたものを使って，子どもたちが保育者を真似て表現したり，ごっこ遊びをしたりするなど，新たな表現活動に発展する機会にもなります。

5）おはなしに愛着がわく

保育者にとっても，子どもたちにとっても，おはなしが，より身近なものになっていきます。保育者は，手作りおもちゃを作る過程や，完成品を手にすることで，おはなしに愛着がわきます。また，おはなしに愛着がわくことで，ストーリーがよく頭に入り，結果，よりおはなしを伝えやすくもなります。

一方，子どもたちも，演じ手である保育者からそれを感じ取ることで，そのおはなしの世界に，より入り込むようになります。

このように，絵本の登場人物を手作りするだけで，絵本というひとつの題材から，さまざまな遊びや意味をもつ活動・ものへと，その世界は広がっていきます。

2．おもちゃを作るときのポイント・手順

保育者自らが子どもたちのことを考え，観察し，意図をもって手作りおもちゃを作り，それをしっかり使用できるようにするために，一からオリジナルおもちゃを作る際のポイント・手順を考えてみましょう。ここでは，例として昔話の『かにむかし』[27]を題材として取りあげてみたいと思います[28]。

1）手作りするおはなし（題材）を決める

以下のようなことを考慮して，題材を決めます。

①対象年齢を考える

※選んだおはなしが，聞き手である子どもの年齢，発達に適しているかを考えます。

②おはなしが手作りするのに適しているのかを考える

※登場人物は多すぎないか，場面が次々と変わらないかなどを考えます。

③季節を考える

※季節や時期が適切かを考えます。

▲ここでは，『かにむかし』を題材として取りあげます。お話をもう一度読み，登場人物，ストーリーを確認します。ポイントとなる台詞や場面をメモに取るといいでしょう。

[27] 木下順二文，清水崑絵による昔話絵本。岩波書店より，1976年に初版が刊行された。

[28] ここで昔話を取りあげたのは，おはなし自体の起承転結がはっきりしていてわかりやすく，ベースとなるおはなし自体には著作権がないため，保育におけるいろいろな場面でも取り扱いやすいという特徴をもっているためである。なお，昔話の特徴などについては，基礎編Lesson 2（34ページ）を併せて参照のこと。

plus 10 学生時代に手作りおもちゃを作るメリット

　社会人よりも時間のある学生のうちに，オリジナルの手作りおもちゃを作成することには，メリットがあります。

　本文でも述べたように，保育・教育実習時に，それを使って自己紹介をしてみるなど，子どもたちとのコミュニケーションを取るきっかけとして使用でき，部分実習や責任実習の際で使えるアイテムにもなるからです。そして，その経験を踏まえて，さらに工夫を重ねていくことで，社会に出てからも，保育者として使うことができる自分の武器になります。

*1) 中川李枝子文，大村百合子絵による絵本。福音館書店より，1963年に初版が刊行された。
*2) 西巻茅子絵・文『わたしのワンピース』こぐま社，1969，をモチーフに作成したもの。

▲青い帽子と赤い帽子に耳をつけて…『ぐりとぐら』[*1]です。

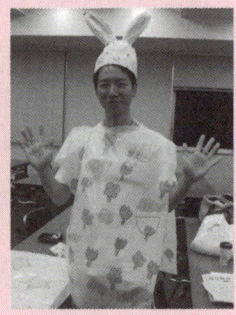

▲「私のワンピース」[*2]は…お花の模様です。

2) 決めたお話をもう一度読み，手作りする登場人物を確認する

　昔話や童話の場合，出版社によって，内容が多少異なる場合があります。勧善懲悪を避けるよりも，古くから伝承されてきたストーリーを大事にし，子どもの立場となって考えたときに理解しやすいものを選びましょう。

　元になるおはなしの内容や登場人物を再確認することを疎かにしてはいけません。自分が記憶しているストーリーや登場人物が正しいのかを確認する必要があります。また，時間を短縮したいときなど，アレンジが必要なときには，この時間が脚本を考える機会にもなります。

3) 何で作るかを考え，材料を用意する

　子どもが口に入れる可能性などを考慮するとともに使用方法を想定して，たとえば，軍手やフェルト，紙，木綿，粘土など，おもちゃ作りに適した素材を考えましょう。

　安全ピンなど，先の尖ったものは危険なので，おもちゃ作りの際には，使用を避けましょう。

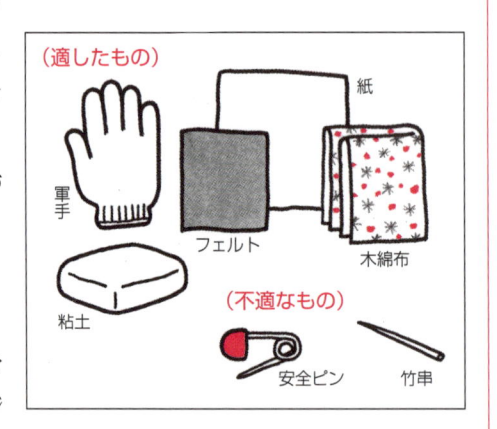

（適したもの）軍手／フェルト／紙／木綿布／粘土
（不適なもの）安全ピン／竹串

4) 手作りする登場人物のイラストや完成図を描く

　おもちゃを作る際の元となるイラストや完成図を描くことは，自分自身の中で，登場人物のイメージを整理する機会にもなります。

　イラストを描くことが苦手な人は，イラスト集やインターネットなどに使用可能なイラストなどが出ていますので，そういうものを参考にするとよいでしょう。

▲イメージイラストや完成画は，布やフェルトで作る際の型紙の代わりにもなります。

▲イラスト集などを参考にしても。

5) 制作開始

　大切なことは，縫い目を綺麗に仕上げることよりも，子どもたちのことを考え，気持ちを込めて作成することです。自分が手作りおもちゃを実際に使用している場面を思い浮かべながら，また，手作りおもちゃを目にしたときの子どもたちの表情を想像しながら作成するとよいでしょう。

Lesson 3：絵本を題材にした子どもの文化財

▲カニの制作途中。

◀サルの制作途中。

子どもたちのこんな笑顔を想像▶
しながら作ってみましょう。

6）完成

遊び方を考え，実際に遊んでみましょう。

(1) 人形劇

できあがった人形を使って，子どもたちの前で実際に人形劇を行ってみましょう。

◀できあがり。登場人物だけでなく，背景でもあり，おはなしのカギとなる柿の木と実も作りました。

◀子どもたちに，『かにむかし』の手作り人形劇を披露！

(2) 子どもとの触れ合いのツールに

子どもたちと保育者や保護者などのおとなは，手作り人形を介して，触れ合いの時間を楽しむことができます。

(3) 子どもの自由遊び

手作りおもちゃを置いておくと，子どもは，自分の世界の中で自由に遊びはじめます。

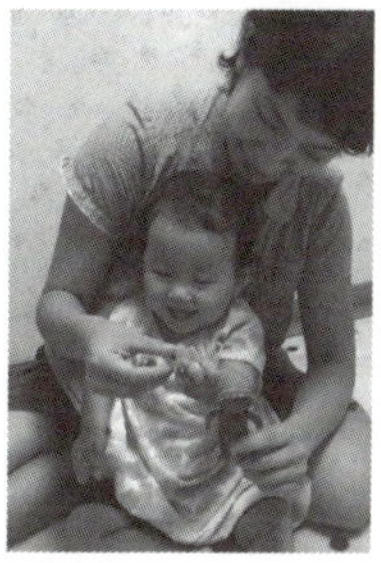

▲親子で楽しむ人形遊びは，子どもにも保護者にも至福の時間です。

▲ハチの人形がお気に入り。満面の笑みで遊びます。

7) 収納について

せっかく作った人形が，いざ，人形劇をやってみようという段階になって，なくなってしまったというようなことがないように，きちんと箱などに収納して保管するようにします。

その際，昔話にぴったりな懐かしさを感じるような竹の皮の包みやお弁当箱などを収納箱の代わりに使うと，開くときの楽しさも演出できます。

▲おにぎりなどを包む竹皮にくるんでも収納できます。

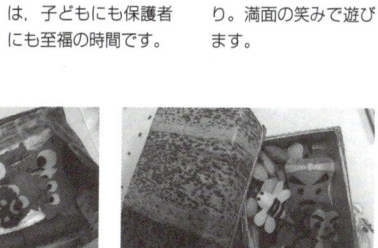

▲竹製のお弁当箱に収納すると，昔話の雰囲気が増します。

❶ ▲「あれ～？ひらかない。なにがはいっているんだろう？」

❷ ▲「これは…」

❸ ▲「ママ，おさるさんだよ！」

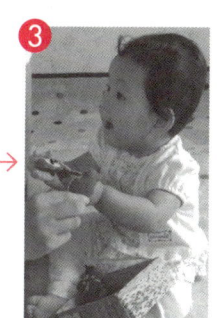

Lesson3：演習問題

1. 子どもの文化財を自分で作ることで，子どもたちとのコミュニケーションを取りやすくなることを学んで，実際に作品を作ってみましょう。
2. パネルシアター・おはなしエプロンを作成し，実際に子どもの前で演じてみましょう。
3. 自分で絵本の登場人物のおもちゃを手作りするメリットを考えてみましょう。
4. 昔話の登場人物など，実習に活かせる子どもの文化財を作成しましょう。また，文化財を手作りする際に大切なこととは何か考えてみましょう。

【参考文献】
- 尾崎富美子『簡単たのしいエプロンでつくるポケットシアター』トロル出版部，2010
- 中谷真弓『中谷真弓のエプロンシアター』チャイルド本社，2008
- 阿部 恵編著『パネルシアターどうぞのいす』チャイルド本社，2006
- 藤田浩子編著『おはなしおばさんの小道具』一声社，1996
- 須佐沙知子『羊毛フェルトで作る絵本のマスコット』白泉社，2013
- 芳賀 哲『手作りおもちゃ・おはなし小道具シリーズ3　おばけの作り方教えます』一声社，2013
- いしかわ☆まりこ『かんたん！かわいい！0・1・2歳児の布おもちゃ＆布えほん』チャイルド本社，2007
- 南 夢未『おなじみの歌で楽しめるかんたんペープサート』ナツメ社，2009
- 青津優子『しかけえほんを作ろう！』大日本絵画，1993
- 芸術教育研究所・おもちゃ美術館編『楽しくつくろう手づくり絵本』黎明書房，2001
- 長谷川集平『絵本づくりトレーニング』筑摩書房，1988
- 山本和子・あさいかなえ『おばけ大集合―おばけやしきを作っちゃおう！』チャイルド本社，2008
- 山本和子・あさいかなえ『ごっこ遊び大集合―なりきって遊んじゃおう！』チャイルド本社，2010
- ミウラアキコ・本永京子『0～3歳児 なりきりコスチュームBOOK』いかだ社，2007
- 福音館書店編集部編『ぐりとぐらの てづくりブック』福音館書店，2013
- 高田千鶴子・酒本美登里・小林義純制作，村田まり子絵，ペソ写真『いっしょにつくろう―絵本の世界を広げる手づくりおもちゃ』福音館書店，1994

Memo

Column 7 生まれる絵本 −子どもの中から作る絵本−

1 絵本を読む

　みなと君は2歳児です。こたろう君は3歳児です。絵本コーナーから絵本を持ってきて，和室の畳で，ふたりで並んで読み始めました。
　「おれのなまえはひろし。やっと，このベルトをてにいれた。このガイムのベルトを！！　よし，オレンジロックシードでへんしんだ。へーんしん。あれ？これガイム？　そこに，かつおくんがきました。かつおくんは，へんしんした，ひろしみて，おおわらいです。」
　ここまで読んで止まり，ふたりは笑い出しました。互いの顔を見ながら，大笑いをしています。
　みなと君は，まだ，文字が読めません。こたろう君の読む言葉が聞こえると同時に，目で絵を追っているのです。その聞こえる言葉と見える絵，そして大笑いしているこたろう君の表情とようすを見て，聞いて，感じて，一緒になって大笑いをしているのです。さらに絵本は進んでいきます。
　「かつおくんがいいました。おれがほんとうのガイムをみせてやる。この，バナナロックシードで。いくぜ。へーんしん。うぉーきたきた。あれ？」
　実は，こたろう君も完全に文字が読めているわけではありません。でも，その姿は，まるで，文字をすらすらと読んでいるように見えるのです。

▲『ひろし』の一場面。次々に登場人物が変身をするが，どれも何か変？さて，一体結末はどうなることやら。

2 『ひろし』

　ふたりが読んでいる絵本の題名は『ひろし』です。裏表紙には，「平賀書房，2100円」と書いてあります。
　実は，この絵本は，筆者が勤めている園の保育者が作った「でたらめ」の本なのです。平賀書房の「平賀」とは保育者自身の名字で，バーコードとセール品のシールまでが描かれています。
　園では，生活することを大事にしながら，毎日の保育が行われていきます。好きなときに好きなことができ，0歳児も5歳児も一緒になって生活をしています。
　ある日の夕方，つとむ君と子どもたちが絵本を作りはじめました。つとむ君とは，先ほどの平賀保育士のことです。こたろう君をはじめ，3～4人の子どもたちが一緒になってテーブルを囲んでいます。子どもたちからは，絵本の内容について，「仮面ライダーガイムにしようぜ」「めちゃくちゃ，かっこいいやつにしようぜ」「敵が来てやっつけて…」など，さまざまな意見が出されます。しかし，描き手はつとむ君ですから，子どもたちの意見だけでは描きません。自分の思いも入れながら，子どもたちの意見と寄り合わせながら，絵本を描いていきます。
　描くための材料も特別なものではありません。白い厚手の紙に，ボールペンと色鉛筆で描きます。これらは，いつでも使えるように，製作のコーナーにおいてある道具です。絵だって，けっしてうまいわけではありません。文

章だって，国語の教科書からみれば，むちゃくちゃです。でも，そこに参加するみんなの思いと，描いていく保育者の思いとが寄り合わせられながら，絵本の中にのせられていくわけです。

　結果として，味わいの深い，17ページの絵本が完成しました。製本は，ホッチキスとセロハンテープで行いました。そして，紙が破れないように，絵本の周囲は，やはりセロハンテープで補強しました。

3 過ぎ行く時間

　こたろう君が，『ひろし』の文字を読んでいたように見えたのは，このようにして，みんなで一緒に作った絵本だったからです。そのストーリーは，こたろう君のアイデアも入っているのです。だから，読めるのです。というよりも，最初からストーリーを知っているのです。そして，文字は平仮名で記していますから，4歳や5歳の子どもたちは，文字を読んで発語をしています。そのような年長の子どもたちの読む姿や言葉から，こたろう君も同じように，読む姿と言葉をくり返していきます。このようなことをしているうちに，いつしか文字が読めるようになり，そして，書けるようにもなっていくのです。

　ですから，生活は教育なのです。ワークブックや文字の練習もあってよいのかもしれませんが，無くても，読めるようになり，そして，書けるようになる現実が，保育所にはあります。保育者というおとなと，子どもたちという複数の人間が共存しながら，一緒に生活していく場があれば，読めるように，書けるようになっていくのです。

　そのためには，じっくりと流れていく時間と，自己の情動や感情を，身体を使い，十分に表すことができるような環境が必要になります。言い換えれば，やりたいことがじっくりとできる場と，そのためのゆったりとした時間が必要になります。このことを，「主体性」だというのだと思います。

　同時に，その場には，いつでも手に取ることができるような絵本やボールペン，紙などといった道具と，いつでも関わることのできるような保育者や友だちが必要になります。その友だちも，さまざまな年齢や性格の人たちがいることが重要です。これらは，保育の中の，いわゆる「物的環境」と「人的環境」ということになります。

▲読みたくなったら読んで，やめたくなったらやめる。見えた絵本を手に取って，ページをめくり始めます。隣の女の子も，横からそっと覗いています。環境から受けたメッセージに対し，人は，身体を使い，素直にそのメッセージに応えていくのです。

4 見ること，見えること

　『ひろし』を読みながら，ふたりは笑い出しました。お互いの顔を見て，大笑いをしていました。顔を見合わせるのは，ほんの瞬間的な時間です。それでも，目を見て，口を見て，すなわち呼吸を感じながら相手の感情を読みとっているように見えます。これは，生まれて数か月の赤ちゃんでも，同じようにしていることです。

　同じページを見，同じ言葉を聞いたとき，みなと君とこたろう君には，同じ絵が見え，同じ言葉が聞こえたはずです。読んでいた（読んでいたように見えた？）こたろう君は，自分で発声した言葉を発声と同時に聞き，みなと君はこたろう君の発声した声を聴いていたわけです。こたろう君は自分の内面の思いを言葉に表しました。いわゆる「内言」を発声したわけです。一方，みなと君はこたろう君の内面の言葉，言い換えるならば，心を言葉にしたもの，いわゆる「外言」を耳から聞き取ったわけです。

　さて，なぜ，ふたりは笑い合ったのでしょうか。

　次のページに示す図のように，『ひろし』の中の同じ絵を見たとき，そして，声が聞こえたとき，ふたりには，実は，それぞれ別の情動や感情が生まれたはずです。

　たとえば，みなと君の心の中には，「めちゃくちゃかっこいいガイム」という情動や感情が生まれたかもしれま

せん。一方，こたろう君の心の中には，「めちゃくちゃかっこ悪いガイム」という情動や感情が生まれたとしましょう。こうなると，同じ絵を見て，同じ文章が聞こえているにも関わらず，ふたりの情動や感情は正反対なわけです。ふたりの間に差異が生じます。この差異が重要なわけです。みなと君はこたろう君の目を，そして口を，こたろう君はみなと君の目と口を，相互に確認し，お互いの情動や感情を察しようとしたわけです。その結果，こたろう君は，みなと君の「めちゃくちゃかっこいいガイム」に賛同したわけです。そして，大笑いが起こりました。ふたりが同じものを見て，感じる「共同注視」は，必ず，少なからずの差異を生じさせます。なぜならば，自分と同じ人間はいないからです。ですから，私たち人間は，他者の感情を読み取り，他者に対しながら自分の身体を動かしていくような「思いやり」ができるようになるわけです。

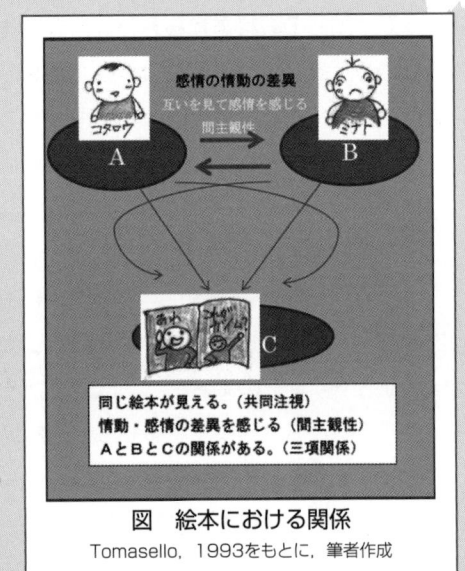

図　絵本における関係
Tomasello，1993をもとに，筆者作成

5　子どもの文化に触れる

「文化」は，さまざまに定義されますが，人が作り出してきたものであることは，共通のようです。筆者をはじめ保育者は，日々，子どもたちとともに，時間も場所も共有し，ゆったりとした生活を送っているわけです。そこで紡ぎ出されるもの自体が，「文化」なのです。文化は，豊かな現象のもとに生まれてきます。「現象」は，自己を包み込む，移ろいゆく環境のすべてであり，「豊かさ」とは，量も種類も豊富なことだと思うのです。反面，過剰すぎても，豊かだとはいえないかもしれません。

子どもたちと，そして，そこに存在するおとなたちと，ともに紡ぎ出した絵本は，文化といってよいのだと思います。何のことはない，『ひろし』という，簡素でへたくそな本そのものが文化なわけです。

移ろいゆく現象…赤ちゃんがなめたり，だれかが踏んづけたり，一時，行方不明になったり…の結果，この『ひろし』の絵本も，もはやボロボロです。子どもたちは，今や，『仮面ライダードライブ』を作ろうと，企てています。どうやら，仮面ライダーガイムという番組はすでにテレビでの放映を終了したようです。このような，なんのことはない，ごく日常の関わりが，子どもの文化に触れることだといっても過言ではない気がしています。

さぁ，皆さんも，子どもたちと，「何か」を紡ぎ出そうではありませんか。ともに意義深い，楽しい時間になるはずです。それそのものが，「子どもの文化」になるはずです。　　　　　　（東京都認証保育所ウッディキッズ　溝口義朗）

発展編

Lesson 1 絵本を活用した遊びの実践

学習のキーポイント
①基礎編，実践編で学んできた絵本をどのように活用するのか，その応用の仕方を学ぶ。
②子どもは，絵本やおはなしからふくらませたイメージを共有して，「ごっこ遊び」や「劇遊び」に発展させていく。そのイメージ作りと絵本との関係を学ぶ。
③仕事への理解など，絵本を通して学べることの広さを，具体的に絵本から学ぶ。
④保育所・幼稚園などでの展開例を，いくつかの事例を通して理解する。
⑤科学的関心を高めるための科学絵本について，活用法などの知識を得る。

1 「ごっこ遊び」と子ども

1．幼児期にふさわしい体験

　乳幼児期には，遊びが，心身のバランスのとれた発達の基礎を培うものとして重要視されています。

　「幼稚園教育要領」の「第1章 総則」の「第1 幼稚園教育の基本」に「遊びを通しての指導を中心として（…中略…）ねらいが総合的に達成されるようにすること」と明記されており，また，「保育所保育指針」の「第一章 総則」の「3　保育の原理」の「(二) 保育の方法」の中にも，「子どもが自発的，意欲的に関われるような環境を構成し，子どもの主体的な活動や子ども相互の関わりを大切にすること。特に，乳幼児期にふさわしい体験が得られるように，生活や遊びを通して総合的に保育すること」とうたわれています[*1, *2]。

　つまり，教師が，教室などで一方的に目的をもって指導するような「一斉学習」とは違い，遊びは幼児の主体的な行動から生まれてくるものなのです。

　本書の基礎編Lesson 1でも述べたように（14ページ参照），歴史的にみると，ヨーロッパ中世までの子ども観では，子どもは「小さなおとな」として扱われ，6，7歳になれば，おとなの労働の一端を担う存在でした。しかし，現代の日本では，「幼児期には，遊びが非常に大切であるという子ども観」が一般的になっています。遊びは乳幼児の生活そのものであり，遊びを通して，幼児は生きる力を身につけ，「健康」「人間関係」「環境」「言葉」「表現」という，いわゆる保育内容の5領域のねらいを達成し，将来の仕事内容までも学んでいくのです。

2．「ごっこ遊び」[*3]と「役割遊び」[*4]

1）仕事を演じる「役割遊び」

　保育・教育現場では，ひとつの遊びを仲間と一緒に展開していく「協同遊び」が，しばしば観察されます。そのような子どもたちの遊びをより活発にするためには，保育者などのおとなは，脇役に徹することが求められます。脇役として具体的に求められることとしては，以下のふたつが考えられます。
①「場所」や「時間」だけでなく，遊びを発展させるための「環境」の整備を行う。

[*1] 「遊びの重要性」については，基礎編Lesson 1（6～9ページ）を参照。

[*2] 「幼保連携型認定こども園教育・保育要領 平成26年告示」（内閣府，文部科学省，厚生労働省告示第1号）においては，これらと同様に，「第1章 総則」の「第1 幼保連携型認定こども園における教育及び保育の基本及び目標」の「1 教育及び保育の基本」において，「(3) 乳幼児期における自発的な活動としての遊びは，心身の調和のとれた発達の基礎を培う重要な学習であることを考慮して，遊びを通しての指導を中心として第2章の第1に示すねらいが総合的に達成されるようにすること」と示されている。

[*3] 子どもが日常生活の中で経験したことの蓄積から，つもりになって「○○のような」模倣をし，身近なものを見て，役割実現するというような象徴的遊びのことをいう。2歳頃から始まり，幼児期にもっとも頻繁に行われる。基礎編Lesson 1（8ページ）も参照のこと。

[*4] 基礎編Lesson 1（8ページ）を参照のこと。

②子どもたちが遊び込むために必要なイメージや情報を提供する。

　このような要素が揃ったとき，子どもが中心となる遊びが展開されるのです。幼児の遊びの中では，ままごと遊びやお店屋さんごっこ，先生ごっこ，幼稚園（保育所）ごっこ，病院ごっこなど，おとなの仕事内容をまねて遊ぶ「ふり遊び（模倣遊び）」がよく見られます。こうした遊びは，日常的な体験から得られたイメージをもとに展開する遊びであるため，子どもたちの中でも，イメージを作りやすい遊びだと考えられます。

2）「カフェごっこ」の事例

　それでは，実際に「ごっこ遊び」は，どのように展開されるのでしょう。

　筆者が担当した授業で，ある学生が，保育所での実習経験から，5歳児の「カフェごっこ」のようすをレポートで報告していますので紹介しましょう。

事例3－1－1　5歳児のカフェごっこ

　実習先の保育園で5歳児がカフェごっこをしていた。お客で行ってみると「いらっしゃいませ～ご注文は何になさいますか？」と店員になりきった女の子が言ったので「何があるんですか？」と聞いてみた。すると「コーヒーでしたらアイスコーヒー，カフェラテ，キャラメルマキアートとかあります。紅茶でしたらハーブティ，オレンジティ，スペシャルブレンドティとかあります。」と答えた。素晴らしい。キャラメルマキアートなんてどこで覚えるのか。とりあえずカフェラテを注文してみた。すると「イートインですか？テイクアウトですか？」と聞かれた。すごい。

　せっかくだから店内でいただくことにした。するとウェイトレス役の女の子が「良かったらすっごく美味しいオムライスもありますけど一緒にどうですか～？」と言ってきた。商売上手な店員さんにすすめられたのでオムライスもいただくことにした。しばらく案内された席で待っていたがなかなか注文した品が出て来なかった。するとさっきの女の子が近寄ってきて「すいませ～ん。今日キッチン一人しかいないから大変なんです～。」と言った。「良かったら出来上がってからおうちまでお届けします～。」なんとデリバリーもやっているらしい。そして私はデリバリーのカフェラテとオムライスを食べた。

（武田由美子〈公立保育所保育士〉：都内A保育士養成校「卒業レポート集」より）

　この事例では，5歳児がおとなと行ったカフェでの体験をもとに，「ごっこ遊び」が展開されています。子どもの計り知れない観察力によって創られたイメージを通して，カフェのウェイトレスの役割が，見事な会話[*5]で表現されています。

　このように，幼児は，自分の身近な生活において経験可能な「日常的な仕事」の内容を，情報として認知し，イメージ化して，遅延模倣[*6]として表すことができるのです。この意味で，幼児は驚くべき才能をもっているといえるでしょう。

3．絵本は「ごっこ遊び」のイメージの源

1）役割遊び

　子どもにとって，日常的な経験からだけではイメージがつかみにくい「仕事」を模倣する遊びもあります。

---

*5　なお，この事例は，会話を録音せず，記憶を頼りにまとめられたものであったため，実際は，もう少したどたどしい会話であったと思われる。

*6　基礎編Lesson 1（7ページ）を参照のこと。

たとえば、子どもが憧れる消防士や新幹線の運転手などの仕事は、子どもたちが日常的に経験することはむずかしいでしょう[*7]。そうはいっても、幼児は身近ではない仕事を模倣することにも意欲的です。こうした子どもの情報不足、経験不足を補い、遊びの環境を整え、子どもに仕事に関する情報を提供することも、おとなの役割です。

では、非日常的な仕事内容についての具体的な情報は、どうしたら得ることができるのでしょうか。エリコニン[*8]は、『遊びの心理学』の中で、「すべての面で、遊びとは役割と結びついた行為であり、子ども同士の関係も役割に基づいて決定されている」と述べています。そして、こうしたごっこ遊びのことを「役割遊び」と呼んでいます。

実際の社会に関連づけた遊びを展開するためには、豊かなイメージが要求されます。役割遊びは、日常体験の模倣、たとえば、たやすく行われるままごと遊びやお店やさんごっこ、幼稚園（保育所）ごっこなどから、子どもたちにとっては情報を得にくい労働に結びついたものまで、いろいろなものが含まれます。絵本は、こうした役割遊びのイメージを作るための疑似体験のツールのひとつとなり得るものなのです。

2）共通のイメージ作り

集団遊びを行う場合、仲間同士で共有できるイメージが必要になります。

イメージとは、「目の前に存在しない事物を想定したり、事物間の関係をつけたりする精神機能」と定義されますが、このイメージの原型[*9]は、1歳半頃から見られるようになります。このイメージは、「遅延模倣」として確認され、現実に経験している「いま・ここの世界」を超越した、広い「想像の世界」の体験へとつながっていきます。とはいえ、こうした想像の世界は、何らかの子ども自身の経験や体験が基礎になっており、ヴィゴツキーは、そのことについて、「想像と経験の相互依存の関係」として指摘しています。つまり、子どもは自分の体験からイメージを獲得し、そこから想像力を飛躍的に発達させていくのです。

そして、仲間と絵本を共有することは、共通イメージを分かち合うことであり、その後のさまざまな遊びに展開していくきっかけ作りともなるものなのです。

3）保育所での消防士ごっこ

（1）「消防士ごっこ」のきっかけ

ここで、S保育所でくり広げられた「消防士ごっこ」の事例を紹介しましょう。

事例3-1-2　「消防士ごっこ」7月（4歳児）

7月の午前の自由遊びの時間に、保育者が『へんしん衣裳37』[*10]で、衣裳の作り方を紹介したところ、何人かの4歳児の男の子たちが、消防士の格好になりたがりました。

そこで、保育者が新聞紙を準備すると、4歳児のゆうすけをはじめとする3人が新聞紙をはさみで切り、消防士の帽子とマントとホースを作り始めました。

消防士になると、まず、火元の消火活動をはじめました。それを終えると、ゆうすけは、「赤ちゃんがけがをしている」と叫び、保育者に担架を作りたいと要望してきました。

❶ ▲けが人を救急搬送します。
❷ ▲けが人を、病院まで運びます。
❸ ▲手当をします。

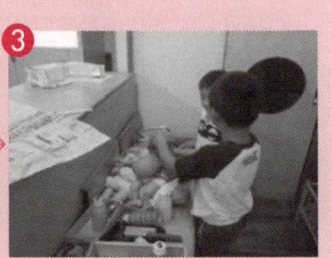

[*7] 最近では、体験型テーマパークと呼ばれる有料の施設が、東京や関西を中心に展開されている。そこでは、約80種類の仕事体験ができる（例：「キッザニア」「カンドゥー」など）。

[*8] ヴィゴツキーの発達心理学の流れをくむ中で、エリコニンは、「人間の遊びとは、人々の間の社会的関係を再現する活動である」と述べている（エリコニン、天野幸子・伊集院俊隆訳『遊びの心理学』p.29、新読書社、2002より）。

[*9] 基礎編 Lesson 1（9ページ）を参照のこと。

[*10] 岡本颯子著による書籍。大月書店より、1994年に刊行された。

3点の写真は，順に，①けが人を救急搬送し，②病院まで運び，③手当をするという一連の流れを，子どもたちが行っているところです。ゆうすけの消防士の仕事に対するイメージに，けが人の救急搬送まで含まれていたことは，見事な想像力です。こうした知識は，どうやって幼児期に獲得できるのでしょうか。

たとえば，アメリカの絵本作家ロイス・レンスキーによる『ちいさいしょうぼうじどうしゃ』[*11]は，作者の息子が実際に遊ぶ姿からヒントを得て生まれた絵本だと述べています[*12]。幼児には，専門的すぎるとも映る内容ですが，この絵本のシリーズの主人公「スモールさん」は，さまざまな職業を体験しています。こうした絵本は，幼児の役割遊びにイメージを与えるテキストになり得るものといえるでしょう[1]。

▲『ちいさいしょうぼうじどうしゃ』の24，25ページより。

▲『ちいさいしょうぼうじどうしゃ』の36，37ページより。

[*11] ロイス・レンスキー文・絵，渡辺茂男訳による絵本。福音館書店より，1970年に初版が刊行された。

[*12] 186ページの「plus 11 息子のために創作した乗りもの絵本」を参照のこと。

1）浅木尚実「幼児のごっこ遊びの展開と絵本—『ちいさいしょうぼうじどうしゃ』の「対称的直接法」と「スクリプト機能」—」pp.21-38，白百合女子大学区児童文化研究センター，2013年3月より。

(2)「消防士ごっこ」の事例から見えてくること

先述したように，この事例は，変身絵本の読み聞かせに刺激を受けた男の子数人が，消防士のマントや帽子を新聞紙で作りはじめたことに端を発したものです。

事例からも見て取れるように，ゆうすけには，以前から消防士に関する何らかのイメージがあって活動していたことが認められます。消防士として，発生した火事に対する消火活動を行った後，救急隊員としてけが人の救急搬送をし，さらには，病院ではけが人の手当てをするといった，一連の流れによる遊びの展開ができていました。しかし一方，一緒に遊んでいたみきおとこういちには消防士の仕事へのイメージが足りず，火事現場にホースで水をかけるところで止まってしまっていました。

ここで，仲間との協同遊びに発展するために欠かせない環境構成について，この事例から考えてみましょう。場所や道具といった「物的環境」は，変身用のコスチュームの本を用意することで，準備ができていました。しかし，この「おはなし会」では，消防士についての仕事内容の情報提供は行っていませんでした。また，消防士の仕事の内容がわかるような物語絵本によって，子どもたちが遊びに展開できるようなヒントとなる「遊びモデル」を紹介したわけでもありませんでした。そのため，ゆうすけのみの一人遊びに終始することになり，みきおとこういちとの協同遊びは途切れてしまったのです。

この原因として，以下のふたつのことが考えられます。

①この3人には，消防士ごっこに関する共通のイメージがなかったこと。
　→消防マントや帽子，ホースなどの道具を製作したものの，消防士の仕事内容への知識や情報が不足し，遊び込めていなかった。
②今まで，消防士になりきる体験がまったくなく，消防士の動きを時系列にそって整理できていなかったこと。
　→3人の役割分担も発生せず，みきおとこういちについては，消防士のイメージをしっかりもっているゆうすけの模倣をするのが精いっぱいであったと考えられる。

これらのことから，「役割遊び」には，遊びモデルの提示と時系列に整理された仕事内容の情報が必要であることが推察できるのです。

plus 11　息子のために創作した乗りもの絵本

1．バージニア・リー・バートン

　『ちいさいおうち』*1 で有名なアメリカのバージニア・リー・バートン（1909〜1968）といえば，乗りもの絵本においてもパイオニア的な存在だといっていいでしょう。

　バートンには，ふたりの息子がいました。彼女は，5歳の長男アリスのため，1937年に『いたずら きかんしゃ ちゅう ちゅう』*2 を出版しました。この絵本は，カラフルではありません。赤と黒の2色のみでカバーと表紙の絵（装画）が描かれており，表紙を開くと，木炭によるセピア系の黒一色で描かれた古風な機関車が登場します。木炭ならではの黒く，力強い描線が，その機関車に躍動感のある存在感を与えています。

　男の子たちにとって，この絵本のリズミカルなオノマトペ*3 と，元気よく走るその機関車の姿は，自分と「いたずら きかんしゃ ちゅう ちゅう」とを重ね合わせながら，夢中になってあちこちを走り回るきっかけとなるでしょう。

　またバートンは，次男マイケルのために『マイク・マリガンとスチーム・ショベル』*4 を描いています。この絵本は，次男マイケルが4歳のとき，日常の遊びをヒントに生まれた物語です。この絵本の見返しには，スチームショベルの構造図が描かれていますが，そこでは各部の名称が一つひとつ，ていねいに説明されています。バートンの細部まで詳しく調べる緻密さは，編集者たちの伝説ともなっていました。

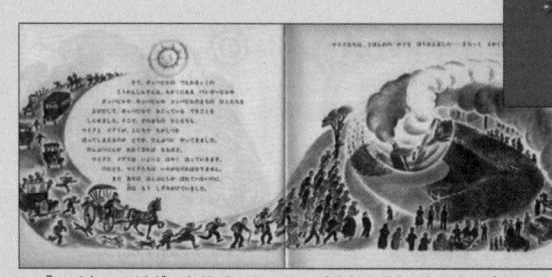

▲『マイク・マリガンとスチーム・ショベル』の32，33ページより。

2．ロイス・レンスキー

　アメリカのロイス・レンスキー（1893〜1974）は，息子のステファンと友だちが遊んでいる姿を見ていたとき，「男の子たちは乗り物を頭の中で擬人化しているというより，むしろそれらを自分が運転している気持ちになっている」1) ということに気がつき，絵本のインスピレーションを得た，と語っています。

　彼女が，『ちいさいじどうしゃ』*5 や『ちいさいひこうき』*6 などで，主人公のスモールさんが乗りものに乗り込むところから，運転を終えて帰宅するところまでをていねいに描いているのも，子どもの「自分で運転したい」という気持ちに寄り添ったからこそなのでしょう。

　このように，バートンやレンスキーが乗りもの絵本を作ったきっかけには，当時，まだ，乗りもの絵本がなかった頃，「乗りものが大好きな息子たちを喜ばせたい」といった，愛にあふれた親心があったからに違いありません。

*1）バージニア・リー・バートン文・絵，石井桃子訳による絵本。岩波書店より，1981年に初版が刊行された。コルデコット賞受賞。
*2）バージニア・リー・バートン文・絵，村岡花子訳による絵本。福音館書店より，1961年に初版が刊行された。
*3）基礎編Lesson 4（70ページ）を参照のこと。
*4）バージニア・リー・バートン作・絵，石井桃子訳による絵本。童話館出版より，1995年に初版が刊行された。
1）光吉夏弥『絵本図書館－世界の絵本作家たち－』p.110，ブック・グローブ社，1990より。
*5）ロイス・レンスキー文・絵，渡辺茂男訳による絵本。福音館書店より，2006年に初版が刊行された。
*6）ロイス・レンスキー文・絵，渡辺茂男訳による絵本。福音館書店より，2005年に初版が刊行された。

【参考文献】
・バーバラ・エルマン，宮城正枝訳『ヴァージニア・リー・バートン－『ちいさいおうち』の作者の素顔』岩波書店，2004
・光吉夏弥『絵本図書館－世界の絵本作家たち－』pp.36-43，108-110，ブック・グローブ社，1990

plus 12　男の子と「乗りもの」絵本

　役割遊びの場などにおいて，絵本に対する男の子と女の子の好みについて見てみると，どうも男の子の方が，乗りものに興味があるように思います。

　『母の友2月号（729）号』の「特集1 乗り物絵本の引力」では，乗りもの絵本の特集を組むにあたって，昔，男の子だった男性から，たくさんのインタビューを行っています。

　上記のことが推測できる理由となるものを，以下に抜粋して紹介してみましょう。

【のりものごっこ】

D介　ぼくは子どもの頃，働く車が好きでしたよ。重いものを運んだり，早く走れたり，固い地面を掘れたり，凸凹道でも進めたり，自分にはできないようなことをできる特殊能力を持つ工事用車両に憧れて。（…中略…）実際に動いているのを見たときには，うれしくて仕方がなかったなあ。

E夫　ぼくは日常生活で出合うものの中で一番大きくて，乗ればどこまででも行ける列車が大好きだったな。子どもは自力で移動できる範囲が限られているでしょう，だから驚きだったんだ。

D介　ぼくも「じぷた」には夢中になりました。自分の無力をふがいなく思う一方，でも自分だってすごいところがあるんだ，という子どもなりの複雑な気持ちを，「じぷた」に重ね合わせていた気がする。そして，困難を乗り越えてその思いが満たされるところが，たまらなく気持ちよかった。

....

【のりものにひかれる男の性（さが）】

　男の子の乗り物好き，科学的には実は明確な研究がありません。

　発達認知神経科学の立場から赤ちゃんの行動を研究している東京大学大学院総合文化研究科教授の開一夫さんによると，「生まれる前からの性ホルモンの照射量が関係しているかもしれません。」イギリスの発達心理学者，サイモン・バロン＝コーエンが唱える「テストステロン説」がその根拠です。

　胎児が男の子になる場合，妊娠六〜二十四週の頃，胎内でテストステロンという男性ホルモンを多く浴びます。その影響で，男の子はシステマティックな脳になるのではないかという仮説です。（サイモン・バロン＝コーエン著，三宅真砂子訳『共感する女脳・システム化する男脳』pp.13-17，324-326，NHK出版，2005）

出典）「特集1 乗り物絵本の引力」『母の友 2月号』pp.12-14，福音館書店，2014より

　自分にはできないことを軽々可能にする乗りものに対する畏怖と尊敬が，男の子たちをとりこにする由縁なのかもしれません。

2　科学的思考を育てる

　子どもたちは，身のまわりにあるさまざまな事象に興味をもちます。また，それらが，日常の遊びの中の題材として取り上げられ，仲間同士の楽しい「ごっこ遊び」へとつながっていくことは，珍しいことではありません。

　一般に，遊びの意味として，ファンタジーの世界を楽しむことや，想像力を豊かにすることがあげられます。そのため，科学的知識は必要ないとされる向きもあるでしょう。しかし，子どもたちの遊びの姿を見ていると，そうではないことに気づかされます。子どもたちは，科学的な知識に裏打ちされた遊びや，知識そのものも喜んで受け入れ，それをきっかけに，自らも科学の世界の探究者となっていきます。

　科学的な知識は，子どものイマジネーションを決して阻害するものではなく，かえって刺激するものであり，子どもの遊びに新たな発想と展開をもたらすものでもあるのです。

そのような子どもたちの姿がわかる事例を，以下に2つほど紹介したいと思います。

事例3－1－3　「カエルって何食べるの？」5月後半（4歳児）

＜これまでのようす＞

　春に卵から孵ったオタマジャクシが，カエルになる頃のこと。子どもたちは，園庭の隅にヒキガエルが出てきたのを，みんなで囲んで眺めたり，お散歩遠足に行った近所の公園で，小さな緑色のカエルを見つけたりする経験をしていました。

＜ホールにて＞

　こうすけが，しゃがみながらカエルのように手足を広げて，ぴょんぴょんと跳び始めました。すると，それにたいちも加わり，一緒にカエルなり，嬉しそうに跳びはねます。そのようすを見ていたほかの男児たちもこれに加わり，ホールのあちらこちらを跳びはねるカエルが増えていきました。

保育者　「あら，カエルがいっぱい。ここにお池はないの？」

　保育者の言葉がけに子どもたちは，ブルーに塗られた四角い板を持ってきて，池に見立て，その隣は陸にして組み木*13で囲み，カエルの家を作りました。それから，しばらく，池で泳いだり，カエルの家の中を跳びはねたりしていました。

こうすけ　「先生，カエルって，何食べるの？」

保育者　「カエルのことが分かる本を見てみる？」

子どもたち「見る，見る！」

　子どもたちは，保育者が持ってきた図鑑を熱心にのぞき込み，保育者が読むのを聞いています。食べもの以外にも，写真で見るカエルの足の形に驚いたり，「泳ぐときは，こんなふうに足をのばしたり縮めたりするんだね…」などと言いながら，興味津々です。

ゆうた　「先生，このカエル，ミミズ食べてるから，僕，ミミズ作る」

　すると，ゆうたに続いてほかの子どもたちも，保育者が用意した新聞紙を細長く丸めていき，クレヨンで色を塗ってミミズを作り，さかんに食べる動作をします。

　その後も，子どもたちは，保育者が置いておいた科学絵本や図鑑をときどき眺めにきては遊びに戻っていき，カエルの生態を学びながらのごっこ遊びは，翌日まで続きました。

*13　写真1, 2, 3, 4, 7に写っている，高さの低い，木の枠のようなもののこと。組み合わせて，いろいろな大きさ，形のスペースを作ることができる。

❶ ▲カエルの足ってこんな形なんだね。
→
❷ ▲カエルの跳び方はね…こう！
→
❸ ▲泳ぐときは，まず，足を縮めてね。
→
❹ ▲それから伸ばすんだよ！
→
❺ ▲ミミズを作りたいな。
→
❻ ▲ミミズができた！

▲陸にあがって，ミミズもぐもぐ。　▲カエルってすごいね！

写真協力）東洋英和女学院大学附属かえで幼稚園

おすすめ絵本

『だいすきしぜん みずのいきもの かえる』（長谷川雅美指導，関 慎太郎写真，フレーベル館，2009）
『自然の観察事典8 カエル観察事典』（小田英智文，桜井淳史写真，偕成社，1996）
『かえるくんどっちがどっち？』（松橋利光，アリス館，2014）
『たんぼのカエルのだいへんしん』（内山りゅう写真・文，ポプラ社，2009）

　子どもたちからカエルの食べものの質問が出たとき，もしも保育者が，その答えが「虫」であることを伝えて，それで終わっていたら，遊びの発展も，子どもたちの自主的な学びもなかったことでしょう。

　カエルのことが詳しく載っている本をみんなで読み込む機会を作ったことで，子どもたちは自然科学の世界に出会うことができたのです。このように保育者の重要な役割は，子どもの興味に沿って科学絵本を紹介し，その中の正しい知識を与えると同時に，子どもたちに自ら知識を得る方法を知らせることです。科学絵本や図鑑の使い方を知った子どもたちは，その後は，自分たちで科学絵本を開くようになるでしょう。

　そのようにして深めた正しい知識は，子どもの中のイマジネーションの世界を広げていくことにもつながっていったのです。

事例3−1−4　「虹ができた！」9月後半（5歳児）
＜これまでのようす＞

　9月に入って，さわやかな風も吹き始めましたが，まだまだ気温が高い日も多く，子どもたちは戸外での水遊びを楽しんでいます。

　7月にはお泊り保育に行き，満点の星空に感動しました。また，突然の雷に怖い思いをしたときに，「そもそも，雷とは何であるのか」ということについて保育者から話を聞いて興味をもち，それ以降，さまざまな自然の事象を，体験から楽しんでいるようすがうかがえるようになりました。

＜園庭と保育室内との行き来の中で＞

　朝からの雨がやみ，午後になってやっと日が差してきたので，子どもたちは待ちかねたように園庭へ出て遊び始めました。しばらくすると，りさが保育者に，虹が出ていることを報告しにきてくれました。

りさ　　　　「先生，見て見て！　虹！」
保育者　　　「ほんと！　虹が出てる！」
めぐみ・さら「虹…?!　虹だ〜」

ほかの子どもたちも，空の虹をしばし見上げていました。保育室内の子どもたちにも，そのニュースは伝わり，廊下から空を見上げる子どももいました。園庭では，ブランコに乗りながら，あるいはジャングルジムの上で，思い思いの場で遊びながらも，子どもたちはときどき虹を眺めて喜んでいましたが，時間の経過とともに，やがて虹は消えてしまいました。

りさ　　　「先生，虹，消えちゃった」
さら　　　「もっと見たかった」
保育者　　「（うなづきながら）もっと見たかったね。あ，お日さまが照っているから，虹ができるかも。じゃぁ…小さな虹だけど，作ろうか？」
めぐみ　　「え!? うん。作って，先生！」

　保育者が，水撒き用のホースの出口を指で押さえて霧状に水を出し，園庭に広がるように撒くと，虹が現れました。

子どもたち「あ，あ，虹！」「虹ができた！」

　大喜びで，みんなで虹に触ろうとします。しかし，手や体が濡れてしまい，うまく触ることができません。それでも霧の中の虹に近づこうとして，水を頭から浴びてしまい，キャーキャーと歓声をあげています。
　そのうち，走りながら霧状の水を浴びるのが楽しくなり，何度も行ったり来たり，霧の中を駆け抜けることに。

めぐみ　　「先生，あれ？　虹が見えないよ」

　霧の中を走り抜けた後に，めぐみはそう言い，元に戻ってから，さらに言いました。

めぐみ　　「こっちからだと，見える！」

　ほかの子どもたちも，めぐみと同じように動いてみて，口々に「ほんとだ…どうして？」と，一定方向からだけ虹が見えることを不思議がっています。

保育者　　「どうしてだろう？　ね？」

　そのときは，子どもたちの中に芽生えた'不思議'を残したまま，遊びが終わりました。
　おやつの時間の後に，保育者は『かがくのとも傑作集－どきどき・しぜん　にじ』[14]という科学絵本を読みました。
　先ほど経験したことなので，子どもたちは，くい入るようにその科学絵本を見ています。そして，絵本を読み終わった後には，しばしの沈黙があり，子どもたちが絵本を頭の中で反芻しているようなようすが見られました。
　その翌日，保育者が机の上に開いて置いておいた「にじ」の科学絵本を，めぐみ，りさ，さらの3人は，熱心に眺めていました。
　その後，園庭に出てきためぐみたちは，保育者に，昨日と同じように虹を作って欲しいと言い，再び歓声をあげて遊び始めました。しかし，前日の遊びとは異なっていたことは，その遊び自体が，子どもたちが得た知識を確認する'実験'となったことでした。
　3人は，再び霧をくぐり抜けながら，「先生，お日さまがあっちにあるから，虹は，こっちに見えるんだね…」[15]と，何度も確かめて喜んでいました。

[14] さくらいじゅんじ文，いせひでこ絵による科学絵本。福音館書店より，1998年に初版が刊行された。

[15] 子どもたちが，科学絵本より，「虹は，太陽を背にして，前にある霧の中に見える現象」であるということを知ったことによる発言。

　科学絵本で得た知識は，子どもたちの中に芽生えた「不思議」に対する探求心に道筋を与えるとともに，新たな「なぜ」への探求の意欲を湧かせます。こうした経験をくり返したときに，子どもたちの中に，科学的思考の土台が育っていくのです。
　周囲のおとなの役割として大切なことは，まずは，子どもの不思議に思う気持ちや，美しいと感じる思いを一緒に共有すること，そして，「なぜ？」の気持ちが起こったときのタイミングを逃さず，科学絵本などを介して，探究の扉を自ら開ける経験を援助することでしょう。

~Lesson 1：絵本を活用した遊びの実践

plus 13　簡単な科学のヒント—虹の作り方

　太陽の日差しがあれば，虹を作ることができます。一番簡単な方法は，太陽光線を背にしての霧吹きです。霧の粒の中に，7色の小さな虹が浮かびあがります。霧がプリズムと同じ役割をして，光の中にある色が分かれて現れるのです。
　事例3−1−4のように，ホースから霧状に水を出しても，光を背にしていれば虹ができます。光が上方向から射していると虹ができにくいので，正午前後を避け，日が高くない時間を選んで行ってみるとよいでしょう。

3　ごっこ遊びへの展開

1．ごっこ遊びとは

　「ごっこ遊び」の魅力は，何といっても，自分とは違うだれかになることができるおもしろさにあることでしょう。

　何者かになりきってごっこの中でやり取りをする子どもたちの姿は，保育者の目から見ても本当におもしろく，飽きないものです。その一方で，一般的にごっこ遊びは，「スポーツや学習にはいたらない，幼い子どもの遊び」だと，つい軽んじられる傾向にあるようにも感じます。

　しかし，ごっこ遊びには，乳幼児期の子どもたちにとって，その時期にしか獲得し得ない，とても大切な発達に関わる豊かな経験を与えてくれる要素が，たくさん埋め込まれているのです。

　たとえば，テレビのヒーローやプリンセス，おすし屋さんやお医者さん，お母さんなどなど，子どもたちは，憧れの対象や興味ある存在を，その人物になりきることで自分の内側に取り込んでいきます。それは，自分にはないものを身につけながら，自分自身を成長させていく作業なのです。

　子どもは2歳前後になると，目の前にはないものでも頭や心の中にイメージをもてるようになり，何者かになる「つもり」の遊びや，空箱などを電車や車に「見立てる」遊びが始まります。そして，4歳頃になると，「ここがキッチンね」「ここは病院」「秘密基地作ろう」というように，つもりの遊びを展開するための「場」についても友だちと共通のイメージをもてるようになり，さらに，やり取りも，とても高度になっていきます。

　たとえば，お店やさんごっこを，自分とお友だちとのふたりですることになったとします。そこでは，お店やさん役の自分と，お客さん役の友だちとの間で，相手が「お店やさん」に対して，どのようなイメージをもっているのかを予想するのと同時に，自分のもっているイメージをそこに重ねていくような思考の複雑さを楽しめるように成長していくのです。具体的には，以下のような会話が生まれてきます。

A児：「すみません，このチョコ下さい。」
B児：「はい。でもこれ，お子さんには苦いかもしれません。」

▲「たこやき焼いてまーす。いらっしゃいませー！」（3歳児）。

▲みんなそろって「かいぞくだ！」（4歳児）。

▲お医者さんの診察室。受付や薬局，救急隊の詰所まであります（5歳児）。

191

A児:「ああ，そうですねぇ，うちの子，小さいので…。じゃあ，こっちにします。」
B児:「わかりました。これ，サービスです。(小さな泥団子をつける)」
A児:「まあ，すみませんねぇ！！」

　このふたりのやりとりのように，他人とイメージを共有する力は，社会の中で自分らしく生きていくためにも，とても大切な力となります。自我形成の途上にある子どもたちは，何気ない遊びの中で，このようなことを無意識にくり返しながら，概念的なものの理解や客観的なものの見方を，おぼろ気ながらでも身につけていき，そして，自分という存在のイメージをより鮮明にしていくのです。これは，自我形成のできあがったおとなにはない作業になります。

2．絵本の世界を手立てに

　子どもたちはおはなしを聞くのが大好きです。絵本を読んでもらう姿は，一見，受け身のようにも見えますが，実は，心の中はとてもエネルギッシュです。主人公の目線になったり，登場人物に自分を重ねたり，想像を巡らせながら，ドキドキ，ワクワク，心を弾ませて，物語の世界を楽しんでいるのです。

　言葉や思考力がグンと成長する幼児期には，このように豊かなイメージを引き出してくれるような絵本や物語と，たくさん出会ってほしいものです。

▲絵本の読み聞かせは，毎日の楽しみのひとつ。写真中の絵本は，『えほんのこども』(荒井良二作，講談社，2008)。

　保育所や幼稚園などで「読み聞かせ」を体験する意義は，何といっても，大勢の友だちとひとつのイメージを共有しやすくなるということがあげられます。絵本の世界が一人ひとりの想像力を広げ，それぞれの子どもの心や頭の中で十分に物語を感じ，イメージを膨らませたうえで，遊びとして外へ向けて表現されるとき，仲間とイメージを共有する一体感が，さらに遊びを活性化させていきます。

　しかしながら，絵本をもとにごっこ遊びが展開されるということは，それが直ちに，劇のような展開につながるというようなものではありません。おとなは，物語を読むときにストーリーを追うことにこだわりがちですが，幼児期の子どもたちは，もっと直感的に物語の本質を捉えます。具体的にいえば，『おおきなかぶ』[*16]であれば，人と人，人と動物などがつながっていくところ，『てぶくろ』[*17]であれば，動物たちのやりとりや「ぎゅっ，ぎゅっ」となるところなど，その物語がもつおもしろさを，スポット的に抜き出すような捉え方ができるのです。

　同じおはなしを聞いて，同じ世界を感じながらも，物語の受け止め方や心惹かれるところは，一人ひとり違うものです。それぞれの子の，その子らしさが光るように，保育者には，一人ひとりの発想を大切にしながら，場所を提供したり，素材を用意したり，会話をつなげたりするなど，遊びを支えていくことが求められます。

　また，ごっこ遊びは，イマジネーションの中でやり取りを楽しむ遊びではありますが，現実とまったくかけ離れた世界なのではなく，子どもたちは，絶えず現実と虚構の世界を行き来しながら遊びをふくらませていくものです。ですから，遊びの体験が豊かな育ちにつながっていくためには，友だちや保育者と過ごす心地よさを土台に，身の回りの自然とゆったりと向き合い，自らの手で生活を創り出すような，つまり，生活的な実体験やおとなにやらされるのではなく，子どもたち自身が対話し，考えながら日常を過ごすような，五感を通した体験が大切なのはいうまでもありません。

　以下に，このような絵本の世界と日常の世界が交差してごっこ遊びに展開した事例を紹介します。

[*16] ロシアの昔話，A．トルストイ再話，佐藤忠良画，内田莉莎子訳による絵本。福音館書店より，1966年に初版が刊行された。

[*17] ウクライナ民話，エウゲーニー・M・ラチョフ絵，内田莉莎子訳による絵本。福音館書店より，1965年に初版が刊行された。

事例３−１−５ 「一人ひとりのイメージから，やり取りの楽しさへ」１月（３歳児）

◆題材絵本：『はらぺこあおむし』（エリック・カール作・絵，もり ひさし訳，偕成社，1976）

　卵からかえった，ちっぽけなあおむし。毎日，たくさんの食べものを食べますが，いつもお腹はぺっこぺこ。ある晩，食べ過ぎてお腹が痛くなってしまいます。そして次の日，緑の葉っぱを食べてお腹の具合もよくなり，ふとっちょになったあおむしは，間もなくさなぎに。そして，きれいな蝶になりました。

・・

　「おおきくな〜れ!!」と，子どもたちが，毎日，大切に育ててきたカブの「種ちゃん」。ところがある日，１枚の葉っぱが，ほとんど食べられてしまっているのを発見しました。

　このことを，保育者が「大事件〜!!!」とみんなに伝えてまわり，もう一度畑を見てみると，そこにいたのは，小さな小さな青虫でした。またまた「だいじけ〜ん!!」と，走り回る子どもたち。そこから，「でぶっちょくん」と名づけた青虫との日々が始まったのです。

　さなぎになる直前に，丸くこげ茶色に変化した姿が，「『はらぺこあおむし』みたい！」と子どもたちも絵本とそっくりなことに気づいたので，さっそく『はらぺこあおむし』の絵本を読むことにしました。「読み聞かせ」の最中，子どもたちは，みんな，本当に食い入るように絵本に見入っていました。

　そのときから，子どもたちの中では，それぞれ自分自身の「あおむし」のイメージが鮮明になっていったようで，たくさんあったペットボトルのフタをつなげて青虫をたくさん作り，それを手に持って，「いっしょにあそぼう！」「いいよー」というやり取りが始まりました。

　普段，あまり友だちと会話しない子や，ひとりで遊ぶことの多い子どもたちも，嬉しそうに自分の作った青虫でのおしゃべりに興じています。また，ペットボトルのフタのほかにも，いろいろな素材をつなげたり，絵に描いたり，身体でくねくねしたりと，表現の仕方もそれぞれに，楽しい青虫が生まれていきます。ついには，みかんの皮までも青虫に見えてきたようです。（実践者：谷戸幼稚園 髙橋奈巳）

▲いろいろな表現① 描画で表した青虫。

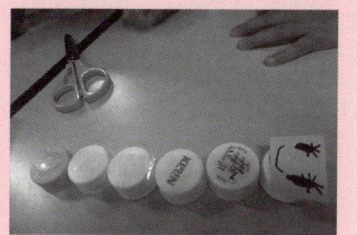

▲いろいろな表現② ペットボトルのフタをつなげて作った青虫。

▲お弁当のみかんの皮をむいているうちに…。青虫に見えてきた!!

▲「今日，何するー？」「（青虫の）おさんぽに行こう！」

事例3-1-6　「音の楽しさ，言葉のおもしろさを楽しむ」2月（3歳児）
◆題材絵本：『ぽぱーぺ ぽぴぱっぷ』（谷川俊太郎 文，おかざきけんじろう 絵，クレヨンハウス，2004）

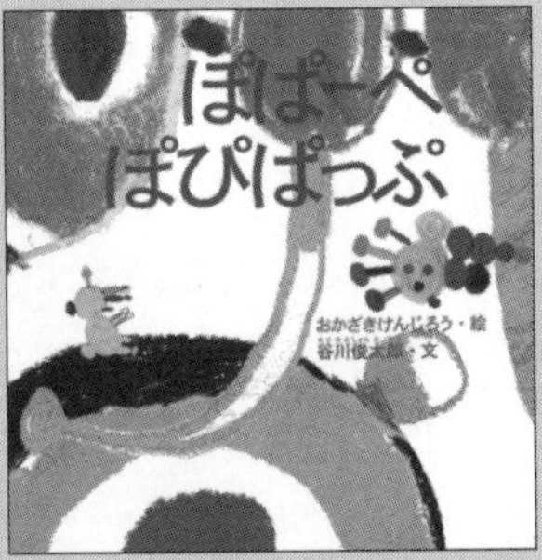

「ぱぱぺ ぱぷぽぴ ぽぱぷぽぴ ぱぺぽ ぷぺ？ ぴぴぴー ぴーぷ ぷーぺ…」と，赤ちゃん語のような心地よい言葉と，カラフルで不思議な形の絵がとてもおもしろい絵本。

本を開くと目に飛び込んでくる，不思議な形のカラフルな絵に，子どもたちは興味を示します。「読み聞かせ」を始めると，半濁音*18のランダムな羅列に，さらに興味が深まってくるよう。ページをめくりながら言葉を真似て，「ぱぱぺ」「ぽぴぽぴ」*19が，始まりました。

そこで保育者が，「みんなのお名前を『ぽぴぽぴ』で呼んでみようか」と言うと，子どもたちから，「ぴょー」「ぽぺー」などの返事が。言葉に，簡単なメロディをつけてみたりすると，さらに盛りあがり，「♪ぺぴぺぴぺぺー」と，節をつけて歌い出します。

また，どのページの絵にも，「なんだこりゃ」「ラッパみたいー」と，感じたままに言葉にしながら，想像が膨らんでいるようすがうかがえます。

翌朝，担任保育者を「ぺーぽせんせい」と呼んだり，挨拶の言葉が「ぽぱぴょー（おはよう）」になったりしていました。活動の時間には，『ぽぱーぺ ぽぴぱっぷ』の絵本を題材に，窓装飾用のカラフルなビニールシートを使って，子どもたちと遊んでみることにしました。絵本の中の不思議な形を見ながら，それぞれが不思議な形をおもしろそうに作っていました。ビニールシートはシールのように貼れるところも魅力で，子どもたちは，早速，身体や衣服に貼りつけたり，自分のロッカーの目印としてつけたりしています。そのような遊びを楽しんでいるうちに，「ぽぱーぺ国」の王様に変身した担任保育者と，子どもたちのペット，ヘビのぴーすけとのお話へと発展していきました。

▲「ぱぴぷぺぽ」で会話をしながらビニールシートを貼ります。

▲「ぱぴぷぺぽ」会話のイメージから生まれた「へびのぴーすけ」。

▲「へびのぴーすけ」の遊び場も作りました。

（実践者：谷戸幼稚園 猪股佳子）

*18　日本語の「ハ」行のみにつく「゜」（パ・ピ・プ・ペ・ポ）のこと。

*19　『ぽぱーぺ ぽぴぱっぷ』の中には，「ぽぴぽぴ」という表現は出てこないが，活動の中で，子どもたちが自然に発した言葉なので，ここでは，そのまま用いているものである。

事例3-1-7　「体験の豊かさを目指して」5月（4歳児）
◆題材絵本：『じっちょりんのあるくみち』（かとう あじゅ 作・絵，文渓堂，2011）

「じっちょりん」は，団地の隅に住んでいる小さな生き物の家族です。道ばたの草花の花びらや花粉を食べて生活しています。でも，種は食べずに"たねかばん"に集め，それを町のいろいろなところに撒いて暮らしています。ある日の夕暮れ，じっちょりんたちは，何だか見覚えのある大きな階段の前に出ました。階段を登っていくと，何とそこには，じっちょりんたちが前に撒いた，たくさんの花たちが咲いていました。

動かないけれど命ある植物への子どもたちの興味・関心が途切れることなく，楽しく育てていけるようにという願いから，『じっちょりんのあるくみち』の絵本を読みました。小さな種を，いろいろなところに植えていく'じっちょりん'の家族。「公園に咲いていたお花は'じっちょりん'が植えたんだね〜」と，子どもたちは大盛りあがりです。

翌朝，保育室に担任保育者がこっそり，"謎の苗"と"謎の種"を置いておくと，登園した子どもたちがさっそく発見して，「不思議な葉っぱ〜！」「この丸いのは石かな〜？！」と話しています。

そのような会話が続く中で，かんちゃんが「'じっちょりん'が置いて行ったのかも？！」と言いました。そこから，「まだ近くにいるかもしれない！」と'じっちょりん'探しが始まったのです。虫眼鏡を作って，花の中や木の陰などにいたるまで，夢中で探し回っています。そして，「今，'じっちょりん'が見えたよ〜」と，'じっちょりんの世界'に引き込まれていくようすが見られました。

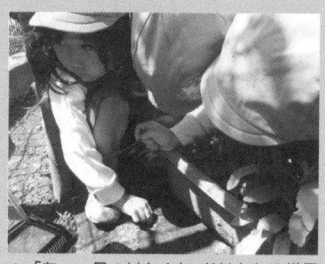

▲「'じっちょりん'，お花の中にいるかな？」

「さくらのお団子作ったら，食べに来るかも！」というみいちゃんの言葉をきっかけに，お団子作りも始まり，じっちょりんが来るのを待つことに…。次の日，さくらのお団子がなくなっているのに子どもたちが気づくと，「食べに来たんだよ！」と，また，大騒ぎになりました。

▲「あっ，見つけた！」。おはなしの世界では，見えないものも見えてきます。

（実践者：谷戸幼稚園 佐々木有加）

事例3－1－8 「仲間とイメージを共有する」10月（5歳児）
◆**題材絵本**：『まじょのマント』（さとう めぐみ 文・絵，ハッピーオウル社，2007）

森にきのこを穫りに来た魔女が，マントをいばらにひっかけてしまいました。その切れ端を拾った3匹のねずみたち。「まるで，こうもりの羽根みたい。」そう呟くと，あら不思議，切れ端がぴったり腕にくっついて，本物のこうもりみたいに空を飛べるようになりました。「そらをとぶのって，なんてきもちがいいんだろう！」3匹が空の散歩を楽しんでいると，魔女の網に捕まってしまいます。魔女の好物は"きのことこうもりのシチュー"。でも，よく見るとこうもりにはあるはずのないしっぽが…。実はマントの切れ端をつけたねずみたちだと分かると，魔女は魔法を解き，それと一緒にマントの破れもすっかり元通り。そして魔女は，おなかのすいた3匹にきのこ雑炊を作ってくれました。

10月31日，数人の子どもたちがハロウィンごっこを楽しんでいたので，クラスで『まじょのマント』の「読み聞かせ」をすることにしました。すると，それをきっかけに，その日からツリーハウスを魔女の家にしての"魔女ごっこ"に火がつきました。

絵本の中で，魔女が言う「わたしの だいこうぶつ，（きのこと）こうもり」のくだりがとくに印象的だったようで，魔女の料理隊ができあがり，ツリーハウスの下で料理を作り始め，「魔女の好物は，"こうもり""とかげ""いきち（生き血）"だよ」「ニンニクは嫌いなの！」「ニンニクを食べると灰になって消えちゃうんだよ！」と，どこかで知った魔女の情報を交換しています（若干，ドラキュラの知識が入り混じってはいるようですが…）。そのほかにも，「魔女は夜に彷徨う」「太り過ぎると空を飛べない」など，つぎつぎと魔女情報が

出てきました。そこで，即席で"魔女ノート"を子どもたちと作り，それぞれが呟いた魔女のアレソレをメモしていきました。

お料理隊のほかにも，お家を素敵にできるようにと，布やダンボール，木材など，少しボリュームのある材料を準備すると，さっそくカーテンや時計が作られ，魔女の家は，どんどんステキになっていきました。

(実践者：谷戸幼稚園 小林千代)

▲「ツリーハウスの魔女の家に，カーテンをつけよう」
▲家には，「ピンポン」がないとね。 
▲家には鍵も必要です。鍵は，回せないとかけられません。相当なこだわりです。 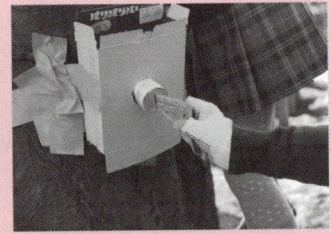
▲魔女たち一人ひとりの鍵がかかっています。 
▲魔女のごちそうを作ります。 
▲「ハロウィンのお菓子をもらいに行こう」 

Lesson 1：演習問題

1. 事例3−1−7の『じっちょりんのあるくみち』（かとう あじゅ作・絵，文渓堂，2011）を読み，保育者が仕掛けた「きっかけ」はどのようなことだったのか，見つけてみましょう。
2. 役割遊びや科学遊びのきっかけになりそうな絵本を探し，環境構成を考えてみましょう。
3. 科学的思考を育てる「科学絵本」を探し，部分指導案を書いてみましょう。
4. 実習中に子どもの「ごっこ遊び」を観察し，その環境構成や発展の仕方，保育者の言葉かけなどを記録してみましょう。

【参考文献】
・「幼稚園教育要領」文部科学省，平成20年3月
・「保育所保育指針」厚生労働省，平成20年3月
・「幼保連携型認定こども園教育・保育要領 平成26年告示」内閣府，文部科学省，厚生労働省告示第1号，2014
・エリコニン，天野幸子・伊集院俊隆訳，『遊びの心理学』新読書社，2002
・M.J.エリス，森 楙・大塚忠剛・田中亨胤訳，『人間はなぜ遊ぶか―遊びの総合理論―』黎明書房，2000
・R.カイヨワ，清水幾太郎・霧生和夫訳『遊びと人間』岩波書店，1971
・C.ガーヴェイ，高橋たまき訳，『「ごっこ」の構造―子どもの遊びの世界』サイエンス社，1980
・瀬田貞二『絵本論―子どもの本評論集』福音館書店，1985
・高橋たまき『乳幼児の遊び―その発達のプロセス』新曜社，1984
・西村清和『遊びの現象学』勁草書房，1989
・J.ピアジェ・E.H.エリクソン・M.ピアーズ，赤塚徳郎・森 楙訳『遊びと発達の心理学』黎明書房，2000
・丸山良平・横山文樹・富田昌平『保育内容としての遊びと指導』建帛社，2003
・光吉夏弥『絵本図書館―世界の絵本作家たち』ブック・グローブ社，1990
・村田孝次『児童心理学入門 三訂版』培風社，1990
・八木紘一郎編著『ごっこ遊びの探求―生活保育の創造をめざして』新読書社，1992
・サイモン・バロン＝コーエン，三宅真砂子訳『共感する女脳，システム化する男脳』日本放送出版協会，2005
・木内かつ『絵本あそび』福音館書店，2014

Memo

Column 8 絵本のイメージを総合的な遊びで表現する

1 絵本の読み聞かせ…ユニークな動物たちの魅力に引き込まれて

　子どもたちは,『11ぴきのねこ』*1『ももいろのきりん』*2など,動物が出てくるお話が大好きです。ここで紹介する事例の幼稚園では,保育者は,日頃から,動物に関する絵本をたくさん読み聞かせてきました。

　5歳児の9月。クラスで集まる時間に,保育者が『エルマーのぼうけん』*3を毎日1章ずつ読み聞かせました。2日,3日と日を重ねるにつれ,子どもたちは,次々と登場するユニークな動物たちの魅力に引き込まれ,胸躍らせながら,幼年童話の読み聞かせを楽しむようになりました。

2 動物たちの探検ごっこ…動物になりきって園庭を探検！

　保育者は,園庭の角に設置した製作コーナーに,手描きの園庭の地図を置いておきました。さまざまな絵本を通して,動物のイメージが膨らんだ子どもたち。遊びの時間になると,この地図に色を塗ったり,地図を片手に仲間と園庭探検に出かけたりしました。ウサギになりきってぴょんぴょんと園庭を飛び跳ねて回ったり,「落ちるとワニに食べられちゃう」と言いながら,一本橋（平均台）を慎重に渡ったりして,動物の探検ごっこを楽しんでいました。

3 動物たちの運動会…動物になりきって,動いて遊ぼう

　園庭で「探検ごっこ」を楽しんだ子どもたちの思いはさらに膨らみ,10月の運動会は,「動物たちの運動会」をテーマに行うことになりました。

　5歳児の「ライオンのしっぽとり」「ワニの追い越しリレー」,4歳児の「果物玉入れ」など,子どもたちと遊び方を相談したり,保育者がルールを提案したりしながら,運動会を作っていきました。

　5歳児がチームごとに協力して作った大きなゴリラ,ワニなどは,運動会当日,各チームのキャラクターとして園庭の片隅に飾られました。親子競技「リュウをたすけよう」（障害走）では,勇敢な5歳児たちが園庭の障害物を走り抜け,雲梯につながれているリュウ（保護者たち）を助け,ペアでゴールインします。

　絵本に出てくる動物たちになりきるという"ごっこ遊び"の要素を取り入れたことで,運動会がより楽しい活動になりました。

▲果物をたくさん実らせよう（4歳児の玉入れ）。

*1）馬場のぼる作による絵本。こぐま社より,1967年に初版が刊行された。
*2）中川李枝子作,中川宗弥絵による絵本。福音館書店より,1965年に初版が刊行された。
*3）ルース・スタイルス・ガネット作,ルース・クリスマン・ガネット絵,渡辺茂男訳による絵本。福音館書店より,1963年に初版が刊行された。

4 動物たちの造形展…お話のイメージを形に

　11月には，運動会で飾った作品に加え，さまざまな動物たちを作り，造形展を開きました。リュウ，ワニ，キリンなど，自分の作りたい動物を身近な材料（トイレットペーパーの芯，空き箱，折り紙など）を活用して作ります。セロハンテープの芯の回りに茶色い毛糸をふさふさと貼りつけ，豊かなたてがみのライオンを作ったり，色画用紙を細長く切ってキリンの縞模様を表現したりするなど，時間をかけて取り組んでいました。

　また，作った動物たちに愛着をもち，友だちに見せたり，動かしたりして遊ぶ姿がたくさん見られました。

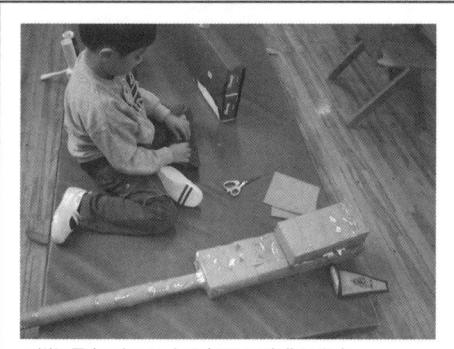

▲川に見立てたマットの上でワニを作ります。

▲キリンの背中に乗ることもできるよ。

5 卒園行事での影絵の発表…自由な発想で表現遊びを楽しむ

　3月の卒園行事に向けての話し合いでも，子どもたちから「動物たちのお話で影絵をやりたい」との声があがりました。そこで，園で飼育しているウサギのななちゃんが，いろいろな国へ冒険に行くというオムニバス形式のお話を作ることにし，5，6人ずつのグループを編成しました。

　子どもたちのイメージは絵本の世界からさらに広がり，恐竜の国，お菓子の国，おばけの国など，それぞれの国でななちゃんは冒険を続けます。自作の影絵人形（ペープサート）を動かしながらアドリブで生み出される子どもたちの言葉を保育者が書きとめ，台本にしていきます。何日もかけて即興の影絵遊びをくり返した末，影絵劇が仕上がりました。

事例：あるグループが作って演じたストーリー『お菓子の国』
<登場する仲間たち>
ウサギのななちゃん，モルモットの歯医者さん，りす，カンガルー，ひよこ
<ストーリー>
　お菓子の国に着いたななちゃんは，空の上からお菓子のホテルを眺めていました。「おいしそうだな…」。
　大変！　お菓子のホテルにみとれているうちに，ななちゃんは，お菓子のホテルへまっさかさまに落ちてしまったのです。
　お菓子のホテルには，動物たちがいました。「全部，お菓子でできてるんだよ」「お椅子は綿飴だよ」「窓はチョコでできてるよ」「屋根はビスケットでできてるよ」。ホテルは，全部お菓子でできていたのでした。
　「いただきます」。ななちゃんたちは，お菓子をパクパク食べました。
　「あいたたたた…」。ななちゃんは，お菓子を食べ過ぎて，虫歯になってしまいました。
　そこへ，お菓子の国の歯医者さんがやってきました。なんと，お菓子の薬で虫歯を治してくれるのだそうです。

「はい,いちごの歯磨きだよ」。歯磨きまでお菓子です。
「あ,治った。不思議だなぁ」。不思議なことに,お菓子の薬や歯磨きで,虫歯が治ってしまったのです。
　無事,虫歯が治ったななちゃんは,みんなとかけっこをすることにしました。「位置について,よーい,ドン」。ななちゃんが一番でした。一番遅かったりすさんが,石につまずいて転んでしまいました。
　「大丈夫？」。みんな心配しましたが,ケガはしていませんでした。安心したななちゃんは,お菓子のお土産をもらって,次の国へと飛び立っていきました。

　この実践事例のように,子どもたちの想像力をかき立て,多様で総合的な表現遊びが展開されるために,絵本は重要な役割を果たしているのです。
（実践女子大学　井口眞美）

Memo

Column 9 子どもと絵本―保育園の現場から

1 絵本との出会い

　筆者が勤めていた保育園では，いつでもどこでも，子どもが手を伸ばせば絵本に出会える環境設定に努めています。各保育室にも，それぞれの年齢児に合った絵本を常設していますが，自由な呼吸で絵本を選べる環境は，子どもたちにとって大事な心的環境でもあります。

　朝，否が応にも慌ただしく登園せざるを得ない子どもたちにとって，信頼を育んできた保育者の声で届けられる絵本とのひとときは，静かな心を取り戻し，やがて，幸せな気持ちに満たされていくものとなります。

　同園では，玄関の横の静かなスペースに絵本のコーナーを設け，そこで絵本を読むだけでなく，家庭への絵本の貸し出しを行っています。これは，子どもが家族と一緒に本を選び，家族と絵本の楽しさを共有してほしいとの願いからです。なぜならば，親子で5分だけでも読む絵本は，"絵本大好き子ども"の始まりだからです。

　帰りの時間に親子で絵本を見ながらホッと一息つくと，その心地よさ，幸せな気持ちは，家に帰り着いてからも続くでしょう。このように，絵本は，温かい「ふれあいのとき」も提供してくれるものなのです。

▲ここが私のお気に入りの場所。後ろには大好きな絵本を2冊隠し，大好きな絵本をじっくり読んでいます。

▲今日は絵本の貸し出し日。おばあちゃんと一緒に選んだ本を貸し出しノートに自分で記録しています（5歳児）。

▲お迎えのひととき。「ママ，これよんで」とせがまれ，親子のホッとできる空間が絵本コーナーにあります。

2 絵本を介したさまざまな出会い

　同園では，毎月，外部からストーリーテーラーを招いての「おはなし会」を設けています。この活動は，もう，24，25年間，続けられてきているものです。

　今，日本において，美しい母国語で幸せを描いた作品を，静けさと穏やかさの中で，たしかに子どもたちの心の奥に届けていくことは，とても大切なことだと思うのです。専門家による「おはなし会」という素話と出会う心地よい時間によって，子どもたちは，母国語の美しさを心の奥にしみ込ませていくとともに，人間の心の源である魂の世界を深めていっています。

　また，地域と密接にかかわる活動を展開する中で，同園には，地域の高齢の方々が，日常的に多く来園されています。高齢の方々といろいろな場面で関わりをもつことで家庭的な温かさを感じるのか，子どもたちの中には，膝

の上に座り，そこで絵本の読み聞かせを楽しむような姿も見られます。

　子どもたちは，友だちと一緒に楽しむ絵本のワクワク感にも魅せられていますが，安心感を与えてくれるおとなに読んでもらう絵本の楽しさは，格別なことのようです。とくに，絵本を通して，信頼できるおとなと1対1で関わる時間は，子どもたちにとって，特別なものとなっています。

3 絵本の存在の再認識

▲ボランティアで来てくださるおばあちゃん。お膝の上にちょこんと座り，絵本を見つめています。

　絵本は，遊びの世界を広げてくれます。
　子どもを魅了してやまない楽しい遊びのひとつに，自然の中での遊びがあります。砂遊び，水遊び，泥んこ遊びなど，それにはいろいろなものがありますが，そのどれもが，子どもたちに，さまざまな楽しさや生きる力を与えてくれます。
　四季折々の季節の変化の不思議さを，まず，絵本で疑似体験し，そして，自然の中での実際の遊びで汗を流しておもしろさや楽しさとともに空腹を感じ，自分の足で歩き，自分の頭で考え，自分の心で感じることは，子どもの育ちにとって必要な糧となるでしょう。
　同時に，保育者も，日々の保育の中で絵本の存在を再認識し，学んでいます。
　先ほどふれた「おはなし会」は，保育者にとっては，専門家による読み聞かせや素話を聞くことで，美しい言葉をどのように子どもたちに伝えていくか，自らが学ぶ時間ともなっています。
　また，同園では職員会議の際に，10～15分程度のミニ研修会を行っておりますが，絵本に関することを題材として取り上げることもあります。以下は，ある日の研修会で出された意見です。

【絵本の読み聞かせのポイントについて】
・読み手の背景は，人の行き来のないところを選ぶ。子どもからの視点を意識する
・子どもの年齢，クラスに合わせた本を選ぶ
・季節に合った本を選ぶ
・下読みをして，話の流れを知っておく
・子どものようすを見ながら，全員に見えているかを確認しながら本を持つ
・子どもが物語に入り込みやすいよう，1ページずつ大事に読む
・声の抑揚（高低・強弱・明暗）をつけ，シーンに合わせて読む
・本を読むときの手の位置は画面を遮らないように
・話が終わった後に，物語の説明や感想などを無理に求めず，子どもの想像力を楽しんでもらう

　この研修の場では，各クラスの担任保育者が「今，自分のクラスで読みたい本」を1冊ずつ持ち寄り，なぜ，その絵本を選んだのかについても発表しました。そして，ほかの保育者たちは，それについて，否定的な視点ではなく，感想や気づいた点などを発言し，お互いに絵本についての理解を深めました。
　このように，保育者も，ただ漠然と絵本を子どもたちに提供するのではなく，日々，絵本について学び合い，絵本についての再認識・再発見を続けています。

4 子どもの目線とおとなの目線

　子どもにとって，絵本とはどのような存在なのでしょうか。
　絵本の中には，物語・夢・憧れ・ワクワク感・嬉しさ・感動などの情感や感性の育ちが存在しています。だからこそ，絵本は子どもたちのよき友だちだといえるでしょう。
　ところで，みなさんも，グリム童話の『赤ずきん』[*1]のお話は，よく知っているのではないでしょうか。このお

話には，オオカミがお腹を切られ，赤ずきんちゃんがそこから助け出されるというシーンがありますが，この場面に対して，「残酷だ」という意見があります。では，子どもたちは，このお話を，本当に残酷だと思っているのでしょうか。残酷さを感じているのは，「おとながもつ感想＝おとなの目線」ではないのでしょうか。

絵本においてオオカミは「魔物」を意味するものです。子どもたちは，この場面を通して，オオカミ（魔物）がいなくなった安堵感(あんど)や，赤ずきんちゃんが無事であったことに対するホッとした気持ちを味わっています。これが，「子どもの目線」ではないでしょうか。

5 絵本の魅力

子どもにとって，絵本との出会いは，どのような意味をもつものなのでしょうか。

子どもは，信頼をしているおとなに絵本を読んでもらうことで絵本が好きになり，お話が好きになり，想像したり，空想したり，お話をイメージしながら考える楽しさを体験していきます。また，乳児期の子どもの絵本は，おもしろく，楽しく，生活の仕方を教えてくれるものが多く，生活の知恵がいっぱい詰まっています。

子どもの好きな絵本は，そのときによってさまざまです。子どもたちが好む本の傾向を年齢児別にまとめると，以下のようになります[2]。

- 0歳児：わらべ歌に合わせて歌いながら楽しむような絵本が好きです。
- 1歳児：リズム感を感じられるようなわらべ歌の絵本を好みます。
- 2歳児：言葉のくり返しを楽しむ絵本を喜びます。
- 3歳児：劇遊びごっこに発展するような絵本が好きで，"発表会"などでも演出を楽しむ姿が見受けられます。また，お話の中に隠されている絵を探すなど，内容を深く考えていく絵本も好んで読んでいます。
- 4歳児：観察したり，調べたりする本を好み，実際に飼育観察をしています。
- 5歳児：語彙(ごい)も多くなり，各々，自分の世界をもつようになり，より情緒豊かな絵本も楽しむようになります。

▲先生になった気分で，今日は，私がお友だちに読み聞かせをします。

好きな絵本を，毎日，くり返し楽しむ中で，お話の中の言葉を，まるで自分の言葉のように覚え，魔法の言葉のように唱え，同じところで笑いや感動が生まれ…。そういう中で，絵本の魅力が子どもたちに伝わっていき，子どもの心が，絵本によって豊かに育っていくことがうかがえます。そして，子どもの頃に好きになった絵本が，おとなになっても大好きな1冊として，心に残り続けることも少なくないのです。

絵本の美しさや遊びの楽しさの中から，子どもたちの人間性や社会性，創造性，感性，夢などが育てられていくことを思うとき，多くの人びとが，絵本を通して幸せな気持ちに満たされ，世代を超えてお互いに認め合えるようになって欲しいと願っています。

▲子どもたちは，整った環境の中で，読みたいときに，好きな絵本とじっくり触れ合います。

（元・菊川保育園 山中はる江）

---

[1] グリム作，バーナディッド・ワッツ絵，生野幸吉訳による絵本。岩波書店より，1976年に初版が刊行された。
[2] 具体的な年齢ごとの「おすすめ絵本」については，実践編Lesson1（114～133ページ）にて紹介。併せて参照のこと。

Lesson 2 小学校教育へのつながり

学習のキーポイント

①幼児から児童への発達の過程で国語について学ぶことの意義を知る。
②幼児の国語への興味のあり方，聞くこと・話すこと，また，想像力を高めることなどを学ぶ。
③教科としての「国語」の内容を理解する。
④日本の伝統的な伝承文化である昔話の特徴を学び，伝承する力や感性を育成する。
⑤乳幼児教育から小学校教育への橋渡しとしての絵本や児童文学の役割を学ぶ。

1 小学校教育へのつながり

1．乳幼児期から小学校就学における国語

1）言語獲得期―乳児期

哺乳類の中で，唯一，言語を話すことのできる人間ですが，言葉をもたずに生まれてくる赤ちゃんは，語彙を短期間で爆発的に増やしていきます。また，児童[*1]として小学校へ入学するにいたるまでの言葉の発達には目をみはるものがあります。そのため，言葉の発達を促すのは，子どもを取り巻くおとなの関わり方しだいといえるでしょう。

「幼稚園教育要領」の第2章には，幼児の言葉について，次のように記載されています[*2]。

第2章 ねらい及び内容

言葉

　経験したことや考えたことなどを自分なりの言葉で表現し，相手の話す言葉を聞こうとする意欲や態度を育て，言葉に対する感覚や言葉で表現する力を養う。

ねらい

（1）自分の気持ちを言葉で表現する楽しさを味わう。
（2）人の言葉や話などをよく聞き，自分の経験したことや考えたことを話し，伝え合う喜びを味わう。
（3）日常生活に必要な言葉が分かるようになるとともに，絵本や物語などに親しみ，先生や友達と心を通わせる。

（1）自己表現―幼児期

「幼稚園教育要領」や「保育所保育指針」の「保育内容のねらい及び内容」にもあるように，3歳児前後は，多くの言葉を獲得していくことと並行して，正確で美しい国語[*3]の基礎となる言葉の使い方，すなわち，言語運用能力を獲得する必要があります。そのため，幼児の言語環境としては，①豊富に語彙を身につける「場」が求められるばかりではなく，②言葉を使うコミュニケーション能力を育成する「人」も不可欠となります。先に示した「幼稚園教育要領」の「ねらい（1）」にもあるように，「自分の気持ちを表現」できる自己表現は，コミュニケーションの

[*1] 基礎編 Lesson 1（5ページ）参照。

[*2] 「保育所保育指針」にも「第三章　保育内容」の「エ　言葉」において同様の記述がある。

[*3] 国語教育と国語科教育の違いは，以下の通りである。
・国語教育：家庭や社会における日常生活を通して，自然に形成されていく母語の教育。
・国語科教育：教科教育として，授業を通して行われるのが，国語科教育である。その目標や内容は「学習指導要領」に明記されている。
（岩内亮一・本吉修二・明石要一編集代表『教育学用語辞典［第四版改訂版］』pp.93-94, 学文社，2010，より）

根幹をなすものです。子どもたちが自己表現を楽しく行えるようにするためには，日常生活において，おとなが正しく，美しい母語*4で話しかけることはもちろん，国語に関する興味や関心を促し，日々，国語的な力を吸収できるような環境を用意することも忘れてはなりません。

（2）幼児期の国語力①—聞く力

小学校就学後は，教科「国語」の授業において，読み書き能力を獲得していきます。しかし，その前段階として，「聞く力」と「話す力」の基礎を固めることが，幼児期における「国語」の2本柱となります。

このことは，先に述べた「幼稚園教育要領」の「ねらい（2）」の中でも「人の話をよく聞き」「自分の経験や考えを話すことができる」こととして示されていますが，その能力は，その後の人生において，人間関係を円滑にしていくことにもつながります。

このような点においても，読み書きができる以前の乳幼児にとって，絵本は重要な意味をもちます。絵本を通して物語を楽しむために，幼児は，おとなが読む物語を聞きながら，絵を読んでいます。幼児期は，絵で物事を考え，想像力や思考力を耕していく時期です*5。文字をもつ以前の人間の歴史がたどってきたのと同様に，この時期に，絵で物事を捉えていく能力を培うことが，その後の想像力や創造力の基礎ともなっていくのです。幼児にとって，もっとも理解しやすい絵本をたっぷり読み聞かせていくことが，この時期には大切なことのひとつとなります。

また，4，5歳になると，昔話を聞く「おはなし（ストーリーテリング）」*6を楽しめるようになってきます。おはなしは，絵本と違い，言葉を耳で聞きながら，物語を頭の中で組み立てながら楽しむ文学なので，さらに，子どもたちの聞く能力を高めることができます。しかも，こうした聞く力は，想像力のみならず，集中力や思考力をも育てていくことになるのです。

（3）幼児期の国語力②—話す力

子どもが，絵本やお話を楽しんだ後，数日経って突然，その物語の中の文章を口にすることがあります。

児童館の保育士だった谷地元雄一は，保育園からの帰り道に，2歳の息子が夜空のお月さまに向かって，「『おつきさま，こんばんは』とペコリとていねいに頭をさげたのです」と，驚いたエピソードを紹介しています。また，「次の日保育士にその話をすると，前の日に『おつきさまこんばんは』*7の絵本を読んでもらったことがわかり，感動した」というのです[1]。

このように子どもは，あるときはおとなのまねをしたり，また，あるときは絵本などの言葉を模倣して，自分の言葉の力をつけていきます。ですから，子どもたちがたくさんの子ども文学に触れることは，話す力を肥やしていくうえでも，大変，大切なことなのです。

先に示した「幼稚園教育要領」の言葉の「ねらい（3）」にも，「絵本や物語などに親しみ，先生や友達と心を通わせる」とあるように，文部科学省も幼児期の言葉の育成において，子どもの文学である絵本やおはなしを，大変，重要視していることがわかります。

2）小学校での国語

（1）教科としての国語

小学校に就学後，保育所・幼稚園などの時代と大きく異なることは，時間割に沿った教科制となることでしょう。教室では，休み時間以外は遊びではなく，教科ごとの授業が展開されていきます。

しかし，とくに，まだ幼児期の自由遊びの習慣が抜け切れない低学年の子どもたちは，一日中椅子に座って，先生の話を聞くということに慣れていません。そういう中で，児童・生徒が，いかに楽しく，主体的に参加できる授業を行うかは，教師の手腕にかかっています。児童・生徒の学習活動として成立する授業を，計画・設定し，指導するのは教師の役割です。教師の学習指導に対する考え方が，授業の枠組みを左右するといっても過言ではありません。

---

*4 幼時に母親などから自然な状態で習得する言語。第一言語。母国語というと，国家意識が加わる（新村 出編『広辞苑 第六版』p.2583，岩波書店，2008より）。

*5 基礎編 Lesson 1（5ページ）を参照のこと。

*6 基礎編 Lesson 4 の「3『おはなし』とは」（80〜83ページ）を参照のこと。

*7 林 明子作による絵本。福音館書店より，1986年に初版が刊行された。

1) 谷地元雄一『これが絵本の底ぢから！』pp.19-20，福音館書店，2000より。

国語の授業は，国語の学力の育成を目指して，「話す・聞く・書く・読む」という言語活動の4本柱を軸に成り立っています。この目的のためには，教材選びから展開の仕方まで，教師の授業者としての豊かな構想と構成力が問われます。それによって，児童・生徒は，国語への興味・関心が促され，活発な授業参加が可能となり，また，全教科の基礎となる国語に対する学力を取得していくものと考えられます。

（2）国語力の基礎

　国語科の場合，国語力とは，母語としての日本語に関する能力であり，文字，語彙，文法などの言語知識のみならず，言語運用能力にいたるまで，「学習指導要領」を基準にしながら育成することになります。しかし，生きる力の基本である「考える力」や「コミュニケーション力」も国語力が基礎となるため，授業計画の際には，こうした広い視野に立った検討が必要です。

　言語活動に関する能力を習得するためには，その目標として，①学習課題の設定と②具体的な学習活動を明確にすることが重要です。たとえば，学習の課題を「コミュニケーション力を高める」ことに設定した授業では，学習活動は「友だちとの学び合い」が中心的な内容となり，「伝え合う力」を育む教材や授業展開が要求されます。

　教師の授業力は，児童・生徒の学習を成立させるために，①学習者理解，②学習内容，③教材研究，④授業計画，⑤学習活動，⑥指導・支援，⑦学習評価の7点を視野に入れて，適切に指導を行うことが鍵となります。

（3）国語科の目標

　204ページでは，幼児期の「幼稚園教育要領」における国語的な言葉の「ねらい及び内容」を紹介しましたが，文部科学省の小学校国語科の目標は，『小学校学習指導要領　国語編』の中で「国語を適切に表現し正確に理解する能力を育成し，伝え合う力を高めるとともに，思考力や想像力及び言語感覚を養い，国語に対する関心を深め国語を尊重する態度を育てる」と規定されています。表にまとめると，表3－2－1のようになります。

　（ア）の言語を理解する手段は，音声言語としての「聞く」行為であり，文字言語では，「読む」行為となります。また，言語を表現する手段としては，音声言語では「話す」ことであり，文字言語では「書く」作業となります。

　国語科の内容構成を図にすると，図3－2－1のようになります。国語科では，①話すこと・聞くこと，②書くこと，③読むこと，④伝統的な言語文化と国語の特質に関する事項の取得を4本柱として，図のような国語の力を取得することを目標にしているのです。

表3－2－1　「小学校学習指導要領　国語編」による国語科の目標

（ア）国語を適切に表現し正確に理解する能力を育成する。
（イ）伝え合う力を高める。
（ウ）思考力や想像力及び言語感覚を養う。
（エ）国語に対する関心を深め国語を尊重する態度を育てる。

出典）『小学校学習指導要領　国語編』文部科学省，2011，より

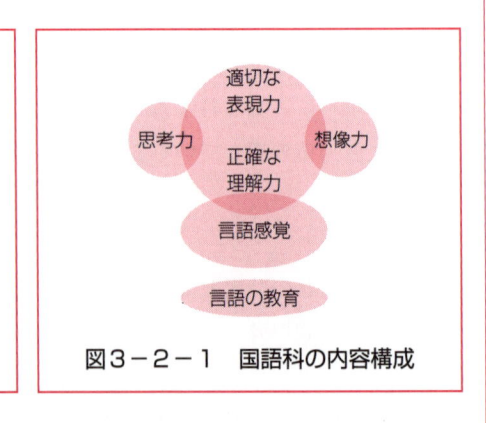

図3－2－1　国語科の内容構成

2 伝統的な言語文化に関する指導

1．国語としての昔話

1）小学校での昔話の活用

　小学校での国語の学びをスムーズに進めるために，幼児期に慣れ親しんだ絵本やおはなしを活用すると，無理なく楽しい授業展開につながることが予想できます。とくに，おはなしの時間で語られることの多い昔話は，伝統的な言語文化として，正式に低学年で学ぶ教科内容として取りあげられています。

　ここからは，昔話が国語の教科に取り入れられた経緯について触れてみたいと思います。

2）日本の文化の尊重

　2008（平成20）年の「学習指導要領」の改訂では，国語科の改善の基本方針[*8]にのっとって，従来の「言語事項」が「伝統的な言語文化と国語の特質」に改編され，古典や言語文化に関する指導内容が追加されました。具体的な内容としては，表3－2－2，3－2－3の通りとなっています。

　その後の中央審議会の答申（2008〈平成20〉年）でも，文化審議会の答申やOECDの学力調査などの結果から，日本人としてのアイデンティティの確立や，自分の意見をしっかりと述べることのできる論理的思考力の育成の重要性が打ち出されています。

　外国語の習得がさかんにいわれる昨今ではありますが，まず，何を学ぶにしても母国語の能力が大きく関わってきます。日本人として，自国の文化や伝統を知り，国語力を身につけてこそ，真の国際人として世界に羽ばたくことができるといえるのです。

3）伝統的な言語文化の学習で身につけたい知識，技能

　伝統的な言語文化は，創造と継承をくり返しながら形成されてきました。それらを小学校から取りあげて，子どもたちが親しみ，わが国の言語文化を継承し，新たな創造へとつないでいくことができるように，国語教育の内容は構成されています[*9]。

表3－2－2　小学校教育に組み込まれた指導内容

小学校	○低学年・・・昔話・神話・伝承
	○中学年・・・短歌・俳句・慣用句・故事成語
	○高学年・・・古文・漢文

出典）「中央教育審議会の答申」，文部科学省，2008年3月

表3－2－3　「国語」で学ぶおもな日本の昔話と神話

昔話：桃太郎，浦島太郎，花咲か爺さん，さるかに合戦，かちかち山，こぶとり爺さん，舌きり雀，きき耳頭巾，一寸法師，かさ地蔵，三年寝太郎，わらしべ長者，力太郎，ねずみの嫁入り，金太郎，ねずみ浄土，ねずみのすもう

神話：いなばの白兎，うみひこやまひこ，あまのいわと，くにのはじまり

2．昔話の特徴

1）昔話と伝説の違い

　ひと口に昔話といっても，世界中，どの地域にも伝わる伝承話には，無数の話が存在しています。このような昔話と，その地域独自の由来やいい伝えである伝説とには，表3－2－4に示すような違いがあります。

表3－2－4　昔話と伝説の違い

昔話	伝説
・語り方に一定の型がある	・語り方が一定してない
・時代・場所・人物が特定されない	・時代・場所・人物が特定される
・信じなくてもよい話	・信じることを欲している話

*8　この背景には，文化審議会答申による「これからの時代に求められる国語力について」（平成16年2月）での指摘があった。答申の内容は，①国語は長い歴史の中で形成されてきた文化の基盤であり，文化そのものであること。②ことばの中には，先人の悲しみ，痛み，喜びなどの情感や感動が集積され，先人の築き上げてきた伝統的な文化を理解・継承し，新しい文化を創造・発展させるためにも国語は欠くことができない。③それぞれの地方の伝承文化や地域社会の豊かな人間関係を担う多様な方言は，地域における人々の共通の生活言語であり，同時にそれぞれの地域文化の中核である。また，2006（平成18）年の「教育基本法」の改正で「伝統を継承し，新しい文化の創造を目指す教育」「伝統と文化を尊重し，それらをはぐくんできた我が国と郷土を愛する」とされ，さらに，2007（平成19）年の「学校教育法」の一部改正により，「我が国と郷土の現状と歴史について，正しい理解に導き，伝統や文化を尊重し，それらをはぐくんできた我が国と郷土を愛する態度を養う」と記されている。

*9　昔話，民話の学習教材の国語的価値として，①明確な人物設定や場面設定，②単純明快なストーリー，③昔話特有の語り口や言い回し，④擬音語・擬態語の効果的な使われ方，⑤くり返しや対比構造による物語展開，があげられる（中村孝一「小学校の古典学習で何を指導するか」日本言語技術教育学会編『言語技術教育18「伝統的な言語文化」を活かす言語技術』p.56，明治図書出版，2009より）。

> **表3−2−5 昔話における登場人物の特徴**
>
> 肉体的な奥行きがない：病気，ケガなど
> 『馬方山姥』：「馬の足，一本おいてけ」…馬の足を一本切った後に投げ，逃げる
> 　＊馬が悲しんだり，苦しんだりする描写はなく，先に先にと話が展開する。
> 『七羽のカラス』：ガラスの山の鍵をなくし，自分の小指を切り落として鍵穴に挿すとドアが開く
> 　＊指を切ったとき，痛がったり，血が出たりすることはなく，先に先にと話が展開する。

2）昔話の特徴

　昔話は，口承文学として，耳で聞いてわかりやすい形式にて伝えられてきたので，子どもにも理解しやすい構造をもっています。

　ここでは，ドイツの民話研究者マックス・リュティ[2]とシャルロッテ・ビューラーの昔話の分析研究について紹介したいと思います。

（1）マックス・リュティによる昔話の様式の特徴

①平面的様式

　昔話の登場人物の描き方は，「中味抜き」されているといわれています。つまり，紙細工のように実体性がなく，内面的世界がない，図形的な描写が特徴となっています。たとえば，病気やケガをしても，苦しんだり，痛がったりしません。たとえ，病気やケガをしていたとしても，それを感じさせるような描写がされることはありません（表3−2−5）。

　それなのに，「昔話は残酷なので，子どもにはふさわしくない」[3]という理由で改作してしまっていいものでしょうか。たとえば，『おおかみと七ひきのこやぎ』[*10]について考えてみましょう。このお話では，最後におおかみがおなかを切られて，こやぎたちが助かる場面で終わりますが，そのことについて，「おおかみはあんまりぐっすり眠っていたので，おなかを切ってもちっとも起きませんでした」などの非現実的な描写や，「おおかみがこやぎを頭から食べたか，足から食べたか」について一切触れないような実態のない描写がなされることによって，残酷さを引き起こさず，一定のリズムにしたがって，話の展開のみに読み手が興味をもつような描き方をしているといえるのです。しかし，このお話を改作して，こやぎを食べたおおかみを助けて仲よくなったり，おおかみが死んだかどうかを最後まではっきりさせなかったりする話では，子どもたちに，悪者を征伐しない不安を与えるばかりでなく，善悪の判断材料も提供できないことになってしまいます。

　このことについて，マックス・リュティは，以下のように述べています。

> 　子どもはまだ成熟していません。子どもの目から見れば，善人は善をあらわし，悪人は悪をあらわしています。善人が報いられれば，子どもは善の原理が勝ったと感じ，悪人が殺されれば，悪そのものが打ち破られたと思います。だから，残酷で容赦のない罰はまったく当を得ているわけなのです。おまけにそれは，昔話にしみ通っている極端な様式化と合致していますから，全体の構成からいって，写実的な物語のように，恐怖をあおるものではありません。
>
> 出典）野村泫，東京子ども図書館編『昔話の残酷性』p.7（下段），東京子ども図書館，1975より

②抽象的様式

　昔話では，イメージしやすい表現が多用されています。それは，ひとえに，耳から聞く文学の特徴だといえるでしょう。その代表として，表3−2−6に示すような，イメージしやすい道具立てが整えられています。

[2] マックス・リュティ，小沢俊夫訳『ヨーロッパの昔話－その形式と本質』岩崎美術社，1969より。

[3] 野村泫，東京子ども図書館編『昔話の残酷性』東京子ども図書館，1975より。

[*10] グリム童話，フェリクス・ホフマン絵，瀬田貞二訳による絵本。福音館書店より，1967年に初版が刊行された。

表３－２－６　昔話の抽象的様式

数字：1, 2, 3, 7, 12（固定した公式）
色：白・黒・赤・金を好む
　　例）「雪のように白く，血のように赤く，黒檀の窓枠のように黒い」（白雪姫の美しさの表現）
具体的な小道具：指輪・杖・刀・髪の毛・リンゴ・金属（鋭い輪郭）
表現：同じことが起きたら，同じ言葉でくり返す
極端な対照を好む：善人か悪人か，美しいか醜いか，金持ちか貧乏か

表３－２－７　シャルロッテ・ビューラーの昔話描写の特徴

登場人物：小人，王様，お姫様，巨人，魔法使い，動物，仕立屋，粉屋，猟師，百姓，ぬけさく
展開の仕方：
①時の流れ－順序通りで，決して逆戻りしない
②予告－願望：『七羽のカラス』，予言：『いばら姫』，約束と誓い：『カエルの王様』，課題と命令：『シンデレラ』，警告と禁止：『おおかみと七ひきのこやぎ』
③偶然が起こる：『長靴をはいた猫』
④不思議な出来事が起こる：『シンデレラ』『ヘンゼルとグレーテル』『金のがちょう』
⑤ハッピーエンド
描写の仕方：
①くり返し－１回目：失敗→２回目：失敗→３回目：成功
＜くり返しの重要性＞
　a．馴染みがある
　b．既に知っている＝参加可能
　c．大切なことを強調
②簡潔，強調，両極化，目に見えるような描写
　例）森の中の三人の小人，口から金貨，口からヒキガエル

出典）シャルロッテ・ビューラー，森本真実訳「昔話と子どもの空想」松岡享子編『こどもとしょかん（1999・夏，82）』pp.2-19，東京子ども図書館，1999より筆者作成

（２）シャルロッテ・ビューラーによる昔話の特徴

リュティのほかに，同じくドイツの昔話研究家であるビューラーの昔話描写の特徴は，表３－２－７のように，まとめて整理できます。表３－２－７を見ると，昔話が，耳で聞いてわかりやすい形式をもっていることがわかります。

①登場人物

登場人物は，子どもたちにとって，非常に魅力的です。お話の世界にしか登場しないような架空の小人や大男，妖精や魔法使いが活躍しますし，憧れの存在である王さまやお姫さまを主人公にしたお話も数多くあります。また，主人公が子どもや一般の市民や仕事人である場合も多いのですが，このような場合には，自分を主人公に重ね合わせて，どんどん成功していくことをわがことのように感じ，おはなしを聞くことが，ますます楽しくなることでしょう。

②展開の仕方

出来事が，ときの流れにそって，順序通りに起こることは，頭の中で順番にお話を組み立てていく助けになります（表３－２－７の「展開の仕方」の①）

また，予告や約束，警告などを教えてもらうことによって，最初にお話の行き先を見通すことができます。たとえば，『おおかみと七ひきのこやぎ』では，おかあさんやぎは，こやぎたちにおおかみが来るかもしれないことを警告しますし，『ねむりひめ』[*11]では，お姫さまが誕生したとき，15歳の誕生日に糸車の錘に刺されて，100年の眠りにつくという呪いを，妖精が軽くします。おはなしを聞き進める過程で，これらの出来事がお話の核になって，聴き手を引っ張っているのです（表３－２－７の「展開の仕方」の②）。

さらに，偶然や不思議な出来事がつぎつぎに起こってくることも，お話の魅力のひとつでしょう。『シンデレラ』[*12]が魔法によって，お姫さまになって王子さまと結婚するハッピーエンドも，昔話ならではの成功談でしょう（表３－２－７の「展開の仕方」の③④⑤）。

[*11] グリム童話，フェリクス・ホフマン絵，瀬田貞二訳による絵本。福音館書店より，1963年に初版が刊行された。

[*12] マーシャ・ブラウン文・絵，まつのまさこ訳による絵本。福音館書店より，1969年に初版が刊行された。

③描写の仕方

 昔話はくり返しが多いことが大きな特徴となっています。『三びきのこぶた』[*13]や『さんまいのおふだ』[*14]などは，3回のくり返しで構成されています。くり返すことによって，一度聞いたことを何度か確認したうえで，結末を迎えることができるので，聞き手は，余裕をもっておはなしを楽しむことができるのです。

 また，登場人物を両極端に描くことが頻繁に出てきます。たとえば，「お金持ち⇔貧乏」「働き者⇔なまけ者」「正直⇔うそつき」など，正反対の人物描写は，イメージを鮮明に描きやすく，経験の浅い子どもでも理解できる人間の姿を描き出しているのです。

（3）空想の練習

 語彙の数も増え，イメージする材料が増えてくる4〜6歳からが，昔話を楽しめる年齢だといえます。この時期は，自己についての認識ができるようになった後の，自分とは別の人間の体験にも関心がもてるようになる年齢でもあるため，客観的におはなしを楽しめる時期とも重なるからです。

 ですから，幼児期から小学校における時期に，おはなしを聞く機会を積み重ね，イメージ作りの練習をすることが，豊かな想像力や感性を養うことにつながるのです。

 また，柔軟な感性をもったこの時期の子どもは，異世界へと容易に移動することもできます。変身，変装，魔法を使って別の場所へすぐに移動することができるとともに，異世界の動物や大男，魔法使いなどの不思議な人物の突然の登場をも，喜びをもって，速やかに迎え入れることができ，イメージの急激な変化にも対応できるのです。

 さらに，倫理的価値判断を含んだ昔話は，道徳教育にも役に立ち，自然と教訓を伝えていくという役割ももっているのです。

3 幼年文学・児童文学への発展

1．絵本と幼年童話の間

1）学校への準備としての絵本

 年長になると，どの保育所・幼稚園などでも，小学校に入るための準備を始めます。幼児は，小学校への期待と不安の両方が入り混じった気持ちで，入学までの日々を過ごしています。小学校への就学がスムーズに行くように，字の読み書きだけを練習するのではなく，小学校が楽しみになるような絵本を活用することも大切なことでしょう。そのような絵本をいくつか，以下にあげてみたいと思います。

おすすめ絵本

● **ルールを学ぶもの**
『よい子への道』（おかべ りか作，福音館書店，1995）

● **学校について知るもの**
『教室はまちがうところだ』（蒔田晋治作，長谷川知子絵，こどもの未来社，2004）

● **数を数えるもの**
『おまたせクッキー』（パット・ハッチンス作，乾 侑美子訳，偕成社，1987）
『かずあそびウラパン・オコサ』（谷川晃一作，童心社，1999）

● **たくましさを知るもの**
『こしぬけウィリー』（アンソニー・ブラウン作，久山太市訳，評論社，2000）
『ゆうかんなアイリーン』（ウィリアム・スタイグ作，おがわえつこ訳，らんか社（旧社名，セーラー出版），1988）

● **ことばの楽しさを知るもの**
『ことばのこばこ』（和田 誠作・絵，瑞雲社，1995）

[*13] イギリス昔話，瀬田貞二訳，山田三郎画による絵本。福音館書店より，1967年に初版が刊行された。

[*14] 水沢謙一再話，梶山俊夫画による絵本。福音館書店より，1985年に初版が刊行された。

●長い物語を楽しむもの
『エルマーのぼうけん』（ルース・スタイルス・ガネット作，ルース・クリスマン・ガネット絵，渡辺茂男訳，福音館書店，1963）
『おおきな きが ほしい』（佐藤さとる文，村上 勉絵，偕成社，1971）
『おしいれのぼうけん』（ふるたたるひ・たばたせいいち作，童心社，1974）
『たんたのたんけん』（中川李枝子作，山脇百合子絵，学研教育出版，1971）
『たんたのたんてい』（中川李枝子作，山脇百合子絵，学研教育出版，1975）
『ダンプえんちょうやっつけた』（ふるたたるひ・たばたせいいち作，童心社，1978）
『番ねずみのヤカちゃん』（リチャード・ウィルバー作，大社玲子絵，松岡享子訳，福音館書店，1992）
『ふしぎな50のぼうし』（ドクター・スース作・絵，渡辺茂男訳，偕成社，2009）

▲幼年童話の代表格『エルマーのぼうけん』（ルース・スタイルス・ガネット作，ルース・クリスマン・ガネット絵，渡辺茂男訳，福音館書店，1963）の表紙。

2）絵本との違い

ページの半分以上が絵なら「絵本」，それ以下なら「児童（幼い子ども向きの）読みもの」として扱われることも少なくないようですが，一般的に，両者の区別は明確にはつけにくいものです。

子どもが読書のおもしろさを知るためには，幼児期から小学校にあがる時期に，絵本と読みものの橋渡しになるような本が必要になります。絵本のような形態ではあるが，文章量が多いような「幼年童話」が橋渡しとしての役割を担っているといっていいでしょう。

3）架け橋としての幼年童話

先にも述べた幼年童話は，絵本ほどは読まれていません。その理由には，おもに，ふたつのことがあるものと考えられます。

ひとつには，小学校低学年になると，絵本の読み聞かせのように，おとなが読んでくれることがなくなり，自分で読む主体的な読書への導入がうまくいっていないことがあげられます。

ふたつ目は，幼年童話の出版点数自体が少ないことです。そのため，小学校入学後の短い間に，子どもの興味・関心と合致する本に出会えないことも，その要因だと考えられます。

4）出会う時期と読書能力

小学校低学年は，まだ，読み聞かせをしてもらいたい年齢です。幼児期から読み聞かせてもらっていた習慣を，小学校入学と同時にやめてしまうのは，大変もったいないことです。なぜなら，読んでもらうことは，耳で聞くことによりイメージが広がりやすく，大変心地よい体験だからです。読み聞かせをやめた途端に，本から離れてしまう子どもたちも少なくありません。字が読めることと，物語を耳で聞くことは，まったく異なる経験なのです。

ですから，家庭でも，授業でも，図書の時間においても，教師をはじめとするおとなは，読み聞かせが，読書への早道だと考えてもいいのではないでしょうか。

5）学校図書館の整備の必要性

子どもの読書を推進するための読書環境としては，①子どもが手を伸ばせば届く範囲に本がある「場所の環境」と，②本を手渡す「人の環境」が必要です。

小学校には，学校図書館法により図書室が整備されていますが，選書したり，子どもに本をすすめたりする学校図書館司書の配置は，全国的に遅れているのが現状です。

小学生の期間は，その子の読書レベルや読書傾向を熟知したうえで，直接，本を手渡すことのできるおとなの存在が不可欠です。読書推進のためにも，そのような場所と人の整備が急がれるべきだと考えます。

4 ブックトーク

1．ブックトークとは

「ブックトーク（book talk）」とは，文字通り，本について話をすることです。もともとは，図書館分野の用語で，19世紀末から20世紀初頭にかけて，アメリカの児童図書館がサービスを広げる中で，子どもたちと本とをつなぐ手法として編み出されたものだといわれています。

おもしろい本を読んだら，だれでも，そのことを，ほかの人に話したくなるのではないでしょうか。子どもに，「おもしろい本，ない？」「この本には，どんなことが書いてあるの？」と聞かれれば，内容をかいつまんで説明し，すすめることもあるでしょう。広くとらえれば，このようなこともブックトークだといってよいわけですが，図書館員が「明日は学校に出かけて，ブックトークをする」というような場合は，もう少し限定した意味になります。つまり，①あるテーマにそって，②数冊の本を，③順序よく，④興味を誘うように紹介すること，がブックトークなのです。

もちろん，ブックトークはおとなの聴衆に向けて行うこともあるのですが，子どものためのサービスのひとつとして，「おはなし（storytelling）」「読み聞かせ（reading aloud）」などとともに，児童図書館員が習得すべき重要な技能とされています。

2．日本におけるブックトークの実際

とはいえ，日本の図書館や学校でブックトークという言葉がさかんに聞かれるようになったのは，1997（平成9）年に学校図書館法が改正され，学校の図書室に担当者が配置されるようになった2000（平成12）年あたりからではないでしょうか。

今，専門的な教育を受けた司書だけではなく，ボランティアとしておはなしや読み聞かせの活動を行ってきた人たちまでもが，学校から要請されてブックトークに挑戦するようになってきています。また，小学校の教科書の中では，本と親しむための単元のひとつとして，ブックトークが取り上げられています。今後も，その知名度はますます高まっていきそうです。

図書館員が本格的なブックトークを行う場合には，図書館の多くの蔵書の中から，子どもたちに長く読み継がれ親しまれてきた本，地味で目立たないが紹介すれば楽しんでもらえるような本，読むには努力がいるが挑戦し甲斐のある本など，とくにすすめたい作品を選び出し，ジャンルや形態，対象年齢の幅などを考慮しながら，聞きやすいトークの流れを組み立てていくことが求められます。対象も，小学校中学年から高校生までと，比較的年上の子どもたちが中心です。所要時間は，おおよそ30分，紹介する本の数は5，6冊から10冊程度までが適切だといわれています。

ただ本棚に並んでいるだけ，表紙を見るだけでは知ることのできない1冊1冊の本の内容をかいつまんで伝え，その魅力をじょうずに見せることができれば，「読んでみたい」という気持ちが起きるでしょうし，その本が扱っているテーマへの関心も呼び覚まされるでしょう。たとえ，そのときに，すぐに読書という行為につながらなくても，本というものへの興味が芽生えるかもしれません。また，しっかりと準備を整えた形ではなくても，折にふれて数冊の本を紹介する「ミニ・ブックトーク」も有効です。

教育のあらゆる場面で，子どもと本との橋渡しができるよう，保育者や教師も，児童書に親しむことを心がけたいものです。

3．幼児とブックトーク

幼児や低学年の子どもたちに向けてブックトークを行うときには，あまり形式にしばられる必要はありません。もともと，低年齢の子どもたちは，本についての話を聞くよりも，丸ごと読み

聞かせてもらったり，おはなしを語ってもらったりする方を好みます。ですから，何冊もいろいろと取り上げるよりは，おはなしや絵本の読み聞かせに添えて，関連する本を1冊か，せいぜい2，3冊紹介する，というような自由な形で試みることをおすすめします。時間も短めでよいでしょうし，全体として一貫したテーマがなくてもかまいません。「ほら，こんな本もあるよ」という，軽い気持ちで「ミニ・ブックトーク」に挑戦してみましょう。

以下に，ブックトークの例を，いくつかあげてみましょう。

事例3－2－1　ブックトーク実例プログラム①－「アリの世界をのぞいてみたら……」
＜ブックトークの流れ：時間20～25分＞

1. 『ありこのおつかい』（石井桃子文，中川宗弥絵，福音館書店，1968）
   お使いの途中，道草を食ってカマキリに飲み込まれた「ありこ」のお話を語る。
2. 『いっすんぼうし』（石井桃子文，秋野不矩絵，福音館書店，1965）
   絵本の場面を見せながら，「タンポポ横丁，ツクシのはずれ」と，アリに道を教えてもらい，都にのぼる一寸法師の話を紹介。
3. 『むしいっぱい』（まど・みちお，長 新太絵，理論社，1994）
   詩集からアリの詩を2編ほど朗読。
4. 『科学のアルバム アリの世界』（栗林 慧著，あかね書房，1971）
   締めくくりは，アリの生態を伝える写真図鑑から数葉の写真を見せながら紹介。

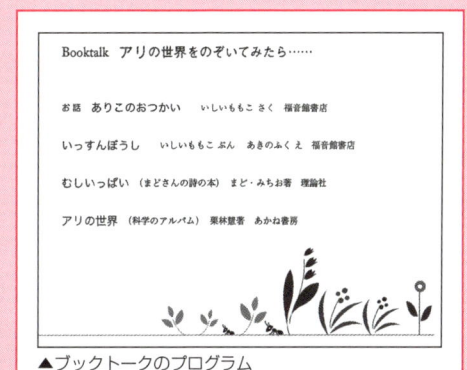

▲ブックトークのプログラム

事例3－2－2　ブックトーク実例プログラム②－「のりもの　だいすき」
＜ブックトークの流れ：時間15分＞

1. 『しょうぼうじどうしゃ じぷた』（渡辺茂男作，山本忠敬絵，福音館書店，1966）の読み聞かせ。
2. 『ちびっこタグボート』（ハーディー・グラマトキー作，渡辺茂男訳，学研教育出版，1967）
   じぷたと同じように，小さくてもがんばる船が主人公の幼年物語を紹介。
3. 『うちゅうひこうしに なりたいな』（バイロン・バートン作，ふじたちえ訳，インターコミュニケーションズ，1998）
   今度は，大きな宇宙船の中で活躍する人たちを描いた絵本を紹介。時間があれば，読み聞かせてもよい。

事例3－2－3　ブックトーク実例プログラム③－「ぬけました！」
＜ブックトークの流れ：時間15分＞

1. 『おおきなかぶ』（A.トルストイ再話，内田莉莎子訳，佐藤忠良画，福音館書店，1966）の読み聞かせ。「かぶは抜けたけれど，体の中で抜けるものは？」と質問して，次の本につなぐ。
2. 『はが ぬけたら どうするの？』（セルビー・ビーラー文，ブライアン・カラス絵，こだまともこ訳，フレーベル館，1999）
   抜けた歯をどう始末するかについて，いくつかの例をあげながら各国の習慣を紹介。

3．『くいしんぼうのはなこさん』（石井桃子文，中谷千代子絵，福音館書店，1965）
絵を見せながら，牛のはなこさんが，食べ過ぎてお腹にたまったガスをどのように抜いてもらったのか，興味を誘いつつ紹介。

5 図書館へのつながり

1．本との出会いを支える図書館

　電子ゲーム，インターネット，携帯電話，スマートフォンなど，子どもを取り巻くメディア環境，娯楽の有り様は，日進月歩で変化しています。

　そのような中でも，家族一緒にくつろいで，絵本を読んだり，図鑑をながめたりする時間は，幸せな子ども時代の思い出として，子どもたちの心に深く刻まれるでしょう。周囲のおとなとの親密な関わりの中で，その世界に入り込み，ともに楽しむことができるということこそ，「オールド・メディア」である本の強みなのかもしれません。

　そのような豊かな読書生活を支えてくれるのが，だれもが自由に利用できる公共の図書館です。図書館は，今，書店で流通している本ばかりでなく，半世紀以上にわたって子どもたちに支持され続けているような，色あせない魅力をもつ"古典的な"児童書も幅広く備えています。また，そこには，子どもの読書について相談にのってくれる図書館員もいますし，おすすめの本を紹介するブックリストなども揃えてあります。最近では，読み聞かせやおはなしの会に加えて，本格的な読書に入る前の乳幼児向けに「わらべうたの会」を開いている図書館も増えてきました。今や図書館は，核家族化や地域共同体の崩壊によって孤立しがちな親子が，寄り集い，情報交換を行うサロンのような役割を担いつつあるようです。

2．図書館の利用を通して培う読書習慣

　このように，新しいイメージに進化しつつある図書館の利用を，ぜひ，子育て中の保護者にすすめてほしいものです。書店でたまたま行き会い，買い求めた本を，その子が大好きになるとは限りません。まずは，無料で利用できる図書館へ子どもと一緒に出かけて，蔵書の中からこれと思ったものを数冊借りて帰ります。そして，1日のうちのほんの10分でも20分でもよいですから，テレビやパソコンを消して，子どもと本を楽しむようにしましょう。大好きな人が自分のために時間をとって本を読んでくれることを喜ばない子どもはいません。本の中には，ワクワクする冒険や時空を超えた旅，自然の中での野性的な営みなど，日常を超えた世界が広がっています。それが，身近なおとなの，普段とはちょっと違う，優しくゆったりとした声にのって伝えられるとき，子どもの心の中で，読んでくれた人への親愛の情が強まるだけでなく，本や言葉に対する信頼の念も生まれてくることでしょう。

　子どもは，気に入った本ができると，「もういっぺん」と，何度でも読んでもらいたがりますし，図書館でも同じ本を何度でも借りたがります。おとなとしては，いろいろな本に触れさせたいと思うでしょうし，その方が教育的だと考えがちでしょう。しかし，子どもが，そのようにねだるのには，何か，その本に対するこだわりがあるからこそなのです。本の世界に心を動かし，その世界で遊べることほど，幼い子どもにとって大切な体験はないでしょう。そして，その本から得るものを得つくしたと感じたら，子どもは，あっけないほど，見事に次の本に移るものです。そのときがくるまで，根気よくつきあってほしいと思います。日々，本に親しむ中で，その子にとってのお気に入りの1冊が見つかるはずです。そのような特別な本を，誕生日や年末のプレゼントなどとして贈り，子どもたちに「自分の本」を持つ喜びを味わわせてあげるのもよいでしょう。

「読み聞かせ」というと，字を読めない幼児に対して行うものだと考えがちですが，字が読めるようになっても続ける価値があります。とくに，小学校に上がる頃になると，「もう，ひとりで読みなさい」と突き放しがちですが，字が読めることと，本を味わえることは同じではありません。読んでもらえば，「読む」という困難な技術に煩わされることなく想像力をふくらませて，作品を心ゆくまで楽しむことができるのです。

また，読んでくれているおとなの感性や心の動きが，さりげなく声にのって伝わり，そのおはなしの世界への味わいを深めます。保護者にとっても，本を介して子どもと共有した時間は貴重な記憶となり，やがてむずかしい時期を迎えるかもしれない，その後の子育てを支えてくれるに違いありません。

図書館は，保育所や幼稚園，児童館などと同様，そのような，日々の家庭読書を後押しする文化施設なのです。

3．図書館による関連機関へのサービス

さらに，多くの公共図書館が，子育てに関わる地域の機関・施設との連携・協力をめざして，さまざまな働きかけを行っています。

その一部として，以下のようなものがあります。
① 「団体貸出」：蔵書を何十冊，何百冊とまとめて，一定期間（数週間〜1年）貸し出す
② 「クラス招待」：保育所，幼稚園，小学校のクラスを招いて，児童室の利用方法を説明したり，おはなし会を開いたりする
③ 「園訪問」「学校訪問」：図書館員が各施設に出向いて，おはなしやブックトークを行い，図書館の利用をうながす
④ 「講師派遣」：保護者や教員に向けて，読書の意義や絵本の選び方，子どもへの読み聞かせの方法などについて話をする

▲「保育園児のクラス招待」。近くの保育園から図書館を訪れた子どもたち。おはなし会を楽しんだ後に，児童室で思い思いに本をながめているところ。

各自治体によって提供しているサービスが異なるので，最寄りの図書館に相談してみるとよいでしょう。このようなサービスをおおいに利用して，子どもと図書館の接点が増えるような，きっかけ作りを心がけてもらえればと思います。

▲「学校訪問」。学校の教室で本の紹介をしているようす。

また，保育所や幼稚園などに，ごく小規模でもよいですから「園文庫」を設置することをおすすめします。本が身近にあれば，園での読み聞かせやブックトークが手軽に行えます。中には，保護者と一緒の「絵本の時間」を定期的にもっている園もあります。園文庫からの貸し出しをきっかけに，家庭で本を読む習慣が身についたら，その後の図書館利用へのステップにもなります。どのような本を選んで揃えたらよいかのアドバイスはもちろん，本の装備や貸し出しの方法などについても，図書館に相談すれば，きっと有益な助力が得られるはずです。

園文庫や図書館の利用を通じて，幼いときに読書の習慣を身につけた子どもは，長じて，よき利用者，読書人として，図書館，ひいては地域社会を支える市民に成長してくれることでしょう。

Lesson2：演習問題

1．昔話をひとつ選び，テキストで学んだ特徴が表れている箇所を抜き出してみましょう。
2．数や言葉のおもしろい絵本を探し，幼児への提供の仕方を考えてみましょう。
3．15分程度のブックトーク案を作ってみましょう。
4．幼児向けのブックトークを，テーマを決めて，発表しましょう。

【参考文献】
・光成直美『読む・話す・聞く・書く力をつける楽しいゲーム』学事出版，2007
・森田信義・山元隆春・山元悦子・千々岩弘一『新訂国語科教育学の基礎』渓水社，2010
・小澤俊夫『昔話の語法』福音館書店，1999
・小澤俊夫編著『昔話入門』ぎょうせい，1997
・全国SLAブックトーク委員会編『ブックトーク―理論と実践』全国学校図書館協議会，1990
・松岡享子「ブックトークの意義とその効果的方法」『こどもとしょかん 73号』pp.11-19，東京子ども図書館，1997
・張替惠子ほか「子どもと本をつなぐブックトーク」『こどもとしょかん125号』pp.2-21，東京子ども図書館，2010

Memo

Column 10 知識の幅を広げ，つなげるブックトーク（学生編）
―児童図書館サービスを保育士・幼稚園教諭養成に活用する

　2007（平成19）年に大学全入時代を迎え，近年の大学生，短期大学生の学力が低下してきていることが問題視されています。この現象は，1990年代に注目され始めた子どもたちの「理科離れ」と並行して報告されています。河野銀子が『理科離れしているのは誰か』の中で行った女子中学1年生436人への「好きな教科」へのアンケートでは，音楽，体育が1位，2位を占め，理科は最下位（国語）から2番目の8位（29.4％）と，「嫌い」な教科として位置づけられています[1]。

　また，PISA（OECD生徒の学習到達度）調査[*1]では，15歳を対象に2000年から地球規模で，3年ごとに学習到達度問題を実施していますが，調査結果において，回を重ねるごとに日本の成績ランキングが下がっていったことも教育関係者の危惧を増大させる結果となりました。内訳は，2000年，03年，06年の3回の調査では，「読解リテラシー」において，8位，14位，15位，「数学リテラシー」では，1位，6位，10位，「科学リテラシー」においても，2位，2位，6位と次第にランクを落とす数字が，国家の危機として認識されるにいたったのです[2]。

　保育士や幼稚園教諭とは，乳幼児に養護と教育を行う職業ですが，近年の幼保一元化に向けて，ますます教育力が問われています。保育士や幼稚園教諭を目指す学生の「理科離れ」や学力低下は，そのまま子どもたちの理科に対する興味・関心を左右しかねません[*2]。

　社会現象として日本全体の大学をおおう理科離れは，保育士・幼稚園教諭養成校の学生にも無縁ではありません。質の高い保育の展開が期待される中，学生の実態調査[*3]が行われました。その結果，保育士養成校の学生においても，たとえば，セミの一般的な知識である「昆虫の仲間であるかどうか」を正解できた学生が37％と低い数値であったり，積極的な生きたセミとの関わりをもった体験談をもつ学生はほんの少数であったりと，顕著に理科離れの兆候が確認されたのです[3]。

　このような事態には早急な対策が必要ですが，そのひとつとして，筆者は，図書館の児童サービスとして行われている「ブックトーク」の手法を授業の中で実践しています。その結果，学生たちは，自分の知らないことを調べることに対して意欲的になり，関心を深める活動につながってきています。

　それでは，ブックトークの方法について，簡単に説明しておきましょう。

1 ブックトークの方法

　幼児の興味・関心のあり所を想像しながら，ブックトークの準備をしていく過程で，自分が取り上げようとしている題材について自分の知識が豊富になっていくとともに，自分でも興味・関心を膨らませていくことが大切です。
　授業において発表する前の段階で，次に示す7点に留意しましょう。

---

1) 河野銀子「第1章　理科離れはほんとうか」村松泰子編『理科離れしているのは誰か―全国中学生調査のジェンダー分析』p.25, 日本評論社, 2004, より。
*1) 国際学力テスト。OECD加盟30か国，非加盟11か国・地域が参加。参加国が，国際的に開発した15歳児を対象とする学習到達度問題を実施。2000年に最初の本調査を行い，以後3年ごとのサイクルで実施したもので，「読解リテラシー」「数学リテラシー」「科学的リテラシー」を主要3分野として調査。2003年の調査では，41か国・地域から約27万6,000人の15歳児が参加した。
2) 佐藤学「学力問題の構図と基礎学力の概念」東京大学学校教育高度化センター編『基礎学力を問う』pp.6-7, 東京大学出版会, 2009, より。
*2) 2009（平成21）年に施行された保育所保育指針第7章には，新たに「職員の資質向上」の事項が加わり，職員の資質の向上と専門性の向上の絶えざる努力義務が示された。このことは，保育士が，将来的にも子どもの興味・関心やその育成に対処できる技術力を持ち，自己研鑽する能力を磨くことが求められている職業であることを再確認するものとなっている。
*3) 昆虫のセミに関する知識調査。質問紙調査（アンケート調査）として行われた。
3) 浅木尚実「保育士養成校における学生の理科離れの課題と提言―科学リテラシーとブックトーク」『淑徳短期大学紀要50号』pp.83-96, 2011年2月より。

①幼児が興味のあるテーマを選ぶこと
②図書館に行き，テーマにそって10冊以上の本を手に取り，目を通すこと
③必要な本は借り，メモを取ること
④最終的に，2～3冊に絞り込むこと
⑤幼児が理解できるように，本の紹介する順序を考え，プランを作成すること
- ・全部読むか？ ・一部紹介か？
- ・どのページを見せるか？ ・クイズにするか？
- ・写真を見せるか？ ・引用はどのページを使うか？ など

⑥シナリオを書くこと
- ・導入は？ ・子どもへの語りかけの言葉は？
- ・クイズの内容は？ ・しめくくりの言葉は？ など

⑦リハーサルを行うこと

2 授業における実践と学生の発表事例

　ここで紹介する事例は，基本的生活習慣「排せつ」に注目した学生のグループが「うんち」について調べ，発表したものです。「ブックトーク」の方法からヒントを得，準備段階において絵本収集を始め，準備を進める中で，このテーマへ興味・関心が深まっていきました。

　最初に着目したのが，『みんなうんち』*4でしたので，これを核となる絵本としました。それから20数冊の関連本を図書館から借り，分類し，最後に5冊程に絞り込み，まとめていきました。子どもへのおはなし会でも，保護者会での話でも対応できるように，両面から準備していきました。

　その結果，子どもへのメッセージとしては，「うんちや自分の体に興味をもってもらう」「トイレに行くことに抵抗感をなくす」といったことをあげています。おとなへのメッセージとしては，「うんちに対する抵抗感の緩和」「おむつ交換への抵抗感の払拭」「うんちが子どもからの体調のメッセージだということへの気づき」というように考えていきました。

　次に，子どもが「うんち」という言葉を発するのには，どういう意味があるのかについて4つ程あげ，発表の中で，①保育士役，②うんちをした子ども役，③友だち役と役割を決め，寸劇で表現しました。また，『うんぴ・うんにょ・うんち・うんご』*5が，うんちの種類によって，呼び方を変えているという内容を紹介し，これによって，その日の子どもの体調を親に伝える際にも役立つとの提言をしており，大変おもしろい発表となりました。以下が，その具体的な事例内容になります。

事例：総合演習における3年生の発表の内容
時：2009年7月13日
絵本によるブックトークを取り入れた発表
①疑問の投げかけ－パワーポイント使用
②絵本分類
③「うんち」を絵本にする意味
④子どもにとっての「うんち」という言葉（寸劇）
⑤学校での事例
⑥絵本の読み聞かせ『うんちしたのはだれよ！』
　（ヴェルナー・ホルツヴァルト文，ヴォルフ・エールブルッフ絵，関口裕昭訳，偕成社，1993）
⑦総括：子どもと「排泄」

＊4）五味太郎作による絵本。福音館書店より，1981年に初版が刊行された。
＊5）村上八千世作による絵本。ほるぷ出版より，2000年に初版が刊行された。

❶ なんで「うんち」？

- 排泄は自立の第一歩
- 保育現場でおむつ交換をしていると見に来る子どもが多い

▼

- 「うんち」をテーマにした絵本がたくさんある
- 子どもは「うんち」という言葉が好き

▼

① 「うんち」の絵本にはどんな意味があるのだろう？？
② 「うんち」という言葉にはどんな意味があるのだろう？？

❷ 検証① 絵本 絵本の分類

どんな内容の絵本があるか、分類した。

①図鑑
『たべたらうんち』 
- 写真やイラスト
  - 人間、動物、虫など
- 環境
  - うんちはまわってまわる

著者：山岡寛人
出版社：ポプラ社

③物語
- ユーモア
  - うんちを題材にした、嫌悪感などを取り除くようなもの
- 環境
  - 汚いものだがうんちの働きを伝えているもの

著者：ヴォルフ エールブルッフ
著者：ヴェルナー ホルツヴァルト
出版社：偕成社

②しつけ
『ひとりでうんち できるかな』
- 身体のしくみ
  - うんちができるまで
- トイレトレーニング
  - トイレの行き方

著者：きむらゆういち
出版社：偕成社

④その他
『うんちっち』
- 言葉遊び
  - うんちという言葉を発することで楽しむもの
  - うんちの色々な呼び方を紹介するもの

著者：ステファニー・ブレイク
出版社：あすなろ書房

❸ 検証① 絵本 「うんち」を絵本にする意味

うんち絵本には子どもだけでなく、大人に対するメッセージもあることがわかった。

絵本 → 子どもに対するメッセージ
- うんちに対して興味を持ってもらう
- 自分の体に対して興味を持ってもらう
- トイレに行くことへの抵抗感の払拭

絵本 → 大人に対するメッセージ
- うんちに対する抵抗感の緩和
- おむつ交換への抵抗感の払拭
- うんちは子どもからの体調のメッセージということへの気づき

❹ 検証② 言葉 言葉（うんち）の種類

うんちの語源、呼び方の種類について調べた。

うんちの語源：くそ

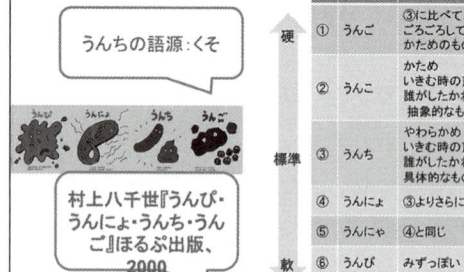

村上八千世『うんぴ・うんにょ・うんち・うんご』ほるぷ出版、2000

言葉	意味
① うんご	③に比べて、ごろごろしているかたためのもの（硬）
② うんこ	かため いきむ時の声 誰がしたかわからないもの 抽象的なもの
③ うんち	やわらかめ いきむ時の声 誰がしたかわかるもの 具体的なもの（標準）
④ うんにょ	③よりさらにやわらかめ
⑤ うんにゃ	④と同じ
⑥ うんぴ	みずっぽい（軟）

❺ 検証② 言葉 「うんち」という言葉の意味

□ 子どもにとって「うんち」という言葉を発すること

- 大人の反応が面白い
  - 「うんち」という言葉を発すると良くも悪くも大人から反応が返ってくる
- 矛盾が面白い・興味を引く
  - 「うんち出たの？」と大人は聞くのに、ふざけて子どもが「うんち」と言うと嫌がる、などの反応が不思議
- 言っちゃいけない言葉を発するのが面白い
  - 社会的、道徳的にいけないとされていることを笑う
- 生理現象に対する疑問
  - 「なんで自分の体から出てくるのだろう？」という疑問

❻ 事例 学校でうんちをする？しない？

学校トイレでうんちをする？（男女別）

	したくなったらいつでもする	ときどきする	できるだけしない	ぜったいにしない
女の子 559人	44.5%	21.5%	24.7%	9.3%
男の子 429人	30.7%	28.0%	25.4%	15.9%
合計 988人	38.6%	24.3%	25.0%	12.1%

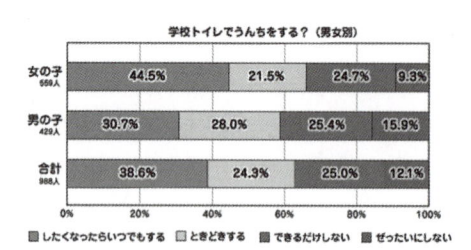

❼ 事例 学校でうんちをする？しない？

学校トイレでうんちをしない理由（男女別）複数回答

- その他：38人／28人
- 学校ではしたくないから：161人／123人
- トイレがくさいから：104人／100人
- トイレがきたないから：111人／110人
- 和式トイレでするのがいやだから：85人／101人
- 休み時間がみじかいから：75人／59人
- はずかしいから：121人／122人
- とびらのあるトイレに入ると友達にからかわれるから：8人／72人

● 女の子
● 男の子

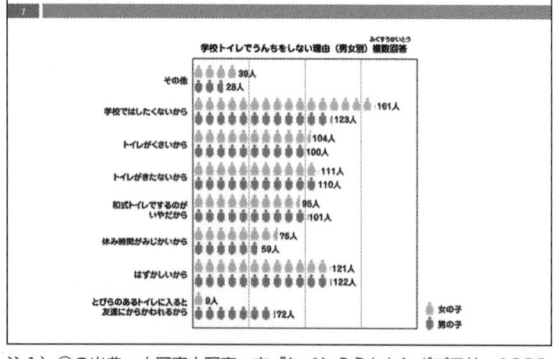

❽ 総括

大人として心掛けること
- 子どもがうんちをすることに抵抗感を持たないようにすること
- うんちが出ることは良いことである、と同時に、うんちはどんなものであることを正しく伝えること

▼

私たちに出来ること
- おむつ替えの時や、トイレでうんちが出た子に対し、「くちゃいくちゃい」などだけでなく、「いいうんち出たね」「よかったね」などと、うんちが出たことに対してプラスのイメージを持てる声掛けをする
  - うんちの状態や大きさ
  - トイレに流すこと
- 子ども達の様子を見て、興味が出てきた頃に、絵本を通じてうんちのことを伝えていく
- 保護者に子どもの様子を伝えるとき、うんちの状態などを話すことで、うんちは子どもからの体調のメッセージであることを気付いてもらえるようにする

注１）②の出典：山岡寛人写真・文『たべたらうんち』ポプラ社，1998
きむらゆういち『ひとりでうんちできるかな』偕成社，1989
ヴェルナー・ホルツヴァルト文，ヴォルフ・エールブルッフ絵，関口裕昭訳『うんちしたのはだれよ！』偕成社，1993
ステファニー・ブレイク作，ふしみ みさを訳『うんちっち』あすなろ書房，2011

注2）④の出典：村上八千世文・せべまさゆき絵『うんぴ・うんにょ・うんち・うんご』ほるぷ出版，2000の巻末折り込みより
注3）⑥⑦の出典：TOTOホームページ　http://toto.co.jp/kids/enquete/01.htmlより
【調査のあらまし】対象：小学館のネットモニター「教えて！ネットくん調査隊」会員の全国の小学生1〜6年生
こたえてくれた人数：988人　方法：インターネットを使って配信，回収　調査期間：2002年12月

3 学生の発表が実証したブックトークの有効性

　『みんなうんち』という絵本に端を発したこのグループの発表は，図書館で本を探すことから始まりました。その関連資料の多さに驚きながら，保育の中での「うんち」絵本の活用法・意義・発展と，多岐にわたる視野の広がりをみせました。

　最終的に，このテーマによってできることとして，(1)おとなとして心掛けること，(2)子どもたちのようすを見て，絵本を通じてうんちのことを伝えていくこと，(3)保護者に子どものようすを伝えるとき，うんちの状態を話すことで，うんちは子どもからの体調のメッセージであることを気づいてもらえるようにすること，というまとめができ，保護者会で活用できるブックトークが完成しました。「排泄」という保育の重要テーマに，絵本による「ブックトーク」という保育方法の可能性が示唆されたことは，大変興味深いことだと思います。

　今回の「ブックトーク」の事例から，自身の知識不足を補う意味において，子どものみならず，予想以上に自分の知識や視野を広げることにつながりました。絵本といえども，物語・図鑑・科学・写真絵本など，おとなも再発見できる資料を子どもに提供することによって，発展的な保育方法につなげていくことが可能になることがわかったのです。ひとつのテーマに留まらず，次々と新しいことにつなげていける柔軟性，発展性もあるうえに，テーマを関連づけて，指導計画を作成する際にも有効であると考えました。角尾和子が，「子どもが不思議と思ったことに対して子どもなりの考えで素朴な仮説を立てたとき，それを探索的に学ぶようにし向けていく保育方法を，保育者が実践の場で創造し開発することは意味のあることである」[4]と述べているように，保育士・幼稚園教諭の情報収集能力・情報操作能力が，保育の質をあげていくことになるでしょう。そのために，豊富な情報を常に収集することは，学びの習慣として肝要です。

　成長する子どもたちのよき伴走者として，学生・保育者自身が探究心を忘れず，学びを志す者であるためにも，「ブックトーク」を，ぜひ，試してみてください。

（浅木尚実）

4）角尾和子編著『プロジェクト型保育の実践研究―協同的学びを実現するために―』p.6，北大路書房，2008，より。

【参考資料】
・岡山市学校図書館問題研究会編『ブックトーク入門―子どもが本を好きになるために』教育史料出版会，1986
・角尾和子編著『プロジェクト型保育の実践研究―協同的学びを実現するために―』北大路書房，2008
・絵本読み聞かせHP　mi：te［ミーテ］http://mi-te.jp/
・TOTO HP http://www.toto.co.jp/kids/enquete/01.htm
・五味太郎作『みんなうんち』，福音館書店，1981
・村上八千世文・せべまさゆき絵『うんぴ・うんにょ・うんち・うんご』ほるぷ出版，2000
・山岡寛人写真・文『たべたらうんち』ポプラ社，1998
・きむらゆういち『ひとりでうんちできるかな』偕成社，1989
・ヴェルナー・ホルツヴァルト文，ヴォルフ・エールブルッフ絵，関口裕昭訳『うんちしたのはだれよ！』偕成社，1993
・ステファニー・ブレイク作，ふしみ みさを訳『うんちっち』あすなろ書房，2011

Lesson 3 子育て支援と絵本

学習のキーポイント

①子育て支援とは何かを学ぶ。
②日本の子育ての現状を知る。
③保育所での子育て支援の事例から，絵本と子育て支援の関わりの深さを知る。
④実際の子育て支援で役立つ絵本を知る。

1 子育て支援の必要性

1．子育て家庭を取り巻く状況

　現在，日本は核家族化がすすみ，祖父母と同居している三世代世帯の割合が減少しています。そのような中で，「待機児童」が社会問題となっていますが，一方で，3歳未満児の子育ての場は，その約7〜8割が家庭となっています。昔のように，子育て経験のある祖父母と同居することで子育ての協力や助言を受けていた時代とは違い，今は，協力者もなく，夫婦のみの孤立した子育てをしている人が少なくありません。そのような状況により，以前は祖父母から自然に受け継がれていた子育ての知恵や力も弱まってきていることが考えられます。

　たとえば，母親になりたての新米ママは，自分の子どもが，なぜ泣いているのかがわからず，「おむつも替えた，ミルクもあげた，抱っこもしてみた。それなのに，なぜ泣き止んでくれないのだろう？」と，わが子を抱きながら途方に暮れてしまいがちです。そのようなとき，子育て経験者であるおばあちゃんが一緒に住んでいれば，「あらあら，暑いんじゃない？　お白湯*1をあげてみなさいよ」など，経験から得たアドバイスをしてくれるでしょう。しかし，今は，核家族のため，このような相談ができる存在が身近にいないため，より子育てをむずかしくしてしまっているのだと考えられます。そのため，子育て支援者には，ぜひ，子育て中の保護者の身近な存在になってもらいたいと願います。

　また，高層マンションが増え，隣の人と顔を合わせることも，挨拶をすることもなく，隣にだれが住んでいるのかもわからないような時代になってしまいました。このような状況にともない，地域のつながりも希薄化しているため，以前は一般的であった近隣の協力も得にくくなっています。たとえば，「おかずをお裾分けし合う」「少しの時間，子どもを見ていてもらえる」など，日常的に行われていた近隣とのつながりが，消えつつあります。

　子ども未来財団の「子育て中の母親の外出時に関するアンケート調査」（2004〈平成16〉年）によれば，妊娠中や3歳未満の子どもを育てている母親の約4割（1,069人）が，「社会全体が，妊娠や子育てに無関心・冷たい」と感じており，5人に1人が，「子育ての不安や悩みを相談する相手がいない」と答えています。

　この調査結果からもわかるように，核家族化や地域のつながりの希薄化など，今の日本の状況は，子育て中の親の孤立感や不安感，負担感などを増大させているといえます。こういった状況にある親を支え，助けることが，子育て支援であるといえます。

*1　湯冷ましともいう。一度，沸騰させたお湯を，常温程度にまで冷ましたもの。生後2か月頃から飲ませることができる。赤ちゃんは，おとなより水分が多く，代謝が激しいので，水分が足りないと，体内の水分バランスを壊しやすくなる。とくに，お風呂あがり，夏の外出先などでは，ミルク，母乳以外の水分補給として活用する。

子育ての孤立感を増やしている要因のもうひとつは，父親の育児参加の少なさです。『厚生労働白書』が，6歳未満児のいる男女の育児，家事時間を報告しました[1]。その報告によれば，日本の男性の家事や育児の参加時間は，ほかの国と比べて非常に短く，女性に家事・育児の負担が重くのしかかっているという結果となりました。その背景には，現在の日本では，父親の労働時間が長く，とくに子育て世代である30代の男性の4人に1人が，週60時間以上，働いているという現状にあります。そのことが，母親の子育ての孤立感を増長し，また，父親と母親がともに子育てをすることを困難にしています。

このようなことから，子育て支援においては，休みの日に，父親も一緒に親子で参加できる場や機会を設け，普段は母親に任せきりになってしまっている子どもとの関わりを，父親がもてる機会を作ることが重要だといえます。

[1]「第1章 我が国の社会保障を取り巻く環境と国民意識の変化－第2節 家族・地域の変化」厚生労働省編『平成18年度版 厚生労働白書』p.25，ぎょうせい，2006より。

2. 制度における子育て支援とは

2012（平成24）年8月に，「子ども・子育て支援法」が成立しました。同法の第1章 第7条において，「子ども・子育て支援」とは，「全ての子どもの健やかな成長のために適切な環境が等しく確保されるよう，国若しくは地方公共団体又は地域における子育ての支援を行う者が実施する子ども及び子どもの保護者に対する支援をいう」と定義されています[2]。

2015（平成27）年4月から，同法に則り，新制度が本格的に施行されますが，その中で，子育て支援は，「地域子ども・子育て支援事業」の中に位置づけられることになりました。

「地域子ども・子育て支援事業」とは，乳幼児とその保護者が相互に交流を行うことができる場所を開設し，子育てについての①相談，②情報の提供，③助言，④その他の援助を行う事業のことです。この事業において，図3－3－1でまとめるように，①公共施設や保育所，児童館などの地域の身近な場所が，子育て支援の拠点となること，②NPOなど，多様な主体の参画による地域の支え合い，子育て中の当事者による支え合いなどにより，地域の子育て力が向上していくこと，などが期待されています。

[2]「子ども・子育て支援法」（平成二十四年八月二十二日法律第六十五号）より。

3. 子育て中の保護者の考え方

ベネッセ教育研究所開発センターが行った調査[3]によると，首都圏に住む0歳6か月から6歳就学前の子どもを持つ母親に，子育て観についてたずねたところ，「子育ても大事だが，自分の生き方も大切にしたい」と考える人が約6割いるとの結果となりました。一昔前までは，わが

[3]「第3回 幼児の生活アンケート報告書・国内調査」Benesse教育研究開発センター，2006，より。

実施主体	運営主体	利用対象者	実施場所	事業従事者
市町村（特別区を含む）	NPO，社会福祉法人等に委託等可	乳幼児及び保護者	・公共施設 ・空き店舗 ・保育所 ・児童館　など	・子育て支援に関して意欲があり，子育てに関する知識・経験を有する者 ・保育士　など

〈次の①～④の取組を基本事業としてすべて実施〉
　①子育て親子の交流の場の提供と交流の促進
　②子育て等に関する相談・援助の実施
　③地域の子育て関連情報の提供
　④子育て及び子育て支援に関する講習等の実施

〈地域機能強化型では上記基本事業に加え以下の取組を実施〉
・「利用者支援」：子育て家庭が身近な場所で，これらの子育て支援の給付・事業の中から適切に選択できるよう，情報の集約・提供等
・「地域支援」　：親子の育ちを支援する世代間交流や訪問支援，地域ボランティアとの協働といった取組に対する支援・協力等

図3－3－1　地域子育て支援拠点事業について
出典）「地域子育て支援拠点事業」（内閣府 子ども子育て会議 平成26年1月24日資料）より抜粋

国では夫が外で働き，妻が家事・育児に専念するという伝統的な性別役割分業が多数を占めていた時代がありましたが，この調査からもわかるように，わが国の男女平等の理念の浸透や女性の社会進出の影響などにより，子育て観も変化してきているといえます。

これと同様に，「3歳児神話」についても，さまざまな議論が起きています。「3歳児神話」とは，「3歳までは，母親は子育てに専念すべきだ」という考え方ですが，近年では，少なくとも，このことについての合理的な根拠は認められないとされています。

しかし，イギリスの精神科医であるボウルビィが「愛着理論」*2 を提唱したように，乳幼児期は，母親*3 をはじめとした，特定の人との深い愛着関係が重要な時期であり，また，人間に対する「基本的信頼感」*4 を形成する大事な時期であることに変わりはありません。

母親が子育てに専念するか否かよりも，どれだけ子どもに安全・安心感を与え，愛情をもって子どもを育てられるかが大切なのです。そのためにも，子育ての悩みを相談する相手がおらず，孤独な気持ちで子育てをしていたり，協力者もなく子育てをしていてストレスやイライラを子どもにぶつけてしまったり，場合によっては虐待に向かってしまいそうな母親を，ひとりでも多く支援し，支えることが，子育て支援の役割だと考えます。

また，赤ちゃん学会の大日向雅美は，「3歳児神話」をどう認識するかは，男女ともに，キャリア，家庭との関係において，人生を大きく左右する深刻な問題だと指摘しています[4]。

たとえば，祖父母やまわりのおとなたちが，子どもを大切に想うあまりに，「こんな小さいうちから，保育園に子どもを預けて働くなんて」「病気のときくらい，仕事を休んで，ちゃんと子どもの看病をしなさい」などといった意見をいうことがあります。先にも述べたように，祖父母の時代は伝統的な性別役割分業の時代でしたが，今は，国家が，女性の労働力に期待する時代であり，男女雇用機会均等法により女性も男性と同様，責任をもって仕事をする時代です。経済的に，仕事をせざるを得ない家庭も増えています。母親が，いくら子どもが病気のときに仕事を休みたいと願っても，子どもは，小さい間は心身の機能が未熟で，病気に対する抵抗力が未発達なため，よく病気にかかります。休みが度重なると，なかなか休みにくくなるような場合も出てきます。また，今は，結婚しない女性も増えているため，子どもを理由に休むことを理解しにくい職場の実態もあります。

日本の未来を担う子どもを大切に想う気持ちは，親はもちろん，祖父母も社会も，子どもに関わるすべてのおとなたち皆，同じです。だからこそ，現代の子育て支援において重要なのは，社会全体で働く母親と子どもを支えるための制度を整えることだといえるでしょう。たとえば，病気の子どもを安全・安心に預かってくれる人がいる，子育てに疲れたときに赤ちゃんをそっと抱いてくれる人がいるなど，心を痛めている母親たちが「ひとりじゃない」と思えるような優しさや，ぬくもりのある支援・制度が，本当の意味での子育て支援につながるのではないでしょうか。

4．子育て中の悩み

筆者が5年間活動しているベビーマッサージ教室*5 では，のべ1,200組の0歳児から2歳未満児の親子が通って来ています。そこでよく相談される悩みや心配ごとは，図3-3-2に示すように，子どもの健康や育児方法のことが中心です。ときには専門的な知識が必要な相談もありますが，ほとんどが，子育て経験者であれば，一度は経験してきているような相談が多いものです。

たとえば，「離乳食を食べてくれない」といった相談に対しては，経験者であれば，その後の結果がわかっているので，「あ～，そんな時期もあるわよね。無理に食べさせなくても大丈夫！今は，喜んで食べるものを，まず食べさせてあげればいいの。そのうち，食べるようになるから」と，おおらかに答えてあげられることでしょう。

子育て支援に求められている役割は，母親や父親にとって，子育てについて身近な相談ができ

---

*2　詳しくは，発展編Lesson 1（117ページ）を参照。

*3　子育てを行うのは母親だけではないので，「保護者」「母親およびそれに代わる養育者」などと表記される傾向にある。しかしここでは，それでも，現代のわが国において，母親が子育ての中心である世の中であることに変わりはないことを強調する意図から，「母親」という表記とした。

*4　E.エリクソンが提唱した概念。子どもが養育者との間に強い情緒的な絆を形成する中で，自分が他者から愛され，大切にされているのだという感覚を身につけること。

4）大日向雅美「3歳児神話を検証する」『日本赤ちゃん学会 第1回学術集会 シンポジウム資料』より。

*5　ベビーマッサージは，母親と赤ちゃんの心の結びつきを深めるとともに，赤ちゃんが肉体的・精神的・知的に成長するために，肌と肌で触れ合う，親子の大切なスキンシップのこと。筆者は，都内の大学などで，地域の親子のために月に1～2回，ベビーマッサージ教室を開催している。

```
●心身ともに疲労している場合
   睡眠不足，体調不良，高齢での出産，神経の使い過ぎ　　など
●育児方法がわからない場合
   授乳，夜泣き，卒乳・断乳の時期，離乳食，肌のトラブル，落ち着きがない　　など
●子育ての支援者がいない
   ひとり親家庭　　など
●育児方針が家族や親族と合わない
●子どもの障がいや健康面での問題について
```

図3－3－2　「2歳未満児」の母親の悩み，心配ごと

る，おばあちゃんの知恵袋のような安心な人のいる安全な場所であるといえるでしょう。

2　子育て支援と絵本の関わり

　親子の愛着関係の形成に，絵本がおおいに関わってくることは，これまでのLessonで理解できたことと思います。そこで，ここでは，保育現場での子育て支援について考えてみたいと思います。

1．心の支援と絵本

　ひと言で「子育て支援」といっても，支援を必要としている保護者の心の内やその内容はさまざまです。そのため，保育環境における業務の中で一番神経を使う対応かもしれません。
　そのような子育て支援に絵本が関わった，筆者が勤務する保育園での事例を，以下に紹介したいと思います。

事例3－3－1　「ママのたからもの」

　3歳児クラスのともこちゃんは，絵本やおもちゃの取り合いになるような場面では，必ず，お友だちに譲ってあげるような優しい性格の持ち主です。このともこちゃんは，家庭の事情による引越にともない，転園をしてきた子なのですが，生活に大きな変化があって心は不安定なはずなのに，とてもがんばり屋さんで，いろいろな思いを，ずっとがまんしているようすが見受けられました。

　ある日の朝のこと。保育室まであと10数歩程度という場所まで来て，突然，ともこちゃんが，「ママが大好きなの～」「ママといたいの～」と，大きな声で泣きながら，切なくなるような言葉をくり返します。このようなことははじめてで，ママもどうしていいのかわからず，放心状態になり，座り込んでしまいました。

　とりあえず，ママには仕事に向かってもらうため，その場に居合わせた園長先生がバトンタッチをして，ともこちゃんを抱っこして事務室に連れて行きました。そして，ともこちゃんにお茶を一杯，差し出しました。

　お茶を口にしたともこちゃんが，少し落ち着いたようすを見せたので，園長先生は，「園長先生が絵本を読んであげるね」と言葉をかけ，2冊の絵本を読みました。

　まず，1冊目は『オセアノ号，海へ！』[*6]という，読者が，海の中の冒険の旅に出かけたような気持ちになれる飛び出す絵本です。海の仲間たちが目の前に飛び出してくるのを見ているうちに，ともこちゃんの口からは，「たこ…」「おさかな…」と，少しずつ言葉が出てくるようになってきました。

　そのようなともこちゃんのようすを見て，園長先生は，もう1冊の絵本を取り出しました。その絵本のタイトルは，『おやすみなさい』[*7]。園長先生がこの絵本を読み進めていくと，

*6　アヌック・ボワロベール，ルイ・リゴー作，松田素子訳による，しかけ絵本。アノマニ・スタジオより2013年に初版が刊行された。

*7　ヴィルジニー・アラジディ，カロリーヌ・ペリシェ文，エマニュエル・チュクリエール絵，カヒミ カリィ訳による絵本。アノマニ・スタジオより2014年に初版が刊行された。

「おかあさんは　あなたの　そばに　いますよ。」「だって，あなたは　わたしの　たからもの。」という絵本の言葉に，ともこちゃんはだまって，一生懸命に聞き入ります。そこで，園長先生は，「ね，ママはともこちゃんが大好きなの。でも，お仕事には一緒に行けないよね。それでもママは，いつも，必ず，お仕事が終わると急いでお迎えに来てくれるよね。来てくれなかったことなんて，一度もないよね。だから，保育園でいっぱい遊んで，ママを待っていようよ」と，ともこちゃんに話しかけました。ともこちゃんの心には，この「あなたは　わたしの　たからもの」という言葉が強く響いたようです。その言葉をかみしめるように，小さく「うん，うん」と，うなづきながら，理解しようとする姿が見られます。
　しばらく抱っこをして，このような会話をくり返すうちに，ともこちゃんは保育室に行くことができるようになり，その後は，笑顔でお友だちとの遊びに入って行きました。

　この事例のともこちゃんは，いつもニコニコしていて，保護者と離れるときにこのように大泣きをしたことが，それまで一度もなかったので，保護者も保育者も，ともに驚いた出来事でした。とてもがんばり屋さんで，がまん強いといっても，まだまだ3歳児です。その心の中には，声に出せない，さまざまな思いをたくさん抱えていたのでしょう。そして，何らかのきっかけで，その思いがあふれ出てきた瞬間だったのでしょう。
　ともこちゃんのお母さんには，このともこちゃんの健気なエピソードを連絡帳に記して伝えるとともに，お迎えのときに，言葉にして伝えました。すると，お母さんはホッとした表情になり，何度も何度も感謝の言葉を口にしました。生活の変化により，お母さん自身も，いろいろな不安を抱えていたのでしょう。そして，その気持ちが，ともこちゃんにも知らず知らずのうちに伝わっていたのかもしれません。でも，日頃から保護者の愛情を感じられていたからこそ，ともこちゃんは「あなたは　わたしの　たからもの」という言葉を信じることができ，心が落ち着いていったものと思われます。
　乳幼児期の子どもたちは，一生懸命，自分の「居場所探し」をしています。自分を受け入れてくれる，温かくて居心地のよい場や人，心の支えを探しています。
　では，子どもたちにとっての心の支えとは，何でしょう。
　それは，周囲からの「絶対にぶれない愛情」です。子どもたちは，おとなの気持ちに敏感です。保育の現場で大切なのは，子どもたちが「愛されている」「大切にされている」ことを感じることができる環境づくりです。自分はここにいていいのだ，という安心感があれば，子どもたちは毎日笑顔で登園して来てくれるはずです。「あれ？　いつもとようすが違うな…」と感じたときは，子どもたちからの信号です。忙しいからといって，「ちょっと待ってて」「あとでね」などと先送りせず，手を止めて，向き合ってあげましょう。
　「〇〇ちゃん，大好きだよ」と抱きしめてあげることも大切ですが，お気に入りの絵本を大好きな人に読んでもらうという時間が，直接的な会話や言葉掛けよりも大いに励まされ，心と心が伝わりやすいということもあるのではないでしょうか。スキンシップをとり，膝の上でゆっくり絵本の読み聞かせをしてあげることで安心し，きっと子どもたちなりにじんわりと何かを感じてくれるものと思います。

2．基本的生活習慣の支援と絵本

　トイレ（排泄），食事，睡眠，あいさつ，歯磨き，入浴，手洗い，片づけ・掃除，交通安全などなど，小学校就学までに，乳幼児期から少しずつ身につけていきたい基本的生活習慣はたくさんあります。家庭の中ではなかなか身につけることがむずかしいことでも，園の中で，友だちや年長の子どもたちの姿を見て，そのようすに刺激を受け，自然と身につくこともあります。

園では，保護者と保育者が連携して，子どもたちの状況について共通理解をはかりながら，自然と基本的生活習慣が身についていくように環境を整える工夫が必要になります。そのような際にも活躍してくれるのが，絵本です。

　絵本には，先にあげたような基本的生活習慣を題材にしたさまざまなものが存在しているので，園においては，必要に応じて，子どもたちの意識づけや活動の際の導入として，このような絵本の読み聞かせをはじめ，絵本を活用した工夫を行っています。ここでは，その一例として，トイレトレーニング[*8]に関する事例を紹介します。

> **事例3-3-2　「ぞうさんに会いに行こう！」**
>
> 　おむつからパンツに移行時期にある2歳から2歳半くらいの子どもたち。
>
> 　はじめの頃は，年長のお兄さん，お姉さんたちが，「トイレに行ってきます！」と急いで行く姿を見て，「何か楽しいことがあるのかな？」と思うようで，興味をもってトイレに行ってくれるのですが，そのうち，特別楽しいところではないことがわかってくると，遊びの方が大事になり，保育者が「トイレに行こうね」「おしっこしに行こうね」と言葉をかけると，「イヤ！」と言うようになります。
>
> 　そうなると，まず，保育者は抱っこをしたり，おんぶをしたりしてトイレまで連れて行きます。それがダメなら，「今，遊んでいるおもちゃと一緒に行こう」「そのおもちゃを，持って行ってもいいよ」と声をかけます。なぜなら，子どもたちは，遊びに夢中になればなるほど，「今，遊んでいるおもちゃが，だれか別のお友だちに使われてしまうかも…」というような気持ちから，おもちゃを手放したくなくて，トイレに行くのを拒否することもあるからです。だから，「トイレが終わったら，また，同じおもちゃで遊べるよ」という安心感を与えるのです。そして，トイレの前でおもちゃを置き，「○○（おもちゃ）に，待っててねをしようね」と声をかけてトイレへ誘うのです。
>
> 　このように，あの手，この手で排泄をうながすのですが，たとえば，おもちゃの場合，衛生上のこともあり，トイレの中まで持ち込むことはできませんから，そのうち，それに慣れてしまった子どもたちは，トイレの手前までは来てくれても，トイレの中には，なかなか入ってくれなくなります。
>
> 　「子どもたちが，トイレに行くことが嫌いにならず，自然にトイレに足を向けてくれるようになるには，どうしたらいいんだろう…」と，保育者が考え出したのは，トイレの壁に子どもたちの好きな絵本のキャラクターを作って貼ることでした。保育者が選んだのは，折にふれて読み聞かせをしていて，子どもたちも大好きな絵本『ひとりでうんちできるかな』[*9]に出てくる「ぞうさん」や「うさぎさん」でした。キャラクターを画用紙などで作って壁に貼り，その上から，濡れないようにビニール製のコーティングのシートを貼って，保護しました。
>
> 　それから子どもたちがトイレに行く際には，「ぞうさんに会いに行こうね」「うさぎさんと一緒に，いいうんちできるかな？」と言葉をかけてうながすと，嫌がらずにトイレに行ってくれるようになりました。

　子どもたちにとって家庭のトイレは，大きくて足がつかないので，「便器の中に落っこちてしまうんじゃないか」というような，少し怖さを感じる空間であることも少なくないようです。一方，園のトイレは，子ども用に小さく作られているので，身体にフィットして，排泄しやすい環境です。そのため，子どもたちに「トイレは嫌な場所」「トイレは怖いところ」という気持ちを抱かせないでトイレトレーニングを行うためには，園のトイレは格好の場となります。

　実際，事例のように，園のトイレは，はじめ，子どもたちにとって特別な空間になるようです。

[*8] 最近は，排泄は自然のことであるため，「トレーニング＝練習・訓練・鍛錬」という言葉がそぐわないのでは，という意見もあり，保育の現場では，「トイレトレーニング」という表現自体を好ましくないとする考えが主流となりつつある。ここでは，イメージしやすいように，トイレトレーニングという言葉を使ったが，現場においては，言葉の使用には注意が必要である。

[*9] きむらゆういち作による絵本。偕成社より1989年に初版が刊行された。

ただ，園では，遊びの途中にトイレをうながす際，できるだけ活動の途切れた瞬間を見計らって行うようには心がけていますが，そのうち，「遊びを中断される面倒くさいもの」というように感じてくる子どももいるようで，トイレにうながしても「イヤ！」と言うようになります。そのため，トイレ自体を，子どもたちにとって楽しくて，行きたくなるような空間に作り変える工夫をしたのです。

基本的生活習慣を身につけることを期待して描かれた絵本は，毎日，毎日読んで聞かせると，子どもたちにとって当たり前になってしまい，心に響かなくなってしまうきらいがあります。そのため，何かの節目のとき，季節に合わせて，避難訓練などの活動前，週明けの少しざわついた午睡の前など，子どもたちのようすを見ながら，必要だと思われるときに読み聞かせをすると，その力をより発揮してくれます。

3 子育て支援の実際

1．子どもを大事に育てること

先に述べたように，子どもは，家庭でも保育所・幼稚園などでも，親の姿を追い求めています。そのような子どもの気持ちを受けとめ，「わが子が健康で，幸せに，自立した人間に育って欲しい」と願うのは，子どもを育てる親の共通の願いです。そのことに成功するためには，どのような子育てをすればいいのでしょうか。

乳児の世話は，24時間，年中無休の仕事です。生まれたばかりの赤ちゃんは，2時間おきにおっぱいを欲しがって泣くでしょうし，離乳食が始まったと思えば，風邪をひいて熱を出したり，夜泣きをしたり，心配は絶えません。保護者は，今まで自由に使うことのできた多くの時間が子育てのために費やされることとなり，趣味も外出も友だちとの交流さえも，ままならないことが

---

plus 14 「男の先生はヤダ」

男の人が苦手で，人見知りをしてしまう3歳児クラスのなつみちゃん。とくに若い男の人が苦手なようで，ある日の登園時に男子の実習生の姿を見つけると，みるみる顔がこわばり，園に足を踏み入れることができなくなりました。担任保育者が抱っこやおんぶ，遊びに誘うなど，声掛けをしても，お母さんの後ろに隠れてしまい，一歩も動くことができません。そのため，その日は，実習生に一時的にその場所を離れてもらうことで，何とか受け入れができたのですが，その実習生の姿を見たとたんに，まったく同じ状態に戻ってしまいました。

担任保育者となつみちゃんの間には，ふたりをつなぐ大切な絵本，『モチモチの木』[*1]がありました。お母さんも大好きで，よく読み聞かせをしてくれるというこの絵本が，なつみちゃんは大好きでした。切り絵独特の美しい絵に，「お話の最後はよかったなぁって思うんだけど，ちょっと怖いね」というなつみちゃんの思いが，担任保育者が子ども時代にもった感想と同じだったこともあり，ふたりの間では，ちょっとしたブームになっていた1冊でした。

そのため実習の2日目に，男子の実習生が保育室に入ってくるタイミングでなつみちゃんを担任保育者が膝の上にのせて，この『モチモチの木』の絵本を読み，「ちょっと怖いね」「でも，がんばったね」などと会話をしていると，なつみちゃんは自然に実習生と同じ空間にいられるようになりました。

実習3日目。この男子の実習生が3歳児クラスに入る最終日です。そこで担任保育者は，部分実習の導入として，この実習生に『モチモチの木』の読み聞かせをしてもらうことにしました。すると，実習生が読む『モチモチの木』のお話に，なつみちゃんは見入るように耳を傾けました。そのようすを見て，最後の最後に担任保育者が，「実習の先生に『モチモチの木』，読んでもらう？」となつみちゃんに声をかけると，膝の上とはいかなかったけれど，横に座って読み聞かせをしてもらうことができました。

この男子の実習生は，「ちょっと，達成感です」と，喜んでいました。

＊1）斎藤隆介作，滝平二郎絵による絵本。岩崎書店より，1971年に初版が刊行された。

多いのです。

しかし，よく考えてみると，子どもたちこそ，生まれて間もないこの時期は慣れないことばかりで，不安と葛藤に満ちているのでないでしょうか。この世の中は，子どもたちにとって未知のことだらけなのですから。

少し成長して幼児になっても，その年齢にはその年齢の悩みや不安があるものです。たとえば，夜，みんなが寝静まってから，ひとりでトイレに行ける子どもが，どのくらいいるでしょうか。また，節分で鬼に怯えて泣く子もいれば，勇敢に豆をぶつけに行く子もいますが，どの子も鬼に対する不安と恐怖の気持ちと闘っているはずです。

子育てにじょうず，へたはありません。だれもが，最初は新米ママ，新米パパから出発するわけですから，わが子を愛し，一生懸命育てたいという気持ちに変わりはありません。しかし，現代の日本のように，子育てに関する情報が氾濫している時代においては，「何が，わが子にとって，一番いいのか」と，迷うことばかりだと思います。

大正期や昭和初期までは，地域や家族の子育て風習にしたがって，だれかが育児を支えてくれていました。今，核家族化が進み，子育て法は千差万別，相談する場所や情報も多種多様で，混迷している状態です。このような時代に，子育てに不安を抱える保護者を支えるのが，子育て支援の仕事です。できるだけ育児の悩みに寄り添い，子どものよりよい成長や発達を一緒に考えていくことが求められています。

以下，子育てに関する代表的な質問に答える形で，子育てのもっとも大切な真髄のところをお話したいと思います。

2．よくある質問に答える

「子育て支援」とは，簡単な言葉でいうと，「子どもをどう育てればいいか」「子どもにどんなことをすればいいか」と悩む保護者に，「いろいろあるけど，がんばろう」と前向きに子育てをしてもらえるように支えることです。しかし，「〇〇してあげる」という気持ちでは，一方的に自分が上に立って救おうとするイメージにつながってしまいかねません。子育て支援とは，あくまでも，お互いに子育てに協力し合う，助け・助けられる相互支援の関係で行われることが重要です。そのためには，図３－３－３のようなプロセスをたどって行動することが望まれます。

保護者からは，さまざまな質問が寄せられます。代表的な質問と回答例を以下にご紹介しておきます。

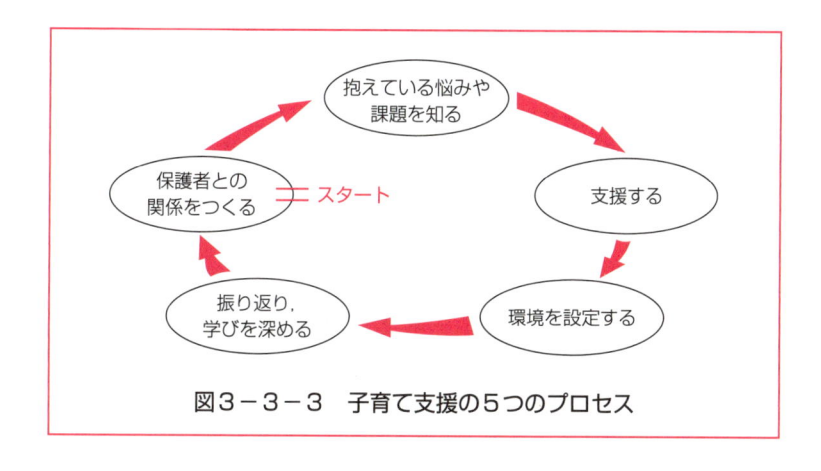

図３－３－３　子育て支援の５つのプロセス

Q：かわいがることが大事だということはわかりますが，甘やかしにはなりませんか？　どうやってかわいがればいいのでしょう？

　愛情に与えすぎはありません。守られることで，子どもは「自分は大切な存在なんだ」ということがわかり，安心できるのです。

1つめのアドバイス：ギュッと抱きしめてあげてください。スキンシップは，愛情のかなめです。

2つめのアドバイス：話しかけたり，子どもの心の声を聴いたりしながら，不安な気持ちを受け止めてあげてください。むずかしいことはありません。手をつなぎ，心を通わせていきましょう。

3つめのアドバイス：一緒に絵本やお話を楽しむことは，とくにおすすめです。図書館や園には，多くの赤ちゃんのための絵本やわらべうたの本が置いてあります。こうした絵本やわらべうたを共有しながら，スキンシップをとる習慣をつけることも，親子の楽しいひとときとなるでしょう。図書館や保育所・幼稚園などで絵本を借りれば経済的ですし，それにより，生涯にわたって，親子の絆を深めることもできるのです。

おすすめ絵本

『あがりめ さがりめ―おかあさんと子どものあそびうた』（ましませつこ絵，こぐま社，1994）
『あそぼう あそぼう おとうさん』（浜田桂子作，福音館書店，1997）
『ぎゅっ』（ジェズ・オールバラ作・絵，徳間書店，2000）
『くっついた』（三浦太郎作，こぐま社，2005）
『どうぶつのおかあさん』（小森 厚文，藪内正幸絵，福音館書店，1977）
『ぼくにげちゃうよ』（マーガレット・ワイズ・ブラウン作，クレメント・ハード絵，岩田みみ訳，ほるぷ出版，1976）
『ママだいすき』（まど・みちお文，ましませつこ絵，こぐま社，2002）

Q：スキンシップには，どのような効果があるのですか？

（1）信頼感が深まる

　赤ちゃんは，大好きなおとなとの肌の触れ合いによって，幸せを感じます。スキンシップを取ることで，表情が豊かになり，安心感でいっぱいになります。これは，肌と肌が触れ合うことによって，脳からオキシトシン[*10]というホルモンが分泌されるからです。スキンシップによって，そのおとなへの信頼感が深まり，愛情深く育てることができるのです。

（2）情緒が安定する

　オキシトシンには，緊張をほぐして，気持ちを落ち着かせる効果もあります。不安なときでも，抱きしめてもらえば，愛されている安心感によって自信をつけていくことができます。毎日，5分でも10分でも抱きしめてあげるといいでしょう。

（3）好奇心が高まる

　「露出した脳」[5)]ともいわれる肌は，スキンシップを受けることによって，脳の中にある前頭葉を刺激します。前頭葉は，感情や行動をコントロールする部分なので，スキンシップをたくさん行うことで，子どもは行動範囲が広がり，好奇心が満たされ，「はいはい」から「あんよ」の時期の健全な発達を促すことができるのです。

（4）体の成長が促される

　スキンシップには，免疫力をあげる効果があることがわかっています。成長ホルモンを促し，病気に負けない体を作るのです[5)]。

---

*10 「安心ホルモン」「愛情ホルモン」とも呼ばれる。

5) 山口 創『子どもの「脳」は肌にある』pp.57-60，光文社，2004，より。

Q：愛着を深める触れ合い遊びには，どのようなものがありますか？

　愛着を深める遊びには，絵本を読むほかにも，楽しい触れ合い遊びがあります。保護者会などで紹介して，親子で一緒に遊べるように促してはどうでしょう。

（1）0歳児

①抱っこでギュッ，「いない いない ばあ」でギュッ

　赤ちゃんを抱っこして，ギュッと抱きしめます。また，「いない いない ばあ」の後などにも，ギュッと抱きしめてあげるといいでしょう。

②お洗濯マシーン

　赤ちゃんを洗濯物に見立てて，全身に石けんをつけるまねをして，こちょこちょをしたり，優しく手足を曲げ伸ばししたりします。

③おんぶおんぶ（首がすわったら）

　首がすわって，しっかり体につかまれるようになったら，おんぶをすると，お互いのぬくもりが直に感じられるでしょう。

④おひざでトントン，おひざでポン（腰がすわったら）

　イラストのように，おとなと同じ向きに，立てたひざの上に子どもを乗せます。おとなは，「トン」と言うのと同時にひざを伸ばし，これをくり返して遊びます。ひざを立てる角度や伸ばす速さ・タイミングは，子どものようすを見ながら行うとよいでしょう。

⑤たかい たかい（「はい はい」以降）

　立ち姿で，赤ちゃんの脇を抱え，両手を伸ばして，「たかいたかい」と言いながら，上にあるものにぶつからないように持ちあげます。

（2）1歳児

①おさんぽ おさんぽ　コチョ コチョ コチョ

　おとながチョキの指をつくって赤ちゃんの体に触れ，お散歩するように動かしながら，あちこちを優しくくすぐります。

②あんよはじょうず

　歩き始めの赤ちゃんは，歩いてみたいという意欲満々です。「♪あんよはじょうず手のなる方へ」と歌いながら手拍子を取り，「ここまでおいで」と誘います。

③お布団ごろごろ

　畳にしいた柔らかいお布団の上は安全です。赤ちゃんはごろごろ転がって遊びます。ベッドの上は，落ちてしまう危険があるので注意が必要です。

④だいすき だいすき おやすみなさい

　寝る前は，小さい子どもほど不安なものです。それは，暗闇では孤独が訪れるからです。無理にひとりにしないで，優しく添い寝し，「だいすき だいすき おやすみなさい」と言いながら，スキンシップをしたり，体をトントンしてあげると，安心して眠りにつきやすくなるものです。

（3）2歳児

①お馬のおやこは仲よしこよし

椅子にすわって，子どもを膝に乗せ，軽く足を上下しながら，「♪おうまの おやこは なかよし こよし」など，童謡を歌って揺らしてあげます。

②ロボット歩き

おとなの足の甲の上に，子どもを進行方向を向かせて乗せ，両手をつかんで，ロボットのように歩きます。

3．絵本は子育ての醍醐味

１）家族の絆を織りなす絵本

絵本は，子育て支援にとって欠かせない子どもの文化財です。子どもたちが幼い頃の絵本の読み聞かせやおはなしの時間は，家族の至福のときを作ります。

一日の終わりに絵本の読み聞かせをしても，睡眠前に疲れ切って，読んでいる途中で寝てしまうことがあるかもしれません。しかしそうであっても，この時間は，子どもにもおとなにも，安らぎと癒しを与えてくれることでしょう。こうした習慣は，子どもにおはなしの世界を想像する力を育むだけでなく，親子の絆を深め，子どもが言葉の力やユーモアを身につけることにもつながるのです。また，最近の研究では，読み聞かせが相手の気持ちに強く訴えかけ，脳の働きをよくすることがわかってきています。なかでも，心の動きをつかさどる情動に強く働きかけ，「心の脳」を育むといわれています[6]。

こういうことを通して，最終的には，本好きな子どもに成長することにつながるのかもしれませんが，そのような教育的な効果よりも，子育てに絵本やおはなしを取り入れることが，どれだけ子育ての負担を軽くするか計り知れないことを知って欲しいと思います。

多くの学生が小さい頃の思い出を語るとき，絵本を読んでもらった記憶が，両親からの愛情と連動していることがうかがえます。以下に，そのような学生のエピソードを紹介したいと思います。

6）泰羅雅登『読み聞かせは心の脳に届く－「ダメ」がわかって，やる気になる子に育てよう』pp.43-61，くもん出版，2009より。

１冊の絵本が教えてくれた母と姉の思い

２冊はっきり覚えている絵本がある。１冊は『コロちゃんのクリスマス』[*11]という絵本である。

私は３人姉妹の末娘で，一番上の姉が買ってもらったというその本はボロボロで，めくる形式のしかけはほとんどとれそうだった。私もそのしかけが好きで破けそうなプレゼントの箱を何度もめくり，クリスマスプレゼントは何をもらおうかなどと考えていた覚えがある。でも大きくなってその絵本を何とも思わなくなった。捨てていいかと母に何とはなし聞くと，母はすごく怒った。姉もその絵本は私が買ってもらった大事な本なのだから絶対に捨てるなと怒り，当時小学４年生だった私は２人のあまりの勢いに驚いて泣いてしまった。そこで初めてこの絵本には母が初めての子育てをしている新米母さんだった時の娘への想いと，姉が小さな頃，まだ妹がおらず母の膝を独り占めして甘え

＊11 エリック・ヒル作，まつかわ まゆみ訳による絵本。評論社より，1984年に初版が刊行された。

られた親子の幸せな時間がつまっていたと知った。　　　　　　(横山 咲：学生のレポートより)

2) 絵本は選ぶもの

　このエピソードのように，絵本の読み聞かせは，子どもの心に強く残っていきます[*12]。それでは，どのような絵本を読み聞かせればいいのでしょう。

　日本の出版業界は，大変さかんです。絵本だけでも，1年間に約3,000冊もの本が出版されています。ですから，その中から，子どもが望んでいる絵本と出会うことは至難の業だといえます。なぜなら，絵本には，おとな向けのものや幼児向けのものとはいえないものも数多くあるからです。

　子どもの絵本を選ぶときは，ある程度，長く出版されているものや，次に紹介する指標にしたがって選ぶといいでしょう。そうすることが，子どもといい絵本との出会いを助けることにつながります。

3) 絵本の選び方

　絵本の選び方については，基礎編 Lesson 5（107, 108ページ），また，実践編 Lesson 3 を通して紹介しましたが，ここでは，絵本評論家の瀬田貞二の指標を紹介したいと思います。

> 　絵本のよい絵は，まず物語の雰囲気と一致していること，人物や事件を生かすこと，正確であること，細部まで気をくばること，清朗で霧がかからないこと，繁雑でなく力強いこと，にせ子ども的でないこと，場面に躍動感があること，そして，一冊に構成があるものです。
> 　　　　出典）瀬田貞二『絵本論－瀬田貞二子どもの本評論集－』p.55, 福音館書店, 1985, より
> ・・
> （1）よい絵本は，はっきりしたテーマを持っています。
> 　作者ののべたいことをすっきりした筋でのべています（後略）。
> （2）小さい子のわかる，親しい主人公がでてきます。
> 　みている子がその主人公に同化できる本です（後略）。
> （3）よい絵本は，りっぱな絵で挿絵してあることです。
> 　物語のただの説明でもなく，勝手な解釈でもなくて，生き生きと語りかける絵でなくてはこまります（後略）。
> 　　　　出典）瀬田貞二『絵本論－瀬田貞二子どもの本評論集－』pp.48-49, 福音館書店, 1985, より

　人は，生まれて小学校に入学するまでの短い期間に，何冊の絵本に出会うことができるでしょうか。また，自分の心に強く響き，心の栄養となるような絵本にどのくらい巡り合うことができるのでしょうか。「絵本は選ぶ必要がなく，子どもが選んできたものを与えればいい」と考えると，毎年，膨大な数が出版されている絵本のなかで，子どもの絵本環境は，限りなく広く浅くなってしまいます。子どもの本の出版社や書店が収益を見込むのは当然ですが，残念ながら，売れている絵本が子どもの心を豊かにするものばかりではありません。

　では，絵本はどうやって選べばいいのでしょう。ほかの子育てと置き換えて考えるとわかりやすいかもしれません。たとえば，子どもに食べさせる食品を選ぶとき，栄養や味，添加物の有無に気を使うでしょう。また，子ども服についても，かわいいだけではなく，着やすく，子どもに似合う洗濯しやすい素材のものを選ぶのではないでしょうか。絵本についても，同じように考えてみましょう。ある子が，何度もくり返し「読んで！」とせがんでくる絵本は，くり返し食べたいハンバーグと同様，成長に大きく影響していく必要不可欠なものです。おとなは，心ゆくまでその絵本を読んでやり，心に栄養をたっぷり注ぎ込んでほしいものです。その作業は，すぐには結果の出るようなものではなく，地道で忍耐力が必要かもしれません。しかし，絵本は，確実に子どもの心を育てていくものなのです。

[*12] 基礎編 Lesson4 の学生のレポート（68ページ）を参照。

4）おすすめ絵本
（1）愛着形成と絵本

　先ほども述べましたが，赤ちゃんはスキンシップが大好きで，このLessonで取りあげた事例などからもわかるように，この時期の大切な愛着形成に，絵本はおおいに役立ちます。実践編Lesson 1 でも，絵本を楽しむ0～2歳まで赤ちゃんの事例をいくつか紹介しました[*13]。ここでは，先述した質問コーナーで紹介した絵本の内容を，少し，詳しく見てみましょう。家族のあたたかさ，パパやママからの愛を描いた絵本は数多くあります。とくに，ママからの愛とパパからの愛の深さが感じられる絵本を3冊ずつ紹介します。

[*13] 実践編 Lesson 1（114，115，124，125ページ）参照。

『くっついた』（三浦太郎作・絵，こぐま社，2005）

　この絵本は，赤ちゃん絵本を多く手掛ける三浦太郎[*14]の作品です。「くっついた」という言葉をくり返しながら，あひるのくちばしやぞうの鼻がくっつく場面を描いていきます。赤ちゃんはおとなに読んでもらいながら，「くっついた」という言葉の意味を感じとっていくでしょう。そして，最後の場面で，家族が3人くっつくところで，大好きなパパとママが両方からぼくのほっぺたにくっつき，大きな安心と満足を得るのです。

▲『くっついた』の22，23ページより。

[*14] 絵本作家でイラストレーター。イタリア・ボローニャ国際原画展にて入選を重ね，海外でも活躍している。

『どうぶつのおかあさん』（小森 厚文，藪内正幸絵，福音館書店，1981）

　おかあさんねこは　こどもを　くわえてはこびます。
　おかあさんらいおんも　こどもを　くわえてはこびます。
　おかあさんざるは　こどもを　おなかに　しっかり　しがみつかせて　はこびます。
　　　　出典）小森 厚文，藪内正幸絵『どうぶつのおかあさん』pp.2-7，福音館書店，1977，より

　ねこや犬といった身近な動物だけでなく，ライオンやサルのお母さんがどうやって赤ちゃんを抱っこして運ぶのかが，静かに語られます。そして，動物を描くことで高い評価を受けている藪内正幸の絵が，見事な動物の生態を伝えます。赤ちゃんは，質の高い絵によって，自分とお母さんの抱っこの仕方との違いに驚きながら，興味を深めていくでしょう。

◀『どうぶつのおかあさん』の2，3ページより。

『ぎゅっ』（ジェズ・オールバラ作・絵，徳間書店，2000）
　大好きなだっこを，さまざまな動物で表現した絵本。親子の絆を描き，読後，あたたかい気持ちに包まれる一冊。

▲『ぎゅっ』の4，5ページより。

『あそぼう あそぼう おとうさん』（浜田桂子作，福音館書店，1997）
　読み聞かせ絵本というより，遊びのヒントをくれる絵本です。
　お父さんならではの体をはった子どもとの遊び方が，見開きにいくつも紹介されています。代表的な肩車をはじめ，お寿司ごっこ，馬乗り，お布団ごろごろ，などなど，イラストを見ているだけでも親子の笑い声が聞こえてきそうな楽しい絵本です。お父さんに，ぜひ紹介したい一冊です。

『ねえ とうさん』（佐野洋子作，小学館，2001）
　帰りを待ちわびるくまの子と，くまのお父さんのあたたかいひとときを切り取った絵本。肩車や木を切って橋作りといったユニークな遊び方も，お父さんならではの子どもへの接し方が印象に残ります。

『ピッツァぼうや』（ウィリアム・スタイグ作，木坂 涼訳，らんか社〈旧社名，セーラー出版〉，2011）
　大好きなおとうさんとの至福のひとときを描く絵本です。
　ぼくが，ピザになってパパにこねられたり，ひっくり返されたり，思わず笑顔になり，元気にお父さんと遊びたくなる絵本です。

（2）きょうだいが生まれるときの絵本
　子育て支援の質問で多く見られるのは，下に弟や妹が生まれるときの相談です。お母さんやお父さんを取られたように感じて不安定になったり，赤ちゃん返りをしたり，保護者は，上の子の

扱いに頭を悩ませています。お兄ちゃんやお姉ちゃんになるときに，ぜひ読んであげたい絵本を集めてみました。

『ちょっとだけ』（瀧村有子作，鈴木永子絵，福音館書店，2007）
　赤ちゃんが生まれて忙しくなったママと，おねえちゃんになったなっちゃんとの関わりを温かく描いた絵本。なっちゃんは，牛乳をコップに注ぐのも「ちょっとだけ」，パジャマを着るのも「ちょっとだけ」，髪の毛を結ぶのも，自分だけで「ちょっとだけ」成功します。最後には，ママとの信頼感をしっかりと取り戻す納得の結末が用意されています。

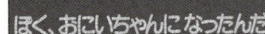

『ぼく，おにいちゃんになったんだ』（トーマス・ベリイマン写真・文，石井登志子訳，偕成社，1985）
　3歳のヨアキムが，弟ベンジャミンとともに成長し，一緒に保育園に通う6歳までを描いたスウェーデンの写真絵本。ママの大きなお腹に耳をあてながら弟を感じている場面から，誕生後，お世話したり，けんかをしたりしながら，お兄ちゃんになっていくようすを46枚の写真で綴っています。写真家トーマス・ベリイマンの秀逸な写真は，ふたりが家族の中で兄弟としての絆を深めていく過程を克明に物語っています。きょうだいが生まれることへの理解を助ける絵本として適しています。

■ おすすめ絵本
『赤ちゃんがやってくる』（ジョン・バーニンガム作，ヘレン・オクセンバリー絵，谷川俊太郎訳，イースト・プレス，2010
『赤ちゃんの誕生』（ニコル・テイラー文，レナルト・ニルソンほか写真，上野和子訳，あすなろ書房，1996）
『あなたが うまれた ひ』（デブラ・フレイジャー作，井上荒野訳，福音館書店，1999）
『うちにあかちゃんがうまれるの』（いとうえみこ文，伊藤泰寛写真，ポプラ社，2004）
『こいぬがうまれるよ』（ジョアンナ・コール文，ジェローム・ウェクスラー写真，坪井郁美訳，福音館書店，1982）
『ごきげんなすてご』（いとうひろし作，徳間書店，1995）
『誕生の詩』（トーマス・ベリイマン写真・文，ビヤネール多美子訳，偕成社，1978）
『ちびくろ・さんぽ2』（ヘレン・バンナーマン文，岡部冬彦絵，光吉夏弥訳，瑞雲舎，2005）
『ぶかぶかティッチ』（パット・ハッチンス作・絵，石井桃子訳，福音館書店，1984）
『まおちゃんのうまれたひ』（神沢利子作，加藤チャコ絵，のら書店，2003）
『みんなあかちゃんだった』（鈴木まもる作，小峰書店，2000）
『わたしがあかちゃんだったとき』（キャスリーン・アンホールト作，角野栄子訳，文化出版局，1990）

plus 15 ブックスタート

「もしも私が本当に0歳の赤ちゃんだったとして（…中略…）話しかけられている言葉の意味が半分も分らなかったとしても，これはなによりもうれしい時間だろうなと感じたんです。自分の大好きな人が，自分の方を向いて，自分だけのために話しかけてくれることは，きっと赤ちゃんにとって心地よく，楽しく，満たされた時間であるに違いないと思ったんです」

出典）NPOブックスタート編著『赤ちゃんと絵本をひらいたら－ブックスタートはじまりの10年』p.42，岩波書店，2010，より

「ブックスタート」とは，「地域に生まれたすべての赤ちゃんと保護者を対象に，赤ちゃんと絵本を開く時間の楽しさを実際に体験してもらいながら，絵本が入った『ブックスタート・パック』を手渡す，という活動」[1]です。

このブックスタートは，1992年にイギリスのバーミンガムで始まりました。発案者は，学校の元教師で，子どもの読書推進に関わっていたウェンディ・クーリング女史です。本に関心のある積極的な家庭の子どもだけでなく，すべての子どもが本を知り，本を介して親と楽しい時間を共有できないか，と考えたことが始まりでした。

その頃，イギリスでは離婚率が高く，また，15歳前後の若年層の妊娠・出産が増加して社会問題となり，精神面での具体的な施策が必要とされたことから考案されたのです。地域の全家庭に絵本を無料で配布し，絵本を読む楽しさを体験してもらうことをシステム化した結果が，ブックスタート誕生の背景となります。

日本では，2000（平成12）年の「子ども読書年」にこの活動が紹介されたのを機に，急速に全国の市区町村自治体に広がりました。これまで，全国で200万人を超える赤ちゃんが対象となり，各地域で活動に携わる人の数は1万人を超えていると思われます。

日本の活動の推進団体である「NPO（特殊非営利活動法人）ブックスタート」は，活動の理念を正確に伝え，各地域で充実した活動を継続できるよう，さまざまな推進活動を行っています。

1) NPOブックスタート編著『赤ちゃんと絵本をひらいたら－ブックスタートはじまりの10年』p.v（はじめに），岩波書店，2010より。

【参考文献】
・NPOブックスタート編著『赤ちゃんと絵本をひらいたら－ブックスタートはじまりの10年』岩波書店，2010

Lesson 3：演習問題

1. アタッチメント（愛着形成）が描かれた絵本を探して，絵本のタイトル，著者，出版社，出版年を書き，あらすじと選んだ理由を述べてみましょう。
2. アタッチメントが途切れる不安を描いた絵本も探し，「①」と同様に述べてみましょう。
3. きょうだいが生まれるときの不安を描いた絵本を読み，子育て支援の方法をまとめてみましょう。

【参考文献】
・「国民生活基礎調査（平成22年度）」厚生労働省
・「子ども・子育て支援新システム検討会議資料」内閣府
・子育て支援者コンピテンシー研究会編著『育つ・つながる子育て支援－具体的な技術・態度を身につける32のリスト』チャイルド本社，2009
・数井みゆき・遠藤利彦編著『アタッチメント－生涯にわたる絆』ミネルヴァ書房，2005
・佐々木正美，山脇百合子画『子どもへのまなざし』福音館書店，
・佐々木正美『かわいがり子育て－3歳までは思いっきり甘えさせなさい』大和書房，2007
・藤村美津・伊藤雅子『育児力－子どもの成長・おとなの成長』筑摩書房，1981
・佐々木正美監修，杉浦正明『Q&A 保育者のための親との上手なつき合い方』日本評論社，2007
・スーザン・ペロー，尾木直樹監修，須長千夏訳『お話は子どもの気持ちを知っている お話で育む子どもの心』東京書籍，2013
・佐々木正美，山脇百合子画『続　子どもへのまなざし』福音館書店，2001

Column 11 児童館から－子育て支援と絵本－

1 絵本との出会い

　ごく普通に考えて，人が本と出会うのは，いつ頃からでしょう。
　自分のことを振り返ると，ぼんやりとしていますが，2～3歳くらいだったでしょうか。母親が読んでくれる絵本だったと思います。
　子どもが初めて，本気で見たり読んだりする本は，やはり絵本でしょう。もちろんそこには，破いて楽しんだり，しゃぶったり，切り抜いたりするような出会いもあります。そのような遊び方も，本に親しむ前段階として大切だとする「ブックスタート」運動なども広まり，赤ちゃんが口に入れても安全，ぶつかっても痛くない，お風呂にも持って入れるような素材の絵本も数多く刊行されています。
　――が，何よりもよいのは，絵本を介して赤ちゃんと保護者の心の触れ合いをもつきっかけを作れることです。それこそが，人間としての信頼関係を築く出発点となるからです。
　そのような本との触れ合いの後に，絵本の中の絵に魅せられ，物語に心ときめけば，子どもは絵本が大好きになります。
　ですから，「子どもに何歳から本を与えるのが正しいか」などとむずかしく考えないで，赤ちゃんのときから，子どもが興味を示す「動物」や「乗り物」などがきれいなわかりやすい絵で描かれている絵本が，手に取りやすい環境にあれば，素晴らしいと思います。

2 絵本との結びつけ

　どんなに優れた本であっても，子どもがおもしろがらなければ意味がありません。本への興味や関心は，子どもの年齢や性別，親や周囲にいるおとなたちが本に対してどのような価値観をもっているかというような，さまざまな環境要因の影響を受けます。そのため，乳幼児期から個人差が大きくなるのです。つまり，子どものまわりにいるおとなたちの働きかけこそが，子どもと絵本とを結びつけるカギになるのです。
　幼児は絵にひかれて絵本を手に取ります。幼い子は絵が読めるのです。子どもたちにとっては，私たちおとなが考えるように，絵と文字は別々のものではないらしいのです。描かれている絵や，読んでもらう言葉がちんぷんかんぷんでもいいのです。生まれて間もない乳幼児たちにとっては，まわりの世界がすべて，ちんぷんかんぷんだらけなのですから。そういうものにぶつかりながら，絵本の中に似たような形を見つけたり，何かを発見したりして喜んでいるのです。
　絵が読めるというのはすごいことです。ほかの動物は嗅覚や聴覚は発達していますが，色で形作られたものの意味は分かりません。絵が読めるのは人間だけなのです。
　その絵本の意味・内容を読んで聞かせることは，子どもを読書好きにするもっともよい方法です。字の読める子に「読み聞かせ」は必要ないと思われている方々もいます。しかし，そうではありません。字を覚えたての子どもが本を読んでいるのを聞いていると，たとえば，「ア・ツ・ミ・ズ・タ・マ・リ・ダ，ド・ウ・シ・ヨ・ウ」など

といった感じで，たどたどしく意味をなさない発語をしています。

しかし，これを，人に読んでもらうことによって「あっ，水たまりだー，どうしよう！」という，驚きと困惑の感情を知ることになります。このようにして子どもたちは，伝達するコミュニケーションツールとしての会話の有り様を身につけていくのです。

3 絵本の活用法

「小さいときからストーリーテリングや昔話の読み聞かせをしてもらった子どもは，小学校に入って算数ができるようになる」といわれています。これらのお話に共通することは，現実には目で見ることができない世界ばかりだということです。子どもたちはそのお話を聞きながら，頭の中で状況を空想したり，絵の力を借りて，そのイメージを補強したりしているのです。このことによって，具体的でない抽象的なものを理解する能力が育ちます。これは，脳科学や心理学の近年の知見です。

考えてみれば，算数の応用問題は，すべて，架空のお話によって成り立っています。入試に役立つ実利的知識を求める傾向にある親御さんには，子どもと絵本との触れ合いについて，このような説得を試みるとよいでしょう。

昔話やファンタジーには人類の永い経験値からくる深い洞察や，人生や人間に対する知恵が詰まっています。そのようなお話に触れることで，子どもたちは，どんな逆境におかれても，心の中にあるべき姿を信じる部屋が確保され続けるのです。これが文化的素養になります。

これらのことを念頭にして，児童館での絵本の活用方法を考えてみましょう。

（1）読み聞かせ

読み聞かせは，とくにむずかしく考えたり，演劇的に読もうとしたりしない方がよいでしょう。読み聞かせる特別な技術もいりません。読み手が絵本の内容をちゃんと理解して，味わいながら，ゆっくりと読んでいけば，自然と感情移入されていきます。読み手が，聞き手に「感動をしっかりと伝えよう」という気持ちで読むことが基本です。

児童館で読み聞かせるときなどは，先生が絵本の文章を暗記しておくことをすすめています。部屋のコーナーなどに小さな演題を置き，子どもたちが読み手を扇状に取り巻いて座ると，落ち着いた空間ができます。椅子を並べたり，マットなどを敷いたりして，劇場ごっこのように始めると効果的です。

▲遊戯室の一角で，児童厚生員による読み聞かせを日常的に行っています。

ポイントは，読み終わったとき，子どもに「何が書いてあったか」などと，感想を聞きただすようなことはしないことです。せっかく子どもの心の中に，美しく感動的なイメージが描かれた後に，使いこなしきれない言葉で，それをたどたどしく表現させることは無益なことと考えます。子どもたちが，お話を心の中に受け入れることと，それを発表することとは，区別されるべきでしょう。

（2）朗読劇

児童厚生員の指導で，子どもたちが順番に少しずつ読み進めていくことなども，ひとつの方法です。年長幼児や，学童期の子どもたちになると，絵本を，劇のような感じで，以下のように朗読すると，おもしろがります。

①地の文章を，先生がナレーションのように読みます。
②子どもたちを登場人物に割り振って，台詞を担当します。風の音や波の音，犬の声や馬の蹄の音も，子どもの声で演じます。

また，小グループを作ってそれぞれが好きな絵本を選び，朗読劇化して発表していくという発展もあります。

（3）乳幼児親子の読書会など

　親の発声で読み聞かせられることが，子どもの共感性を高めます。そのことを児童館では，保護者によく伝えたいと考えています。

　読み方はいろいろとあるでしょうが，専門家に聞いても「自分に適した方法で」といわれます。声がいい人，流ちょうな人など，各人各様，自分の得意技があるものです。人のまねは不自然になります。しかし，自分の子どもだけに向けて読んで聞かせるのですから，子どもからみれば至福のひとときです。あえていうならば，自分自身が本気でおもしろくて感動した絵本から選ぶことが，唯一のコツかもしれません。

▲乳幼児の親子を対象に，絵本の読み聞かせを行っています。

　寝物語に絵本を読んであげること，たまには機会をとらえて，子どもが読むのを親が聞いてほめてあげたりすることも，子どもの読書意欲を高めます。

　このような触れ合いが，子どもの本への興味を誘い，読書習慣を身につけていくことにつながっていくでしょう。

なぜ，絵本なのか

　遊びは，子どもたちにとって，それ自体が目的です。人から無理強いされるのではなく，その行動が楽しいから，一生懸命に熱中し，集中します。ですから，児童館で「遊びを指導する」という意味は，単に遊び方を教えるということではなくて，一人ひとりの子どもに対して，何かについて興味・関心をもち，そのことを自ら試みたいという気持ちを起こさせることなのです。決して訓練しようと思ったり，形式的に流したりして，楽しさを失うことがないようにしたいものです。

▲絵画ワークショップに向けて，イメージに合う読み聞かせを青空のもとで行います。

　ノルウェーの哲学者であり作家でもあるヨースタイン・ゴルデルは，『ソフィーの世界』*¹の中で，「いい哲学者になるためにたった一つ必要なのは，驚くという才能だ」といっています。

　子どもたちが，「この世は生きるのに値する」と思えるように，私たちおとなが担う役割は，子どもたちに向かって，この世界は単純な場所ではないこと，いろいろな土地にいろいろな生活があること，神様がいて鬼がいて，不思議なことやおもしろいことがあること，信頼や裏切り，優しさと残酷さとがあること，しかし，希望がある複雑な場所なのだ，ということを指し示すことです。それには，絵本の世界がうってつけなのです。

　子どもが成長・発達していくことは肯定されなくてはいけません。そのためには，子どもの本はハッピーエンドを原則としてほしいと思います。作中の人物と同一化して物語の時間を生きる子どもたちは，最後には幸せになるべきです。それでなかったら，主人公に仮託*²して応援してきた時間とともに生きることに，何の意味も見出せなくなってしまうからです。

　これから人生を歩み出そうとしている幼い人たちに向かって，「とにかく生きてごらん」ということ，「いろいろあっても，なお，人生は生きるに値するんだ」と全身で伝えること。そのおとなとしての親の役割を果たせるようにサポートしていくことが，子育て支援の基盤だと考えます。　　　（一般財団法人 児童健全育成推進財団 鈴木一光）

＊1）池田香代子の訳により，NHK出版から1995年に刊行された。
＊2）他者やほかのものなどに，自分のしたいことや言いたいことを重ねること。また，自分の人生を投影すること。

Memo

Column 12 子どもの本の店から

　"本の教文館"は1885（明治18）年創業の銀座の老舗書店です。"ナルニア国"は1999（平成11）年に教文館の児童書部門が独立してできた新しい売り場で，「子どもと本との幸せな出会い」を願い，日々の運営を行っています。店名はイギリスの作家，C. S. ルイスのファンタジー「ナルニア国ものがたり」からいただきました。ナルニア国は人間や妖精，もの言うけものたちが仲よく暮らす自由と平和の国です。そこから，だれにとっても心地よく，楽しい場所であるようにと願って名づけられました。

　子どもの読書について考えるとき，児童書専門店であるナルニア国はどのような役割を担う場所でありたいと考えているか――それを，物（扱う本）と人（スタッフ）の2点を中心にお話したいと思います。

▲ナルニア国の入口。書店の入口というよりは，物語の世界へつながる入口のような雰囲気です。

1 どのような本を置くかで，その店の個性が決まります

　ひと口に"子どもの本"といっても，思い浮かべるものは人それぞれです。多くのチェーン系大型書店の児童書コーナーに行くと，同じフロアに学習参考書やコミックが併設されているのが普通で，児童書コーナーには子どもに人気のキャラクターを使った本や音の出る本など，おもちゃとの区別がつきにくいようなものも多数置かれています。最近では，知育玩具などが児童書に含まれることもあります。"子どもの本"を探しに来る人は，それぞれの目的に合わせた多種多彩な商材を求めて書店を訪れるのです。

　また，新しい本も毎日のように出版されます。ちなみに，ナルニア国に1年間に入荷する新刊書籍は，絵本・フィクション（物語の本），ノンフィクション（科学の本，図鑑など含む）など，すべてのジャンルを合わせると3,000点以上にのぼります。これら多くの出版物の中から，どのような本を選んで，限りあるスペースに置くかを決めることはとても大切なことで，それによって店の個性が決まります。

　ナルニア国は子どもたちに長く読み継がれてきたロングセラー作品を中心とした品揃えをし，本を探しに来られた人へ積極的に紹介しています。具体的には『ぐりとぐら』（中川李枝子文，大村百合子絵，福音館書店）のように出版から50年以上たった作品や，また『ピーターラビットのおはなし』（ビアトリクス・ポター作，石井桃子訳，福音館書店）の翻訳絵本のように，原作の出版から100年以上たっている本もありますが，これらは今も子どもたちに人気の絵本で，すでに三世代にわたって楽しまれています。

　幼い子どもに向けて描かれた作品ほど表面的な社会の変化に左右されない，時代や国を超えた普遍的なテーマをもったものが多く，また，そのような作品だけがしっかりと子どもの心をつかんで，長い年月途絶えることなく出版され続けているのでしょう。

　ただ古いからよいのではなく，子どもにとって生きる力になる

▲お客さまが本を探しやすいように，ひと目でわかるような分類紹介がされています。また，子どもでも手に取れるように，一般的な書店よりも，本棚が低めに設定されています。

ような作品かどうかが大切なのですが，かといって長く読み継がれてきた事実はおろそかにできません。ロングセラー作品を日々刊行される新しい本に埋もれさせることなく，現在の読者に届けていくことを，私たちは大切に考えています。

2 本を知り，選書のアドバイスができるスタッフが必要です

　児童書専門店に，子どもの本についての知識をもったスタッフが必要とされる一番の理由は，本を買う人と読む人が別の人である場合が多いことにあります。

　おとな人の本であれば，必要とする本人が目的に合った本を自分で選ぶのが当然ですが，子どもの本をさまざまな目的で選ぶ（買う）のは，ある特定の子どものために，その本を必要としている"おとな"です。その選ぶ目的は，プレゼントであったり，学校や図書館，保育所・幼稚園などでの読み聞かせ活動のためであったりと，いろいろですが，対象とする相手の子どもをよく知らないまま選ばなければならないことも珍しくありません。ですから，どのような本を選んだらよいかわからずに書店を頼って来られる人のために，適切なアドバイスができるスタッフが必要なのです。

　ナルニア国でもっとも多い問い合わせは，具体的な本を探すことよりも，「○歳の男の子（もしくは女の子）にお勧めの本は何ですか？」というタイプのものです。そのような質問の場合，贈る相手について，できる限り具体的な情報（兄弟姉妹の有無，現在の好みなど）を聞いたうえで，たくさんの本の中からお勧めの数冊を紹介することになります。つまり，どれだけ多くの本についての引き出しを自分の中にもっているかによって，的確なアドバイスができるかどうかが決まるのです。そのためには，書名や作者，物語のあらすじといった情報だけではなく，その作品がどのように子どもの心をひきつけるのかといった踏み込んだ内容を，説得力のある言葉で語る技術も必要です。スタッフは自分の個人的な経験のほかに，さまざまな子どもと本についての書籍から学んだことや，店で定期的に行っている"子どものためのおはなし会"などの実践の場で得た知識を総合して，多岐にわたる質問に対応しています。

　最近では，読み聞かせボランティアの活動がさかんになっているため，「集団への読み聞かせにふさわしい絵本を紹介してほしい」という問い合わせも非常に多くなっています。ひとりの知識では対応しきれないことも，個々のスタッフの幅広い経験が総合的に役に立つことがあり，一人ひとりが自覚をもって，日々スキルアップしていくことが大切なのです。

▲絵本選びに困ったお客さまには，スタッフが自身の経験と知識により絵本選びをサポートします。

3 ナルニア国の取り組み

　本を買う理由は人それぞれですが，共通しているのは「本を読むのはいいことだ」という思いではないでしょうか。この"いいこと"の中にはいろいろな理由が含まれており，"知識を得る"ことや"心を豊かにする"こと，"親子のきずなを深める"ことなどがあげられるでしょう。もちろん，どれも間違いではありませんし，読書の結果，そのようなよい効果がもたらされれば嬉しいことです。

　しかし，このような効果を最初から過剰に期待して本を読むことは読書の幅を狭めてしまうことになりかねず，また，それを暗に強制される子どもたちにも不要なプレッシャーをかけることにはならないでしょうか。

　1冊の本が人生を変えるような劇的な変化をもたらすことは，おとなの読書の場合にはまれにあるかもしれませんが，子どもに本を読み聞かせる場合，「この本でいじめがなくなった」とか，「この本を読んで心の優しい子ども

になった」というような明確な即効性のある結果は期待できませんし，また，してはいけないものだと思います。ただ，子どものころの幸せな読書体験—それは，親子の間でも，保育所や幼稚園などの先生との間でもよいのですが—は，その子どもの中に大きな意味で"生きる力"となって残り，成長して困難にぶつかったとき，深いところでその人を支える"根"の役割をするものと私たちは信じています。

　ロングセラー作品の多くは，人が生きていくために大切なメッセージを，よくできた"お話"として子どもたちに楽しく語りかけているのです。ナルニア国は，石井桃子さんからいただいた「本は一生の友だち」という言葉を心に刻み，ひとりでも多くの子どもに，そのような素晴らしい本との出会いをしてもらえるようにさまざまな取り組みを行っています。

　まず，1999（平成11）年の開店当時から，先にも述べた"子どものためのおはなし会"を継続して行っています。これは，毎月第2・第4土曜日の午後，ベテランの語り手とスタッフが共同して，子どもたちに絵本とストーリーテリング（語り）を行う約30分のプログラムです。この会のよいところは，いつもは子どもに絵本を読み聞かせているおとな（親）が子どもと同じ目線で絵本やおはなしを楽しめることにあり，子どもたちの反応から，どのように絵本を楽しんでいるかを具体的に知ることができます。たとえば，おとなにとってはくり返しの多い退屈な話であったり，色もないモノクロの地味な絵本であったとしても，子どもたちが食い入るように聞いているようすを間近に見ることで，"子どもの絵本の楽しみ方"がわかるのです。

　また，ナルニアホールにおいて約2か月交代で開催される絵本原画展などの特集も，改めて1冊の本の素晴らしさに気づいてもらうきっかけとなっています。

　書店のおもな仕事は"本を売ること"ですが，「どのような本を選んで，おすすめするか」ということに，ナルニア国はこれからも静かな主張を込めて取り組んでいきたいと思っています。　　　（教文館ナルニア国　川辺陽子）

Memo

資料編

―カテゴリー別おすすめ絵本リスト―

※『くっついた』(三浦太郎作・絵, こぐま社, 2005)
※『しろ, あか, きいろ』(ディック・ブルーナ文・絵, 松岡享子訳, 福音館書店, 1984)
※『もこ もこもこ』(谷川俊太郎作, 元永定正絵, 文研出版, 1977)

1 推薦絵本 (3〜5歳児)

※この「推薦絵本」のカテゴリー中で「●『○○○』」の形にて表記をしているものは、plus3で紹介の「ロングセラー絵本」(108ページ参照)になります。

● 『あおくんときいろちゃん』
レオ・レオニ作, 藤田圭雄訳, 至光社, 1967

● 『あかいふうせん』
イエラ・マリ作, 渡辺茂男解説, ほるぷ出版, 1976

● 『あくたれラルフ』
ジャック・ガントス作, ニコール・ルーベル文, 石井桃子訳, 童話館, 1995

● 『あさえとちいさいいもうと』
筒井頼子作, 林明子絵, 福音館書店, 1982

● 『雨, あめ』
ピーター・スピア作, 評論社, 1984

● 『あめのひ』
ユリー・シュルヴィッツ作・画, 矢川澄子訳, 福音館書店, 1972

● 『ありこのおつかい』
石井桃子作, 中川宗弥絵, 福音館書店, 1968

● 『アンガスとあひる』
マージョリー・フラック作, 瀬田貞二訳, 福音館書店, 1974

● 『アンディとらいおん』
ジェームズ・ドーハティ文・絵, 村岡花子訳, 福音館書店, 1961

● 『いたずら きかんしゃ ちゅう ちゅう』
バージニア・リー・バートン文・絵, 村岡花子訳, 福音館書店, 1961

● 『いたずらこねこ』
バーナディン・クック文, レミイ・チャーリップ絵, まさきるりこ訳, 福音館書店, 1964

『いつもちこくの おとこのこ ジョン・パトリック・ノーマン・マクヘネシー』
ジョン・バーニンガム作, 谷川俊太郎訳, あかね書房, 1988

● 『海べのあさ』
ロバート・マックロスキー作・絵, 石井桃子訳, 岩波書店, 1978

● 『うみべのハリー』
ジーン・ジオン作, マーガレット・ブロイ・グレアム絵, 渡辺茂男訳, 福音館書店, 1967

● 『おおきな おおきな おいも』
市村久子原案, 赤羽末吉作・絵, 福音館書店, 1972

● 『おおきなかぶ』
ロシアの昔話, A.トルストイ再話, 佐藤忠良画, 内田莉莎子訳, 福音館書店, 1962

● 『おかあさんだいすき』
マージョリー・フラック文・絵, 大沢昌助絵, 光吉夏弥訳, 岩波書店, 1954

● 『おさるとぼうしうり』
エズフィール・スロボドキーナ作・絵, 松岡享子訳, 福音館書店, 1970

● 『おたまじゃくしの101ちゃん』
かこさとし絵・文, 偕成社, 1978

『おばけかぞくのいちにち』
西平あかね作, 福音館書店, 2003

● 『おばけのジョージー』
ロバート・ブライト作・絵, 光吉夏弥訳, 福音館書店, 1978

● 『おばけのバーバパパ』
アネット・チゾン, タラス・テイラー作, やましたはるお訳, 偕成社, 1972

『おふろだいすき』
松岡享子作, 林明子絵, 福音館書店, 1982

『おやすみなさい おつきさま』
マーガレット・ワイズ・ブラウン文, レナード・S, クレメント・ハード絵, 瀬田貞二・中村妙子訳, 評論社, 2001

『おやすみなさいのほん』
マーガレット・ワイズ・ブラウン作, ジャン・シャロー絵, 石井桃子訳, 福音館書店, 1962

『おやすみなさいフランシス』
ラッセル・ホーバン文, ガース・ウィリアム絵, 松岡享子訳, 福音館書店, 1966

● 『かあさんのいす』
ベラ B.ウィリアムズ作・絵, 佐野洋子訳, あかね書房, 1984

『かいじゅうたちのいるところ』
モーリス・センダック作, じんぐうてるお訳, 冨山房, 1975

● 『がちょうのペチューニア』
ロジャー・デュボワザン作, まつおかきょうこ訳, 冨山房, 1998

● 『かばくん』
岸田衿子作, 中谷千代子絵, 福音館書店, 1962

● 『かもさんおとおり』
ロバート・マックロスキー文・絵, 渡辺茂男訳, 福音館書店, 1965

● 『からすのパンやさん』
かこさとし作, 偕成社, 1973

● 『ガンピーさんのふなあそび』
ジョン・バーニンガム作, みつよしなつや訳, ほるぷ出版, 1976

● 『きかんしゃやえもん』
阿川弘之文, 岡部冬彦絵, 岩波書店, 1959

● 『きつねのホイティ』
シビル・ウエッタシンハ作, 松岡享子訳, 福音館書店, 1994

● 『きつね森の山男』
馬場のぼる作, こぐま社, 1974

● 『木はいいなあ』
ジャニス・メイ・ユードリー作, マーク・シーモント絵, さいおんじさちこ訳, 偕成社, 1976

● 『キャベツくん』
長新太作・絵, 文研出版, 1980

● 『きょうはなんのひ?』
瀬田貞二作, 林明子絵, 福音館書店, 1979

● 『きょうはみんなでクマがりだ』
マイケル・ローゼン作(再話), ヘレン・オクセンバリー絵, 山口文生訳, 評論社, 1991

● 『きょだいな きょだいな』
長谷川摂子作, 降矢なな絵, 福音館書店, 1988

● 『くいしんぼうのはなこさん』
石井桃子文, 中谷千代子絵, 福音館書店, 1965

● 『くまのコールテンくん』
ドン・フリーマン作, 松岡享子訳, 偕成社, 1975

● 『くまのビーディくん』
ドン・フリーマン作, 松岡享子訳, 福音館書店, 1976

● 『ぐりとぐら』
中川李枝子文, 大村百合子絵, 福音館書店, 1963

● 『ぐりとぐらとすみれちゃん』
中川李枝子文, 山脇百合子絵, 福音館書店, 2000

● 『ぐりとぐらのえんそく』
中川李枝子文, 山脇百合子絵, 福音館書店, 1979

● 『ぐりとぐらのおおそうじ』
中川李枝子文, 山脇百合子絵, 福音館書店, 2002

● 『ぐりとぐらのおきゃくさま』
中川李枝子文, 山脇百合子絵, 福音館書店, 1966

● 『ぐりとぐらのかいすいよく』
中川李枝子文, 山脇百合子絵, 福音館書店,

1977
- 『ぐるんぱのようちえん』
西内みなみ作, 堀内誠一絵, 福音館書店, 1970
- 『くれよんの　くろくん』
なかやみわ作・絵, 童心社, 2001
- 『くんちゃんのだいりょこう』
ドロシー・マリノ作, 石井桃子訳, 岩波書店, 1986
- 『くんちゃんのもりのキャンプ』
ドロシー・マリノ作・絵, 間埼ルリ子訳, ペンギン社, 1983
- 『げんきなマドレーヌ』
ルドウィッヒ・ベーメルマンス作・画, 瀬田貞二訳, 福音館書店, 1972　※シリーズ4冊（1972～1973）
- 『コートニー』
ジョン・バーニンガム作, 谷川俊太郎訳, ほるぷ出版, 1995
- 『ごきげんならいおん』
ルイーズ・ファティオ文, ロジャー・デュボアザン絵, 村岡花子訳, 福音館書店, 1964
- 『こすずめのぼうけん』
ルース・エインズワース作, 石井桃子訳, 堀内誠一絵, 福音館書店, 1976
- 『こねこのぴっち』
ハンス・フィッシャー文・絵, 石井桃子訳, 岩波書店, 1987
- 『こわいわるいうさぎのおはなし』
ビアトリクス・ポター作・絵, 石井桃子訳, 福音館書店, 2002（1971）
- 『こんとあき』
林明子作, 福音館書店, 1989
- 『サリーのこけももつみ』
ロバート・マックロスキー文・絵, 石井桃子訳, 岩波書店, 1986
- 『さるのオズワルド』
エゴン・マーチンセン作, 松岡享子訳, こぐま社, 1998
- 『三びきのやぎのがらがらどん』
ノルウェーの昔話, マーシャ・ブラウン絵, 瀬田貞二訳, 福音館書店, 1965
- 『しずかなおはなし』
サムイル・マルシャーク文, ウラジミル・レーベデフ絵, 内田莉莎子訳, 福音館書店, 1963
- 『じっちょりんのあるくみち』
かとうあじゅ作・絵, 文溪堂, 2011
- 『じてんしゃにのるひとまねこざる』
H.A.レイ文・絵, 光吉夏弥訳, 岩波書店,

1998（1956）
- 『ジャムつきパンとフランシス』
ラッセル・ホーバン文, リリアン・ホーバン絵, 松岡享子訳, 好学社, 2011
- 『11ぴきのねこ』
馬場のぼる作, こぐま社, 1967
- 『11ぴきのねことあほうどり』
馬場のぼる作, こぐま社, 1972
- 『しょうぼうじどうしゃ　じぷた』
渡辺茂男作, 山本忠敬絵, 福音館書店, 1966
- 『しろいうさぎとくろいうさぎ』
ガース・ウィリアムズ文・絵, 松岡享子訳, 福音館書店, 1965
- 『すいかのたね』
さとうわきこ作・絵, 福音館書店, 1987
- 『スイミー』
レオ・レオニ作, 谷川俊太郎訳, 好学社, 1969
- 『ずーっと　ずっと　だいすきだよ』
ハンス・ウィルヘルム絵・文, 久山太市訳, 評論社, 1988
- 『スーホの白い馬』
モンゴル民話, 大塚勇三再話, 赤羽末吉絵, 福音館書店, 1967
- 『すてきな三にんぐみ』
アンゲラー作・絵, 今江祥智訳, 偕成社, 1969
- 『すばらしいとき』
ロバート・マックロスキー文・絵, 渡辺茂男訳, 福音館書店, 1978
- 『せきたんやのくまさん』
フィービ・ウォージントン・セルビ・ウォージントン作・絵, 石井桃子訳, 福音館書店, 1979
- 『ぞうくんのさんぽ』
なかのひろたか作・絵, なかのまさたかレタリング, 福音館書店, 1968
- 『ぞうのババール　こどものころのはなし』
ジョン・ド・ブリュノフ作, やがわすみこ訳, 評論社, 1974　※ぞうのババールシリーズ1～10（1974～1988）
- 『そらいろのたね』
中川李枝子文, 大村百合子絵, 福音館書店, 1964
- 『そら　はだかんぼ！』
五味太郎作, 偕成社, 1979
- 『そらまめくんのベッド』
なかやみわ作, 福音館書店, 1999
- 『ターちゃんとペリカン』

ドン・フリーマン作, さいおんじさちこ訳, ほるぷ出版, 1975
- 『だいふくもち』
田島征三作, 福音館書店, 1977
- 『たこをあげるひとまねこざる』
M.レイ文, H.A.レイ絵, 光吉夏弥訳, 岩波書店, 1998（1966）
- 『だるまちゃんとかみなりちゃん』
加古里子作・絵, 福音館書店, 1968
- 『だるまちゃんとてんぐちゃん』
加古里子作・絵, 福音館書店, 1967
- 『たろうのおでかけ』
村山佳子作, 堀内誠一絵, 福音館書店, 1963
- 『タンゲくん』
片山健文・絵, 福音館書店, 1992
- 『ちいさいおうち』
バージニア・リー・バートン文・絵, 石井桃子訳, 岩波書店, 1965
- 『ちいさいしょうぼうじどうしゃ』
ロイス・レンスキー文・絵, 渡辺茂男訳, 福音館書店, 1970　※スモールさんの絵本シリーズ（1970～2005）
- 『ちいさなうさこちゃん』
ディック・ブルーナ文・絵, 石井桃子訳, 福音館書店, 1964　※ブルーナの絵本シリーズ（1964～2013）
- 『ちいさなねこ』
石井桃子作, 横内襄絵, 福音館書店, 1963
- 『ちいさなヒッポ』
マーシャ・ブラウン作, 内田莉莎子訳, 偕成社, 1984
- 『ちか100かいだてのいえ』
いしいとしお作, 偕成社, 2009
- 『ちびくろ・さんぼ』
ヘレン・バンナーマン文, フランク・ドビアス絵, 光吉夏弥訳, 瑞雲舎, 2005
- 『チムとゆうかんなせんちょうさん』
エドワード・アーディゾーニ文・絵, 瀬田貞二訳, 福音館書店, 1963
- 『月夜のみみずく』
ジェイン・ヨーレン詩, ジョン・ショーエンヘール作・絵, くどうなおこ訳, 偕成社, 1989
- 『つんつくせんせい　と　とんがりぼうし』
たかどのほうこ作・絵, フレーベル館, 2002
- 『ティッチ』
パット・ハッチンス作・絵, 石井桃子訳, 福音館書店, 1975
- 『てぶくろ』
ウクライナ民話, エウゲーニー・M・ラチ

ョフ絵，内田莉莎子訳，福音館書店，1965
- 『どうながのプレッツェル』
マーグレット・レイ文，H.A.レイ絵，渡辺茂男訳，福音館書店，1978
- 『どうぶつびょういん　おおいそがし』
シャロン・レンタ作・絵，まえざわあきえ訳，岩崎書店，2011
- 『どろんこハリー』
ジーン・ジオン文，マーガレット・ブロイ・グレアム絵，渡辺茂男訳，福音館書店，1964
- 『ないしょのおともだち』
ビバリー・ドノフリオ文，バーバラ・マクリントック絵，福本友美子訳，ほるぷ出版，2009
- 『なにを　かこうかな』
マーグレット＆H.A.レイ作，中川健蔵訳，文化出版局，1984
- 『ニャーンといったのは　だーれ』
ステーエフ文・絵，西郷竹彦訳，偕成社，1969
- 『ねえ，どれがいい？』
ジョン・バーニンガム作，まつかわまゆみ訳，評論社，2010
- 『ねずみくんのチョッキ』
なかのよしを作，上野紀子絵，ポプラ社，1974
- 『はじめてのおつかい』
筒井頼子作，林 明子絵，福音館書店，1977
- 『はじめてのキャンプ』
林 明子作・絵，福音館書店，1984
- 『はなのすきなうし』
マンロー・リーフ文，ロバート・ローソン絵，光吉夏弥訳，岩波書店，1954
- 『はなをくんくん』
ルース・クラウス文，マーク・シーモント絵，木島 始訳，福音館書店，1967
- 『はらぺこあおむし』
エリック・カール作・絵，もりひさし訳，偕成社，1976
- 『はるがきた』
ジーン・ジオン文，マーガレット・ブロイ・グレアム絵，こみやゆう訳，主婦の友社，2011
- 『はろるどと むらさきの くれよん』
クロケット・ジョンソン作，岸田衿子訳，文化出版局，1972
- 『はろるどのふしぎなぼうけん』
クロケット・ジョンソン作，岸田衿子訳，文化出版局，1971
- 『はろるどまほうのくにへ』

クロケット・ジョンソン作，岸田衿子訳，文化出版局，1972
- 『ピーターのいす』
エズラ・ジャック・キーツ作・絵，木島 始訳，偕成社，1969
- 『ピーターのくちぶえ』
エズラ・ジャック・キーツ作・絵，木島 始訳，偕成社，1974
- 『ピーターラビットのおはなし』
ビアトリクス・ポター作・絵，石井桃子訳，福音館書店，2002（1971）
- 『ひとまねこざる』
H.A.レイ文・絵，光吉夏弥訳，岩波書店，1998（1954）
- 『ひとまねこざるときいろいぼうし』
H.A.レイ文・絵，光吉夏弥訳，岩波書店，1998（1966）
- 『ひとまねこざるびょういんへいく』
マーグレット・レイ文，H.A.レイ絵，光吉夏弥訳，岩波書店，1984　※大型絵本
- 『100まんびきのねこ』
ワンダ・ガアグ文・絵，石井桃子訳，福音館書店，1961
- 『100かいだてのいえ』
いわいとしお作，偕成社，2008
- 『ふきまんぶく』
田島征三文・絵，偕成社，1973
- 『ぶたたぬききつねねこ』
馬場のぼる作，こぐま社，1978
- 『ふたりはともだち』
アーノルド・ローベル作，三木 卓訳，文化出版局，1987
- 『ベンジャミン バニーのおはなし』
ビアトリクス・ポター作・絵，石井桃子訳，福音館書店，2002（1973）
- 『ペレのあたらしいふく』
エルサ・ベスコフ作・絵，小野寺百合子訳，福音館書店，1976
- 『フロプシーのこどもたち』
ビアトリクス・ポター作・絵，石井桃子訳，福音館書店，2002（1979）
- 『ぼく，お月さまとはなしたよ』
フランク・アッシュ絵・文，山口文生訳，評論社，1985
- 『ぼくのくれよん』
長 新太作・絵，講談社，1993
- 『ぼくはあるいた　まっすぐまっすぐ』
マーガレット・ワイズ・ブラウン作，坪井郁美文，林 明子絵，ペンギン社，1984
- 『まあちゃんのながいかみ』
たかどのほうこ作，福音館書店，1995

- 『まりーちゃんとひつじ』
フランソワーズ文・絵，与田準一訳，岩波書店，1956
- 『めっきらもっきら どおんどん』
長谷川摂子作，降矢なな画，福音館書店，1990
- 『もぐらとずぼん』
エドアルド・ペチシカ文，ズデネック・ミレル絵，内田莉莎子訳，福音館書店，1967
- 『モチモチの木』
斎藤隆介作，滝平二郎絵，岩崎書店，1971
- 『もこ もこもこ』
谷川俊太郎作，元永定正絵，文研出版，1977
- 『ものぐさトミー』
ペーン・デュボア文・絵，松岡享子訳，岩波書店，1977
- 『モペットちゃんのおはなし』
ビアトリクス・ポター作・絵，石井桃子訳，福音館書店，2002（1971）
- 『もりのかくれんぼう』
末吉暁子作，林 朋子絵，偕成社，1978
- 『もりのなか』
マリー・ホール・エッツ文・絵，まさきるりこ訳，福音館書店，1963
- 『ゆうかんなアイリーン』
ウィリアム・スタイグ作，おがわえつこ訳，らんか社（旧社名，セーラー出版），1998
- 『ゆきのひ』
エズラ・ジャック・キーツ作，木島 始訳，偕成社，1969
- 『よあけ』
ユリー・シュルヴィッツ作・画，瀬田貞二訳，福音館書店，1977
- 『よかったね　ネッドくん』
レミー・チャーリップ文・絵，八木田宣子訳，偕成社，1969
- 『よじはん　よじはん』
ユン・ソクチュン文，イ・ヨンギョン絵，かみやにじ訳，福音館書店，2007
- 『ラチとらいおん』
マレーク・ベロニカ文・絵，徳永康元訳，福音館書店，1965
- 『りんごのき』
エドアルド・ペチシカ文，ヘレナ・ズマトリコバー絵，内田莉莎子訳，福音館書店，1972
- 『ロージーのおさんぽ』
パット・ハッチンス作，渡辺茂男訳，偕成社，1975
- 『ろけっとこざる』
H.A.レイ文・絵，光吉夏弥訳，岩波書店，

1998（1959）
- 『ロバのシルベスターとまほうの小石』
ウィリアム・スタイグ作，瀬田貞二訳，評論社，1975（現在刊行のものは，2006年の改訳新版）
- 『わたしとあそんで』
マリー・ホール・エッツ文・絵，与田準一訳，福音館書店，1968
- 『わたしのワンピース』
西巻茅子作，こぐま社，1969

2 赤ちゃん絵本 （0～2歳児）

- 『あーんあん』
せな けいこ作・絵，福音館書店，1972
- 『あがりめ さがりめ―おかあさんと子どものあそびうた』
ましま せつこ絵，こぐま社，1994
- 『あそぼう あそぼう おとうさん』
浜田桂子作，福音館書店，1997
- 『あっぷっぷ』
中川ひろたか文，村上康成絵，ひかりのくに，2003
- 『あぶくたった』
さいとう しのぶ構成・絵，ひさかたチャイルド，2009
- 『あぶくたった―わらべうたえほん』
さいとうしのぶ構成・絵，ひさかたチャイルド／チャイルド本社，2009
- 『ありの あちち』
つちはしとしこ作，福音館書店，1996
- 『あんたがた どこさ―おかあさんと子どものあそびうた』
ましませつこ絵，こぐま社，1996
- 『いい おかお』
松谷みよ子文，瀬川康男絵，童心社，1967
- 『いちご』
平山和子作，福音館書店，1984
- 『いちにのさんぽ』
ひろかわさえこ作・絵，アリス館，1999
- 『いない いない ばあ』
松谷みよ子文，瀬川康男絵，童心社，1967
- 『いぬがいっぱい』
グレース・スカール作，やぶきみちこ訳，福音館書店，1986
- 『いやだ いやだ』
せなけいこ作・絵，福音館書店，1969
- 『うさこちゃんとうみ』
ディック・ブルーナ文・絵，石井桃子訳，福音館書店，1964
- 『うさこちゃんのさがしもの』
ディック・ブルーナ文・絵，松岡享子訳，福音館書店，2008
- 『うしろにいるのだあれ のはらのなかまたち』
Accototo・ふくだとしお・あきこ著，幻冬舎，2008
- 『うずらちゃんのかくれんぼ』
きもとももこ文・絵，福音館書店，1994
- 『おいしいおと』
三宮麻由子文，ふくしまあきえ絵，福音館書店，2008
- 『おうまさんしてー！』
三浦太郎作・絵，こぐま社，2009
- 『おおきなかぶ』
ロシアの昔話，A.トルストイ再話，内田莉莎子訳，佐藤忠良画，福音館書店，1962
- 『おしくら・まんじゅう』
かがくい ひろし作，ブロンズ新社，2009
- 『おつきさまこんばんは』
林 明子作，福音館書店，1986
- 『おでかけばいばい』
はせがわせつこ文，柳生弦一郎絵，福音館書店，2006
- 『おててがでたよ』
林 明子作，福音館書店，1986
- 『おにぎり』
平山英三文，平山和子絵，福音館書店，1981
- 『おへそどこ？』
カレン・カッツ作，みやぎようこ訳，あかね書房，2004
- 『かお かお どんなかお』
柳原良平作・絵，こぐま社，1988
- 『かさ してあげるね』
はせがわせつこ文，にしまきかやこ絵，福音館書店，1995
- 『がたんごとん がたんごとん』
安西水丸作，福音館書店，1987
- 『がちゃがちゃ どんどん』
元永定正作，福音館書店，1986
- 『ぎゅっ』
ジェズ・オールバラ作・絵，徳間書店，2000
- 『きゅっ きゅっ きゅっ』
林 明子作，福音館書店，1986
- 『きんぎょがにげた』
五味太郎作，福音館書店，1977
- 『くだもの』
平山和子作，福音館書店，1979
- 『くっついた』
三浦太郎作・絵，こぐま社，2005
- 『くまのテディちゃん』
グレタ・ヤヌス作，ロジャー・デュボアザン絵，湯沢朱実訳，こぐま社，1998
- 『くろねこかあさん』
東 君平作，福音館書店，1990
- 『こぐまのたろ』
きたむらえり作・絵，福音館書店，1973
- 『こすずめのぼうけん』
ルース・エインズワース作，石井桃子訳，堀内誠一画，福音館書店，1977
- 『コップちゃん』
中川ひろたか文，100％ORENGE絵，ブロンズ新社，2003
- 『こねこのねる』
ディック・ブルーナ文・絵，石井桃子訳，福音館書店，1968
- 『ころ ころ ころ』
元永定正作，福音館書店，1984
- 『ざっくり ぶうぶう がたがた ごろろ』
かんべじゅんきち文，エム＝ナマエ絵，偕成社，1976
- 『サンドイッチ サンドイッチ』
小西英子作，福音館書店，2005
- 『ジェリーのあーな あーな』
矢野アケミ作，大日本図書，2009
- 『じどうしゃ くるるん』
まついのりこ作・絵，偕成社，1981
- 『じゃあじゃあ びりびり』
まついのりこ作・絵，偕成社，1983
- 『しろ，あか，きいろ』
ディック・ブルーナ文・絵，松岡享子訳，福音館書店，1984
- 『しろくまちゃんのほっとけーき』
わかやまけん作，こぐま社，1972
- 『ずかん・じどうしゃ』
山本忠敬作，福音館書店，1977
- 『ぞうくんのさんぽ』
なかのひろたか作・絵，なかのまさたかレタリング，福音館書店，1977
- 『だっこのえほん』
ヒド・ファン・ヘネヒテン作・絵，のざかえつこ訳，フレーベル館，2004
- 『たまごさんがね‥』
とよたかずひこ作・絵，童心社，2008
- 『たまごのあかちゃん』
神沢利子文，柳生弦一郎絵，福音館書店，1993
- 『だるまさんが』

かがくいひろし作, ブロンズ新社, 2008

● 『タンタンのぼうし』
いわむらかずお作, 偕成社, 1978

● 『ちいさなうさこちゃん』
ディック・ブルーナ文・絵, 石井桃子訳, 福音館書店, 1964 ※ブルーナの絵本シリーズ（1964～2013）

● 『ちいさなさかな』
ディック・ブルーナ文・絵, 石井桃子訳, 福音館書店, 1964

● 『ちいさなねこ』
石井桃子文, 横内襄絵, 福音館書店, 1963

● 『ちゅっ ちゅっ』
MAYA MAXX絵・文, 福音館書店, 2005

● 『でてこい でてこい』
林 明子作, 福音館書店, 1998

● 『てと てと だんごむし』
みなみじゅんこ作・絵, ひさかたチャイルド, 2008

● 『でんしゃ』
バイロン・バートン作・絵, こじままもる訳, 金の星社, 1992

● 『でんしゃにのって』
とよたかずひこ, アリス館, 1992

● 『てん てん てん』
わかやましずこ作, 福音館書店, 1998

● 『どうすればいいのかな？』
渡辺茂男文, 大友康夫絵, 福音館書店, 1980

● 『どうぶつのおかあさん』
小森 厚文, 藪内正幸絵, 福音館書店, 1981

● 『どうぶつのおやこ』
藪内正幸絵, 福音館書店, 1966

● 『ととけっこう よが あけた』
こばやしえみこ案, ましませつこ絵, こぐま社, 2005

● 『とびだす・ひろがる！ のりものえほん』
古川正和作・構成, 本信公久絵, 偕成社, 2000

● 『とらっく』
バイロン・バートン, こじままもる訳, 金の星社, 1992

● 『とらたとまるた』
中川李枝子文, 中川宗弥絵, 福音館書店, 1980

● 『どろんこ どろんこ！』
渡辺茂男文, 大友康夫絵, 福音館書店, 1983

● 『どんどこ ももんちゃん』
とよたかずひこ作・絵, 童心社, 2001

● 『なーらんだ』
三浦太郎作・絵, こぐま社, 2006

● 『なにの あしあとかな』
藪内正幸文・絵, 福音館書店, 1987

● 『にゃんにゃん』
長野ヒデ子作・絵, ポプラ社, 2008

● 『にんじん』
せなけいこ作・絵, 福音館書店, 1969

● 『ねないこ だれだ』
せなけいこ作・絵, 福音館書店, 1969

● 『ねんね』
さえぐさひろこ文, アリス館, 2004

● 『のりものいっぱい』
柳原良平作・絵, こぐま社, 2003

● 『はくしゅ ぱちぱち』
中川ひろたか文, 村上康成絵, ひかりのくに, 2005

● 『はしれ！かもつたちのぎょうれつ』
ドナルド・クリューズ作, たむらりゅういち訳, 評論社, 1980

● 『はたらく じどうしゃ』
鈴木まもる作・絵, 金の星社, 1996

● 『バルンくん』
こもりまこと作, 福音館書店, 1999

● 『ぱん だいすき』
征矢清文, 福島昭恵絵, 福音館書店, 2001

● 『ぴょーん』
まつおかたつひで作・絵, ポプラ社, 2000

● 『ぶーぶーじどうしゃ』
山本忠敬作, 福音館書店, 1998

● 『ぶーぶーぶー』
こかぜさち文, わきさかかつじ絵, 福音館書店, 1998

● 『ブーンブーンひこうき』
とよたかずひこ作, アリス館, 2007

● 『ぼくにげちゃうよ』
マーガレット・ワイズ・ブラウン文, クレメント・ハード絵, 岩田みみ訳, ほるぷ出版, 1976

● 『ぽん ぽん ポコ ポコ』
長谷川義史作・絵, 金の星社, 2007

● 『まかせとけ』
三浦太郎作, 偕成社, 2007

● 『ママだいすき』
まど・みちお文, ましませつこ絵, こぐま社, 2002

● 『まるくて おいしいよ』
こにしえいこ作, 福音館書店, 1999

● 『もう おきるかな？』
まつのまさこ文, やぶうちまさゆき絵, 福音館書店, 1996

● 『もこ もこもこ』
谷川俊太郎作, 元永定正絵, 文研出版, 1977

● 『やさいだいすき』
柳原良平作・絵, こぐま社, 2004

● 『りんご りんご りんごりんごりんご』
安西水丸作・絵, 主婦の友社, 2005

3 障がいと絵本

● 『アレルギーとたたかうイサベル』
トーマス・ベリリマン文・写真, 石井登志子訳, 偕成社, 1994

● 『車いすのマティアス』
トーマス・ベリリマン文・写真, 石井登志子訳, 偕成社, 1990

● 『さっちゃんのまほうのて』
たばたせいいち, 先天性四肢障害児父母の会, のべあきこ, しざわさよこ共同制作, 偕成社, 1985

● 『さわって ごらん いま なんじ ？』
なかつかゆみこ作・絵, 岩崎書店, 1999

● 『さわる絵本 これ, なあに？』
バージニア・A・イエンセン＆ドーカス・W・ハラー作・絵, さしまいくえ訳, 偕成社, 2007

● 『さわる絵本 ちびまるのぼうけん』
フィリップ・ヌート作・絵, 山内清子訳, 偕成社, 2007

● 『さわる絵本 点字つきさわる絵本 はらぺこあおむし』
エリック・カール作・絵, もりひさし訳, 偕成社, 2008

● 『聴導犬シンディ誕生物語』
パトリシア カーチス文, デービット・カップ写真, 木原悦子訳, 小学館, 1998

● 『てんじつき さわるえほん ぐりとぐら』
中川李枝子作, 大村百合子絵, 福音館書店, 2013

● 『てんじつき さわるえほん こぐまちゃんとどうぶつえん』
わかやまけん・もりひさし・わだよしおみ作, こぐま社, 2013

● 『てんじつき さわるえほん さわるめいろ』
村山純子作, 小学館, 2013

● 『てんじつき さわるえほんシリーズ きかんしゃトーマス なかまがいっぱい』
小学館, 2007

- 『てんじつき さわるえほんシリーズ ドラえもん あそびがいっぱい！』

藤子プロ監修，小学館，2007

- 『てんじつき さわるえほん しろくまちゃんのほっとけーき』

わかやまけん・もりひさし・わだよしおみ作，こぐま社，2009

- 『てんじつき さわるえほん ノンタン じどうしゃぶっぶー』

キヨノサチコ作・絵，偕成社，2013

- 『もうどうけんドリーナ』

土田ヒロミ作，日紫喜均三監修，なかのまさたかA・D，福音館書店，1983

- 『私たちの手で話します』

ファイニク作，バルハウス絵，ささきたづこ訳，あかね書房，2006

- 『わたしたちのトビアス』

セシリア・スベドベリ編，ヨルゲンほか文・絵，山内清子訳，偕成社，1978

- 『わたしたちのトビアス 大きくなる』

ボー・スベドベリ編，ヨルゲンほか文・絵，ビヤネール多美子訳．偕成社，1979

- 『わたしたちのトビアス 学校へ行く』

ボー・スベドベリ文・写真，ラグンヒルド・ロベレ・トビアスの兄弟たち絵，オスターグレン晴子訳，偕成社，1998

- 『わたしの妹は耳が聞こえません』

ジーン・W・ピーターソン作，デボラ・レイ絵，偕成社，1982

- 『わたし，耳がきこえないの』

トーマス・ベリイマン作，石井登志子訳，偕成社，1987

4 昔話

- 『いっすんぼうし』

石井桃子文，秋野不矩絵，福音館書店，1965

- 『うらしまたろう』

時田史郎再話，秋野不矩絵，福音館書店，1972

- 『王さまと九人のきょうだい』

中国の民話，君島久子訳，赤羽末吉絵，岩波書店，1969

- 『おおかみと七ひきのこやぎ』

グリム童話，フェリックス・ホフマン絵，瀬田貞二訳，福音館書店，1967

- 『おおきなかぶ』

ロシアの昔話，A.トルストイ再話，佐藤忠良画，内田莉莎子訳，福音館書店，1962

- 『おだんごぱん』

ロシア民話，脇田 和絵，瀬田貞二訳，福音館書店，1966

- 『かさじぞう』

瀬田貞二再話，赤羽末吉画，福音館書店，1961

- 『かにむかし』

木下順二作，清水 崑絵，岩波書店，1976

- 『こぶじいさま』

松居 直再話，赤羽末吉画，福音館書店，1964

- 『3びきのくま』

トルストイ文，バスネツォフ絵，おがさわらとよき訳，福音館書店，1962

- 『3びきのくま』

イギリス民話，たちもとみちこ作，ブロンズ新社，2009

- 『三びきのこぶた』

イギリス昔話，山田三郎絵，瀬田貞二訳，福音館書店，1960

- 『三びきのやぎのがらがらどん』

ノルウェーの昔話，マーシャ・ブラウン絵，瀬田貞二訳，福音館書店，1965

- 『したきりすずめ』

石井桃子再話，赤羽末吉絵，福音館書店，1982

- 『シナの五にんきょうだい』

クレール・H・ビショップ文，クルト・ヴィーゼ絵，川本三郎訳，瑞雲舎，1995

- 『だいくとおにろく』

松居 直再話，赤羽末吉画，福音館書店，1962

- 『ちからたろう』

谷 真介文，高橋信也絵，ポプラ社，1967

- 『つるにょうぼう』

矢川澄子再話，赤羽末吉絵，福音館書店，1979

- 『てぶくろ』

ウクライナ民話，エウゲーニー・M・ラチョフ絵，内田莉莎子訳，福音館書店，1965

- 『長ぐつをはいたねこ』

ハンス・フィッシャー文・絵，矢川澄子訳，福音館書店，1980

- 『ねむりひめ』

グリム童話，フェリックス・ホフマン絵，瀬田貞二訳，福音館書店，1963

- 『ふるやのもり』

日本の昔話，瀬田貞二再話，田島征三絵，福音館書店，1969

- 『ブレーメンのおんがくたい』

グリム童話，ハンス・フィッシャー絵，瀬田貞二訳，福音館書店，1964

- 『ももたろう』

松居 直文，赤羽末吉画，福音館書店，1965

- 『やまんばのにしき』

松谷みよ子文，瀬川康男絵，ポプラ社，1967

- 『ゆきむすめ』

内田莉莎子再話，佐藤忠良画，福音館書店，1963

5 遊び

- 『I SPY ミッケ！』シリーズ

ウォルターウィック写真，ジーンマルゾーロ文，糸井重里訳，小学館，1992〜2003

- 『あがりめ さがりめ—おかあさんと子どものあそびうた』

真島節子絵，こぐま社，1994

- 『あそぼう あそぼう おとうさん』

浜田桂子作，福音館書店，1997

- 『あそぼう あそぼう おかあさん』

浜田桂子作，福音館書店，2002

- 『あんたがたどこさ—おかあさんと子どものあそびうた』

ましませつこ絵，こぐま社，1996

- 『いろのダンス』

アン・ジョナス作，中川千尋訳，ベネッセコーポレーション，1991

- 『絵巻えほん 11ぴきのねこマラソン大会』

馬場のぼる作，こぐま社，1992

- 『絵巻えほん 動物園』

多田ヒロシ作，こぐま社，1992

- 『絵巻えほん 妖怪の森』

水木しげる作，こぐま社，1995

- 『おひめさま ようちえん』

のぶみ作，えほんの杜，2009

- 『さかさま』

安野光雅作・絵，福音館書店，1969

- 『視覚ミステリーえほん』

ウォルターウィック，村田康一訳，あすなろ書房，1999

- 『しんかんくん うちにくる』

のぶみ作，あかね書房，2007

- 『しんぶんしでつくろう』

よしだきみまろ作，福音館書店，1989

- 『ZOOM』

イシュトバン・バンニャイ作・絵，復刊ドットコム，2005

- 『杉山きょうだいのしゃぼんだまと

あそぼう』
杉山弘之・杉山輝行文・構成, 平野恵理子絵, 吉村則人写真, 福音館書店, 1993

● 『せとうちたいこさん わらべうたいたいタイ』
長野ヒデ子作, 童心社, 2007

● 『旅の絵本』
安野光雅絵, 福音館書店, 1977

● 『てじなで だましっこ』
佐伯俊男作, 福音館書店, 1991

● 『とこちゃんはどこ』
松岡享子作, 加古里子絵, 福音館書店, 1970

● 『なぞなぞえほん　1のまき〜3のまき』
中川李枝子作, 山脇百合子絵, 福音館書店, 1988

● 『バムとケロのおかいもの』
島田ゆか作・絵, 文溪堂, 1999

● 『バムとケロのさむいあさ』
島田ゆか作・絵, 文溪堂, 1996

● 『光の旅かげの旅』
アン・ジョナス作, 内海まお訳, 評論社, 1984

● 『まほうのコップ』
藤田千枝原案, 川島敏生写真, 長谷川摂子文, 福音館書店, 2012

● 『やさいでぺったん』
よしだきみまろ作, 福音館書店, 1993

● 『RE-ZOOM』
イシュトバン・バンニャイ作・絵, 復刊ドットコム, 2005

● 『ワゴムはどのくらいのびるのかしら？』
マイク・サーラー作, ジェリー・ジョイナー絵, きしだえりこ訳, ほるぷ出版, 2000

6 ユーモア

● 『アベコベさん』
フランセスカ・サイモン文, ケレン・ラドロー絵, 青山 南訳, 文化出版局, 1997

● 『いつもちこくの おとこのこージョン・パトリック・ノーマン・マクヘネシー』
ジョン・バーニンガム作, 谷川俊太郎訳, あかね書房, 1988

● 『おさるとぼうしうり』
エズフィール・ストロボドキーナ作・絵, 松岡享子訳, 福音館書店, 1970

● 『おさるはおさる』
いとうひろし作・絵, 講談社, 1991

● 『おじいちゃんのおじいちゃんのおじいちゃんのおじいちゃん』
長谷川義史作, BL出版, 2000

● 『おしくら・まんじゅう』
かがくいひろし作, ブロンズ新社, 2009

● 『おもちのきもち』
かがくいひろし文・絵, 講談社, 2005

● 『キャベツくん』
長 新太文・絵, 文研出版, 1980

● 『ゴムあたまポンたろう』
長 新太作, 童心社, 1998

● 『これは本』
レイン・スミス作, 青山南訳, BL出版, 2011

● 『11ぴきのねこ』
馬場のぼる作, こぐま社, 1967　※11ぴきのねこシリーズ全6巻（1967〜1996)

● 『だるまさんが』
かがくいひろし作, ブロンズ新社, 2008
※シリーズ全3巻（2008〜2009）

● 『だるまちゃんとてんぐちゃん』
加古里子作・絵, 福音館書店, 1967

● 『つきよのかいじゅう』
長 新太作, 佼成出版社, 1990

● 『ねえ、どれがいい？』
ジョン・バーニンガム作, まつかわまゆみ訳, 評論社, 2010

● 『ねぎぼうずのあさたろう　その1』
飯野和好作, 福音館書店, 1999

● 『パパが宇宙をみせてくれた』
ウルフ・スタルク作, エヴァ・エリクソン絵, 菱木晃子訳, BL出版, 2000

● 『ぶたのたね』
佐々木マキ作, 絵本館, 1989

● 『ぼちぼちいこか』
マイク・セイラー作, ロバート・グロスマン絵, いまえよしとも訳, 偕成社, 1980

● 『まほうのかさ』
R. ファイルマン原作, E. コルウェル再話, ジョン・シェリー絵, 松岡享子・浅木尚実訳, 福音館書店, 1999

● 『ママ、ママ、おなかがいたいよ』
レミー・シャーリップ, バートン・サプリ作, レミイ・シャーリップ絵, 坪井郁美訳, 福音館書店, 1981

● 『よかったねネッドくん』
シャーリップ作, やぎたよしこ訳, 偕成社, 1997

● 『落語絵本4　じゅげむ』
川端 誠作, クレヨンハウス, 1988

7 リズム

● 『あ』
大槻あかね作, 福音館書店, 2005

● 『あっぷっぷ』
中川ひろたか文, 村上康成絵, ひかりのくに, 2003

● 『いない いない ばあ あそび』
きむらゆういち作, 偕成社, 1988

● 『いない いない ばあ 改訂版』
松谷みよ子文, 瀬川康男絵, 童心社, 1967

● 『かばくん』
岸田衿子作, 中谷千代子絵, 福音館書店, 1962

● 『ころ ころ ころ』
元永定正作・絵, 福音館書店, 1984

● 『さよならさんかく』
安野光雅, 講談社, 1981

● 『なーんだ なんだ』
カズコ G・ストーン作, 童心社, 2004

● 『はくしゅ ぱちぱち』
中川ひろたか文, 村上康成絵, ひかりのくに, 2005

● 『ぶたぬききつねねこ』
馬場のぼる作, こぐま社, 1978

● 『ぽん ぽん ポコ ポコ』
長谷川義史作・絵, 金の星社, 2007

● 『めっきらもっきら どおんどん』
長谷川摂子作, ふりやなな絵, 福音館書店, 1985

● 『もこ もこもこ』
谷川俊太郎作, 元永定正絵, 文研出版, 1977

8 自 然

● 『あかちゃんかたつむりのおうち』
いとうせつこ文, 島津和子絵, 福音館書店, 2006

● 『あげは』
小林勇文・絵, 福音館書店, 1972

● 『あさがお』
荒井真紀文・絵, 金の星社, 2011

● 『あしのうらのはなし』
柳生弦一郎作, 福音館書店, 1982

● 『アリから みると』
桑原隆一文, 栗林 慧写真, 福音館書店, 2004

● 『うさぎ』

絵本リスト

中川美穂子指導，内山晟写真，フレーベル館，2008
- 『うずまき しぜんの なかの かたち』
よつもとあきら作，福音館書店，1986
- 『うみのかくれんぼ』
サンシャイン国際水族館監修，ネイチャー・プロダクション写真，ひさかたチャイルド，2012
- 『園の身近な生きものと出あう探検ブック〜ウキウキ散歩〜』
小泉昭男著，かもがわ出版，2013
- 『おいもができた』
馬場 隆監修，榎本 功写真，ひさかたチャイルド，2000
- 『おかしなゆきふしぎなこおり』
片平孝文・写真，ポプラ社，2012 ※ふしぎいっぱい写真絵本：20
- 『おちばひらひら』
久保秀一写真，七尾 純文，偕成社，2002
- 『おなら』
長 新太文・絵，福音館書店，1983
- 『およぐ』
なかのひろたか文・絵，福音館書店，1981
- 『おんなじ，おんなじ！ でも，ちょっとちがう！』
ジェニー・スー・コステキ＝ショー作，宮坂宏美訳，光村教育図書，2011
- 『カエル観察事典』
小田英智構成・文，桜井淳史写真，偕成社，1996
- 『かえるくんどっちがどっち？』
松橋利光，アリス館，2014
- 『かずのほん』
まついのりこ文・絵，遠山 啓監修，福音館書店，1970
- 『かばがばばー』
堀浩監修，内山 晟写真，村川二久イラスト，ひさかたチャイルド，2009
- 『カビのふしぎ 調べよう』
細矢 剛監修・写真，伊沢尚子著，汐文社，2012
- 『かぶとむしは どこ？』
松岡達英作，福音館書店，1986
- 『かわ』
加古里子作・絵，福音館書店，1966
- 『きょうりゅうきょうりゅう』
バイロン・バートン作・絵，なかがわちひろ訳，徳間書店，2000
- 『きらきら』
谷川俊太郎文，吉田六郎写真，アリス館，2008

- 『くさる』
なかのひろたか作，福音館書店，1981
- 『くりくりくりひろい』
澤口たまみ文，サイトウマサミツ絵，福音館書店，2013
- 『原寸大 恐竜館』
冨田幸光監修，加藤愛一絵，小学館，2008
- 『ざっそう』
甲斐信枝文・絵，福音館書店，1976
- 『ざりがに』
吉崎正巳文・絵，須甲鉄也監修，福音館書店，1973
- 『しずくのぼうけん』
マリア・テルリコフスカ文，ボフダン・ブテンコ絵，内田莉莎子訳，堀内誠一レタリング，福音館書店，1969
- 『しっぽのはたらき』
川田 健文，藪内正幸絵，今泉吉典監修，福音館書店，1972
- 『じめんのうえとじめんのした』
アーマ E.ウェーバー文・絵，藤枝澪子訳，福音館書店，1968
- 『しもばしら』
野坂勇作作，福音館書店，2002
- 『すみれとあり』
矢間芳子作，森田竜義監修，福音館書店，2002
- 『ずら〜りカエルならべてみると…』
高岡昌江文，松橋利光写真，アリス館，2002
- 『星座を見つけよう』
H・A・レイ文・絵，草下英明訳，福音館書店，1969
- 『せいめいのれきし』
バージニア・リー・バートン作，石井桃子訳，岩波書店，1964
- 『だいすきしぜん みずのいきもの かえる』
長谷川雅美，関 慎太郎写真，フレーベル館，2009
- 『たねがとぶ』
甲斐信枝作，森田竜義監修，福音館書店，1987
- 『たべられるしょくぶつ』
森谷 憲文，寺島龍一絵，福音館書店，1969
- 『たまごのはなし かしこくておしゃれでふしぎな，ちいさなのち』
ダイアナ・アストン文，シルビア・ロング絵，千葉茂樹訳，ほるぷ出版，2007
- 『ダンゴムシ』
今森光彦文・写真，アリス館，2002
- 『だんごむしの かぞく』

武田晋一写真，世界文化社，2005
- 『ダンゴムシみつけたよ』
皆越ようせい文・写真，ポプラ社，2002
- 『たんぼのカエルのだいへんしん』
内山りゅう写真・文，ポプラ社，2009
- 『たんぽぽ』
平山和子文・絵，北村四郎監修，福音館書店，1972
- 『ちのはなし』
堀内誠一文・絵，福音館書店，1978
- 『つららが ぽーっとん』
小野寺悦子文，藤枝つう絵，福音館書店，2003
- 『でんしゃがきた！』
石橋真樹子作，福音館書店，2013
- 『どうぶつ，いちばんはだあれ』
スティーブ・ジェンキンス作・絵，佐藤見果夢訳，評論社，1998
- 『どうぶつびょういん おおいそがし』
シャロン・レンタ作・絵，まえざわあさえ訳，岩崎書店，2011
- 『とベバッタ』
田島征三作，偕成社，1988
- 『とりになったきょうりゅうのはなし』
大島英太郎作，福音館書店，2010
- 『どんぐり』
こうやすすむ作，福音館書店，1983
- 『ドングリ』
埴 沙萠作，あかね書房，1987
- 『どんぐりころころ』
片野隆司写真，大久保茂徳監修，ひさかたチャイルド／チャイルド本社，2007
- 『どんぐりノート』
いわさゆうこ・大滝玲子作，文化出版局，1995
- 『どんぐりをおとしたのはだれ？』
高柳芳恵文，はたこうしろう絵，福音館書店，2014
- 『なぜ？どうして？がおがおぶーっ！③キリンの くびは なぜながい？』
リラ・プラップ原作，松田素子文，スリー・ディ絵，アノニマ・スタジオ，2009
- 『はははのはなし』
加古里子文・絵，福音館書店，1970
- 『はるにれ』
柿崎一馬写真，福音館書店，1979
- 『ぴかっごろごろ』
フランクリン・Mブランリー文，エド・エンバリー絵，山田大介訳，福音館書店，1968

- 『ひまわり』
荒井真紀文・絵, 金の星社, 2013
- 『夏の虫夏の花』
奥本大三郎作, たかはしきよし絵, 福音館書店, 1986
- 『なつやすみ虫ずかん』
宮武頼夫文, 稲田 務絵, 福音館書店, 1988
- 『にじ』
さくらいじゅんじ文, いせひでこ絵, 福音館書店, 1992
- 『はじめてであう すうがくの絵本セット』
安野光雅文・絵, 福音館書店, 1982
- 『はなのあなのはなし』
柳生弦一郎文・絵, 福音館書店, 1982
- 『春をさがそう』
海野和男写真・文, 新日本出版社, 2012
- 『びっくりまつぼっくり』
多田多恵子文, 堀川理万子絵, 福音館書店, 2006
- 『びゅ〜ん びょ〜ん』
ふじわらこういち写真・文 新日本出版社, 2011
- 『ふゆめがっしょうだん』
富成忠夫・茂木 透写真, 長 新太文, 福音館書店, 1990
- 『へんしんおたまじゃくし』
福山欣司監修, 榎本 功写真, ひさかたチャイルド, 2007
- 『ぼくの わたしの こんちゅうえん』
小林俊樹文, 津田櫓冬絵, 福音館書店, 1994
- 『ぼくはざりがに』
武田正倫監修, 飯村茂樹・片野隆司写真, ひさかたチャイルド, 2005
- 『まめ』
平山和子文・絵, 福音館書店, 1974
- 『みかんのひみつ』
鈴木伸一監修, 岩間史朗写真, ひさかたチャイルド, 2007
- 『みんなうんち』
五味太郎作, 福音館書店, 1977
- 『むしたちのうんどうかい』
得田之久作, 久住卓也絵, 童心社, 2001
- 『むしとりにいこうよ！』
はたこうしろう作, ほるぷ出版, 2013
- 『むしのあかちゃん』
奥山清市・角正美雪文・構成, 伊丹市昆虫館編, 柏書房, 2006
- 『むしの にんじゃたち』
海野和男写真, 世界文化社, 2005
- 『もうどうけんドリーナ』
土田ヒロミ作, 日紫喜均三監修, なかのまさたかA・D, 福音館書店, 1983
- 『やさいはいきている：そだててみようやさいのきれはし』
藤田 智監修, 岩間史朗写真, ひさかたチャイルド, 2007
- 『やさしい身近な自然観察図鑑 これなあに？に答える生きものガイド 昆虫』
坂田大輔著, いかだ社, 2014
- 『やさしい身近な自然観察図鑑 これなあに？に答える生きものガイド 植物』
岩槻秀明著, いかだ社, 2014
- 『やさしい身近な自然観察図鑑 これなあに？に答える生きものガイド 両生類・は虫類・鳥ほか』
里中遊歩著, いかだ社, 2014
- 『ゆきのひ』
加古里子作・絵, 福音館書店, 1966
- 『よあけ』
ユリー・シュルヴィッツ作・画, 瀬田貞二訳, 福音館書店, 1977
- 『わゴムはどれくらいのびるかしら？』
マイク・サーラー作, ジェリー・ジョイナー絵, きしだえりこ訳, ほるぷ出版, 2000

9 しごと

- 『うちゅうひこうしになりたいな』
バイロン・バートン作, ふじたちえ訳, インターコミュニケーションズ, 1998
- 『江戸のお店屋さん』
藤川智子作, ほるぷ出版, 2013
- 『江戸のお店屋さん その弐』
藤川智子作, 谷中有史・小林 克監修, ほるぷ出版, 2014
- 『江戸の子ども ちょんまげのひみつ』
菊地ひと美作・絵, 偕成社, 2013
- 『おみせ』
五十嵐豊子作, 福音館書店, 1987
- 『警察署と交番』
財部 智文, 夏目洋一郎絵, 岩崎書店, 1988
- 『しごとば』
鈴木のりたけ作, ブロンズ新社, 2009
- 『しごとば 東京スカイツリー』
鈴木のりたけ作, ブロンズ新社, 2012
- 『せきたんやのくまさん』
フィービー＆セルビ・ウォージントン作・絵, 石井桃子訳, 福音館書店, 1987
- 『続・しごとば』
鈴木のりたけ作, ブロンズ新社, 2010
- 『続々・しごとば』
鈴木のりたけ作, ブロンズ新社, 2011
- 『どうぶつたちのおかいもの』
渡辺茂男作, 太田大八絵, 福音館書店, 1976
- 『にぐるまひいて』
ドナルド・ホール文, バーバラ・クーニー絵, もきかずこ訳, はるぶ出版, 1980
- 『はちうえはぼくにまかせて』
ジーン・ジオン作, マーガレット・ブロイ・グレアム絵, もりひさし訳, ペンギン社, 1981
- 『バルバルさん』
乾 栄里子文, 西村敏雄絵, 福音館書店, 2008
- 『パンやのくまさん』
フィービー＆セルビ・ウォージントン作・絵, まさきるりこ訳, 福音館書店, 1987
- 『もっと・しごとば』
鈴木のりたけ作, ブロンズ新社, 2014
- 『ゆうびんやのくまさん』
フィービー＆セルビ・ウォージントン作・絵, まさきるりこ訳, 福音館書店, 1987

10 愛着形成

- 『あがりめ さがりめ―おかあさんと子どものあそびうた』
ましませつこ絵, こぐま社, 1994
- 『あそぼう あそぼう おとうさん』
浜田桂子作, 福音館書店, 1997
- 『おおきくなりたいちびろばくん』
リンデルト・クロムハウト作, アンネマリー・ファン・ハーリンゲン絵, 野坂悦子訳, PHP研究所, 2001
- 『ぎゅっ』
ジェズ・オールバラ作・絵, 徳間書店, 2000
- 『くっついた』
三浦太郎作・絵, こぐま社, 2005
- 『こすずめのぼうけん』
ルース・エインズワース作, 堀内誠一画, 石井桃子訳, 福音館書店, 1976
- 『だっこのえほん』
ヒド・ファン・ヘネヒテン作・絵, のざかえつこ訳, フレーベル館, 2004
- 『ちいさなねこ』

石井桃子作，横内襄絵，福音館書店，1963
- 『ちびゴリラのちびちび』
ルース・ボーンスタイン作，いわたみみ訳，ほるぷ出版，1978
- 『どうぶつのおかあさん』
小森厚文，藪内正幸絵，福音館書店，1977
- 『どうぶつのおやこ』
藪内正幸絵，福音館書店，1966
- 『なーらんだ』
三浦太郎作・絵，こぐま社，2006
- 『ねえ　とうさん』
佐野洋子作，小学館，2001
- 『ピッツァぼうや』
ウィリアム・スタイグ作，木坂涼訳，らんか社（旧社名，セーラー出版），2011
- 『ひよこ』
中川ひろたか文，平田利之絵，金の星社，2008
- 『ぼく にげちゃうよ』
マーガレット・ワイズ・ブラウン文，クレメント・ハード絵，いわたみみ訳，ほるぷ出版，1976
- 『ママだいすき』
まど・みちお文，ましませつこ絵，こぐま社，2002

11 気持ち・表情

- 『アルド　わたしだけのひみつのともだち』
ジョン・バーニンガム作，谷川俊太郎訳，ほるぷ出版，1991
- 『いいおかお』
さえぐさひろこ文，アリス館，2004
- 『いい おかお』
松谷みよ子文，瀬川康男絵，童心社，1967
- 『いいから いいから』
長谷川義史作，絵本館，2006
- 『おおきくなるっていうことは』
中川ひろたか文，村上康成絵，童心社，1999
- 『おこだでませんように』
くすのきしげのり作，石井聖岳絵，小学館，2008
- 『おこる』
中川ひろたか作，長谷川義史絵，金の星社，2008
- 『かお かお どんなかお』
柳原良平作・絵，こぐま社，1988
- 『かお かけちゃうよ』
エド・エンバリー作，横山直子かき文字，偕成社，1981
- 『けんかのきもち』
柴田愛子文，伊藤秀男絵，ポプラ社，2001
- 『こしぬけウィリー』
アンソニー・ブラウン作，久山太市訳，評論社，2000
- 『しかめっつらあかちゃん』
ケイト・ペティ作，ジョージー・バーケット絵，木坂涼訳，ほるぷ出版，2009
- 『だいじょうぶ だいじょうぶ』
いとうひろし作・絵，講談社，1995
- 『だれだかわかるかい？―むしのかお』
今森光彦文・写真，福音館書店，1991
- 『どんな きぶん？』
サクストン・フライマン，ユースト・エルファーズ作，アーサー・ビナード訳，福音館書店，2001
- 『ないしょのおともだち』
ビバリー・ドノフリオ文，バーバラ・マクリントック絵，福本友美子訳，ほるぷ出版，2009
- 『ないた』
中川ひろたか作，長新太絵，金の星社，2004
- 『まちには いろんな かおが いて』
佐々木マキ文・写真，福音館書店，1997
- 『みんなのかお』
さとうあきら写真，とだきょうこ文，福音館書店，1994
- 『ゆうかんなアイリーン』
ウィリアム・スタイグ作，おがわえつこ訳，らんか社（旧社名，セーラー出版），1998
- 『ラチとらいおん』
マレーク・ベロニカ文・絵，徳永康元訳，福音館書店，1965
- 『わたし』
谷川俊太郎作，長新太絵，福音館書店，1976
- 『わたしと あそんで』
マリー・ホール・エッツ文・絵，与田凖一訳，福音館書店，1968

12 きょうだい・出産

- 『あかちゃんがやってくる』
ジョン・バーニンガム作，ヘレン・オクセンバリー絵，谷川俊太郎訳，イースト・プレス，2010
- 『あかちゃんでておいで！』
フラン・マヌシュキン作，ロナルド・ヒムラー絵，まつながふみこ訳，偕成社，1977
- 『赤ちゃんの誕生』
ニコル・テイラー文，レナルト・ニルソンほか写真，上野和子訳，あすなろ書房，1996
- 『赤ちゃんのはなし』
マリー・ホール・エッツ文・絵，坪井郁美訳，福音館書店，1982
- 『あなたが うまれた ひ』
デブラ・フレイジャー作，井上荒野訳，福音館書店，1999
- 『いもうとのにゅういん』
筒井頼子作，林明子絵，福音館書店，1983
- 『うちにあかちゃんがうまれるの』
いとうえみこ文，伊藤泰寛写真，ポプラ社，2004
- 『おかあさんがおかあさんになった日』
長野ヒデ子作，童心社，1993
- 『こいぬがうまれるよ』
ジョアンナ・コール文，ジェローム・ウェクスラー写真，坪井郁美訳，福音館書店，1982
- 『ごきげんなすてご』
いとうひろし作，徳間書店，1995
- 『ちびくろ・さんぼ2』
ヘレン・バンナーマン文，岡部冬彦絵，光吉夏弥訳，瑞雲舎，2005
- 『誕生の詩』
トーマス・ベリイマン写真・文，ビヤネール多美子訳，偕成社，1978
- 『ちょっとだけ』
瀧村有子作，鈴木永子絵，福音館書店，2007
- 『ぶかぶかティッチ』
パット・ハッチンス作・絵，石井桃子訳，福音館書店，1984
- 『フランシスのいえで』
ラッセル・ホーバン作，リリアン・ホーバン絵，松岡享子訳，好学社，1972
- 『ぼく，おにいちゃんになったんだ』
トーマス・ベリイマン写真・絵，石井登志子訳，偕成社，1985
- 『まおちゃんのうまれたひ』
神沢利子作，加藤チャコ絵，のら書店，2003
- 『みんなあかちゃんだった』
鈴木まもる作，小峰書店，2000
- 『わたしがあかちゃんだったとき』
キャスリーン・アンホールト作，角野栄子訳，文化出版局，1990

13 睡眠

- 『あかちゃんがやってくる』

ジョン・バーニンガム作，ヘレン・オクセンバリー絵，谷川俊太郎訳，イースト・プレス，2010
- 『あかちゃんのゆりかご』
レベッカ・ボンド作，さくまゆみこ訳，偕成社，2002
- 『あたし，ねむれないの』
カイ・ベックマン作，ペール・ベックマン絵，山内清子訳，偕成社，1977
- 『あと10ぷんで ねるじかん』
ペギー・ラスマン作，ひがしはるみ訳，徳間書店，1999
- 『おつきさまこんばんは』
林 明子作，福音館書店，1986
- 『おやすみ おやすみ』
シャーロット・ゾロトウ作，ウラジーミル・ボブリイラスト，ふしみみさを訳，岩波書店，2014
- 『おやすみ，ぼく』
アンドリュー・ダッド文，エマ・クエイ絵，落合恵子訳，クレヨンハウス，2009
- 『おやすみなさい おつきさま』
マーガレット・ワイズ・ブラウン作，クレメント・ハード絵，瀬田貞二訳，評論社，1979
- 『おやすみなさいのほん』
マーガレット・ワイズ・ブラウン文，ジャン・シャロー絵，石井桃子訳，福音館書店，1962
- 『おやすみなさい フランシス』
ラッセル・ホーバン文，ガース・ウィリアムズ絵，松岡享子訳，福音館書店，1965
- 『しーっ！ ぼうやが おひるねしているの』
ミンフォン・ホ作，ホリー・ミード絵，安井清子訳，偕成社，1998
- 『そらまめくんのベッド』
なかやみわ作，福音館書店，1999
- 『どうやって ねるのかな』
藪内正幸文・絵，福音館書店，1987
- 『ねないこ だれだ』
せなけいこ作・絵，福音館書店，1969
- 『ねむれないの？ちいくまくん』
マーティン・ワッデル文，バーバラ・ファース絵，角野栄子訳，評論社，1991

14 着 脱

- 『あかてぬぐいのおくさんと7人のなかま』
イ・ヨンギョン文・絵，神谷丹路訳，福音館書店，1999
- 『イエペはぼうしがだいすき』
文化出版局編集，石亀泰郎写真，文化出版局，1978
- 『おでかけのまえに』
筒井頼子作，林 明子絵，福音館書店，1980
- 『おててがでたよ』
林 明子作，福音館書店，1986
- 『きゅっ きゅっ きゅっ』
林 明子作，福音館書店，1986
- 『くっく くっく』
長谷川摂子文，小川忠博写真，矢口峰子製靴，福音館書店，2000
- 『しろ，あか，きいろ』
ディック・ブルーナ文・絵，松岡享子訳，福音館書店，1984
- 『どうすればいいのかな？』
渡辺茂男文，大友康夫絵，福音館書店，1977
- 『ねずみくんのチョッキ』
なかえよしを作，上野紀子絵，ポプラ社，1974
- 『はけたよ はけたよ』
かんざわとしこ文，にしまきかやこ絵，偕成社，1970
- 『パンツのはきかた』
岸田今日子作，佐野洋子絵，福音館書店，2007
- 『ぶかぶかティッチ』
パット・ハッチンス作・絵，石井桃子訳，福音館書店，1984
- 『ぷくちゃんのすてきなぱんつ』
ひろかわさえこ作，アリス館，2001
- 『ペレのあたらしいふく』
エルサ・ベスコフ作・絵，小野寺百合子訳，福音館書店，1976
- 『まあちゃんの ながいかみ』
たかどのほうこ作，福音館書店，1989

15 排 泄

- 『う・ん・ち』
なかのひろみ文，ふくだとよふみ写真，福音館書店，2003
- 『うんぴ・うんにょ・うんち・うんご』
村上八千世文，せべまさゆき絵，ほるぷ出版，2000
- 『おなら』
長 新太作，福音館書店，1978
- 『しっこっこ』
西内ミナミ作，和歌山静子絵，偕成社，1980
- 『ずらーりウンチ ならべてみると…』
小宮輝之監修，西川 寛作，友永たろ絵，アリス館，2004
- 『トイレのおかげ』
森枝雄司文，はらさんぺい絵，福音館書店，1996
- 『ぼくのトイレ』
鈴木のりたけ作・絵，PHP研究所，2011
- 『みんな うんち』
五味太郎作，福音館書店，1977 ※かがくのとも傑作集
- 『むしのうんこ』
伊丹市昆虫館編，角正美雪構成・文，柏書房，2005

16 衛 生

- 『あたしもびょうきになりたいな！』
フランツ＝ブランデンベルク作，アリキ＝ブランデンベルク絵，偕成社，1983
- 『いもうとのにゅういん』
筒井頼子作，林 明子絵，福音館書店，1983
- 『おっとあぶない』
マンロー・リーフ作・絵，渡辺茂男訳，フェリシモ出版，2003
- 『おふろやさん』
西村繁雄作，福音館書店，1977
- 『おへそのひみつ』
柳生弦一郎作，福音館書店，1998
- 『およぐ』
なかのひろたか作，福音館書店，1978
- 『からだが かゆい』
岩合日出子文，岩合光昭写真，福音館書店，2008
- 『けんこうだいいち』
マンロー・リーフ作，渡辺茂男訳，学習研究社，1969
- 『せんたくかあちゃん』
さとうわきこ作・絵，福音館書店，1982
- 『そら はだかんぼ！』
五味太郎作，偕成社，1979
- 『ちのはなし』
堀内誠一文・絵，福音館書店，1971
- 『どろんこ こぶた』
アーノルド・ローベル，岸田衿子訳，文化出版局，1971
- 『なっちゃうかもよ』

斎藤多加子作，PHP研究所，2003
- 『歯がぬけた』
中川ひろたか作，大島妙子絵，PHP研究所，2002
- 『はがぬけたらどうするの？』
セルビー・ビーラー作，ブライアン・カラス絵，こだまともこ訳，フレーベル館，1999
- 『はなのあなのはなし』
柳生弦一郎作，福音館書店，1982
- 『はははのはなし』
加古里子文・絵，福音館書店，1970
- 『ぼくのおふろ』
鈴木のりたけ作・絵，PHP研究所，2010
- 『ほげちゃん』
やぎたみこ作，福音館書店，2011
- 『ほね』
堀内誠一作，福音館書店，1974
- 『みんなでせんたく』
フレデリック・ステール作，たなかみ絵訳，福音館書店，2011
- 『もじゃもじゃペーター』
ハインリッヒ・ホフマン作，佐々木田鶴子訳，ほるぷ出版，1985

17 食育

- 『あおい目のこねこ』
エゴン・マチーセン作・絵，瀬田貞二訳，福音館書店，1965
- 『あさごはんからはじめよう』
すずきさちこ文・絵，小川久恵監修，講談社，2005
- 『アボカド・ベイビー』
ジョン・バーニンガム作，青山 南訳，ほるぷ出版，1993
- 『いちご』
平山和子作，福音館書店，1984
- 『いろいろサンドイッチ』
山岡ひかる作，くもん出版，2011
- 『おかしな おかし』
石津ちひろ文，山村浩二絵，福音館書店，2010
- 『おすしの さかな』
川澄 健・サンシャイン国際水族館監修，古島万理子写真，ひさかたチャイルド，2010
- 『お茶ができるまで』
宮崎祥子構成・文，白松清之写真，岩崎書店，2014
- 『おちゃのじかんにきたとら』
ジュディス・カー作・絵，晴海耕平訳，童話館出版，1994
- 『おにぎり』
平山英三文，平山和子絵，福音館書店，1992
- 『おばけのてんぷら』
せな けいこ作・絵，ポプラ社，1976
- 『おまたせクッキー』
パット・ハッチンス作，乾 侑美子訳，偕成社，1987
- 『おむすびさんちのたうえのひ』
かがくい ひろし作・絵，PHP研究所，2007
- 『おやおや，おやさい』
石津ちひろ文，山村浩二絵，福音館書店，2009
- 『からすの パンやさん』
かこさとし絵・文，偕成社，1973
- 『きゃっきゃキャベツ』
いわさゆうこ作，童心社，2012
- 『きょうのおべんとう なんだろな』
岸田衿子作，山脇百合子絵，福音館書店，1991
- 『きょうは こどもをたべてやる！』
シルヴィアン・ドニオ文，ドロテ・ド・モンフレッド絵，ふしみみさを訳，ほるぷ出版，2004
- 『くだもの』
平山和子作，福音館書店，1979
- 『グリーンマントのピーマンマン』
さくらともこ作，中村景児絵，岩崎書店，1983
- 『サリーのこけももつみ』
ロバート・マックロスキー文・絵，石井桃子訳，岩波書店，1986 ※大型絵本
- 『しろくまちゃんのほっとけーき』
わかやまけん作，こぐま社，1972
- 『11ぴきのねこ』
馬場のぼる作，こぐま社，1967
- 『11ぴきのねことあほうどり』
馬場のぼる作，こぐま社，1972
- 『すいかのたね』
さとうわきこ作・絵，福音館書店，1987
- 『そらまめくんのベッド』
なかやみわ作，福音館書店，1999
- 『たべものの たび』
かこさとし作，童心社，1976
- 『ちゃんと たべなさい』
ケス・グレイ文，ニッケ・シャラット絵，よしがみ きょうた訳，小峰書店，2002
- 『とうふができるまで』
宮崎祥子構成・文，白松弘明写真，岩崎書店，2013
- 『どっかんだいこん』
いわさゆうこ作，童心社，2012
- 『にんじん』
せなけいこ作・絵，福音館書店，1969
- 『バナナのはなし』
伊沢尚子文，及川賢治絵，福音館書店，2009
- 『ピッツァぼうや』
ウィリアム・スタイグ作，木坂 涼訳，らんか社（旧社名，セーラー出版），2000
- 『べべべん べんとう』
さいとうしのぶ作・絵，教育画劇，2010
- 『ぼくのぱん わたしのぱん』
神沢利子作，林 明子絵，福音館書店，1978
- 『みそができるまで』
宮崎祥子構成・文，白松弘明写真，岩崎書店，2013
- 『やさいで ぺったん』
よしだきみまろ作，福音館書店，1993
- 『やさいのおなか』
木内 勝作・絵，福音館書店，1997
- 『よもぎだんご』
さとうわきこ作，福音館書店，1987
- 『和菓子の絵本 和菓子っておいしい！』
平野恵理子作，あすなろ書房，2010

18 季節・行事

- 『あめのひってすてきだな』
カーラ・カスキン文・絵，よだじゅんいち訳，偕成社，1969
- 『あめのひに』
チェ・ソンオク作，キム・ヒョウン絵，星あキラ・キム・ヨンジョン訳，ブロンズ新社，2014
- 『アンジェリーナのクリスマス』
キャサリン ホラバード文，ヘレン クレイグ絵，おかだよしえ訳，講談社，2004
- 『江戸の子ども 行事とあそび12か月』
菊地ひと美作・絵，偕成社，2012
- 『えんにち』
五十嵐豊子絵，福音館書店，1973
- 『おおきな おおきな おいも』
市村久子原案，赤羽末吉作・絵，福音館書店，1972
- 『おかあさん』
北沢杏子作，今井弓子絵，岩崎書店，1985

- 『おしょうがつさん』
谷川俊太郎文, 大橋 歩絵, 福音館書店, 1983
- 『おとうさん』
北沢杏子作, 井上正治絵, 岩崎書店, 1985
- 『おにはうちふくはそと』
西本鶏介作, 村上 豊絵, ひさかたチャイルド, 1983
- 『おばけかぞくのいちにち』
西平あかね作, 福音館書店, 2003
- 『おばけのジョージー』
ロバート・ブライト作・絵, 光吉夏弥訳, 福音館書店, 1978
- 『おばけパーティ』
ジャック・デュケノワ作, 大澤 晶訳, ほるぷ出版, 1995
- 『オバケやかたのひみつ』
大島妙子作・絵, 偕成社, 2001
- 『おばけやしきにおひっこし』
カズノ・コハラ作, 石津ちひろ訳, 光村教育図書, 2009
- 『おひなまつりのちらしずし』
平野恵理子作, 福音館書店, 2013
- 『クリスマスって なあに』
ディック・ブルーナ作, 舟崎靖子訳, 講談社, 1982
- 『クリスマスのまえのばん』
クレメント・ムア詩, ターシャ・チューダー絵, 中村妙子訳, 偕成社, 1980
- 『ケンカオニ』
富安陽子文, 西巻茅子絵, 福音館書店, 1996
- 『さつまのおいも』
中川ひろたか作, 村上康成絵, 講談社, 1995
- 『十二支のはじまり』
やまちかずひろ作, 荒井良二絵, 小学館, 2006
- 『じゅうにし ものがたり』
瀬川康男作, グランまま社, 2005
- 『14ひきのおつきみ』
いわむらかずお, 童心社, 1988
- 『スモウマン』
中川ひろたか作, 村上康成絵, 講談社, 2002
- 『ソリちゃんのチュソク』
イオクペ作・絵, みせけい訳, らんか社（旧社名, セーラー出版）, 2000
- 『たなばた』
中国の昔話, 君島久子再話, 初山 滋画, 福音館書店, 1963
- 『ちいさなろば』
ルース・エインズワース作, 石井桃子訳,

酒井信義画, 福音館書店, 1979
- 『どじにんじゃ』
新井洋行作・絵, 講談社, 2013
- 『トムテ』
リードベリ詩, ウィーベリ絵, 山内清子訳, 偕成社, 1979
- 『ぼく, お月さまとはなしたよ』
フランク・アッシュ絵・文, 山口文生訳, 評論社, 1985
- 『まじょのマント』
さとう めぐみ文・絵, ハッピーオウル社, 2007
- 『まんげつのよるまでまちなさい』
マーガレット・ワイズ・ブラウン作, ガース・ウィリアムズ絵, 松岡享子訳, ペンギン社, 1978
- 『もりのおばけ』
かたやまけん作, 福音館書店, 1969
- 『もりのひなまつり』
こいでやすこ作, 福音館書店, 1992
- 『ゆきのひ』
エズラ・ジャック・キーツ文・絵, 木島 始訳, 偕成社, 1969

19 園生活・学校

- 『あいさつがいっぱい』
工藤直子文, 長 新太絵, 小学館, 1992
- 『あした, がっこうへいくんだよ』
ミルドレッド・カントロウィッツ文, ナンシー・ウィンスロー・パーカー絵, せたていじ訳, 評論社, 1981
- 『いってらっしゃーい いってきまーす』
神沢利子作, 林 明子絵, 福音館書店, 1983
- 『いやいやえん』
中川李枝子作, 大村百合子絵, 福音館書店, 1962
- 『いろいろおせわになりました』
柳生弦一郎作, 福音館書店, 2002
- 『おおきくなるっていうことは』
中川ひろたか文, 村上康成絵, 童心社, 1999
- 『からすたろう』
八島太郎作, 偕成社, 1979
- 『きみたちきょうからともだちだ』
中川ひろたか文, 長谷川義史絵, 朔北社, 2005
- 『教室はまちがうところだ』
蒔田晋治作, 長谷川知子絵, 子どもの未来社, 2004

- 『すみません』
川端 誠作, 理論社, 1992
- 『なきむしようちえん』
長崎源之助作, 西村繁男絵, 童心社, 1983
- 『ならんでる ならんでる』
竹下文子作, 鈴木まもる絵, 偕成社, 2014
- 『びゅんびゅんごまがまわったら』
宮川ひろ作, 林 明子絵, 童心社, 1982
- 『はじめてのキャンプ』
林 明子作・絵, 福音館書店, 1984
- 『ぼくのかえりみち』
ひがしちから作, BL出版, 2008
- 『ぽんたのじどうはんばいき』
加藤ますみ作, 水野二郎絵, ひさかたチャイルド, 1984（チャイルド本社, 2007）
- 『メイド イン どこ？② 学校にあるもの』
斉藤道子編著, 大月書店, 2014
- 『よい子への道』
おかべりか作, 福音館書店, 1995
- 『わたし ようちえんに いくの』
ローレンス・アンホールト文, キャスリーン・アンホールト絵, 角野栄子訳, 文化出版局, 1993

20 乗りもの

- 『いたずら きかんしゃ ちゅう ちゅう』
バージニア・リー・バートン文・絵, 村岡花子訳, 福音館書店, 1961
- 『いちばんでんしゃの しゃしょうさん』
たけむらせんじ文, おおともやすお絵, 福音館書店, 2011
- 『いもむしれっしゃ』
にしはらみのり作・絵, PHP研究所, 2007
※わたしのえほん
- 『大きな運転席図鑑 きょうからぼくは運転手』
元浦年康写真, 学研教育出版, 2010 ※大きなたいけん図鑑シリーズ
- 『おたすけこびと』
なかがわ ちひろ文, ヨコセ・ジュンジ絵, 徳間書店, 2007
- 『機関車トーマス』
ウィルバート・オードリー作, レジナルド・ダルビー絵, 桑原三郎・清水周裕訳, ポプラ社, 2005
- 『きかんしゃ やえもん』
阿川弘之作, 岡部冬彦絵, 岩波書店, 1959

- 『ざっくり ぶうぶう がたがた ごろろ』
かんべじゅんきち文, エム=ナマエ絵, 偕成社, 1976
- 『3だいの機関車』
ウィルバート・オードリー作, レジナルド・ダルビー絵, 桑原三郎・清水周裕訳, ポプラ社, 2005 ※ミニ新装版 汽車の絵本シリーズ全26巻は2010
- 『じどうしゃ くるるん』
まついのりこ作・絵, 偕成社, 1981
- 『しょうぼうじどうしゃ じぷた』
渡辺茂男作, 山本忠敬絵, 福音館書店, 1966
- 『しんかんくん うちにくる』
のぶみ作, あかね書房, 2007
- 『新幹線しゅっぱつ！』
鎌田 歩作, 福音館書店, 2011
- 『ちいさいじどうしゃ』
ロイス・レンスキー文・絵, 渡辺茂男訳, 福音館書店, 2005
- 『ちいさいひこうき』
ロイス・レンスキー文・絵, 渡辺茂男訳, 福音館書店, 2005
- 『チムとゆうかんなせんちょうさん』
エドワード・アーディゾーニ文・絵, 瀬田貞二訳, 福音館書店, 1963
- 『でっかい あかい バスが きた』
ジュディ・ヒンドレイ文, ウィリアム・ベネディクト絵, 久山太市訳, 評論社, 1997
- 『でんしゃ』
バイロン・バートン作・絵, こじままもる訳, 金の星社, 1992
- 『でんしゃがくるよ！』
シャーロット・ヴォーグ作, 竹下文子訳, 偕成社, 1998
- 『でんしゃはうたう』
三宮麻由子文, みねおみつ絵, 福音館書店, 2009
- 『トンネルをほる』
ライアン・アン・ハンター文, エドワード・ミラー絵, 青山 南訳, ほるぷ出版, 2012
- 『東京の電車に乗ろう！』
小林寛則作, 赤坂徹朗・江頭 剛・千原櫻子・ワークスプレス・前川達史絵, 昭文社, 2010
- 『のりものいっぱい』
柳原良平作・絵, こぐま社, 2003
- 『のろまなローラー』
小出正吾作, 山本忠敬絵, 福音館書店, 1965
- 『はたらくくるま』
バイロン・バートン作, あかぎかずまさ訳, インターコミュニケーションズ, 1999
- 『ばしゃにのって』
とよたかずひこ作, アリス館, 2013
- 『はしれ！かもつたちのぎょうれつ』
ドナルド・クリューズ作, たむら りゅういち訳, 評論社, 1980
- 『はしれ！ たくはいびん』
竹下文子作, 鈴木まもる絵, 偕成社, 2005
- 『バスがきました』
三浦太郎作・絵, 童心社, 2007
- 『はたらきもののじょせつしゃ けいてぃー』
バージニア・リー・バートン文・絵, 石井桃子訳, 福音館書店, 1978
- 『はたらくくるま みちをつくる』
こもりまこと作・絵, 教育画劇, 2006
- 『はたらく じどうしゃ』
鈴木まもる作・絵, 金の星社, 1996
- 『バルンくん』
こもりまこと作, 福音館書店, 1999
- 『バルンくんとともだち』
こもりまこと作, 福音館書店, 2001
- 『ピン・ポン・バス』
竹下文子作, 鈴木まもる絵, 偕成社, 1996
- 『ぶーぶーじどうしゃ』
山本忠敬作, 福音館書店, 1998
- 『ブーンブーンひこうき』
とよたかずひこ作, アリス館, 2007
- 『フェリーターミナルのいちにち』
石橋真樹子作, 福音館書店, 2008
- 『まかせとけ』
三浦太郎作, 偕成社, 2007
- 『やこうれっしゃ』
西村繁男作, 福音館書店, 1980
- 『ゆうちゃんのみきさーしゃ』
村上祐子作, 片山 健絵, 1968

21 言 葉

- 『あいうえおの本』
安野光雅絵, 福音館書店, 1976
- 『あっちゃんあがつく たべものあいうえお』
みねよう原案, さいとうしのぶ作, リーブル, 2001
- 『いちねんせい』
谷川俊太郎詩, 和田 誠絵, 小学館, 1987
- 『おかしな おかし』
石津ちひろ文, 山村浩二絵, 福音館書店, 2010
- 『かえるがみえる』
松岡享子作, 馬場のぼる絵, こぐま社, 1975
- 『きっと きって かってきて』
ことばあそびの会（谷川俊太郎, 川崎 洋, 郡山半次郎）文, 金川禎子絵, さ・え・ら書房, 1978
- 『ことばのこばこ』
和田 誠作・絵, 瑞雲舎, 1995
- 『これは のみの ぴこ』
谷川俊太郎作, 和田 誠絵, サンリード, 1979
- 『さかさことばでうんどうかい』
西村敏雄作, 福音館書店, 2009
- 『サルビルサ』
スズキコージ, 架空社, 1996
- 『さる・るるる』
五味太郎作, 童話館, 1979
- 『ぞうからかうぞ』
石津ちひろ文, 藤枝リュウジ絵, BL出版, 2003
- 『だくちる だくちる―はじめてのうた―』
ワレンチン・ベレストフ原案, 阪田寛夫文, 長 新太絵, 福音館書店, 1993
- 『なぞなぞえほん 1のまき〜3のまき』
中川李枝子作, 山脇百合子絵, 福音館書店, 1988
- 『なぞなぞ100このほん』
M・ブラートフ採集, M・ミトゥーリチ絵, 松谷さやか訳, 福音館書店, 1994
- 『生麦生米生卵』
長谷川義史作, 齋藤 孝編, ほるぷ出版, 2006 ※声にだすことばえほん
- 『ふしぎなナイフ』
中村牧江・林 健造作, 福田隆義絵, 福音館書店, 1997
- 『ぶたたぬききつねねこ』
馬場のぼる作, こぐま社, 1978
- 『ぽぱーぺ ぽぴぱっぷ』
おかざきけんじろう絵, 谷川俊太郎文, クレヨンハウス, 2004
- 『りんごかもしれない』
ヨシタケシンスケ, ブロンズ新社, 2013
- 『わにがわになる』
多田ひろし作, こぐま社, 1977

22 数

- 『あめのひってすてきだな』

カーラ・カスキン文・絵，与田準一訳，偕成社，1969

● 『いくつかくれているかな』
パット・ハッチンス作・絵，偕成社，1984

● 『おまたせクッキー』
パット・ハッチンス作，乾侑美子訳，偕成社，1987

● 『かずあそびウラパン・オコサ』
谷川晃一作，童心社，1999

● 『かぞえてみよう』
安野光雅作・絵，講談社，1975

● 『ひよこのかずはかぞえるな』
イングリとエドガー・パーリン・ドーレア作，瀬田貞二訳，福音館書店，1978

● 『まりーちゃんとひつじ』
フランソワーズ文・絵，与田準一訳，岩波書店，1956

23 幼年童話 (小学生以上の絵本を含む)

● 『アーサーのくまちゃん』
リリアン・ホーバン作，木島始作，長新太絵，文化出版局，1977

● 『あおい目のこねこ』
エゴン・マチーセン作・絵，瀬田貞二訳，福音館書店，1965

● 『ウルスリのすず』
ゼリーナ・ヘンツ作，アロイス・カリジェ絵，大塚勇三訳，岩波書店，1973 ※シリーズ全5巻，1965〜1976

● 『おしゃべりなたまごやき』
寺村輝夫作，長新太画，福音館書店，1972 (1959)

● 『オバケちゃん』
松谷みよ子作，伊東寛絵，講談社，1991

● 『あるきだした小さな木』
ボルクマン作，セリグ絵，花輪莞爾訳，偕成社，1969

● 『いやいやえん』
中川李枝子作，大村百合子絵，福音館書店，1962

● 『エルマーのぼうけん』
ルース・スタイルス・ガネット作，ルース・クリスマン・ガネット絵，渡辺茂男訳，福音館書店，1963

● 『おおきな きが ほしい』
佐藤さとる文，村上勉絵，偕成社，1971

● 『おさるのまいにち』
伊東寛作・絵，講談社，1991

● 『おしいれのぼうけん』
ふるたたるひ・たばたせいいち作，童心社，1974

● 『おそうじをおぼえたがらないリスのゲルランゲ』
ジャンヌ・ロッシュ＝マゾン作，堀内誠一絵，山口智子訳，福音館書店，1973

● 『くまのテディ・ロビンソン』
ジョーン・G・ロビンソン作・絵，坪井郁美訳，福音館書店，1979

● 『グレー・ラビットとヘアとスキレル スケートにいく』
アリスン・アトリー作，マーガレット・テンペスト絵，神宮輝夫訳，童話館出版，2003

● 『けんた・うさぎ』
中川李枝子作，山脇百合子作，のら書店，1986

● 『子うさぎましろのお話』
佐々木たづ文，三好碩也絵，ポプラ社，1970

● 『こぐまのくまくん』
E・H・ミナリック文，モーリス・センダック絵，松岡享子訳，福音館書店，1972 ※シリーズ全5巻，1972〜1986

● 『こねこのチョコレート』
B・K・ウィルソン作，小林いづみ訳，大社玲子絵，こぐま社，2004

● 『ジェインのもうふ』
アーサー・ミラー作，アル・パーカー絵，厨川圭子訳，偕成社，1971

● 『ジャリおじさん』
おおたけしんろう文・絵，福音館書店，1994

● 『スプーンおばさんちいさくなる』
アルフ・プリョイセン作，ビョーン・ベルイ絵，大塚勇三訳，偕成社，1979

● 『たんたのたんけん』
中川李枝子作，山脇百合子絵，学研教育出版，1971

● 『たんたのたんてい』
中川李枝子作，山脇百合子絵，学研教育出版，1975

● 『ダンプえんちょうやっつけた』
ふるたたるひ・たばたせいいち作，童心社，1978

● 『ちびっこ大せんしゅ』
シド・ホフ文・絵，光吉夏弥訳，大日本図書，2010

● 『ちびドラゴンのおくりもの』
イリーナ・コルシュノフ作，酒寄進一訳，伊東寛絵，1989

● 『つみつみニャー』
長新太作・画，あかね書房，1974

● 『どれみふぁ けろけろ』
東君平作・絵，あかね書房，1981

● 『なぞなぞのすきな女の子』
松岡享子作，大社玲子絵，学研教育出版，1973

● 『バーバちゃんと とんできた ぼうし』
神沢利子作，山脇百合子絵，偕成社，1978

● 『番ねずみのヤカちゃん』
リチャード・ウィルバー作，大社玲子絵，松岡享子訳，福音館書店，1992

● 『はんぶんのおんどり』
ロッシュ・マゾン作，やまぐちともこ訳，ほりうちせいいち絵，瑞雲舎，1996

● 『ぴちぴちカイサとクリスマスのひみつ』
リンドグレーン作，ヴィークランド絵，山内清子訳，偕成社，1981

● 『100万回生きたねこ』
佐野洋子作・絵，講談社，1977

● 『ふしぎな500のぼうし』
ドクター・スース作・絵，渡辺茂男訳，偕成社，2009 ※新装版

● 『ふたりはともだち』
アーノルド・ローベル作，三木卓訳，文化出版局，1987

● 『ふらいぱんじいさん』
神沢利子作，堀内誠一絵，あかね書房，1969

● 『へんてこもりに いこうよ』
たかどのほうこ作・絵，偕成社，1995

● 『ぼく おかあさんのこと…』
酒井駒子作・絵，文溪堂，2000

● 『ぼくがラーメンたべてるとき』
長谷川義史作・絵，教育画劇，2007

● 『ぽんたのじどうはんばいき』
加藤ますみ作，水野二郎絵，ひさかたチャイルド，1984 （チャイルド本社，2007）

● 『みどりいろのたね』
たかどのほうこ作，太田大八絵，福音館書店，1988

● 『ももいろのきりん』
中川李枝子作，中川宗弥絵，福音館書店，1965

● 『森のなかへ』
アンソニー・ブラウン作，灰島かり訳，評論社，2004

● 『もりのへなそうる』
渡辺茂男作，山脇百合子絵，福音館書店，1971

● 『やかまし村のクリスマス』
アストリッド・リンドグレーン作，イロン・ヴィークランド絵，おざきよし訳，ポプラ社，

2003（1967）

● 『ゆうかんなアイリーン』
ウィリアム・スタイグ作，おがわえつこ訳，らんか社（旧社名，セーラー出版），1998

● 『ろくべえまってろよ』
灰谷健次郎作，長 新太絵，文研出版，1978

● 『ロッタちゃんとじてんしゃ』
リンドグレーン作，ヴィークランド絵，山室 静訳，偕成社，1976

【参考文献】
・東京子ども図書館編『絵本の庭へ―児童図書館基本蔵書目録1』東京子ども図書館，2012
・わたなべめぐみ『絵本であそぶ12か月―行事に生かす絵本ガイド』チャイルド本社，2011
・福岡貞子・礒沢淳子編著『保育者と学生・親のための 乳児の絵本・保育課題絵本ガイド』ミネルヴァ書房，2009

「絵本リスト」の凡例

＜範囲＞
・1950年代から2014年までに日本で出版された絵本の中から，688点を選びました。
・「子どもの文化」における絵本という角度から，23のカテゴリーに分類しました。
・「1．推薦絵本」には，1950～1970年代（絵本の黄金時代）に出版されたロングセラー絵本（書名が赤字のもの）も含めて，選書しました。

＜配列＞
・配列は，各カテゴリー内では，書名の五十音順としました。また，シリーズは第1巻の書名とし，出版期間の幅をカッコ内に記しました。

＜記載事項＞
『書名―副題』作者，画家，訳者，出版社，出版年

＊リストに掲載した絵本の一部には，現在，品切れ重版未定のものも含まれています。現在手に入らないものでも，図書館に所蔵しています。

Afterword
あとがき

　「子どもの文化」という大きなテーマについて，おもに絵本を切り口に学んできました。あらゆる角度から絵本を捉えてみて，絵本の可能性が無限であるということが改めてわかった気がしています。

　いくつかの乳幼児と絵本との展開例をご紹介しましたが，子どもが絵本と関わる場面には，常にドラマがあるはずです。編者の経験だけでも『三びきのやぎのがらがらどん』（ノルウェーの昔話，マーシャ・ブラウン絵，瀬田貞二訳，福音館書店）を読んだ後，保育所の2歳児が，仲間とさっそく「がらがらどんごっこ」を始め，積木で作った橋を「がたんごとん」とヤギに扮して渡っていく姿を目の当たりにしたことがあります。また，『ぐりとぐら』（中川李枝子文，大村百合子絵，福音館書店）のカステラの場面に刺激され，実際にカステラ作りをしたという話が，何人もの学生のレポートに書かれていたこともありました。このように，絵本は，子ども時代を魅力的にし，また，おとなになってからも，子ども時代にタイムスリップさせてくれる魔法の力を秘めているのです。

　一方で，絵本には，物語を楽しむ以外にも，子どもの知識を補う書誌的な役割があることも見逃せない側面です。たとえば，「消防士」や「デザイナー」といった将来の仕事のイメージを絵本から学ぶことも，子どもにとって，未来への想像力を育む大事な情報源となります。また，園庭でバケツに集めたダンゴ虫に関する生態や飼い方も，科学絵本からなら手軽に学べるのです。

　もうひとつ，絵本は，子どものみならず，子どものそばにいるおとなにとっても，貴重な資料となりえます。絵本は知識を学ぶ身近なツールであるだけでなく，豊かな子どもの環境を準備する，貴重な存在となります。絵本は「子どもの文化」を潤いのある豊かなものに発展させることができるのです。

　このような力を身につけるために，絵本を幅広く知り，知識を深め，広く応用する技術を習得していただければ，と心から願っています。

　最後に，専門的な立場から「Column」に寄稿してくださった先生方に深く感謝の意を表したいと思います。カバー・表紙には，岡田千晶さんが子どもと絵本の風景を描いてくださいました。絵本のような楽しい表紙をありがとうございました。また，挿絵の加藤直美さんには，紙面に温かみをつけていただきました。絵本リストをエクセルに打ち込んでくれた大勢の学生たちをはじめ，協力してくださったすべての方々に心からお礼を申し上げます。

浅木尚実

Index
さくいん・用語

あ

アーサー・ラッカム 42
アイソーポス 35
愛着関係 225
愛着形成 234
愛着理論 224
アイデンティティ 10
アイリーン・コルウェル 33, 81
『赤い鳥』 2, 18, 31
赤ちゃん絵本 103, 110
赤ちゃん返り 235
空き地 54
足場かけ（スケフォルディング） 124
遊び 6, 52, 53, 56, 58, 61, 202
遊び相手 55
遊び環境 52, 55
遊び時間 54, 55
遊び集団 55
遊び仲間 54, 55
遊びにまつわる三間 55
遊び場 54, 55
遊べる空間 54
アタッチメント理論 117
アドルフ・ポルトマン 117
アニミズム 9, 69, 125
アフォーダンス 11
あやしうた 30, 74, 118
アルベルト・S・アンカー 27

い

育児 49
育児休業 48
イクメン 49
移行対象 126
石井桃子 3, 18, 33, 99, 244
異時同図 101
一語文 10
いない いない ばあ 7, 76, 118, 135
異年齢集団 56
居場所 15
居場所探し 226
異文化 46
イメージ 8, 9, 130, 183, 184, 185, 192
「岩波子どもの本」 99, 109
巌谷小波 3
イワン・ビリービン 42

う

ヴィゴツキー 124, 184
ウィリアム・ワーズワース 16
ウォルター・クレイン 40
写し絵 38
乳母養育 14

え

衛生 121

エクソ・システム 10
エドマンド・エヴァンズ 40
エドワード・アーディゾーニ 43
絵本 6, 8, 30, 39, 68
エラスムス 15
エリコニン 184

お

大型紙芝居 168
屋内遊び 55
お手本 29
おとぎ話 26
お伽噺 34
オノマトペ 70, 71, 102, 108, 116, 186
おはなし 6, 30, 33, 80, 82, 83, 84, 85, 173, 205, 212, 244
お話エプロン 172
おはなし会 89, 201, 202, 243, 244
おもちゃ 30, 36
親子関係 46
音読 28
恩物 36

か

街頭紙芝居 38
カイ・ニールセン 42
カイヨワ 6
科学絵本 111, 151, 153, 154, 155, 189, 190
科学的思考 187, 190
核家族化 46
学習指導要領 206, 207
かくれんぼう 77
数えうた 30, 74
家族形態 46
語り聞かせ 27
語り手 26
学校 13, 15, 46, 47, 48
学校化 15
学校図書館法 211, 212
家庭 47, 48
家庭生活 28
過保護 46
紙芝居 6, 30, 37, 91, 156
紙芝居屋 38
紙パックシアター 167
からくりミニ劇場 166
かわいい 13, 117
感覚運動的知能の時期 9
感覚教育 26
環境 182
玩具 6, 36
観察実習 156
間食（おやつ） 52

き

記憶 27

擬音語 102
聞く力 81, 83, 205
擬人化 42
擬態語 102
基本的信頼感 224
基本的生活習慣 49, 52, 120, 121, 226, 227, 228
虐待 48
キャラクター 227
教育 47, 48
教育紙芝居 38
教育玩具 36
教育思想 28
教育論 26
教具 37

く

寓話 34, 35
具体的操作の時期 10
くり返し 136
グリム兄弟 35
『グリム童話』 35
クローズアップ 42, 102

け

形式的操作の時期 10
芸術的児童文学 18
ケイト・グリーナウェイ 40
劇遊び 37

こ

口演童話 33, 34
公教育 28
合計特殊出生率 46, 54
五感 115
国語 204, 205, 207
木口木版 40
こ食 51, 52
午睡 123
子育て 28, 48
子育て家庭 222
子育て観 224
子育て支援 47, 48, 222, 223, 224, 225, 228, 229, 232, 235
ごっこ遊び 8, 9, 58, 129, 173, 182, 183, 184, 187, 191, 192
言葉の絵本 110
言葉の学習 29
言葉のリズム 27
子ども観 3, 11, 12, 13, 14, 16, 17, 18, 19, 20, 21, 64, 66, 99, 182
子ども観の歴史 26
子ども期 64, 66
子ども・子育て関連3法 47
子ども・子育て支援 223
子ども・子育て支援法 223
子ども読書年 237

子どもの歌 32
子どもの権利条約 16
子どもの権利宣言 16
『〈子供〉の誕生』 12
「こどもの友」 109
子どもの発見 4, 11
コマ送り 101
コミュニケーション 10, 62, 63, 64, 65, 66, 116, 204
コミュニケーション能力 127
コミュニケーション力 206
子守歌 9
コンラート・ローレンツ 13, 117

さ

再話 35
3歳児神話 224

し

J.A.コメニウス 39
しかけ絵本 112
自己概念 124
自己肯定感 103
自己主張 123
自己紹介絵本 168
自己制御 123
仕事と生活の調和（ワーク・ライフ・バランス）憲章 49
自然体験不足 54
しつけ 46
実在論 9
視点 105, 106
指導案 156
児童館 54, 239
児童期 5
児童厚生員 239
児童中心主義 2, 4
児童文化 2
児童文学 28
写真絵本 111
ジャン=ジャック・ルソー 15
ジャン・ド・ブリュノフ 43
主体性 26
純粋無垢 19, 21
唱歌 31
小学校学習指導要領 206
少子化 46, 56
ジョージ・D・レズリー 28
食育 121
食事 49, 50, 51, 52, 120, 226
女性の役割 28
ジョン・ボウルビィ 117
ジョン・ロック 15, 26
しりとり 6
人工論 9
身体表現 27
シンボル 9

神話 34

す

睡眠 49, 50, 52, 120, 226
図鑑 120, 153, 189
スキンシップ 116, 226, 230, 234
鈴木三重吉 2, 18, 31
捨て子 17
ストーリーテリング 33, 80, 205, 239, 244
素話 33
スマホ子守り 63

せ

生活リズム 52
聖書 28
生理的早産 117
『世界図絵』 39
瀬田貞二 102, 105, 146, 233
説話 26
前操作的思考の時期 9

そ

総合的な学習の時間 58
創造性 26
想像力 26

た

待機児童 222
大衆的児童文学 18
武井武雄 18
立ち絵 38
断ち落とし 102
タブー語 127

ち

地域 47, 48
地域子ども・子育て支援事業 223
遅延模倣 8, 9, 183, 184
知識 26
知的財産 160
着脱 121
『鳥獣戯画』 136
著作権 160

て

手あそび 6, 9, 76, 90, 151, 152, 156
ディック・ブルーナ 44, 119
電子メディア 60, 61, 63, 65, 66
伝承遊び 52, 53, 55, 56, 57, 58, 59, 60
伝承説話 27
伝承文学 34
伝説 34, 35
伝統的な言語文化 207

と

同一視の模倣 8

童画 18
童心主義 4, 18, 19, 32
道徳 26
童謡 9, 18, 31
図書館 212, 214, 215
徒弟制度 10
唱えうた 30, 74
トマス・ビュイック 40
トミ・ウンゲラー 44

な

なぞなぞ 6
喃語 10

に

二語文 10
乳児期 4, 5
人形 160
人形劇 6, 160

の

のぞきからくり 38
乗りもの 187
乗りもの絵本 120, 186, 187

は

バージニア・リー・バートン 43, 186
媒介者 103
排泄 120, 121, 226, 227
初語 10, 120
発声法 27
発達の最近接領域 124
話す力 205
パネルシアター 30, 37, 39, 170, 171
はみ出し 102
囃しうた 30, 74
早寝早起き朝ごはん 50, 51, 52
バリアフリー絵本 111

ひ

ピアジェ 9, 125
ビアトリクス・ポター 41
人見知り 9
平絵 38
貧困 14
貧困化 48

ふ

ファンタジー 29
フィリップ・アリエス 12
フェアリーテイル 26
ふざけ 127
『不思議の国のアリス』 28
ブックスタート 237, 238
ブックトーク 212, 213, 218
ブラック・ユーモア 137
フリードリッヒ・フレーベル 37

へ

ブルーノ・ムナーリ 44
プレーパーク（冒険遊び場） 58, 59, 60
フレーベル 36
ブロンフェンブレンナー 10

へ

平面からくりシアター 167
ページターナー 105
ページめくりのドラマ 40, 101, 105
ペープサート 30, 37, 39, 165

ほ

保育所保育指針 4, 129, 151, 182, 204
ホイジンガ 6
ボウルビィ 224
ポール・ランド 44
ポストモダン絵本 111
ホモ・ルーデンス 6

ま

マイクロ・システム 10, 11
マクロ・システム 10
マザリーズ 115, 116
マジョリー・フラック 42
松岡享子 34, 81
マックス・リュティ 34
学ぶ 26
マリア・モンテッソーリ 37
マリー・ホール・エッツ 43

み

見立て 8
3つの「間」 54
ミニ・ブックトーク 213

む

昔話 26, 34, 84, 85, 205, 207, 239
昔話絵本 110

め

命名期 120
メゾ・システム 10
メディア 60, 61, 62, 63, 64, 65, 66
メディア批判 63
メディア・リテラシー 66
メロディ 102

も

モーリス・センダック 44
文字 27
文字なし絵本 100, 111
物語 26
物語絵本 110, 148, 151, 154, 155
ものの永続性 9
ものの絵本 120
模倣 7
モンテッソーリ 36

や

役割遊び 182, 183, 184, 185, 187
柳田国男 17

ゆ

有意味語 10
ユーモア 127, 136
指さし 10
指さし行動 10

よ

幼児期 5
幼児教育 28
幼児図式 13, 117
幼稚園紙芝居 38
幼稚園教育要領 4, 56, 151, 182, 204, 205, 206
幼年童話 210, 211
幼保連携型認定こども園教育・保育要領 4, 56, 151
呼びかけうた 30, 74
読み書き能力 27
読み聞かせ 27, 143, 144, 151, 154, 156, 192, 212
読み聞かせの文化史 26
読み手 27

ら

ランドルフ・コルデコット 40, 136

り

リズム 102
リテラシー 27
リリアン.H.スミス 107

る

ルイス・キャロル 28
ルース・ソーヤー 82
ルソー 11, 28

れ

レオ・レオーニ 44

ろ

ロイス・レンスキー 185, 186
朗読劇 239
ロマン主義 16, 21
ロングショット 42, 102
ロングセラー絵本 100, 107, 108

わ

枠 102
渡辺茂男 33
わらべうた 6, 8, 9, 30, 74, 76, 116, 118, 135, 151, 152
ワンダ・ガアグ 42

Index
さくいん・絵本

あ

あーんあん 119
赤ずきん 162, 202
あかちゃんかたつむりのおうち 155
赤ちゃんがやってくる 236
あかちゃんのうた 115
赤ちゃんの誕生 236
あがりめ さがりめ 118, 135, 230
あそぼう あそぼう おとうさん 118, 230, 235
あっぷっぷっ 118
あな 102

あなたが うまれた ひ 236
あめのひってすてきだな 132
ありこのおつかい 213
アリの世界 213
アルド わたしだけのひみつのともだち 126
アレルギーとたたかうイサベル 141
アンガスとあひる 42, 102
あんたがた どこさ 118, 135

い

いい おかお 114, 119, 124
いたずら きかんしゃ ちゅう ちゅう 43, 68, 186
いたずらこねこ 106
いっすんぼうし 213
いつもちこくのおとこのこージョン・パトリック・ノーマン・マクヘネシー 98, 107
いないいない ばあ 115, 118, 119
いやだ いやだ 119

う

うさぎ 157
うさこちゃんとうみ 119
うちにあかちゃんがうまれるの 236

うちゅうひこうしに なりたいな 213
うみのおばけオーリー 99
うみのかくれんぼ 155
うんちしたのはだれよ！ 219, 220
うんちっち 220
うんぴ・うんにょ・うんち・うんご 121, 219, 220

え

エルマーのぼうけん 198, 211

お

おいもができた 156
おおかみと七ひきのこやぎ 86, 126, 162, 208, 209
おおきな おおきな おいも 90, 123, 129, 130
おおきなかぶ 102, 123, 192, 213
おおきな きが ほしい 211
おかしなゆきふしぎなこおり 157
おこだでませんように 127
おこる 127
おじいちゃんのおじいちゃんのおじいちゃんのおじいちゃん 129
おしいれのぼうけん 211
おしくら・まんじゅう 129
オセアノ号，海へ！ 225
おちばひらひら 156
おつきさまこんばんは 121, 126, 205
おててがでたよ 121
おにぎり 120, 121
おまたせクッキー 132, 210
オムライス ヘイ！ 146
おもちのきもち 129
おやすみなさい 225
おやすみなさい おつきさま 121
おやすみなさいのほん 121

か

かいじゅうたちのいるところ 44, 102, 123, 149
かえるがみえる 132
カエル観察事典 189
かえるくんどっちがどっち 189
かお かお どんなかお 115, 124
かずあそびウラパン・オコサ 132, 210
かにむかし 173
かぶとむしはどこ？ 155
紙しばい屋さん 38
かもさんおとおり 101
かようびのよる 111
からだが かゆい 121
かわいそうなぞう 110
ガンピーさんのふなあそび 90

き

きっと きって かってきて 132

キャベツくん 129
ぎゅっ 118, 230, 235
きゅっきゅっきゅっ 116
教室はまちがうところだ 132, 210
きょうのおべんとう なんだろな 146
きょうはなんのひ？ 90
きらきら 156

く

くいしんぼうのはなこさん 214
くだもの 110, 120, 121
くっついた 118, 230, 234
くまのコールテンくん 72
クマのプーさん 3, 99, 126
くりくりくりひろい 156
ぐりとぐら 69, 108, 109, 126, 145, 174, 242
車いすのマティアス 141

け

けんかのきもち 127

こ

こいぬがうまれるよ 236
ごきげんなすてご 236
こぐまちゃんおはよう 134
こしぬけウィリー 111, 210
こすずめのぼうけん 118
ことば 44
ことばのこばこ 90, 110, 133, 210
こねこのねる 119
ゴムあたまポンたろう 129, 137
これは のみの ぴこ 133
ころ ころ ころ 116
コロちゃんのクリスマス 232

さ

ざっそう 155
さっちゃんのまほうのて 141
さるのオズワルド 133
さわって ごらん いま なんじ？ 112
三びきのこぶた 162, 210
三びきのやぎのがらがらどん 72, 110, 123, 126, 144
さんまいのおふだ 210

し

ジェインのもうふ 126
しごとば 111
じっちょりんのあるくみち 194
しもばしら 156
じゃあじゃあ びりびり 115, 116
じゃーん！ 71
ジャリおじさん 111
11ぴきのねこ 103, 129, 198
11ぴきのねこ どろんこ 103
11ぴきのねことあほうどり 103

しょうぼうじどうしゃじぷた 126, 213
ジョン・ギルピンのゆかいなお話 136
しろ，あか，きいろ 119, 120, 121
しろくまちゃんのほっとけーき 119, 121, 134
シンデレラ 209

す

ZOOM 111
ずかん・じどうしゃ 120
すてきな三にんぐみ 44, 89
すみれとあり 155

せ

星座を見つけよう 157

そ

ぞうのババール 43
そらまめくんのベッド 121, 122

た

だいじょうぶ だいじょうぶ 127
だいすきしぜん みずのいきもの かえる 189
だっこのえほん 118
たべたらうんち 220
たまごのあかちゃん 68
たまごのえほん 115
だるまさんが 119, 129
だるまちゃんとてんぐちゃん 129
たろうのおでかけ 106
ダンゴムシ 155
ダンゴムシみつけたよ 155
誕生の詩 236
たんたのたんけん 211
たんたのたんてい 211
ダンプえんちょうやっつけた 211
たんぽのカエルのだいへんしん 189
たんぽぽ 155

ち

ちいさいおうち 43, 99, 186
ちいさいじどうしゃ 186
ちいさいしょうぼうじどうしゃ 185
ちいさいひこうき 186
ちいさなうさこちゃん 108, 114, 119
ちいさなさかな 119
ちいさなねこ 100, 101, 105, 106, 118
ちびくろさんぼ 99
ちびくろ・さんぽ2 236
ちびっこタグボート 213
チムとゆうかんなせんちょうさん 43
聴導犬シンディ誕生物語 141
ちょっとだけ 236

つ

つきよのかいじゅう 129

つららが ぽーっとん 157

て
でてこい でてこい 116, 117
てぶくろ 156, 192
でんしゃがきた！ 157

と
どうすればいいのかな？ 121
どうぶつ会議 99
どうぶつのおかあさん 230, 234
どうぶつのおやこ 114, 120
どうやってねるのかな 121
どきどき・しぜん あげは 155
どきどき・しぜん にじ 155, 190
どきどき・しぜん ふゆめがっしょうだん 157
ととけっこう よがあけた 135, 161
とびだす・ひろがる！のりものえほん 120
とりになったきょうりゅうのはなし 157
どろんこハリー 89, 149
どんぐりころころ 156
どんぐりをおとしたのはだれ？ 156

な
なーらんだ 118
ないしょのおともだち 127
なぞなぞえほん 1のまき～3のまき 133
なぞなぞのすきな女の子 162
なぞなぞ100このほん 133
なみにきをつけて，ジャーリー 111

に
にんじん 121

ね
ねえ とうさん 235
ねえ，どれがいい？ 111
ねぎぼうずのあさたろう その1 とうげのまちぶせ 129
ねずみくんのチョッキ 136
ねないこ だれだ 119, 121
ねむりひめ 150, 209
ねむれないの？ ちいくまくん 102

は
はが ぬけたら どうするの？ 213
はくしゅ ぱちぱち 117
はけたよ はけたよ 121
はじめてであう すうがくの絵本セット 157
はじめてのおつかい 99, 106

はたらきものの じょせつしゃけいてぃー 43
はなのすきなうし 99
はなをくんくん 71, 89, 102
はらぺこあおむし 115, 193
はろるどとむらさきのくれよん 106
番ねずみのヤカちゃん 211

ひ
ピーターラビットのおはなし 3, 41, 108, 242
びっくりまつぼっくり 156
ピッツァぼうや 235
ひとまねこざる 99, 108
ひとまねこざるびょういんへいく 72
ひとりでうんちできるかな 220, 227
100まんびきのねこ 42, 101
ひよこのかずはかぞえるな 132

ふ
ぶかぶかティッチ 236
ふしぎな50のぼうし 211
ふしぎなたいこ 90, 96, 99
ぶたたぬききつねねこ 90, 133
ぶたのたね 129

へ
へんしんおたまじゃくし 155

ほ
ぼく，おにいちゃんに なったんだ 111, 236
ぼくにげちゃうよ 118, 230
ぼくのおふろ 121
ぼくのかえりみち 101
ぼくはざりがに 155
ぽちぽちいこか 129, 137
ぽぁーぺ ぽぴぱっぷ 133, 194
ぽん ぽん ポコ ポコ 117

ま
マイク・マリガンとスチーム・ショベル 186
まおちゃんのうまれたひ 236
まじょのマント 195
まて まて まて 135
まほうの馬 90
まほうのかさ 129
ママだいすき 115, 118, 230
ママ，ママ，おなかがいたいよ 102
まりーちゃんとひつじ 132

み
みかんのひみつ 157
みんなあかちゃんだった 236

みんなうんち 121, 157, 219, 221
みんなのかお 124

む
むしいっぱい 213

め
めっきらもっきらどおんどん 123

も
もうどうけんドリーナ 157
もこ もこもこ 71, 102, 114, 115, 116, 117
モチモチの木 123, 228
ももいろのきりん 198
もりのなか 43, 70, 102

や
やぎのブッキラボー3きょうだい 144
やさいはいきている：そだててみようやさいのきれはし 155

ゆ
ゆうかんなアイリーン 127, 210

よ
よあけ 144
よい子への道 132, 210

ら
落語絵本4 じゅげむ 129
ラチとらいおん 126

り
リリィのさんぽ 100

ろ
ロージーのおさんぽ 100
ロバのシルベスターとまほうの小石 72, 126

わ
わたし 124
わたしがあかちゃんだったとき 236
私たちの手で話します 141
わたしたちのトビアス 141
わたしたちのトビアス 大きくなる 141
わたしたちのトビアス 学校へ行く 141
わたしと あそんで 127
わたしの妹は耳が聞こえません 141
わたしのワンピース 70, 174
わたし，耳がきこえないの 141
わにが わになる 133

絵本から学ぶ子どもの文化

2015年4月15日　第一版第1刷発行
2016年4月15日　第一版第2刷発行

編著者　浅木尚実

装　幀　清原一隆（KIYO DESIGN）
装　画　岡田千晶
挿　画　加藤直美
紙面デザイン・DTP　内田幸子

発行者　宇野文博
発行所　株式会社　同文書院
　　　　〒112-0002
　　　　東京都文京区小石川5-24-3
　　　　TEL(03)3812-7777
　　　　FAX(03)3812-7792
　　　　振替　00100-4-1316
印刷・製本　中央精版印刷株式会社

JASRAC　出1503133-602

(p.99『いつもちこくのおとこのこ―ジョン・パトリック・ノーマン・マクヘネシー』見返し画像)
JOHN PATRICK NORMAN MCHENNESSY:
THE BOY WHO WAS ALWAYS LATE
by John Burningham
Artwork©John Burningham
Published by arrangement with Random House Children's Publisher UK,
a division of The Random House Group Limited
through Tuttle-Mori Agency,Inc.,Tokyo

(p.235『ぎゅっ』中頁画像)
Copyright©2000 Jez Alborough
From HUG by Jez Alborough
Published in the Japanese language by Tokuma Shoten
Reproduced by permission of Walker Books Ltd,London SE11 5HJ
www.walker.co.uk
Arranged through Japan UNI Agency,Inc.,Tokyo

©Naomi Asagi et al., 2015
Printed in Japan　ISBN978-4-8103-1439-7
●落丁・乱丁本はお取り替えいたします